财务报表阅读与信贷分析实务

|第2版|

崔宏 著

MY INSIGHT ON
FINANCE AND CREDIT

机械工业出版社
China Machine Press

图书在版编目（CIP）数据

财务报表阅读与信贷分析实务 / 崔宏著 . —2 版 . —北京：机械工业出版社，2021.1（2024.11 重印）

ISBN 978-7-111-67063-6

I. 财… II. 崔… III. ①会计报表 - 会计分析　②商业银行 - 信贷管理　IV. ① F231.5 ② F830.33

中国版本图书馆 CIP 数据核字（2020）第 252558 号

　　本书作者崔宏是商业银行资深信贷专家，本书是他 20 多年从业经验的总结。书中首先介绍理念与框架，对信贷风险管理视角下企业财务分析的作用、特殊性以及应把握的基本理念进行了论述，并基于哈佛分析框架提出了适用于信贷风险管理目的的企业财务分析框架，同时给出了信贷财务分析的切入点及适用技术。接着介绍信贷工作的思路与方法，在信贷财务分析框架下，重点就战略导航、会计调整、指标分析与前景预测四个核心环节，结合具体案例应用，完整展示了信贷财务分析的全过程要点和技巧，并指出各环节中常见的陷阱及规避措施。最后是延伸与拓展，检视了一个实务授信案例的决策过程与关键点，以及做空机构浑水公司的调查技术。

　　作者写作了大量案例，带你驾驭信贷实务；书中的报表分析思路和方法，可以帮你有效拓展信贷思维。

财务报表阅读与信贷分析实务　第 2 版

出版发行：机械工业出版社（北京市西城区百万庄大街 22 号　邮政编码：100037）
责任编辑：孟宪勐　　　　　　　　　　　　　责任校对：殷　虹
印　　刷：固安县铭成印刷有限公司　　　　　版　　次：2024 年 11 月第 2 版第 10 次印刷
开　　本：170mm×230mm　1/16　　　　　印　　张：26
书　　号：ISBN 978-7-111-67063-6　　　　　定　　价：89.00 元

客服电话：（010）88361066　68326294

版权所有 · 侵权必究
封底无防伪标均为盗版

第2版前言

《财务报表阅读与信贷分析实务》初次出版于10年前,承蒙读者不弃,加印了近三十次。五年前石美华编辑就催我开展本书的修订工作,但后期由于本人工作变动,一直推拖至2020年新冠肺炎疫情来袭居家办公时,才突然想起,是时候完成多年未交的作业了。

本次修订,基本可算是全面补充和修订,虽然依然维持了上、中、下三篇的结构,但内容多数"面目全非"。倒过来看,首先是下篇中的第8章和第9章,第1版内容全部废弃,更换了主题予以重新撰写。中篇中的第7章补充了案例应用分析;第6章中的案例企业,当初出于突出不同性质的企业对比的目的,选取了华电国际和华谊兄弟,一个电力企业、一个影视企业,本次修订改选了华策影视与华谊兄弟,两者都是影视企业,用同行业企业做对比更符合财务分析的通则;第5章更改和充实了大量内容,特别是全面系统地概括了企业财务造假模式和对收入舞弊的核查;第4章更新并补充了案例。上篇中的基本理念和理论框架,也都补充、调整了相关内容。在本书的修订中，涉及的案例和数据基本都进行了更新或做了回顾性补充，以更好地验证当初的分析结论，同时针对最新实务进展增加了部分最新的案例，使本书的时代特征更加明显，案例更加丰富。与第1版相比，本书更新和补充了超过一半的内容，基本可算是一本新书了。如果说，第1版是为有一定财务会计基础，且对商业银行信贷工作有一定了解的人士写作的，那修订后的本书则希望能与第1版的读者一起成长，持续精进，我希望本书对资深信贷客户经理和授信评审人员有所帮助。

当然信贷财务分析的范式和结论依然是"见仁见智"，不妥之处希望大家继续批评和指正，我定将虚心接受。若能书面赐教，更是不胜感激。联系方式：300969@sina.com。

不知别的作者在写作的过程中有怎样的体验，于我而言写作既是兴趣所致因而乐此不疲，也是生命的一次耗竭，有了思路就要"废寝忘食"，一直写到"头昏脑胀"为止，全然不顾最关心我的人的抱怨和催促。我居家办公时每天写作十五六个小时，上班后也每每坚持写作到凌晨两三点。一天不休的整整两个月时间没有丝毫的耽搁，但写作仍然是充满遗憾的一件事情，于我是放下了重负，于您则不知是否满意，但愿阅读本书不会浪费您的生命。

再次感谢机械工业出版社的编辑，没有她多年来孜孜不倦地催促和鼓励，本书可能不会这么快与大家见面。

写作期间，我将自己封闭在小屋里创作，因而减少了对家人的陪伴，忽略了他们的感受，在此对他们的理解与包容表示感谢。

崔宏

2020 年 3 月 31 日

答疑或加入信贷实务交流微信群，请在微信朋友圈晒书后，加微信好友 huh66huh（昵称：胡小乐），3 个工作日内应答，请不要着急。

第1版前言

　　企业财务分析是商业银行信贷客户经理、授信评审人员和风险监控人员等必须掌握的一项基本技能,但长期以来很多实务界人士将企业财务分析仅仅局限于企业财务会计报表本身,且虽然名义上是以信贷风险管理为目的在分析会计报表,但实际应用中存在就报表分析报表、信贷风险管理指向不明的问题,不可避免地造成分析体系不完整、分析思路不清晰、分析方法不完善、分析效果不理想的后果,严重制约和影响了商业银行在信贷工作中对企业财务分析的恰当性、针对性和高价值利用。

　　商业银行信贷实践呼唤对企业财务分析的高效应用。本书正是基于如此背景和目的写的。目前,市场上各类企业会计报表分析的图书可谓琳琅满目,但基本都是通用目的下的分析之作,若简单套用于商业银行信贷风险管理的目的,总是给人以隔靴搔痒之感,由于没有针对性也就失去了参考价值。

　　以作者本人的观察,既有的企业财务报表分析领域的优秀著作,其作者多为高校财务会计学教师，内容严谨扎实而信贷实务经验缺失；商业银行中从事信贷工作及风险管理的人员又大多非财务会计专业出身，其丰富的企业财务分析工作经验由于埋头于繁忙的日常工作而缺乏总结，鲜见成果问世；个别翻译作品又多是国外背景，削弱了其原本的价值。

本书旨在填补这方面的欠缺。一则起因于在高校对会计学、审计学和工商管理等专业的学习和工作经历，为作者打上了专业烙印，使作者养成了写作的习惯；二则得益于本人在会计师事务所和商业银行工作的亲身实践，形成了发现一点问题就想总结提高一下的良好学习方式。但愿这样的写作初衷和动机有助于提高本书的实践针对性和应用价值。

本书内容包括上、中、下三篇共九章。上篇为理念与框架，分三章对信贷风险管理视角下企业财务分析的作用、特殊性以及应把握的基本理念进行论述，并基于哈佛分析框架提出了适于信贷风险管理目的的企业财务分析框架，同时给出了信贷财务分析的切入点及适用技术。中篇为思路与方法，分四章在信贷财务分析框架下，就战略导航、会计调整、指标分析与前景预测四个核心环节，逐级论述，完整展示了企业偿债能力分析的全过程要点和技巧，并指出各环节中常见的陷阱及规避措施。下篇为衍生与拓展，用两章的篇幅分别述及基于企业会计报表发现业务机会的策略与方法，以及银行对于抵押贷款价值的重新认识与管理改进。这两部分内容是对当前商业银行刚刚提出并探讨的报表营销与抵押价值问题进行的一种研究和探索。

需要交代的是，本书不单纯讲述企业财务分析，而是着眼于介绍商业银行授信风险管理视角下的企业财务分析的方法论。在写作过程中，作者力求内容体现如下四个特点：一是专门化，聚焦于商业银行信贷风险管理视角下的企业财务分析，即围绕如何评价企业债务偿还能力而展开，不是市场上广泛流行的普适性报表分析著作；二是专业化，不是泛泛而谈，而是综合了财务分析理论与银行信贷实践，以明确的任务主题一以贯之，从理论框架到技术方法，再到案例操作，是为专业人士撰写的专业书；三是实战化，专门与专业特色，绝不是孤芳自赏，而是为指导实务提供正确的方向和科学的依据，辅以大量的案例，提供具体操作指导，让读者掌握正确的精锐武器，决胜实务天地；四是研讨化，财务分析没有定式，权变是不变的灵魂，传统内容不做教条理解，而报表营销和抵押价值的分析内容，则是对商业银行最新诉求的创新性回应，体现了一定的前沿性。

财务分析毕竟是一项专门的技术，本书在写作方式上实难做到通俗并专业，但还是尽量规避太过学术化，除参考文献外，尽量去掉令实务人员看着头疼的学术论文写作体例。同时，写作中秉持作者一贯坚持的"奥卡姆剃刀"原则，拒绝"摆花架子"，能简则简，不求面面俱到，但求对实务有所总结和拓展，理论仅做点到为止式梳理，同时结合大量案例进行形象说明或操作性展示。另外，本书假设读者也不是完全的企业财务分析的门外汉，书中对一些财务会计基础性知识和报表分析的基本概念（包括基本指标的解释和计算），除非特殊，一般也不再画蛇添足。

一句话，本书是为有一定财务会计基础，且对商业银行信贷工作有一定了解的人士所写的，期望能对提高商业银行信贷财务分析水平做一点贡献。

当然，基于当前学校教育日益强调学生实际操作能力的导向，对于财经类专业高年级学生或研究生而言，本书也是有益的参考书，对启发他们沟通理论与实践、锻炼快速适应实务工作能力具有较强的指导意义；另外，对于已经取得和正在谋求银行融资的企业而言，了解银行对企业财务分析的范式和要点，就能够知道银行评估企业的关键所在，也就不会再迷惑于

"我们企业这么好，怎么你们银行就不贷呢"，有助于其融资成功和持续满足银行授信条件。因此，对广大企业而言，本书也不失为一份可资参考的有益资料。

最后要说明的是，由于企业财务分析涉及诸多因素（包括主观判断），因此尽管企业还是那个企业，但分析的范式和结论则可能"仁者见仁，智者见智"。本书作为一种探索"抛砖引玉"，期望这一领域出现越来越多的研究成果，大家共享提高。

相对于信贷工作中企业财务分析之高超的"科学与艺术"属性，我只能说作者本人也是一名新兵，尽管自认为是一个有心之人，但也只能窥见一二。由于作者本人水平所限，不当之处甚或错谬肯定在所难免，欢迎广大读者批评指正。

崔宏

2011 年 4 月 30 日

目录

第 2 版前言
第 1 版前言

上篇 理念与框架

第 1 章 导论 / 2

1.1 银行信贷管理与风险防范 / 2
1.2 企业财务分析与信贷风险识别 / 4
1.3 实践呼吁信贷财务分析水平的改进与提升 / 13
1.4 传达科学信息，引领企业共舞 / 17

第 2 章 基本理念 / 19

2.1 财务报表与报表分析的局限性 / 19
2.2 信贷财务分析的特殊性 / 26

2.3　信贷财务分析的基本理念　/ 29

第 3 章　理论框架 / 47

3.1　理论框架的重要性　/ 47

3.2　信贷财务分析框架　/ 49

3.3　基于信贷风险管理的财务报表分析切入点　/ 55

3.4　信贷财务分析技术　/ 60

附录 3A　某商业银行公司业务授信调查信息交叉验证技术指引　/ 83

中篇　思路与方法

第 4 章　战略导航 / 92

4.1　宏观环境与行业分析　/ 92

4.2　价值驱动因素与竞争优势分析　/ 114

4.3　竞争战略与财务预判　/ 117

4.4　生产经营与授信风险　/ 119

4.5　战略导航中常见的陷阱及规避　/ 152

第 5 章　会计调整 / 154

5.1　辨认和评价关键会计政策　/ 156

5.2　报表危险信号识别与关注　/ 167

5.3 企业财务舞弊的逻辑框架 / 183

5.4 企业收入舞弊的核查技术 / 203

5.5 会计调整与实施 / 212

5.6 会计调整中常见的陷阱及规避 / 224

附录 5A 贷后管理中常见的风险预警信号 / 227

附录 5B 企业隐性债务调查指引表 / 231

第 6 章 指标分析 / 233

6.1 资产质量分析 / 234

6.2 盈利质量分析 / 253

6.3 现金流量分析 / 272

6.4 偿债能力分析 / 280

6.5 简要小结 / 291

6.6 指标分析中常见的陷阱及规避 / 299

第 7 章 前景预测 / 304

7.1 前景的定性分析预测 / 305

7.2 现金流预测 / 306

7.3 基于模型的企业财务困境预测 / 331

7.4 前景预测中常见的陷阱及规避 / 339

下篇 延伸与拓展

第 8 章 巨亏企业续授信的故事 / 344

8.1 故事背景 / 345

8.2 续授信业务审批 / 349

8.3 授信提用变故 / 353

8.4 后续合作一波三折 / 363

8.5 案例检视与启示 / 364

第 9 章 向浑水公司学尽调技术 / 367

9.1 浑水公司做空，扇动蝴蝶翅膀 / 368

9.2 惊魂一日股市掀巨浪 / 371

9.3 银行系统失聪为哪般 / 374

9.4 且看浑水公司如何做调研 / 382

9.5 案例检视与启示 / 395

参考文献 / 400

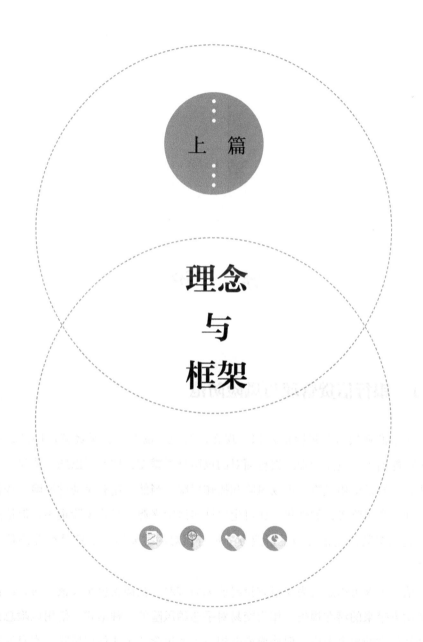

上篇

理念与框架

第1章

导 论

1.1 银行信贷管理与风险防范

对于商业银行与风险的认识，现在流行说，商业银行是经营风险的，风险不可能消失，只能管理。银行面对的风险种类繁多，按照《巴塞尔协议》的说法，主要是信用风险、市场风险和操作风险。当然，还有流动性风险、法律风险和声誉风险等，如细化，还可生出许多风险来源。尽管风险很多，但依据当前我国多数商业银行的主营业务，银行面对的主要风险依然是企业的信用风险。

信用风险可以定义为受信方拒绝或无力按时、全额支付所欠债务时，给信用提供方带来的潜在损失。作为交易对手违约风险的一种形式，信用风险总是受到授信方的更多考虑。但构成商业银行主要风险的企业信用风险，本身又来源于企业生产经营过程中面临的商业风险（信用风险、市场风险、信誉风险、法律风险等）、管理风险（战略失误、运营失败、资产损失、操作风险等）、财务风险（流动性风险、财务危机等）、道德风险，这些因素一起影响企业的偿债能力和偿债意愿。

因此，商业银行信贷风险管理的主要任务之一就是识别和发现企业的信用风险。要做到贷前科学评价企业的还款能力和意愿，争取客户但不忘充分揭示和预警风险，设计完善的授信方案；贷中独立评审，科学规划风险管控措施，正确做出信贷决策；贷后及时发现企业问题，及时预警，及时处置，确保资产安全。

风险说起来容易，管理起来却很难。因为风险之所以谓之风险，乃是因为其不确定性和不规律性。在信贷实践中，业内人士对风险也多"讳莫如深"：⊖

你知道的风险越多，不知道的风险越多。

风险没有完全一样的，不能用一个风险解释另一个风险，风险是个案的。

每一笔业务都是新的风险，如果风险真有规律，那么每笔业务风险总是例外处理。

风险程度可能与你认为的无风险程度成正比。

人的风险直觉没有质的区别，就看你能否坚持。

此外，银行对企业发放贷款之后，由于我国目前还没有一个广泛交易的信贷资产二级市场为银行提供充分的流动性，银行信贷存在"套牢"效应。在这种条件下，银行没有办法通过"一走了之"的方式规避企业信用风险，在多数情况下只能与企业"共存亡"。因此，商业银行通过积极参与公司治理或强化对企业的监督，谋求对投资资产安全性的及时预警和及早处置，以保护自身权利。

其中，强化对企业的财务分析就是一个重要的手段。

⊖ 资料来源：屈建国，龙小宝. 新信贷：银行客户经理业务手册[M]. 北京：北京大学出版社，2009：232-233.

1.2 企业财务分析与信贷风险识别

显然，银行应该向经营状况良好、破产可能性不大的客户发放贷款。因此，银行应对潜在的客户进行信用分析，根据分析的结果，判断客户的风险，从而决定是否提供贷款；随后，银行还应随时监督企业经营状况，判断贷款能否按时收回，特别是在企业陷入财务困境前，要及时发出预警。这里，对企业进行信用分析，核心就是进行企业财务分析（当然，本书所指的财务分析绝不是简单的对几张会计报表的分析）。通过企业财务分析，银行可以有效识别信贷风险，进而做出科学的信贷决策。

蓝田股份的案例是依据企业财务分析识别信贷风险的典型公开案例。

蓝田股份，1996年在上海证券交易所上市。上市后，该企业在财务数字上一直保持着神奇的增长速度：总资产规模从上市前的2.66亿元发展到2000年年末的28.38亿元，增长了10多倍，历年年报的业绩都在每股0.60元以上，最高达到1.15元，即使遭遇了1998年特大洪水以后，每股收益也达到了不可思议的0.81元，创造了中国农业企业罕见的"蓝田神话"，被称作"中国农业第一股"。蓝田股份也因此被有关部门当作农业产业化的一面旗帜。然而，2001年10月26日，中央财经大学刘姝威研究员在《金融内参》上发表的一篇600字短文《应立即停止对蓝田股份发放贷款》，直接改变了蓝田股份的命运。文章指出："蓝田股份已经成为一个空壳，已经没有任何创造现金流量的能力，也没有收入来源……蓝田股份完全依靠银行贷款维持运转，而且用拆东墙补西墙的办法，支付银行利息。只要银行减少对蓝田股份的贷款，蓝田股份会立即垮掉……为了避免遭受严重的坏账损失，我建议银行尽快收回对蓝田股份的贷款。"文章揭开了蓝田股份神秘的面纱，也导致众多银行向该公司清收贷款，加速了蓝田股份的资金链断裂，之后更是导致了企业和刘姝威的一系列纠纷。这成为中国证券市场与经济界的一个重大事件。

刘姝威做出结论的依据，主要是对企业财务报告的分析结果（包括对偿债能力、销售收入、现金流量、资产结构四方面的分析）。分析显示，蓝田股份的偿债能力越来越差；扣除各项成本和费用后，蓝田股份没有净收入来源；蓝田股份不能创造足够的现金流量以支持正常经营活动和保证按时偿还银行贷款的本金和利息。故此，研究推理的结论是：银行应该立即停止对蓝田股份发放贷款。

纵观刘姝威出示的分析报告"蓝田之谜"，其分析不过采用了最常见、最基本的企业财务分析方法和指标，却达到了立竿见影的效果：最终成为压垮蓝田股份的最后一根稻草。刘姝威本人凭借此文，于2003年年初被评为"2002 CCTV中国经济年度人物"和"感动中国——2002年度人物"。

从这个角度上说，企业财务分析是信贷风险识别的利器，一点都不夸张。但是，我们也应注意到，财务分析并非如此简单和明了，财务分析往往只能得出公司财务异常的结论，而不能得出造假的定论，其对银行信贷决策的影响必须结合其他方面综合判定，单纯依靠财务报表的分析显然不足，且分析过程必须严密，否则势必影响分析结论的可信性。

⊙ 案例1-1　蓝田股份财务分析与信贷风险识别的辩论

甲方（刘姝威）：蓝田之谜⊖

■ 我研究推理"应立即停止对蓝田股份发放贷款"的依据

在对借款企业发放贷款前和发放贷款后，银行必须分析借款企业的财务报告。如果财务分析结果显示企业的风险度超过银行的风险承受能力，那么银行可以立即停止向企业发放贷款。

1. 蓝田股份的偿债能力分析

2000年蓝田股份的流动比率是0.77。这说明，蓝田股份短期可转换成现金的流动资产不足以偿还到期流动负债，偿还短期债务能力弱。

2000年蓝田股份的速动比率是0.35。这说明，扣除存货后，蓝田股份的流

⊖ 本处援引的内容为刘姝威公开发表的关于蓝田股份会计报表的研究推理摘要中财务分析与信贷决策建议的相关部分，有改动，全文参见http://business.sohu.com/11/68/article13836811.shtml。

动资产只能偿还 35% 的到期流动负债。

2000 年蓝田股份的净营运资金是 −1.3 亿元。这说明，蓝田股份将不能按时偿还 1.3 亿元的到期流动负债。

1997～2000 年，蓝田股份的固定资产周转率和流动比率逐年下降，到 2000 年二者均小于 1。这说明蓝田股份偿还短期债务的能力越来越弱。

2000 年蓝田股份的主营产品是农副水产品和饮料。2000 年蓝田股份"货币资金"和"现金及现金等价物净增加额"，以及流动比率、速动比率、净营运资金和现金流动负债比率均处于"A07 渔业"上市公司的同业最低水平，其中，流动比率和速动比率分别低于"A07 渔业"上市公司的同业平均值大约 1/5 和 1/11。这说明，在"A07 渔业"上市公司中，蓝田股份的现金流量是最短缺的，短期偿债能力是最弱的。

2000 年蓝田股份的流动比率、速动比率和现金流动负债比率均处于"C0 食品、饮料"上市公司的同业最低水平，分别低于同业平均值的 1/2、1/5 和 1/3 倍。这说明，在"C0 食品、饮料"上市公司中，蓝田股份的现金流量是最短缺的，偿还短期债务能力是最弱的。

2. 蓝田股份的农副水产品销售收入分析

2000 年蓝田股份的农副水产品收入占主营业务收入的 69%，饮料收入占主营业务收入的 29%，二者合计占主营业务收入的 98%。

2001 年 8 月 29 日蓝田股份发布公告称：由于公司基地地处洪湖市瞿家湾镇，占公司产品 70% 的水产品在养殖基地现场成交，上门提货的客户中个体比重大，因此"钱货两清"成为惯例，应收款占主营业务收入比重较低。

2000 年蓝田股份的水产品收入位于"A07 渔业"上市公司的同业最高水平，高于同业平均值 3 倍。

2000 年蓝田股份的应收款回收期位于"A07 渔业"上市公司的同业最低水平，低于同业平均值大约 1/31。这说明，在"A07 渔业"上市公司中，蓝田股份给予买主的赊销期是最短的，销售条件是最严格的。

作为海洋渔业生产企业，华龙集团以应收款回收期 7 天（相当于给予客户

7天赊销期）的销售方式，只销售价值相当于蓝田股份水产品收入5%的水产品；中水渔业以应收款回收期187天（相当于给予客户187天赊销期，比蓝田股份"钱货两清"的销售方式更优惠，对客户更有吸引力）的销售方式，只销售价值相当于蓝田股份水产品收入26%的水产品。

蓝田股份的农副水产品生产基地位于湖北洪湖市，公司生产区是一个几十万亩的天然水产种养场。武昌鱼公司位于湖北鄂州市，距洪湖的直线距离为200公里左右，其主营业务是淡水鱼类及其他水产品养殖，其应收款回收期是577天，比蓝田股份应收款回收期长95倍，但是其水产品收入只是蓝田股份水产品收入的8%。洞庭水殖位于湖南常德市，距洪湖的直线距离为200公里左右，其主营产品是淡水鱼及特种水产品，其产销量在湖南省位于前列，其应收款回收期是178天，比蓝田股份应收款回收期长30倍，这相当于给予客户178天赊销期，但是其水产品收入只是蓝田股份的4%。在方圆200公里以内，武昌鱼公司和洞庭水殖与蓝田股份的淡水产品收入出现了巨大的差距。

武昌鱼公司和洞庭水殖与蓝田股份都生产淡水产品，产品的差异性很小，人们不会只喜欢洪湖里的鱼，而不喜欢武昌鱼或洞庭湖里的鱼。蓝田股份采取"钱货两清"和客户上门提货的销售方式，这与过去渔民在湖边卖鱼的传统销售方式是相同的。蓝田股份的传统销售方式不能支持其水产品收入异常高于同业企业。除非蓝田股份大幅度降低产品价格，巨大的价格差异才能对客户产生特殊的吸引力。但是，蓝田股份与武昌鱼公司和洞庭水殖位于同一地区，自然地理和人文条件相同，生产成本不会存在巨大的差异，若蓝田股份大幅度降低产品价格，它将面临亏损。

根据以上分析，我研究推理：蓝田股份不可能以"钱货两清"和客户上门提货的销售方式，一年销售价值12.7亿元的水产品。

3. 蓝田股份的现金流量分析

2000年蓝田股份的"销售商品、提供劳务收到的现金"超过了"主营业务收入"，但是其短期偿债能力位于同业最低水平。这种矛盾来源于"购建固定资产、无形资产和其他长期资产所支付的现金"是"经营活动产生的现金流量净额"的92%。2000年蓝田股份的在建工程增加投资7.1亿元,其中"生态基地""鱼塘升级改造"和"大湖开发项目"三个项目占75%,在建工程增加投资的资金来源是自有资金。这意味着2000年蓝田股份经营活动产生的净现金流量大部分转化成在建工程本期增加投资。

根据2001年8月29日蓝田股份发布的公告,2000年蓝田股份的农副水产品收入12.7亿元应该是现金收入。

我从事商业银行研究,了解我国的商业银行。如果蓝田股份水产品基地瞿家湾每年有12.7亿元销售水产品收到的现金,各家银行会争先恐后地在瞿家湾设立分支机构,会为争取这"12.7亿元销售水产品收到的现金"业务而展开激烈的竞争。银行会专门为方便个体户到瞿家湾购买水产品而设计银行业务和工具,促进个体户与蓝田股份开展水产品交易。银行会采取各种措施,绝不会让"12.7亿元销售水产品收到的现金"游离于银行系统之外。与发达国家的银行相比,我国商业银行确实存在差距,但是我国的商业银行还没有迟钝到得知"瞿家湾每年有12.7亿元销售水产品收到的现金"而无动于衷。

根据以上分析,我研究推理:2000年蓝田股份的农副水产品收入12.7亿元的数据是虚假的。

4. 蓝田股份的资产结构分析

蓝田股份的流动资产逐年下降,应收款逐年下降,到2000年流动资产主要由存货和货币资金构成,到2000年在产品占存货的82%;蓝田股份的资产逐年上升主要是由于固定资产逐年上升,到2000年资产主要由固定资产构成。

2000年蓝田股份的流动资产占资产百分比位于"A07渔业"上市公司的同业最低水平,低于同业平均值约1/3倍;存货占流动资产百分比位于"A07渔业"上市公司的同业最高水平,高于同业平均值约3倍。

2000年蓝田股份的固定资产占资产百分比位于"A07渔业"上市公司的同业最高水平,高于同业平均值1倍多。

2000年蓝田股份的在产品占存货百分比位于"A07渔业"上市公司的同业

最高水平，高于同业平均值1倍；在产品绝对值位于同业最高水平，高于同业平均值3倍。

2000年蓝田股份的存货占流动资产百分比位于"C0食品、饮料"上市公司的同业最高水平，高于同业平均值1倍。

2000年蓝田股份的在产品占存货百分比位于"C0食品、饮料"上市公司的同业最高水平，高于同业平均值约3倍。

根据以上分析，我研究推理：蓝田股份的在产品占存货百分比和固定资产占资产百分比异常高于同业平均水平，蓝田股份的在产品和固定资产的数据是虚假的。

5. 我的研究推理

根据以上分析，我研究推理：蓝田股份的偿债能力越来越差；扣除各项成本和费用后，蓝田股份没有净收入来源；蓝田股份不能创造足够的现金流量以便维持正常经营活动和保证按时偿还银行贷款的本金和利息；银行应该立即停止对蓝田股份发放贷款。

乙方（飞草、孙进山）：刘姝威揭露蓝田的推理过程是存在问题的[⊖]

■ "蓝田之谜"论证不严密

1. 蓝田股份的偿债能力分析。截至2000年年底，蓝田股份流动资产为43 310万元（其中存货为27 934万元），流动负债为56 701万元（其中短贷为9980万元），根据刘的计算，蓝田股份2000年年底流动比率是0.77，速动比率是0.35，净营运资金是-1.3亿元，因此刘认为其短期偿债能力不行，但是她应注意到该公司的资产负债率是23%，这说明其长期偿债能力非常强。在短期负债中，主要是其他应付款32 717万元，短贷只有9980万元，而该公司当期的货币资金余额有16 714亿元，基于其良好的经营性现金流，短期偿债能力怎么就不行呢？要知道，它2000年的经营性现金净流入是78 583万元，区区56 701万元

⊖ 本处援引的内容为飞草和孙进山发表的质疑刘姝威关于蓝田股份会计报表研究推理文章的部分内容，有改动，全文参见 http://business.sohu.com/73/31/article200603173.shtml。

债务并不对它构成威胁。而且其他应付款中有 22 252 万元是关联单位欠款，自家人，谈不上偿还风险。

2. 蓝田股份的农副水产品销售收入分析。刘以应收账款周转率同业对比认定蓝田股份的农副水产品销售收入 12.7 亿元是假的，笔者认为单以一个指标来推断蓝田股份主营业务收入是假的未免太武断了。最关键是这个指标往往会被操纵，如有的上市公司为了降低应收账款周转率，年末将应收账款转至其他账户，或者以代垫款方式将应收账款冲掉，应收账款余额小不只是蓝田股份特有，也许是其为了操纵经营性现金流，提前回收货款或调度存款以冲销应收账款。刘怎么可以以应收账款周转率偏高为由认定其主营业务收入是假的？

3. 蓝田股份的现金流量分析。刘在该点写道：我从事商业银行研究，了解我国的商业银行。如果蓝田股份水产品基地瞿家湾每年有 12.7 亿元销售水产品收到的现金，各家银行会争先恐后地在瞿家湾设立分支机构，会为争取这"12.7 亿元销售水产品收到的现金"业务而展开激烈的竞争。银行会专门为方便个体户到瞿家湾购买水产品而设计银行业务和工具，促进个体户与蓝田股份开展水产品交易。银行会采取各种措施，绝不会让"12.7 亿元销售水产品收到的现金"游离于银行系统之外。与发达国家的银行相比，我国商业银行确实存在差距，但是我国的商业银行还没有迟钝到得知"瞿家湾每年有 12.7 亿元销售水产品收到的现金"而无动于衷。笔者认为，蓝田股份"钱货两清"交易规则是可疑，但关于这一点质疑早已有更精辟的论述，作者对此没有更深入的阐述。业内人士认为，蓝田股份巨额销售应主要发生在与大经销商上，而与大经销商交易不太可能都是钱货两清。对于蓝田股份"钱货两清"交易规则的怀疑也只能说明其交易方式不可能 70% 以上都是钱货两清，但并不能因此认为其收入一定是假的，而且前已述及，假是肯定有假，关键是有多少虚假成分。

在这一点上，作者还写道：2000 年蓝田股份的"销售商品、提供劳务收到的现金"超过了"主营业务收入"，但是其短期偿债能力位于同业最低水平。这种矛盾来源于"购建固定资产、无形资产和其他长期资产所支付的现金"是"经营活动产生的现金流量净额"的92%。2000年蓝田股份的在建工程增加投资7.1亿元，其中"生态基地""鱼塘升级改造"和"大湖开发项目"三个项目占75%，在建工程增加投资的资金来源是自有资金。这意味着2000年蓝田股份经营活动产生的净现金流量大部分转化成在建工程本期增加投资。作者没有更深入阐述这里面的玄机：所谓的"生态基地""鱼塘升级改造"和"大湖开发项目"巨额投资可能都是假的，蓝田股份正是利用虚增经营性现金流入和虚增投资性流出来达到现金流的平衡与资产负债表的平衡，当然这也是一种猜测，并不是必然。但蓝田股份的造假手法应该就是利用虚增收入的手法虚增在产品、虚增固定资产和在建工程。这一点作者一直没有指出。

4. 蓝田股份的资产结构分析。刘以"蓝田股份的在产品占存货百分比和固定资产占资产百分比异常高于同业平均水平"为由认定"蓝田股份的在产品和固定资产的数据是虚假的"。我们认为这一结论太武断了。也许蓝田股份的融投资策略是激进型的，这样长期资产在总资产中所占比重较高，在产品占存货百分比较高则得到了较好的解释。蓝田股份的主业是水产品，刘以食品、饮料业比率去对比，显然没有可比性，而与水产业相比，又由于水产品生产周期问题，也不一定能说明其比率不合理。

刘的结论是：蓝田股份的偿债能力越来越差；扣除各项成本和费用后，蓝田股份没有净收入来源；蓝田股份不能创造足够的现金流量以便维持正常经营活动和保证按时偿还银行贷款的本金和利息；银行应该立即停止对蓝田股份发放贷款。我们想请教的是：为什么说"蓝田股份的偿债能力越来越差"？在没有进行三年以上的趋势研究的情况下，刘就得出这个结论显然证据是不充分的，而且人家只是短期偿债能力有问题，但也要考虑其主要债权人是关联方，怎么能说明"蓝田股份的偿债能力越来越差"？为什么说"扣除各项成本和费用后，蓝田股份没有净收入来源"？蓝田股份1998年、1999年、2000年的净利润分别为36 259万元、51 303万元、43 163万元，刘怎能断定这所有的净利润都是假的？

蓝田股份造假了，但怎样造假到现在对广大投资者来说还是一个谜！根据长期对上市公司财务行为的观察，我们简单推测蓝田股份可能的大致造假思路，具体如下。

通过大量的现金交易形式，人为虚构交易，通过多次重复放大交易，即使资金量小，也可把交易做大。这也就像许多投资者质疑的那样，蓝田股份广告多、销量大，但市场上并没有看到多少产品。一手交钱一手交货至少保证了账面上现金流量的实现，这种做法的欺骗性比较大。这种做法的缺点会使增值税——销项税加大，但并没有多少进项税，结果会使税收负担加重。为逃避税收，企业只有两种解决办法，一是购买增值税发票，二是通过特殊税收优惠政策降低税负。

中国蓝田总公司负担本应由蓝田股份负担的费用，人为提升上市公司利润。为上市公司输送较多的利润，意味着从经营现金流量角度看会出现流入大于流出，从蓝田股份的资料看也是这样的。长期这样做会使"控制人"的现金枯竭，解决这个问题的办法有两种，一是通过应收款项使资金流出企业，这样做很容易被发现；二是通过虚列固定资产投资项目，使资金流出企业。第二种方法的好处在于在建工程不影响损益，即使形成固定资产延长折旧年限对利润的影响也不会太大。从蓝田股份的资料大家显然可以看出蓝田股份操作现金流量的手法。

5. 刘女士研究推理"蓝田股份完全依靠银行贷款维持运转"的依据，只泛泛而谈"我没有发现蓝田股份足以维持其正常经营和按时偿还银行贷款本息的现金流量来源"，从而认为"蓝田股份完全依靠银行贷款维持运转，而且用拆东墙补西墙的办法，支付银行利息"。

我们认为，要论证"蓝田股份完全依靠银行贷款维持运转"最关键要证明其经营性现金净流量是负的，但从蓝田股份近年来的年报、中报来看，其经营性现金净流量一直是不错的，如2000年每股收益是0.97元，每股经营性现金流量1.76元；1999年每股收益是1.15元，每股经营性现金流量1.15元；就是2001年上半年，其经营性现金净流量也有13 434万元。当然这只是表面现象，其实际的经营性现金流不会这么好,刘的重点是要证明其现金流是假的,但她显然没做到这一点,当然她在第一部分已认定"2000 年蓝田股份的农副水产品收入 12.7 亿元的数据是虚假的",这间接证明其经营性现金流入也是假的,但有多少是虚假的,她不清楚,而该公司 2000 年经营性现金净流量是 78 583 万元,就是说即使有一半是假的,它的 2000 年经营性现金净流量仍是正的,而且刘要证明它所有年度的收入都是假的,才能支持"蓝田股份完全依靠银行贷款维持运转"的结论。比如,蓝田股份 2000 年造假是不假,但 1999 年业绩是真实的,而 1999 年经营性现金净流入是 51 293 万元,这就不能说明其没有"维持其正常经营和按时偿还银行贷款本息的现金流量来源",实际上,蓝田股份 2000 年筹资性现金净流量是 −9612 万元,怎么能说"蓝田股份完全依靠银行贷款维持运转"?

上述二者的分析方法和判断尽管有分歧——这里我们不评价二者水平的高下,但无论如何,他们的分析结论都包含对企业风险的担忧和预警。事实上,通过财务分析很难得出确切的证据,不管证实还是证伪,但比较确切的质疑在某种意义上也就够了。若是针对银行拟授信客户,有了较为确切的怀疑,且后续的调查了解仍然不能排除这种怀疑,银行就应该果断终止介入,已经介入的则应尽快退出。而且在实务中,一家银行的退出极有可能引发其他银行的跟随,从而大概率引发"踩踏"事件,退出晚的银行在企业资金链断裂的情况下往往只能吞下苦果。

1.3 实践呼吁信贷财务分析水平的改进与提升

一般认为,财务分析起源于 19 世纪末 20 世纪初,最早的财务分析主要就是为银行对企业进行信用分析服务的。但从目前我国的实际看,从普遍意义上讲,商业银行信贷风险管理水平还有待进一步提高,特别是在对企业进行财务分析的环节上，多少还存在分析体系不完整、分析思路不清晰、分析方法不完善、分析效果不理想的问题。从作者收集到的不同银行的多份授信调查报告、贷后检查报告、贷款风险分类报告可以看出，对客户的财务分析普遍较为简单，甚至就报表分析报表，若不是放在信贷报告中，根本看不出是在为信贷决策提供判断依据。换句话说，企业财务分析的信贷风险管理指向不明，且存在较多其他问题。

1. 财务分析与宏观环境及行业分析相互独立，关联性不强

因为银行有固定模板的约束，几乎所有授信管理相关报告中，都有当前宏观环境及其客户所处行业的分析，尽管详略有别，但内容都是有的。在信贷财务分析的实践中，我们有"行业分析先于报表分析"的惯例，但这并不是说，对企业经营环境和所处行业的分析位置在前，而是强调要通过对宏观环境和行业的把握，辨识影响公司财务状况的主要因素和主要风险，了解其对会计报表的影响，二者是制约、影响的因果关系，而绝不是位置的先后顺序。比如不同的行业，其商业模式和盈利能力不一样，其资产分布状态不一样，其债务结构不一样，这些都会在会计报表和财务指标上有所反映，对脱离了行业基本特点的企业，或者说其财务指标异于行业常规和常识的企业，需要深入分析其内在原因，而我们绝不能忽略行业的特点，就报表分析报表。然而实务中，我们经常看到很多财务分析并没有和报告前半部分之环境与行业分析相结合，造成报告内容相互独立和割裂，关联性不强，不可避免地降低了发现问题的概率。

2. 以企业报表中的数据为依据进行分析，很少进行会计调整

实务中，银行客户经理或信贷管理人员多依据企业的会计报表进行各种分析，出于谨慎的考虑至多要求企业的会计报表必须经过注册会计师的审计而已。这种做法存在严重的缺陷。因为，企业的经营活动经过会计准则转换为财务报表时，在客观上受制于会计准则的不完善性影响，主观上企业管理层可能存在报表粉饰的动机，而注册会计师在当前执业环境下则更可能存在专业胜任能力不足以及与管理层合谋的可能性。这样，呈现在银行面前的会计报表，则极有可能是"迎合"银行需要的报表，"素颜"经过了"美颜"甚至"PS"，早已物是人非。若以这样的报表对企业进行分析进而影响信贷决策，无疑存在重大的问题。这要求商业银行充分认识到自己相对于客户自身的信息劣势地位，对企业原始报表数据（包括经过了注册会计师审计的会计报表）保持应有的怀疑态度。实际上，我们说识别报表粉饰，是对企业报表进行分析的前置条件，这就要求我们通过会计调整，对会计报表中不应存在的"杂质"进行过滤，通过去伪存真，夯实企业财务分析的信息基础。

3. 财务报表分析体系零散，切入点不明，整体把握感不强

较之对经营情况极尽详细的描述来说，多数报告对财务分析的处理十分简单。概括而言，其财务分析体系零散，主要是报表数字和部分财务指标的简单罗列，缺乏深入和有条理的分析，看完这些数字和指标很难在财务上对企业形成整体把握。比如，企业的偿债能力、盈利能力、营运能力、发展能力到底如何，综合评价结果又如何？再比如，企业实力、企业风险、企业质量、企业效率、企业成长等方面究竟如何，整体发展态势怎样？这些评价结果对企业授信或贷后风险有多大影响？得出企业具备偿债能力的逻辑是什么？这些都是财务分析需要回答的问题。同时在实务中，信贷人员对财务调查更多关注的是重要科目明细和重大科目的变化，系统性缺失。实际上，要想有效地对财务报表进行分析，除了要利用行业环境分析的结果形成必要的预期基础，以及将真实而未经粉饰的报表数据作为前置基础外，就报表分析自身而言，需要基于特定的分析目的，找到恰当的切入点，形成完整的分析体系，并结合非财务数据和资料，才能形成关于目标企业整体的财务印象。尽管财务分析的结果不能代表存在问题的解决，但只有在对企业进行完整的财务分析的基础上，才有可能正确认识问题。信贷财务分析必须围绕企业的盈利质量、资产质量和现金流量三者的相互关系而展开，最终形成以企业流动性和盈利能力为依托的关于企业承债能力的综合判断。

4. 欠缺对企业财务前景的预测分析，以历史武断代表未来

以信贷风险管理为目的的所有企业财务分析，都具有功利性。现行财务报表体系也是以决策有用观为导向的，但企业的财务信息，尤其是财务报表中的财务信息往往只提供历史数据，而决策是面向未来的。因此，以历史数据为基础，对未来进行预测，是实现财务报表"决策有用性"和财务分析目的导向的关键步骤。在信贷管理实践中，银行需要通过预测来评估受信方的承债能力以及贷款回收的可能性。因此，企业财务分析必然要求包括对企业财务前景的预测性分析。但是反观现实中的多数报告，普遍欠缺对企业财务前景的预测分析，其对决策的支撑作用显然不怎么对称，这种以历史数据直接武断地代表未来的做法，带有极大的缺陷。实务中，除了在项目贷款或并购贷款等特殊项目的信贷调查与风险分析报告中，多进行了项目的财务前景预测（尽管方法比较单一）和不确定性分析外，在常规性的授信项目中，对企业财务前景的预测分析急需完善与增强。

5. 机械套用固定模式，企业千差万别而财务分析千人一面

实务中，多数银行对授信调查报告、贷款风险分类报告等规定了一定的格式，其中对于企业的财务分析也都规定了一定的分析模式。这种统一的规范实际上限制了对企业财务状况的充分揭示。因为每一个企业都有其自己的特点和秉性，可以说没有任何一家企业与另一家企业完全相同。既然如此，那么不同企业的问题也自然各种各样、各不相同。举一个简单的例子："营业收入没有增长"这样的问题，对 A 企业而言，问题在于市场占有率在下降，产品销售数量没有增长；对 B 企业而言，问题则在于为了扩大市场占有率，销售数量在增长，价格却不断下跌。所以，即使是表面看上去似乎完全相同的问题，如果深入挖掘其本质，就会发现这些问题的内部构成其实各不相同，同样的财务指标，反映的问题却不同。而依据企业几张会计报表的总括数字简单推算几个指标，就贸然下结论，极易导致"指标差不多则企业也一样"的机械观点，抹杀了企业之间的差别，得出实质上错误的分析结论。而且很多报告大段抄写客户准备的

宣传资料或可研报告中的内容，生硬僵化。以这样的分析水准去进行信贷管理，很可能因"看着邻家的草坪很绿"就贸然进入试图分一杯羹，却换来"被邻家的狗咬成重伤"的后果。

实践中笔者曾多次呼吁一线作业人员，模板标题可以固定，但分析内容应自由发挥，每一篇尽调报告都应"讲好一个企业故事"，环境、人物、故事情节、起承转合、跌宕起伏，乃至升华，诸如"党给我智慧给我胆，誓将报告成诗篇"㊀之类的文艺腔也无不可。当然，笔者是希望大家将报告写得生动活泼一点，而不是写成文艺体或"脑洞体"。但在多数情况下，沉闷照搬易，每一份报告写出自己的特色难之又难。

信贷风险管理实践热切期盼企业财务分析水平的改进与提升。

1.4 传达科学信息，引领企业共舞

在信贷实务中，对企业财务分析的简化处之，还在一定程度上造成了误导企业的弊病。

其一，对银行只需提供会计报表或注册会计师审计报告就行了，如何利用会计信息是银行自己的事。由于银行只做简单分析，至多就报表科目的重大金额变化询问一下企业财务人员，缺乏银企双方的深入交流和沟通，特别是缺乏银行对企业会计报表及相关数据的刨根问底，以及对相关账簿、凭证与经济事项的必要核查，使企业更易滋生美化报表而不必担忧银行"追究"的侥幸心理。

其二，对于那些资质优良的企业而言，由于缺乏银企关于财务分析的有

㊀ 2014年9月2日，时任国泰君安首席宏观分析师任泽平发布了一份研报《论对熊市的最后一战》，力挺大牛市，宣告5年熊市的终结，一轮波澜壮阔的大牛市即将开启，5000点不是梦。报告引用了样板戏《智取威虎山》中的唱段，"穿林海，跨雪原，气冲霄汉。抒豪情，寄壮志，面对群山。党给我智慧给我胆，千难万险只等闲……"这篇报告引发市场热烈关注并不完全因为其"死多头"态度，而在于报告用词颇为特别，文学气息浓厚，感情强烈如檄文，辞藻华丽，观点与诗句交相辉映。

效沟通，而信贷相关的各项调查分析报告又不示之于企业，致使企业对于银行如何分析自己不得而知，导致其在正常申请授信时，简单提供资料，而不能更好地展示自己，有些企业在资质不错的情况下也可能丧失获得授信的机会，以致我们经常在市场中听到类似"我们企业这么好，怎么你们银行就不贷呢"的疑惑。

因此，对于企业而言，知晓银行对企业进行财务分析的操作思路、技术方法及关注重点，就可以知道银行会如何评估自己，从而有助于企业获得银行的"内部信息"，以消除双方之间的信息不对称，有助于促使企业与银行在信贷财务分析活动中建立起更加顺畅的交流机制。一方面，银行在收集和分析资料时会更加便捷地获得企业的配合与支持；另一方面，企业也可以以银行的视角审视自身，知己知彼，在与银行合作时事半功倍。

第 2 章

基 本 理 念

2.1　财务报表与报表分析的局限性

企业财务分析的核心是企业财务报表分析。在信贷实务中,许多客户经理或授信风险管理人员一提起对企业进行财务分析,马上就想到索要企业的会计报表或审计报告,一看到财务报表,马上就埋头阅读和计算起来。其实,这种阅读和分析方法存在相当大的缺陷。本节首先要强调的是,企业财务分析的核心数据来源于会计报表,但分析人员要对会计报表原始数据及其分析方法保持一份谨慎态度。因为,不仅财务报表与报表分析自身存在局限性,而且财务分析也不等同于财务报表分析。这是我们首先需要明确和认识的。

2.1.1 企业财务报表的局限性

概言之，企业财务报表是对企业经营活动的数字化反映，将企业经营活动转化为会计数字的加工机器是财务会计规则。从总体上看，现行财务会计规则具有以权责发生制为确认基础、以历史成本为计量基础、以复式簿记为记账方式的"三大特色"，加之会计核算的会计主体、持续经营、会计分期、货币计量的"四大假设"，以及企业管理当局对会计政策的主观选择甚至粉饰舞弊的考虑，必然导致作为核算成果的企业财务报表存在诸多问题。

1. 反映信息不完整，越来越多有价值的信息游离在外

许多不能通过货币化可靠计量的企业经营活动和事项不能进入报表之中，只能被视为"表外业务和表外事项"。这些被视为"表外业务和表外事项"的经营活动对企业未来可持续发展的影响可能更为重大。在当前模式下，企业财务报表难以全面完整地反映企业的经营活动过程及结果，也就是说会计报表本身就是企业经营活动某种程度上的失真反映，在企业的无形支出和无形资产方面表现尤为突出。

仅靠有形资产，企业很难取得持续的竞争优势。对传统行业与企业而言，无形资产（如专利技术、品牌价值、人才价值、顾客忠诚度、产品创新能力等）也是企业创造价值的重要源泉，它的作用甚至超过有形资产。一个企业开发与利用无形资产的能力已经成为创造持续竞争优势的主要决定因素。然而，现代会计系统对绝大多数无形资产还难以做到用货币加以计量。可以说，建立在工业经济时代的会计准则，在反映有形资产方面游刃有余，在反映无形资产方面却力不从心。更别说，现如今新经济、新业态、新技术日益重要的环境下，大量企业将大量资源投放在研究开发、创意设计、平台建设、网络价值、数据积累、流程优化等无形投资方面，培植了软实力，构建了"护城河"。新经济企业的无形投资甚至已经超越有形投资，形成了价值不菲的无形资产，会计规则却罔顾这些无形投资的资本性支出属性，以难以可靠计量为由，将其费用化，导致表外资产多于表内资产的尴尬局面。大量无形资产在会计报表中的缺失，将导致企业价值创造能力和企业核心竞争力在会计报表中得不到应有的反映。这样的财务报表，难免有比基尼式财务报表之嫌，也导致实践中越来越需要更多的非会计信息作为决策依据。

2. 会计估计和判断的广泛存在，使报表数据具有相当大的主观性

会计号称以客观事实为基础，并为此捍守着权责发生制和历史成本原则。但事实上，会计报表中貌似精确的数字背后，到处充斥着假设、估计、判断等，使得财务报表中的确认数据不可能做到十分精确，多数项目数据是会计人员根据经验和实际情况估计计量的。以2019年度《一般企业财务报表格式》为例，在资产负债表的31个资产项目和21个负债项目中，除货币资金、短期借贷、应付票据、应付账款、预收账款、长期借款外，其余30个资产项目和16个负债项目余额的确定，都离不开估计和判断，占比分别达到97%和76%。同样，在利润表中的17个损益项目中，除营业外收入和营业外支出外，其余15个项目也都需要大量的估计和判断，占比高达88%。在资产负债表中，凡是存在减值可能的资产项目，均必须以扣除减值后的余额列示，坏账准备、跌价准备和减值准备的计提，估计多于事实，主观超过客观。按公允价值计量的资产和负债项目，如果采用的是第二层次和第三层次的公允价值，就更离不开估计和判断，甚至是估值模型，后者在变量、参数、假设等方面，无不涉及主观判断因素。即使是按历史成本计量的固定资产和无形资产，在计提折旧和摊销时，对使用期限、经济寿命、剩余残值等因素的确定，也必然掺杂着估计和判断。在利润表中，收入的确认，成本的归集，费用的分摊，以及公允价值变动收益、信用和资产减值损失的确定，也充满了估计和判断的成分。[⊖]

另外，再翔实科学的会计准则，也不得不允许企业对会计政策与会计处理方法进行选择，如企业存货发出计价方法、固定资产折旧方法等，会计政策的采用也离不开判断，从而使不同企业同类报表数据的可比性受到伤害。即使是

⊖ 资料来源：黄世忠.会计的十大悖论与改进[J].财务与会计，2019（20）：4.

会计师事务所出具了无保留意见的审计报告，也只能说是仅在重大方面提供了合理保证。

3. 历史成本与公允价值的混用，使得财务报表的编制既科学又艺术

历史成本因其可靠性，成为会计一直以来的主导原则。但在经济环境变动的情况下，它可能丧失对现时状况的正确反映，如在通货膨胀环境下，企业货币性资产的实际购买力下降，非货币性资产的账面价值也不代表企业的市场价值；货币性负债在物价上升时可为企业带来利润，非货币性负债由于需要在将来以商品或劳务偿还，物价上涨时则会给企业造成损失。通货膨胀同样影响利润表的可靠性，由于收入是现时的，而成本是历史的，在通货膨胀情况下，资产的低估导致成本偏低，会使收益虚增，从而造成收入与成本的不配比等问题。同时，财务报表以历史成本为基本原则不能直接提供未来信息，其相关性一直广受诟病。由于财务报表描述的是企业"过去的故事"，只能说明"企业过去做得怎么样"，因此企业财务报表并不能向其使用者保证或承诺企业"明天风采依旧"或"明天会更好"。任何决策都是面向未来的，而过去与未来的关系在财务报表中不能得到直观的显现，导致决策分析者要想在了解过去和评价现在的基础上预测未来难度很大。

随着对决策相关性的考虑越来越多，公允价值计量由于关注资产和负债的现时价值且本身包含了对未来的估计，被越来越多地引入了会计系统，与历史成本会计并驾齐驱，甚至有超越历史成本会计之势，特别是新金融工具准则的引入和实施、三阶段预期损失模型的应用，使会计具有了明显的前瞻性特征。前瞻性信息对会计的日益渗透，在提高会计信息相关性的同时，也引起了对会计信息可靠性的担忧。如何兼顾相关性和可靠性，一直是困扰会计界的难题。从过去10多年的准则制定角度看，对相关性的重视显然超越了对可靠性的重视。准则制定机构对相关性的重视和偏好，把会计日益推离历史回顾的领域，促使会计加速进入未来展望的轨道。于是在会计实务中，如何做好会计要素的确认和计量，成为一门兼具科学与艺术的学问。这也为企业外部人士分析评价企业的真实状况带来了额外的难度。

4. 统一会计报表的"通用性"与特定目的下的"专用性"之间的矛盾

在现行准则下编制并对外公布的会计报表是"通用型"的会计报表，是根据全体使用者的一般要求而设计的，若就某一特殊的需求主体而言，必然对其特殊性或专用性照顾不周，一些对其重要的信息可能没有纳入报表，一些对其不重要的信息又可能过多。不同的分析主体应从自己的特定目的出发，在财务报表中搜寻对其决策有用的信息，并结合大量的表外信息做出自己的判断。

5. 会计报表经常会受到企业管理层的粉饰或舞弊的影响而导致信息失真

因为会计信息具有重大的经济后果性，所以企业管理层试图改变或修饰会计信息的做法，在某种程度上可理解为合乎逻辑的博弈行为。基于业绩考核、获取信贷资金、股票发行上市、税收筹划、政治利益、推卸责任等动机，企业管理层或控股股东极有可能利用其所处的信息优势地位，滥用会计准则和制度所赋予的会计政策选择权，进行报表粉饰，人为改变企业的财务状况、经营成果和现金流量，甚至赤裸裸地舞弊造假。对于信贷人员等报表使用者而言，期望企业如实提供会计报表就显得有些不切实际。

由此可见，企业财务报表的内在局限性不言而喻，其在真实性、完整性、可靠性、相关性、适用性等方面都存在或可能存在问题。这就决定了企业财务报表的阅读和分析不能简单地"就报表论报表"。孤立地阅读和分析企业财务报表难以理解和体会企业财务报表所反映的企业经营活动，甚至根本无法解读"会计数字"的经济含义。这样，企业财务报表的阅读和分析者只能是"不识庐山真面目，只缘身在此山中"。如此一来，企业财务报表分析可能演化为一种"重形式、轻实质"的"数字游戏"。⊖

⊖ 资料来源：胡玉明.企业财务报表分析的新思维[J].财务与会计，2006（12）：62-64.

2.1.2 报表分析的局限性

1. 财务报表是企业会计核算的"结果",而对报表的分析难以"由果及因"

也就是说,仅观财务报表本身,"知其然,而不尽然,更不知其所以然"。比如,某企业某个年度财务报表显示利润为 100 万元,孤立地看企业财务报表,我们能清楚这个利润是在什么环境下、基于何种战略取得的吗?再如,两个企业某年年末的总资产都是 1 亿元,实现的净利润都是 100 万元,我们能得出两个企业的盈利能力相同吗?由此导致的一个结果是,企业财务报表的分析对象即使是财务报表,其分析功夫恐怕也在企业财务报表之外!企业会计信息与非会计信息放在一起才是企业活动的完整信息拼图。只有通过对比非会计信息才能还原企业商业活动的真相,而企业商业活动的真相才是我们进行财务分析的指向和目的。在这个意义上,会计信息与非会计信息的交叉验证才是企业财务报表分析的关键手段,"功在诗外"。

2. 报表分析的直接依据是报表数据,从而对报表数据的质量具有依赖性

受制于多方面主客观因素的影响,财务报表的信息失真问题必然存在。客观上,一方面因为会计是对经营活动的反映,会计系统的缺陷导致企业经营活动量化为会计数字时必然存在一定程度的信息失真。如前所述,在当前会计准则下,会计信息的真实性、完整性、可靠性、相关性、适用性等方面都存在这样那样的问题,报表分析则是从会计数字反推或还原企业经营活动并预测未来。由于第一个环节本身就发生了信息过滤或失真,第二个环节的还原不可避免会再一次发生偏差。另一方面,现代会计准则体系和应用工具越来越复杂,科学的外表下掩藏着企业会计处理人员的不同艺术水平,加之会计人员的误处理也时有发生,这些必然导致部分会计信息失真。主观上,企业管理层和会计人员出于某种动机,如向银行争取信贷资金,可能美化企业财务报表,造成报表反映失实。可以说,财务报表结果的弹性特征,造成报表分析先天营养不良。

3. 报表分析方法自身存在缺陷，影响分析效果

报表分析方法通常主要有比较分析法、趋势分析法和比率分析法。比较分析法既然是比较，那么可比性就成为比较分析法的灵魂，只有具有可比性的指标，采用比较分析法才有价值。而由于报表数据的局限，不同企业甚至同一企业不同时期的数据均缺乏严格意义上的可比性，从这个意义上说，比较分析法的运用必然受到影响。趋势分析法与比较分析法相类似，具有可比性的数据看趋势才有意义，否则得出的所谓趋势将是误导性的趋向。比如，企业当年的经营出现拐点，将造成不同时期的财务报表可能不具有可比性，打破了一贯的趋势。比率分析法的局限性除可比性难以保证外，还在于比率的标准值难以取舍，特别是不同企业或同一个企业不同时期的多元化发展程度不同，给定一个比率（比如流动比率为2），很难断定其优劣。

4. 报表分析的结论可能是见仁见智，很难有统一的认识

一方面，报表分析的具体指标可能由分析人员"随心所欲"地构造，即使是同一个指标，取值和算法也可能存在一定差异；另一方面，由于相同的指标值在不同的经营环境下、不同的行业中、不同的行业发展阶段、不同的企业、同一企业的不同发展阶段、同一企业的不同经营方针下，其经济含义可能不尽相同，甚至有巨大差异；同时，同一家企业同一时期或时点的有关财务指标可能会相互冲突，如可能利润率很高而财务杠杆率也很高，可能利息保障倍数很低而经营性现金流量很充足，可能利润率很高而流动性很低。在许多情况下，企业的经营状况既不是非常好，也不是非常差。授信人员可能会中庸地看待这些企业，是否授信或授信多少可能会取决于自己的主观判断，加之不同分析人员的认知和能力水平不同，其对同一个企业报表的解读可能存在差异，在特殊情况下甚至可以得出相反的观点。

2.2 信贷财务分析的特殊性

进行企业财务分析的目的有多种，企业内部的管理层可能是为了绩效评价；企业外部的投资者可能是为了研判企业价值以决定投资策略；银行则可能是为了决定是否发放贷款或监控企业财务状况以判定其对贷款安全性的影响。不同的分析主体出于不同的目的，进行企业财务分析的侧重点是不同的，会存在较大差异。与其他分析目的相比，信贷财务分析出于信贷风险管理的目的，具有自身的特点。

2.2.1 分析的目的直接指向企业的财务风险和偿债能力

财务分析是一个公共工具，出于哪种目的都可以运用，但出于不同的分析目的分析的具体目标导向是不一样的。出于信贷风险管理目的的企业财务分析，其目标是从债权人的角度分析借款人的财务状况，进而判断借款人财务风险的大小和偿债能力的强弱，以便为银行授信决策、资产风险分类决策、资产保全决策等提供基本依据。

出于其他目的的财务分析一般均关注企业的财务风险、偿债能力、盈利能力、运营能力和发展能力，其偿债能力多作为关注的问题之一，而出于信贷风险管理目的的财务分析，通常也会关注这些方面，但其最终的目标导向则是在各方面分析的综合基础上，以企业的财务风险和偿债能力为核心或基本指向。当然，企业的财务风险和偿债能力不是孤立存在的，它与借款人的资产质量、盈利能力和现金流量等因素密切相关，出于信贷风险管理目的的财务分析就是要在分析这些因素的基础上，得出对企业财务风险和偿债能力的评价。

与此对应，在这种指向下更需要贯彻谨慎性原则，相比其他分析，将更加关注企业资产的高估与负债的低估问题。

当然，本书论及的财务报表分析也主要适用于那些财务制度相对规范、信息透明度较高的大中型企业。至于小微企业授信以"水表、电表和税表"取代

"资产负债表、利润表和现金流量表",以及依赖于贷款购置的资产所创造的现金流而与企业主体偿债能力没有直接关联的"专业贷款",其报表对于银行而言几乎没有意义,也就不在本书探讨范围内。

2.2.2 分析的重点更加关注企业的流动性和盈利能力

与其他分析目的不同,出于信贷风险管理目的的企业财务分析,更加关注企业的流动性和盈利能力指标,因为这些指标与企业的财务风险和偿债能力直接相关。

根据国外学者的研究,如吉邦(Gibon)于1983年对美国100家最大的银行的信贷部门进行了调查,结果显示在对授信条款产生影响的财务指标中,大多数信贷部门认为负债/权益比率最重要,其次是流动比率和现金流量/到期长期债务比率,而在信贷协议包含的财务比率中,最重要的依然是负债/权益比率,其次是流动比率、股利支付率和现金流量/到期长期债务比率。巴克尔(Backer)和戈斯曼(Gosman)于1979年就"信贷条款中最先考虑哪个财务比率"对美国银行、邓白氏(D&B)征信机构、投资银行和债券评级机构的调查显示,随着贷款期的增加,人们更关注杠杆效应和盈利指标,较少关注流动性和周转率指标。⊖

可以看出,短期内关注流动性,长期更关注盈利能力,杠杆比率则是一个基础性评价指标。这是业界内部的通行看法,也是对出于信贷风险管理目的的财务分析的必然推论。

2.2.3 分析的结果直接影响信贷风险管理决策

出于不同的分析目的,其结果的应用自然不同。根据授信风险管理的目

⊖ 资料来源:张先治,韩季瀛.现代财务分析[M].北京:中国财政经济出版社,2003:246.

的，企业财务分析的结果对授信决策、资产风险分类、资产保全方案、相关人员责任认定有重大影响。在贷款前，分析的结果显然是客户经理决定是否接受客户的一个重要依据，也是授信评审人员决定是否授信的基本依据。在贷款后，分析的结果则是授信风险监控人员对贷款进行分类的一个重要参考，也是后续的资产管理，特别是资产保全管理的一个最重要的监控指标。根据现行各商业银行授信风险管理政策，这样的分析结果还会与客户经理以及相应风险管理人员的责任认定联系起来。

可见，作为决策依据的财务分析结果，其在任何领域中造成的影响可能都是重大的。在信贷风险管理领域中，同样如此。

2.2.4　分析的主体不同于其他情形，分析技术各有所长

财务分析绝不仅仅是对财务报表本身的分析，在分析的过程中，一定会伴随必要的调查和审查技术。在实务中，不少信贷人员倾向于拿来主义，乐于引用和参考其他方面的材料，但是需要注意的是，不同的分析主体由于其手段和动机不同，其分析各有所长与所短，要充分认识到不同分析主体在分析技术和结果方面存在的差异。

首先与注册会计师相比，通常信贷人员没有经过专门的系统审计技术的培训，对会计准则或会计制度的理解和掌握也往往逊于注册会计师，企业财务分析能力和水平似乎要弱于注册会计师。但信贷人员也具有注册会计师不具有的优势，如对客户所处经营环境和行业的认识更加深刻（目前中国的注册会计师多是"万金油"，专业分工不细），对企业资金的监控更便利（注册会计师往往还需要向银行询证和查证客户银行账户流水），对企业或有债务的掌握（信贷人员可充分利用人行信贷登记系统进行查询）、对客户的长期跟踪和对客户上下游情况的掌握（目前中国的注册会计师普遍还做不到）等。

其次与其他外部投资者相比，一般而言，其他外部投资者包括专业分析师对企业的研判技术水平较高，分析技术和能力也较强，基于决策影响和专业考

虑，除公开资料外，他们也可能会对企业进行实地调研，另外他们对政策和行业的把握能力也很强大。信贷人员与他们相比，同样具有自己的优势，除了在企业资金监控和或有债务的掌握等方面存在优势外，许多信贷人员甚至扮演了"驻厂员"的角色，与企业融资部门和财务部门"朝夕相处"，对企业自然比其他外部人员更为熟悉，对企业进行财务分析显然信息更为充分。

但是受限于作业成本和工作量的考虑以及人员激励的差异，在调查分析技术的运用深度和力度方面，银行对一家授信企业的尽职调查经常表现出相对于投资者或潜在投资者（包括沽空者）更弱的情形，与他们相比，银行信贷人员的分析有时简直就是蜻蜓点水。例如，在浑水公司沽空某公司后，我们经常会发现竟然有许多家银行和非银行金融机构陷入一家糟糕的客户而不自知，在反思之后开始向浑水公司学习如何调查公司。⊖

2.3 信贷财务分析的基本理念

企业财务报表和报表分析存在内在局限，且出于信贷风险管理目的的财务分析具有不同于其他分析的特殊性，这就要求我们在对企业进行分析时，形成一套框架和逻辑，以更好地指导基于信贷风险管理的企业财务分析实践。当然，对信贷财务分析自身可能存在的问题也应有一个清晰的认识，能够尽可能地科学面对。

⊖ 当然，笔者经常把这类情形归结为商业银行的"系统性风险"。与沽空机构在面对巨大的潜在收益的情况下舍得花费巨额成本和大量时间对一家企业进行调查分析相比，银行和客户经理如此这般展业并不经济。这有点类似于商业银行是在大数法则下闯天下，而沽空机构则可以一单业务定乾坤。例如，在辉山乳业事件中，20多家金融机构没有一家像浑水公司一样能够发现客户的造假行为，体现出了"无偏差"的执业水平，我们也只能将这一情况的发生归因于系统性的原因了。在这个意义上，不管我们如何学习浑水公司的调查分析技术，都是可以有所借鉴但无实质性改观。而事实上，这些所谓的技术没有任何新鲜之处，也不是独门绝技，只是商业银行不可能做得那么深入而已。

2.3.1 分析是一个研究推理过程

在这里，我们特别强调目的、研究和推理。分析不是数据的排列组合，要在特定目的下（信贷风险管理），把财务数据背后的故事或实质挖掘出来，其过程就是研究和推理的过程，只有这样，才能把财务分析进行得更鲜活，使报告更像一个"探案故事"，避免陷入"就数据论数据"的误区。

纵观信贷风险管理实践，在财务分析方面普遍较为薄弱，还存在不少缺陷或者说误区。比如，虽说是为信贷风险管理服务，但分析范围和重点的选择与其他分析没有区别，与分析的需求基本脱节，为分析而分析，决策者难以从中获得真正有用的信息；部分分析难以跳出财务固有的思维惯性，拿着一堆财务数据进行比较和分析，与企业经营管理脱节，就财务论财务，从而割裂了财务分析与企业经营的紧密联系；部分分析水平仅仅停留在财务报表层次，经常忽视那些报表华丽的企业存在的潜在风险和问题，也难以挖掘出那些业绩一般的企业的潜在价值，就报表论报表，对表外事项非会计信息的关注度不够；部分分析多是数据描述，未把各项财务数据和财务指标串联起来分析，不能挖掘出财务数据背后的经济实质，就数据论数据，真正的归纳、提炼少，不能形成恰当的分析结论。相反，另有部分分析则太过"综合"，没有深入到各业务板块或企业级次，特别是对多元化发展模式下的企业集团，不同的业务或企业，或好或坏，或增或减，只看整体、不看结构，得到的结论往往趋于"中庸"和"平淡"，容易掩盖企业真相。另外，财务分析的目的在于了解过去、评价现状、预测未来，基于此做出恰当的信贷决策，而不少分析恰恰忽略了这一点，对过去和现在分析较多，对未来的预测则很少，从而大大削弱了财务分析的"导航"作用。

要想彻底提升财务分析水平，就必须克服以上缺陷，特别是要系统解决当前商业银行信贷风险管理实践中企业财务报表分析存在的问题。这里，解决问题的根本途径就是将财务分析过程作为一个研究推理的过程。既然是研究的过程，就得按"研究"的套路进行，首先明确分析目的，要牢记分析是为信贷决策服务的；其次要确立分析的架构和逻辑，找准切入点；再次是进行分析和调查，由果及因，并做出未来预测；最后得出分析结论。

与一项典型的"科学研究"过程相比，财务分析过程如图 2-1 所示。

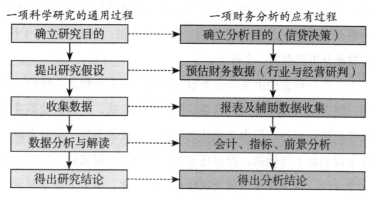

图 2-1 科学研究过程与财务分析过程对比

2.3.2 行业分析先于报表分析

这里说的行业分析是一个约定俗成或习惯的叫法，实际上称为经营环境与战略分析更为恰当一些。企业的经营活动受经营环境和经营战略的影响，经营环境包括企业所处的行业、要素市场、政策法规管制等；经营战略则决定了企业如何在经营环境中获得竞争优势。二者对企业经营状况和发展前景有重要影响。比如，一个企业是否有长期发展的前景，首先同它所处的行业本身的性质有关。身处高速发展的行业，对任何企业来说都是一笔财富，所谓站在风口，"猪"也会飞；一个企业处于发展缓慢的行业中，即使财务数据优良，大环境的下行趋势也会影响其未来的盈利能力。再比如，企业采取薄利多销的策略还是利用某种竞争优势进行差异化竞争，对企业的盈利能力和相应的财务指标都会产生不同的重要影响，对其分析的目的就是确认利润动因和业务风险，从而对企业的潜在利润和持续经营能力做进一步的了解，为财务分析奠定基础。

因此，有效的财务报表分析不能仅仅就报表数据分析而分析，更应从企业的行业背景、宏观环境、竞争策略、会计政策等方面来解释报表数据，这样才能更好地了解企业，解读会计数据，只有将报表分析与企业所处的环境、行业，面对的竞争情况以及管理层对会计政策的选择等结合起来，报表分析的结果才较为客观和准确。从这个意义上，我们经常说，行业分析先于报表分析，这是进行财务分析应有的一个理念。

实际上，这一理念的由来与企业财务报表的由来逻辑是一致的。之前我们已经提到，财务报表是对企业经营活动的记录和反映，经营活动则受企业经营环境和经营战略的制约，但由于企业的经营活动复杂多样、包罗万象，对之逐一进行详细说明是不可能的，况且还有部分活动具有保密性，其披露可能影响企业的竞争地位，加之许多内容无法实现货币量化，决定了许多经营活动难以对外报告。这样，经过会计系统对企业经营活动进行挑选、计量并汇总，最终的财务报告数据就无疑将受到企业经营活动本身与对其进行处理的会计系统的双重影响。这样从经营活动到财务报表的形成逻辑也就是企业财务分析应遵循的内在逻辑。

图2-2清晰地显示了这种关系和影响。

图2-2描述了企业基于特定经营环境和经营战略所从事的经营活动，经过会计环境、会计政策和会计系统的影响、加工，最终表现为企业财务报表的过程。可见，经营活动是企业财务报表试图反映的经济实质，企业财务报表只是一面用来反映企业经营活动的美妙的"镜子"。如果企业财务报表的阅读和分析者不了解企业所面临的经营环境、经营战略、会计环境和会计政策，仅仅陷入会计数字的迷宫，就难以把握和理解企业经营活动的实质。[⊖]

⊖ 资料来源：胡玉明.企业财务报表分析的新思维[J].财务与会计，2006（12）：62-64.

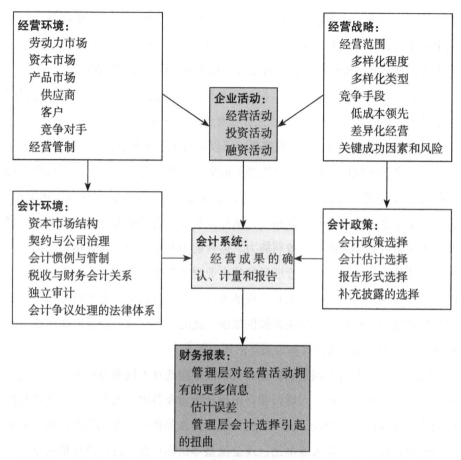

图 2-2　从企业经营活动到财务报表

资料来源：克里舍 G 佩普，保罗 M 希利，维克多 L 伯纳德.运用财务报表进行企业分析与估价：教材与案例（原书第 2 版）[M].孔宁宁，丁志杰，译.北京：中信出版社，2004:5.

2.3.3　权变是财务分析的灵魂

有人说，要做"标准"的分析，只要一台电脑就够了：写好程序，让它定时从数据库中取数并运算，计算出各种比率（甚至包括在编程时设定好根据某些情况进行公式修订）；如果设定了某指标的正常值范围和报警方式，它在生成的分析报告中还会提示"异常"指标。这种情况在实务中甚至真的被业界人士作为"科学管理"的愿景，有的已经开发出来了。这里不得不指出的是，知道几个比率的计算公式就叫懂财务分析，能把一组比率的计算结果和一些文字或图表组合到一起就说会写财务分析报告，是非常肤浅、非常错误的。

因为，财务分析不是死的，权变才是财务分析的灵魂！只有"科学成分"是不够的，还必须有"艺术细胞"，否则财务分析的效果将大打折扣。

说财务分析必须树立权变的理念，可以举出无数的理由，例如：

（1）出于不同的分析目的应选择不同的指标进行分析。出于信贷风险管理目的的财务分析，与银行自身的经营要兼顾流动性、安全性、盈利性相类似，也要侧重于企业的流动性、盈利性，从而保护投资资产的安全。一般企业的财务分析通常并列偿债能力、盈利能力、运营能力和发展能力四类指标，得出一个综合评价；出于信贷风险管理目的的企业财务分析则主要应在综合考察企业流动性、盈利能力、运营能力和发展能力等方面的基础上，考虑财务风险，判定其偿债能力，从而为信贷决策提供依据，此时就不宜再将企业的偿债能力与其他指标并列，而应该将其作为最终的评价标准。

（2）针对企业的不同发展阶段和贷款期限应选择不同的分析重点。在企业的创业阶段，重点分析收入增长和自由现金流量及各项非财务指标；在成长阶段则应重点分析收入增长、资产结构和财务弹性等指标；在成熟阶段则需要重点分析资产收益率、收入成本比、现金流量等指标；在衰退阶段分析的重点则主要集中在现金流量上。在考察企业短期贷款偿还能力时，现金流变得比利润更重要，而在长期贷款的考察中，利润更为重要，因为如果企业不能赚取足够的利润，该企业可能就无法继续生存下去。

（3）就选定的分析内容还要选择恰当的分析方法和计算公式。一般教科书给出的方法和公式仅是在通常情况下使用的方法和公式，在实际工作中则要灵活运用，不能生搬硬套，要根据分析对象和分析目的决定分析方法并改进公式，才能得出更符合实际的结论。

例如，速动比率指标的计算，就需要在具体情况下进行权变处理。计算速动资产的一般公式是流动资产减去存货。将存货从流动资产中剔除的原因可能是：在流动资产中存货的变现速度慢；由于某种原因，部分存货可能已经损失报废还没做处理；部分存货可能已抵押给债权人；存货估价存在着成本与市价相差悬殊的问题等。但实际上，对于某些企业，剔除存货的原因可能一个都不存在。例如，煤炭等能源商品作为企业的存货变现非常容易且在变现过程中还可能增值，显然应该包括在速动资产当中。速动资产包括的其他应收款（如关联方，尤其是大股东占款）的流动性可能极差（要不然证监会也不会三令五申进行清理了）。如此种种，要求分析人员在具体计算时必须灵活考虑各种情况并予以修正。

（4）单一财务指标本身可能不能说明任何问题，要结合其他情况综合判断。没有一个单独的指标能在财务分析中准确地揭示企业经营状况的好坏，分析人员必须分析一系列财务和非财务信息，才能对客户的财务风险做出综合判断。在许多情形中，有关信息甚至是相互矛盾、指向不同结论的，更需要进行科学判断。例如，计算得出一个企业的资产负债率是40%，流动比率是2，速动比率是1，这样的债务人一定是一个让银行放心的企业吗？如果该企业其他指标存在异常，比如本期营业收入降低了50%，或者没有计提坏账准备的大股东占款占流动资产的50%，或者该企业有巨额的担保或未决诉讼，则其偿债能力可能已经严重恶化，需要引起银行的高度警惕。再比如，资产负债率低是否一定意味着债权保障程度高？流动（速动）比率高，是否就能肯定支付能力强？利润高的企业还款就没有问题吗？所有这些都需要具体情况具体分析，才能得出确切的结论。

（5）财务分析指标可以随意构造，有意义即可。我们知道财务指标非常多，在分析时你大可以从指标库中进行取舍，更重要的是你完全可以根据需要自行构造指标，该指标具有经济意义即可。在实际情况下，进行分析时，没有两家银行或企业会选择同样的财务比率、使用同样的计量方法，目前还没有普遍接受的官方财务比率组合。⊖那么，如何取舍、怎样构造，又如何去解读指

⊖ 资料来源：英国皇家银行学会，布赖恩·科伊尔.信用风险管理[M].周道许，关伟，译.北京：中信出版社，2003:193.

标的含义，在某种程度上就成为见仁见智的东西了。

综上可见，权变的分析理念要求我们在进行具体分析时，一定要从实际出发，实事求是，力戒主观臆断，结论先行，将分析搞成数字游戏；要用全面的观点看问题，坚持一分为二，反对片面化；要坚持事物之间普遍联系的观点，辩证地、动态地、发展地看待问题，而不能机械地、孤立地、静止地看待问题。只有这样，分析结论才能与分析过程浑然一体，才能取信于人。

2.3.4 不能迷信注册会计师或审计报告

在信贷实务中，许多人倾向于直接使用注册会计师的审计报告，在进行财务分析时，有的还特别强调报表是否经过了审计、审计意见的类型如何等。

诚然，审计行业之所以存在，自有其社会分工的专业价值所在。本书在这里不准备详细论述注册会计师的专业水平和重要作用，总之信贷人员要善于利用注册会计师的工作成果，只是不能迷信或盲目信任他们。一个不容忽视的全球性问题是，审计师的受托责任关系混乱，导致其独立性、客观性、公正性受到致命影响。审计师收取的服务费用是由被审计企业支付的，审计意见却要服务于投资者和其他利益相关者，这一扭曲的委托代理关系，本质上说明审计是一门生意，是一门风险与收益平衡的生意，且不同注册会计师的风险底线各有差异。除为了从被审计企业管理层手中争取业务而必须与管理层修好之外，审计师也必须维系与企业管理层的良好工作关系，因为是管理层在负责准备备审信息。如此，在真实审计需求错位，审计市场竞争十分激烈的情况下，除非审计师是圣人，否则其受制于管理层做出让步甚至与企业管理层合谋就是一种常态。在实务中，限于为客户保密以及市场上的一些潜在压力，注册会计师在审计工作中发现的大量舞弊和差错，外界不得而知。⊖因此，在这一大的背景下，

⊖ 资料来源：季丰.重读旧文：从"注册会计师不能承受之重"到"注册会计师无法治愈之伤" [EB/OL].（2019-07-17）[2020-04-24].http://shuo.news.esnai.com/article/201907/191976.shtml.

我们就必须对注册会计师的审计质量，进而其审计过的会计信息继续保持一份审慎态度，抱有简单的拿来主义必然会承受不该承受之重。即使一度被奉若神明的所谓国际四大会计师事务所，也经常出现审计失败的情况。例如，美国安然、世通等公司在倒闭之前，无不有着"健康"的财务报表，并被会计师出具了无保留意见。可见，即使经过审计的财务报表，也不足以充分揭示企业的真实管理、经营或风险水平，信贷人员不能借此做出信贷决策。

即使排除了注册会计师被企业"购买"的情况，能够确保其独立性，其审计报告就一定没有问题吗？答案仍然是否定的。如同授信决策面临风险一样，注册会计师的审计也会出于各种原因而遭遇风险，如客户刻意作假致使注册会计师审计程序被污染而失控。出现审计失败的情况，造成未能发现财务报表存在的重大错误与舞弊，其原因还可以是：○

（1）审计人员专业及个人方面的缺失，如专业水平差、审计不独立等。

（2）对客户经营的业务了解不够，如对企业的产品、制造过程及设备了解不够等。

（3）审计程序不妥，如过度信赖内部审计人员的工作等。

（4）会计师事务所内部的管理问题，如审计时间的预算压力和人员频繁变动导致经常指派新人参与工作等。

在上述因素的影响下，即使排除了注册会计师主观认同企业的报表粉饰，经过审计的报表也可能会存在问题。在实务中，情况确实如此。我们经常会在很多企业舞弊被发现之后，听到社会公众的普遍追问"审计师哪里去了？"所以，信贷人员在利用注册会计师的成果时，也绝不应简单地说"审计报告在这里"，就直接引用。

进一步而言，不能全部照单接受注册会计师的审计报告，还有更深刻的客观原因。因为按要求注册会计师审计的标准是企业的会计报表编制是否遵循了公认会计原则，遵循了就是无保留意见。但恰恰是公认会计原则也存在若干问

○ 资料来源：Filex Pomeranz. The Successful Audit[M]. Chicago: Richard D.Irwin，1990:39-46.

题，并不是企业的报表严格按照要求进行编制，就不存在任何问题了。世界范围内认为公认会计原则主要存在三大问题，[⊖] 即

（1）它促使公司管理层和资本市场都在进行利润游戏。因为长久以来，利润几乎是考核公司业绩唯一重要的标准。

（2）它不会说明或披露与无形资产相关的特定信息。知识资本、技术秘诀、客户忠诚度等项目以及其他同样具有经济意义的无形资产在现行会计准则下还很难定义为资产。

（3）它不能提供充分的价值创造信息。因为公认会计原则是一个混合模型，其中包括了历史成本、摊销成本、折旧成本、公允价值。

此外，就公认原则的"规则/原则"问题还存在激烈争议，规则导向会导致人们拘泥于会计准则的条文而非精神实质，原则导向又会给企业与审计师更多的自由裁量权以致滥用。可见，即使报表的编制符合公认会计原则的要求，也很难说明报表就是"公允"的。一个合格的注册会计师，其工作结果只能是"合理保证"报表是公允的。

现阶段受法律环境影响，我们还不能指望由于利用了注册会计师的审计报告，在发生决策失误或损失时，就能够推卸自己的责任甚至可以向注册会计师问责或追讨。因此，信贷人员在看待和利用注册会计师的审计报告时还是保留一份审慎心态吧。

⊙ **案例 2-1　骗贷，究竟谁忽悠了谁**

在一场骗贷闹剧中，各方当事人在明知存在弄虚作假和被忽悠的情况下，不符合贷款条件的企业要去忽悠银行，银行信贷员为其"指点迷津"，会计师事务所乐意为其服务，注册会计师愿意为相关审计报告签字。骗贷，究竟谁忽悠了谁？

事情是这样的：2003 年 9 月，A 公司为扩大生产规模，向 B 银行申请贷款，信贷员发现 A 公司会计报表上的有关财务指标不符合发放贷款的基本条件，要

⊖ 资料来源：萨缪尔 A 迪皮亚滋，等. 建立公众信任：公司报告的未来 [M]. 刘德琛，译. 北京：机械工业出版社，2004：32-44.

求 A 公司找会计师事务所进行"包装",取得无保留意见的审计报告。于是,A 公司找到 C 会计师事务所,要求 C 会计师事务所按照信贷员提示的指标数据出具审计报告,但 C 会计师事务所未能满足 A 公司的需求,没有调整有关财务指标,并出具了保留意见的审计报告。A 公司又找到 D 会计师事务所,D 会计师事务所第二天就按要求完成了全部工作,A 公司因此顺利得到了期限为两年的 2800 万元贷款。2005 年 9 月底,A 公司无力偿还贷款,B 银行的信贷员再次出谋划策,D 会计师事务所再次出具无保留意见的审计报告,A 公司又获取了 B 银行期限为两年的 2600 万元贷款。2007 年 10 月,A 公司逾期未能偿还贷款本金及利息,B 银行一纸诉状将 A 公司及 D 会计师事务所告上法庭,三方进入了旷日持久的诉讼程序。

资料来源:蔡小青,刘志耕.骗贷 究竟谁忽悠了谁[N].中国税务报,2008-05-19(9).

⊙案例 2-2　配合企业融资造假,审计师犯虚假证明文件罪

2013 年 8 月,中澳控股集团有限公司(以下简称"中澳集团")为发行中国银行短期融资债券,委托北京兴华会计师事务所为其进行财务审计工作,北京兴华会计师事务所指派合伙人李冬梅等人审计中澳集团 2010 年至 2013 年 6 月的账目。李冬梅明知中澳集团的财务状况明显不符合发行债券的要求,但应企业要求,在企业提供虚假资料的基础上,安排李洋等人故意通过虚增收入、利润等方式修改财务报表数据,使之符合发债要求,并最终出具了由北京兴华会计师事务所加盖公章并由李冬梅等人签字的审计报告。在此基础上,李冬梅等人又于 2014 年 4 月 13 日、2014 年 8 月 18 日先后出具了虚假的中澳集团 2013 年全年、2014 年 1～6 月的财务审计报告。中澳集团将以上三份财务审计报告作为其申请中国银行发行 2 亿元短期融资债券、广发银行发行 1 亿元短期融资债权的财务状况的依据,债券最后发行成功。后经过法院查明,虚假的审计报告载明中澳集团 2010 年、2011 年、2012 年、2013 年、2014 年 1～6 月的净利润分别为 26 5834 452.94 元、316 746 048.65 元、393 632 401.67 元、409 510 915.88 元、267 636 760.32 元,但该时段其实际亏损 27 954 938.48 元、

13 942 700.75 元、55 063 682.03 元、100 375 832.87 元、74 940 523.60 元，分别虚增 293 789 391.42 元、330 688 749.40 元、448 696 083.70 元、509 886 748.75 元、342 577 283.92 元，虚增比例分别为 1050.94%、2371.77%、814.87%、507.98%、457.13%。

2019 年 2 月 22 日法院经审理认为，李冬梅、李洋身为承担会计、审计职责的中介组织人员，故意提供虚假证明文件，情节严重，其行为均构成提供虚假证明文件罪。法院判决被告人李冬梅犯提供虚假证明文件罪，判处有期徒刑三年，缓刑四年，并处罚金人民币十万元；被告人李洋犯提供虚假证明文件罪，判处有期徒刑两年，缓刑两年，并处罚金人民币三万元。对被告人李冬梅收取的中澳集团的审计费 140 万元予以没收，上缴国库。

资料来源：李冬梅、李洋提供虚假证明文件一审刑事判决书，山东省庆云县人民法院刑事判决书 [（2018）鲁 1423 刑初 192 号］，中国裁判文书网 http://wenshu.court.gov.cn/website/wenshu/181107ANFZ0BXSK4/index.html?docId=b74b0590d4584887892faa0800f32fa9。

以上两例或许仅仅是冰山一角。案情年代相对久远，近期状况是否会有所改观呢？一个可资作证的依据是，当前资本市场上市公司造假事件仍时有发生，且数字之大、性质之恶劣不遑多让。这还是在会计师行业面临证监会最严厉监管的情况下发生的。可想而知，面对数量更多的非上市公司、中小型事务所，还有我们银行的那么多客户，审计结果确实需要我们谨慎待之。

表 2-1 汇总了 2016 年以来受到证监会行政处罚的会计师事务所的情况，处罚理由基本是未能勤勉尽责，审计程序不到位，认可了企业不当的会计处理，未能发现余额虚假事实，未能识别和评估财务报表重大错报风险，出具的审计报告存在虚假记载等。

表 2-1 2016～2019 年被行政处罚的会计师事务所罚没一览表（单位：万元）

行政处罚日期	会计师事务所	所审计的上市公司	没收业务收入	处以罚款
2016.2.5	利安达	赛迪传媒	35.00	35.00
2016.7.20	立信	大智慧	70.00	210.00
2016.7.27	北京兴华	欣泰电气	322.44	967.32

(续)

行政处罚日期	会计师事务所	所审计的上市公司	没收业务收入	处以罚款
2016.8.31	利安达	金森林	205.00	205.00
2017.1.6	瑞华	亚太实业	39.00	78.00
2017.3.13	瑞华	振隆特产	130.00	260.00
2017.5.23	立信	步森股份	45.00	45.00
2017.8.16	中兴华	博元投资	150.00	450.00
2017.9.20	利安达	九好集团	150.00	750.00
2017.12.6	信永中和	登云股份	32.00	188.00
2018.7.31	大华	佳电股份	150.00	450.00
2018.8.6	立信	金亚科技	90.00	270.00
2018.12.6	中天运	粤传媒	66.00	198.00
2018.12.20	立信	武汉国药	95.00	95.00
2018.12.29	瑞华	华泽镍材料	130.00	390.00
2019.1.22	大信	五洋建设	60.00	180.00
2019.5.24	众华	雅百特	66.00	174.00
2019.10.28	众华	圣莱达	35.00	105.00
2019.11.20	北京兴华	新绿股份	30.00	60.00
合计 19 例	10 家事务所	19 家上市公司	1900.44	5110.32

资料来源：中国证监会 2016～2019 年行政处罚书，http://www.csrc.gov.cn/pub/zjhpublic/index.htm?channel=3300/3313。

2.3.5 标准的财务分析不是对每一家公司都必要

说标准的财务分析对每一家公司而言不一定都是必要的，是在信贷风险管理实践中，就实质重于形式的意义上说的，其实这也是权变理念的一种应用。

显然，对于公认的特别优质的公司，仅就授信决策而言，财务分析几乎不需要。换句话说，对这类公司即使不加分析（当然仅就财务分析而言），直接授信也不会有什么风险，对其他方面的了解和分析完全可以涵盖财务分析之风险。例如，在目前的体制和环境下，要对中国石油、中国石化或国家能源投资集团发放几亿元、几十亿元贷款，授信决策时进行全面的财务分析几乎没有多大价值，因为我们相信，这几亿元贷款绝不可能成为压倒"骆驼"的最后那根"稻草"。在这类业务中进行所谓的财务分析多半是出于流程管理的需要，出于合规要求，形式上的需要重于实质性的需求。当然，对于市场上那些看似庞大有名，特别是被视为资本运作高手的民营性质的公司另当别论，它们不属于这里所言的公司之列（确实是大而不倒的公司）。

对于小微企业或是所谓个体工商户而言，由于其财务本身就缺乏规范，即使想要进行全面的财务分析也几乎不可能，这类小企业不适合所谓的"报表型融资"，报表分析自然不再适用。在信贷实践中，要小企业编制报表，通常是行不通的。当然，这就需要客户经理或授信人员采用其他方式搞清楚其财务状况，甚至帮企业计算每天能挣多少钱、能拿出多大比例来还款，通过未来现金流来控制风险，从而对客户进行识别。

⊙ **案例 2-3 小型企业会计账簿的失灵**

包商银行包头振华支行的客户经理给记者讲了个故事。当地东河区某个体商户，首次借贷 2 万元，顺利偿还。他第二次申请借贷 10 万元，同时提供了完整的营业账簿，并带来一份贷款可行性分析。而这些附带资料，操作笔法与银行极为相似，且该商户在第一次借款时并不能提供。客户经理同时发现，所谓的营业账簿纸面极为白净，显然不像经常使用。于是，客户经理拒绝了其贷款要求。半年后，这位客户主动上门承认伪造营业账簿，并再次要求贷款。银行经审核，给予该个体商户 4 万元借款。他最终顺利还清。

资料来源：韩瑞芸.解密微贷"放款机器"[J].中国民营科技与经济，2009（6）：54-57.

当然，对处于中间层的其他企业，还是必须按要求进行严谨财务分析的。不需要进行严谨的报表分析（而采取其他手段分析财务状况）的情况毕竟是少数和例外。

2.3.6 对企业提供给银行的财务报表务必保留一份戒心

除了需要谨慎使用注册会计师的审计报告外，我在这里还想特别重申和强调的一点就是对企业为向银行贷款或在贷款存续期间提供的财务报表务必保留一份戒心，或者说必须持有一种合理怀疑的态度。特别是实践中不少企业还有多套报表，其中一套是"给银行的"，以更大限度地迎合银行的需要，这些报表即使经过了注册会计师的审计，也需要信贷人员擦亮眼睛。在实践中，许多企业似乎都悟出这样一个道理：向银行只能报喜而不能报忧，否则将很难得到银行的支持或会受到银行的制裁。例如，现在许多银行为控制风险，往往对贷款企业提出若干财务限制条款，对借款人的财务指标及可能影响财务指标的重大经营活动及财务行为进行限制和约束，一旦借款人触发相关条款，银行有权采取相应的措施，保障贷款安全。这些条款在借款合同中加以约定，银行要求在贷款存续期间持续对之进行跟踪监测和落实。常见的财务限制条款主要有限制借款人增加债务、限制借款人降低资产流动性、限制借款人现金支付、限制借款人资本支出、限制借款人分配利润、限制借款人出售资产，甚至限制借款人兼并收购等。除此之外，有的银行还会设置保护性条款，如交叉违约条款、关联交易限制条款、控制权转移限制条款、子公司借款限制条款、对外担保限制条款、项目超支或延期完工限制条款、环保达标条款、资金监管条款、信息披露条款、重大不利事件条款、信用放款保护性条款等。这意味着，若违反与银行签订的以会计数据为基础的债务契约，企业将面临许多严重的经济后果，如银行可能提高利率、要求追加抵质押品、提高信用担保条件、提前收回贷款等。所有这些都会增加企业的借款成本，甚至使企业陷入技术性偿债困难。因此，为了避免违反以会计数据为基础的债务契约，企业有动机诉诸财务报表粉饰。⊖

为了获取信贷资金而不惜粉饰财务报表的案例，银行见得太多了，可以说不胜枚举，有的客户财务造假的程度触目惊心。惨痛的教训警示我们，对企业提供的报表一定要保持一份戒心，小心识别。

⊖ 资料来源：黄世忠，等.财务报表分析：理论、框架、方法与案例[M].北京：中国财政经济出版社，2007：45.

2.3.7 努力克服"自利性偏差",多一份敬畏,坦然面对

对于一线的客户经理来说,相信客户是一个基本前提,因为如果不相信客户,理性的行为就是不安排时间去企业尽调了,在相信客户和规避风险的基础上,绝大部分工作特别是财务分析工作是证实性的,他们是去做业务的,而不是中纪委去抓坏人的,也不是税务局去检查偷漏税的。客户经理收集授信资料,分析财务报表,都力图去证实,客户业务是可以承做的,因而自觉不自觉就会产生有利于维护客户关系的无意识偏差。特别是在市场化考核特别严厉的商业银行中,客户经理的生存压力使得他们在业务上要依赖客户,因此在心理上很难保持分析判断的真正独立性。这种偏差是一种确认偏误,也可称为证实性偏差,是指客户授信资料无论合乎事实与否,客户经理都倾向于支持自己的先见,并在实践中可能会选择性地搜集有利证据,忽略矛盾信息,甚至加以片面诠释。客户经理接触企业达成初步合作意向后,未实施尽调前其实就想着如何做成业务,在尽调过程中,他们就倾向于收集确认证据,而不是评估所有可能的信息。甚至可以说,在出发去尽调之前,客户经理心中就有了结论,之后便陷入了确认偏误——努力寻找所有能够证明其观点成立的数据和资料,而忽视相反证据的获取。

我们讲解财务分析的思路和方法,力求帮助大家能够尽量客观地分析企业的信用情况,力争逼近认识企业的真相。但现实中,一方面会计信息本身的缺陷,会构成信息外部使用者的天然困境,试图仅仅通过财务分析就完整地还原企业活动真相的努力大多是徒劳的。在实际分析中,对大多数的客户资料,只能说有迹象、可疑,但除非在极端特殊的情况下,多数情况很难直接得出结论,甚至直接断定有问题。另一方面,不考虑确认偏误,通过分析找企业的毛病确认是坏项目比较容易,但要证明这个客户是个好客户,其实难度很大。我们要求的,用统计术语来说是,在较高的置信水平上,得出企业偿债能力的一个大致判断。

最后,在这里我想说的是,财务分析对于评价企业的信用状况和偿债能力

是非常必要的、重要的，但在实践中我们也要牢记，财务分析不是万能的，在信贷实践中评审人员有时可能会仅仅依据财务数据之外的某个其他信息就通过或否决一个项目。一线银行的工作人员进行财务分析，要力争有逻辑、讲科学，但也不应固执己见，要对现实和风险多一分敬畏，尽量少受确认偏误的影响。有时候凭感觉也非常重要。在这里，我有几个小建议送给大家。

一是守底线下判断。"能不能还，会不会死，亏不亏本"，是授信风险评估的底线。为了决定是否授信进行的企业财务分析，目的是判断企业的偿债能力，在判断不那么清晰和肯定时，往后考虑两步，即企业会不会"死"？若是"死"了我们会有损失吗？损失有多大？借助死亡测试，可以为财务分析结论赋予额外的力量，提升分析判断的自信。在实务中，信贷人员还可以"信用不行找担保，小额授信先行试"。笔者经常跟一线人员讲"没有不能授信的企业"。分析企业的偿债能力必须与企业现有负债和我们拟提供的授信金额相协调，从零开始增加额度，仅仅是一个与风险与收益平衡的过程而已。举一个极端的例子，即使企业各种财务指标都不好，偿债能力很差，授信给他100元，会有风险吗？几乎任何一个客户都能立刻还了。因此，授信风险的大小直接与授信金额大小相关。若是企业财务分析结果显示偿债能力不理想，客户经理还想介入客户，不妨从可以接受的最小金额尝试进行，再辅助一定的担保措施，将合作先行开展起来，后期随着对客户了解的深入并根据合作情况，逐步调整授信策略。

二是看不清的不做。有时企业架构和业务很复杂，甚至对信贷人员的尽调设置种种障碍，比如民营企业不让查账，类似注册会计师审计范围受到限制，此时我们无法得出较为准确的分析判断。在这种情况下，不妨果断放弃，即使错过一个不错的客户，也不后悔。要记住，不是每一个好客户都是我们的，"误杀"也很正常。

三是有怀疑的就撤。有时我们会怀疑公司的财务数据或其他非会计信息，但无法排除或短时内不能排除，若事项影响很大，比如怀疑收入造假、收入全部来源于可能的关联方，但后续调查不能合理确认与解释，作为风险厌恶型的经营者，我们宁可信其有，此时理智告诉我们及时撤退是最优策略。"天涯何处无芳草，何必单恋一枝花。"与其放款后提心吊胆，不如花时间再找下一家。

四是有负面的就躲。有些企业负面传闻比较多，有的有确凿证据，有的是在传说，比如涉嫌民间借贷、实际控制人赌博、涉嫌行贿案件、频繁更换财务主管、重大安全事故、近期融资违约、市场出现沽空报告等，就像厨房里的蟑螂，你发现一个负面事件，其后很可能还会跟着一连串负面事件，而且都不知坑有多大。对这类客户能躲就躲，已有授信也要赶快退出。

五是尊重评审人员。客户经理总想着如何做成业务，授信如何获得评审人员的通过。但客户经理不可避免地会受确认偏误影响，上报业务后总想着对评审人员软磨硬泡。但评审人员相对独立的地位，使他们与客户经理相比，多了一份证伪的执念，虽然也要证实客户的质地和偿债能力，但证伪的观念正好可以平衡客户经理的确认偏误。实践屡屡证明，做得太勉强的业务多数都会出现问题。这有点像墨菲定律，即如果事情有变坏的可能，不管这种可能性有多小，它总会发生。事情开始太勉强，结果往往都不好。

第 3 章

理 论 框 架

3.1 理论框架的重要性

很多人特别是实务界人士，包括银行客户经理和授信管理人员，一提到理论，往往觉得没有必要，认为对实际工作用处不大。其实这是一个误解。当然，理论学习不能替代实践，这是必然的。但理论绝对有其重大价值，对实践具有重要的指导作用，这是马克思早就教导过我们的。然而，理论的抽象性，甚至乏味性，一度使许多人对其敬而远之。为了消除客户经理等信贷风险管理人员对理论的偏见，且容笔者引经据典对理论及理论框架做点额外说明。

我们知道，理论本身来自实践，来自实践意味着我们在观察大量现象之后，从中发现了某些带有共性的特征，通过理性认识，把它上升为"概念"，从而形成理论。其实，"理论不是别的，只是概念的展开"⊖。任何理论大厦都是

⊖ 资料来源：汪丁丁. 我思考的经济学 [M]. 北京：生活·读书·新知三联书店，1997:144.

由一块块概念（包括假定）做砖瓦盖成的。一般而言，概念是对社会现实加以定义的最小单位，同时也是理论的浓缩。"而特定理论，则是关于两个或多个概念的陈述。说得更通俗些，理论不外乎是在多个概念（包括假定）之间用推理来架起的因果关系的桥梁。"㊀通过这一桥梁，一个逻辑推理的框架也就搭建起来了。

框架的概念由贝特森于 1955 年提出，1974 年德国社会学家高夫曼将这个概念首次引入文化社会学。高夫曼指出：所谓框架，指的是人们用来阐释外在客观世界的心理模式；所有我们对于现实生活经验的归纳、结构与阐释都依赖于一定的框架；框架能使我们确定、理解、归纳、指称事件和信息。因此，这个框架则是人们将社会真实转换为主观思想的重要凭据，也就是人们对事件的主观解释与思考结构。人们借框架建立了观察事物的基础架构，用来处理和分析外在世界层出不穷的社会事件。

理论和框架二者结合起来形成的所谓理论框架，就是指某一学科内在的知识结构和知识体系的整体架构，它通常是由这一学科所涉及的一系列基本概念、基本问题和基本原理构成的。理论框架的建构是学科存在的基础，也是指导和推动这一学科所对称的实践的发展依据。

如果说以上对于理论或理论框架的解释还稍显抽象，那就再用"大咖"的话翻译一遍：在通常用法中，"理论"总是与"实践"相对而言的，且从词源学上考据，理论最初是与行动状态相区别的沉思状态。㊁依笔者理解，理论就是对实践的思考并用以指导行动的根据，而其思考和指导的范畴就是理论框架。这样，理论框架的重要性就非常突出了，它是具体指导我们实践行为的指针。

概而广之，我们进行企业财务分析这一实践活动，也需要在一定的"指南"下进行，这一指南就是财务分析的理论框架。鉴于其对企业财务分析活动的重要作用，在本书开始进入如何进行财务分析之前，本章专门就信贷风险管理视

㊀ 资料来源：张宇燕. 经济发展与制度选择——对制度的经济分析 [M]. 北京：中国人民大学出版社，1992：31.

㊁ 资料来源：江天骥. 科学哲学和科学方法论 [M]. 北京：华夏出版社，1990：23.

角下的企业财务分析框架进行论述,并对这一框架之下具体报表的分析切入点进行归纳,为顺利进行企业财务分析搭建起一座桥梁。

3.2 信贷财务分析框架

3.2.1 企业财务分析的 PHB 框架

本书第 2 章的图 2-2 "从企业经营活动到财务报表"表明,企业财务报表分析并不是有效分析企业经营活动的全部,而只是其中一个较为技术化的组成部分。有效的企业经营活动分析,必须首先了解企业所处的经营环境和采取的经营战略,分析企业经营范围和竞争优势,识别关键成功因素和风险,然后才能进行企业财务报表分析。

由于企业管理层拥有企业的完整信息,且财务报表由他们来完成,这样处于信息劣势地位的外部人士(包括银行信贷人员)就很难把正确信息与可能的歪曲或噪声区别开来。通过有效的财务分析,可以从公开或企业提供的财务报表数据中提取管理者的部分内部信息,但由于财务分析者不能直接或完全得到内部信息,因而他们只能依靠对企业所在行业及其竞争战略的了解来解释财务报表。一个称职或成功的财务分析者必须像企业管理者一样了解行业经济特征,而且应该很好地把握企业的竞争战略。只有这样,财务分析者才能透过报表数字还原经营活动,从而较为全面和客观地掌握企业的财务状况。

正是基于如上考虑,哈佛大学的佩普、希利和伯纳德三位教授在其著作《运用财务报表进行企业分析与估价》一书中提出了一个全新的企业财务分析框架(本书称之为 PHB 框架,也有其他学者称之为哈佛分析框架[⊖])。PHB 框架的核心是给出了阅读和分析企业财务报表的基本顺序:"战略分析 → 会计分析

⊖ 资料来源:黄世忠,等.财务报表分析:理论、框架、方法与案例[M].北京:中国财政经济出版社,2007.

→ 财务分析 → 前景分析"。也就是说，先分析企业的战略及其定位；然后进行会计分析，评估企业财务报表的会计数据及其质量；再进行财务分析，评价企业的经营绩效；最后进行前景分析，诊断企业未来发展前景。

PHB 框架如图 3-1 所示。

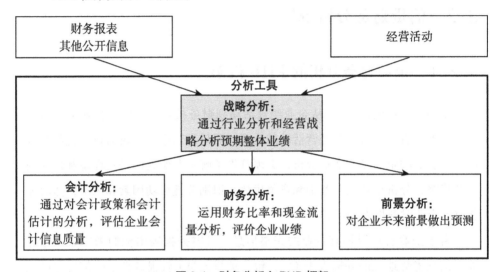

图 3-1　财务分析之 PHB 框架

资料来源：克里舍 G 佩普，保罗 M 希利，维克多 L 伯纳德. 运用财务报表进行企业分析与估价：教材与案例（原书第 2 版）[M]. 孔宁宁，丁志杰，译. 北京：中信出版社，2004：8.

可见，PHB 框架完全超越了传统的"报表结构介绍——报表项目分析——财务比率分析"的体例安排，跳出了会计数字的迷宫，以企业经营环境为背景，以战略为导向，立足于企业经营活动，讨论企业经营活动（过程）与企业财务报表（结果）之间的关系，从而构造了企业财务分析的基本框架，展示了企业财务分析的新思维。⊖

3.2.2　基于信贷风险管理的企业财务分析框架

基于信贷风险管理的企业财务分析是一般性财务分析在信贷风险管理领域

⊖　资料来源：胡玉明. 企业财务报表分析的新思维 [J]. 财务与会计，2006（12）：62-64.

的具体应用。也就是说，借鉴一般性企业财务分析的理论框架，再紧密结合信贷风险管理的具体目的，就可以形成基于信贷风险管理的企业财务分析框架。

本书借鉴 PHB 框架，结合信贷风险管理目的，提出一个基于信贷风险管理的企业财务分析框架：141 框架，即

- 1 个起因——问题界定。
- 4 个核心——战略导航、会计调整、指标分析、前景预测。
- 1 个结果——信贷决策。

这一框架如图 3-2 所示。

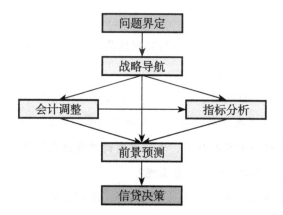

图 3-2　基于信贷风险管理的企业财务分析框架

1. 问题界定

问题界定，是解决问题的首要一步。在对问题进行界定时，关键是问题本身，而不是问题的表象。例如，企业收入增长乏力或许是问题，但也可能是行业衰退、经济下行、企业管理落后、职工激励不足的表象。抓错药方的最普遍的原因是没有正确地界定病症。正如有人指出的那样，如果问题表述得准确，就等于问题已经解决了一半。

所以问题界定是进行企业财务分析的第一步，那基于信贷风险管理的目的对企业进行财务分析，要解决的真正问题是什么？是评价企业的财务风险，还是评价企业的偿债能力？是评价企业申请授信金额对应的财务实力，还是评价

已发放贷款的安全性？进一步而言，这些是分析的问题本身还是问题表象？

让我们先通过其他行业的一个案例看看到底该如何界定问题，大家从中或许可以得到些许启发。

⊙ 案例 3-1　问题界定：问题到底是什么

一谈到解决问题，人们常有的第一感觉，就是巴不得立即找到好的方法来解决问题。这样的想法无可厚非，但是如果直接从方法入手，未必能够理想地解决问题，甚至容易陷入陷阱。

那么，该从何处入手呢？当然应该从界定问题开始，即问清"问题到底是什么"。

20世纪50年代，全世界都在研究制造晶体管的原料锗，大家认为最大的问题是如何将锗提炼得更纯。

日本新力公司的江畸博士和助手黑田百合子就此进行了探索，但在提炼的过程中总免不了会混进一些物质，而且每次测量都显示了不同的数据。后来，他们反思：研究这一问题的目的，无非要用锗制造出更好的晶体管。为何一定要陷在如何将锗提炼得更纯这一点上呢？

于是，他们去掉原来的前提，另辟新途，即有意地一点一点添加杂质，看究竟能制造出怎样的锗晶体来。结果在将锗的纯度降到原来的一半时，一种最理想的晶体产生了。此项发明一举轰动世界，江畸博士和黑田百合子分别获得诺贝尔奖和民间诺贝尔奖。

不妨做一下比较：

错误界定：将锗提纯。

正确界定：制造出更好的晶体管。

资料来源：http://www.glwe.com/WISDOM/JJWTZH.HTM。

以上案例生动地说明了界定问题的重要性。回到上文，在进行企业财务分析时，我们的目的应该如何正确界定？

现状是大家可能倾向于如此界定：

- 评价企业的财务风险。
- 评价企业的偿债能力。
- 评价企业债务违约的可能性。
- 评价企业申请授信金额对应的财务实力。
- 评价已发放贷款的安全性。
- 评价企业是否符合贷款条件。
- 评价贷款风险分类是否准确。

以上这些都是基于企业分析的具体目标而言的,若提升一下目标的层次,能否有更本质的发现?

本书在此尝试提出一个新的观点:安全开展信贷业务。

不管是贷前的分析还是贷后的分析,目的无非为信贷决策和资产监控提供参考依据,本质上都是开展业务的需要、保障资产安全的需要,促进商业银行主营业务的顺利进行。一句话,即促进安全开展信贷业务。这才是银行进行企业财务分析的根本或问题所在,而评价企业的财务风险或偿债能力等仅仅是表象。如此界定问题,还有额外的功能,即本书第9章要讨论的,通过对企业的财务分析,还可以发现业务机会,而不是仅仅限于为已有的业务决策服务。

2. 战略导航

战略导航的目的是通过对企业经营环境和经营战略的分析,确定企业的主要利润驱动因素,辨识企业的经营风险,以及定性评估企业的盈利潜力和偿债能力。

战略导航的分析属于定性分析,这也是企业财务分析的前置性步骤。首先,它能帮助分析人员更好地、有针对性地设计随后的会计分析和指标分析。例如,确定了主要的利润驱动因素和经营风险后,可以更好地评价企业的会计政策,以及它们对偿债能力的影响等;对企业竞争战略的评估有助于评价企业当前盈利水平的可持续性。其次,战略导航可以帮助分析人员在预测企业的未来业绩时,做出合理的假设,从而保证对企业前景的预判更为准确。

3. 会计调整

会计报表反映的是企业的经营活动，那么这种反映的程度如何？是否做到了客观、公允、完整？为了更高程度地反映企业的经营活动，做到客观、公允、完整，就要对企业的会计政策、估计和会计处理进行基本的评价，特别是要重点关注那些存在较大灵活性的环节，评价其会计政策和估计的适宜性；对企业报表可能存在的重大错误和舞弊进行识别，找出企业在会计处理上偏离准则制度、行业惯例、企业既往，不能恰当反映企业经营事实的事项。

找到存在的问题之后，下一个重要步骤就是重新计算企业财务报表中的相应会计数字，通过数据或报表调整，形成没有重大偏差的会计数据，从而修正原先对会计数据的歪曲。

可以说，会计调整是确保下一步各类指标分析结论可靠性的必要基础。

4. 指标分析

这里所谓的指标泛指所有可能的分析数据及其组合。指标分析是财务分析的核心，目标是运用会计数据定量地评价企业的当前和过去的业绩，以及企业的财务风险和偿债能力，并评估其可持续性。

进行指标分析必须按照一定的逻辑，形成系统有效的分析体系，从而正确反映企业的财务状况、经营成果和现金流量。通过指标分析，分析人员还要做到明了企业的现状。在分析中，分析人员根据需要可以使用各个具体指标工具，通过比较分析、趋势分析、结构分析、比率分析等，对企业做出全面评价，借此形成对企业流动性与盈利能力的准确判断，对企业财务风险、财务弹性及其偿债能力做出最佳测算。

5. 前景预测

由于财务报表数据是历史数据，而决策要面向未来，因此以报表中的历史数据为基础，对未来进行前瞻性预测，是实现财务报表的"信贷决策有用性"的关键步骤。故在前述分析步骤的基础上，还需要进一步进行恰当的前景分析。

在前景分析中，主要运用财务预测的工具，财务预测基于具体分析目的，可以是报表预测、指标预测，也可以采用判别模型进行预测等。

前景预测对银行信贷决策的重要性不言自明，因为贷款是需要企业未来归还的，是企业的未来而不是现在决定其偿债能力。

6. 信贷决策

通过前述分析步骤，准确说只得到了企业财务状况目前怎么样和未来发展可能是什么样的这样一个结论，要想形成具体的信贷决策，必须根据上述分析结论，结合其他情况（如银行授信政策、监管要求、企业实际需求、其他条件满足程度等）进行综合考虑才能得出，如否决贷款申请，批准授信，调整授信期限、结构、条件和规模等；或者是宣布贷款提前到期，建议贷款风险重新分类等；抑或是根据企业财务分析结果，提出新的投融资方案或建议等。注意，这里的财务分析结论，仅仅是信贷决策的依据之一。

3.3 基于信贷风险管理的财务报表分析切入点

不管是 PHB 框架还是 141 框架，都是围绕如何对企业财务进行分析的思维框架。在这一框架之中，财务报表的分析依然是最具技术性的一个核心部分。那么，对具体财务报表，该如何下手进行分析呢？分析的重点又是什么呢？这就涉及报表本身分析的切入点问题。

从企业向银行贷款的关联关系看，企业最常用的三张财务报表，每张报表都与其贷款归还有着紧密的逻辑关系，即

- 与现金流量表的关系——借债（贷款）是要还钱的，当然是拿现金流来偿还。
- 与利润表的关系——钱是靠企业盈利赚来的，当然是看实现利润的情况。

- 与资产负债表的关系——盈利是资产创造的，当然要依靠资产的规模和质量。

这三层关系是反推和依次被制约的，以一般人们习惯的正向思维来看，就是"资产创造收益（资产负债表），收益形成盈利（利润表），盈利形成现金（现金流量表），现金归还贷款"。

资产负债表的关键是看资产质量（创造的收益尽可能多，增增减减"盛"者为王）；利润表的关键是看盈利质量（收入和利润持续多，赔赔赚赚"胜"者为王）；现金流量表的关键是现金流量（剩余现金流量足够多，出出入入"剩"者为王）。这样，从信贷风险管理的角度出发，三张会计报表就与企业偿债能力紧密结合了起来，也指出了企业报表分析的恰当切入点，即资产质量、盈利质量、现金流量是财务报表自身分析的三大逻辑切入点（见图3-3）。

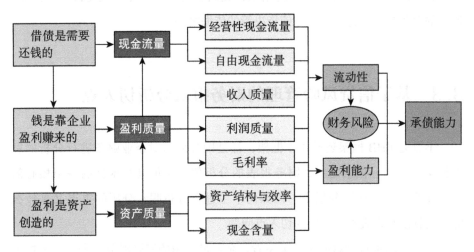

图 3-3　基于信贷风险管理的企业财务分析逻辑切入点

1. 从资产负债表入手，分析资产质量

首先是考察报表整体结构，资产与负债的规模与期限匹配问题，判断财务稳健性；其次是考察各类资产比重，来判断企业的财务弹性。例如，固定资产和无形资产的比重较高且多为专用设备或专用技术，在行业竞争加剧的情况

下，企业将面临较高的退出壁垒。有毒资产的比重则体现出企业发生潜在损失的风险。另外，资产的现金含量和资产的易变现性直接影响流动性和偿债能力。当然，因为虚构收入和利润的造假行为会在资产负债表的相关科目中显示出来，分析资产质量需要尽可能辨识资产负债表中是否存在资产虚化、隐藏负债、潜藏有毒资产的可能。

2. 从利润表入手，分析盈利质量

通过销售收入及利润的成长性和波动性，体现主营业务收入创造现金流量的能力、市场份额增长情况以及创造现金流量的稳定性。对银行债权人而言，企业的收入比利润更重要，因为企业所有的借款最后都要转化为利润表中的成本费用并从收入中得到扣除，收入是企业第一还款来源的核心，没有收入就没有偿债来源。当然，收入不能以应收账款来堆砌，而应以现金来支撑。毛利率也是盈利质量分析的重要方面，因为它表明企业有多少钱可以用于各项期间费用并形成盈利，没有足够大的毛利率便不能盈利。毛利率是反映企业产品盈利能力的最好数据，是企业经营战略的直观反映，通过产品毛利率的变化我们也能洞察一个行业的兴衰。

3. 从现金流量表入手，分析现金流量

企业现金周转不灵，即使利润表反映出有很多利润，企业也可能陷入财务困境。现实中太多的企业违约破产不是因为没有利润，而是因为现金流的断裂。所以应提高对现金流分析的关注度。核心是在分析现金流结构的基础上对经营性现金流量和自由现金流量进行分析。经营活动产生的现金流量很重要，但它并不代表企业可自由支配的现金流，因为企业首先要在保证自己为持续经营而进行必要投资的前提下，才能把钱用于还本付息、为股东派发股利。自由现金流不仅可以衡量企业扩张性发展、偿还债务、支付股利和股票回购的能力，还可以增强不同企业和企业兼并前后的可比性，是企业健康发展的标志。当然，投资性现金流和融资性现金流也非常重要，企业拥有较多的可及时变现的投资资产和良好的再融资能力，也是对还款来源的重要补充。

以资产质量、盈利质量、现金流量为逻辑切入点，对企业财务状况、经营成果和现金流量进行分析后，就可以得到企业流动性和盈利性方面的完整信息，借此可以对企业财务风险进行评估，从而就企业偿债能力可以形成较为科学的认识，结合其他表外信息的分析结果，就可以为信贷决策提供可靠依据。

4. 第一还款来源与城投公司的另类逻辑

对银行授信而言，评价企业能不能还钱，通常要看第一还款来源。但什么是第一还款来源，好像还真的很少看到一个确定的权威定义。我们不妨换个思路。既然有第一还款来源，那对应的还有所谓的第二还款来源。第二还款来源的定义倒是比较确切，一般是指由担保措施提供的还款来源，即当借款人无法偿还贷款时，通过处置抵押物、质押物或者追索保证人得到的款项。也有人直接将《中华人民共和国担保法》规定的担保方式直接称为第二还款来源。⊖第二还款来源实质上是银行为债权设置的最后一道风险缓释措施，通过提高借款人的违约成本，降低其违约倾向和违约概率，降低银行的违约损失率。合格的保证和抵质押有助于缓释风险，但其仅仅是在发生风险后为贷款提供了一种事后补偿机制，银行能否贷款的依据永远是第一还款来源。对应而言，所谓第一还款来源就是第二还款来源之外的其他还款来源，具体是指借款人生产经营活动或其他相关活动产生的可直接用于归还借款的现金流量的总称。如此说来，显然第一还款来源包括了企业的经营性现金流、投资性现金流和筹资性现金流，当然一般而言，经营活动产生的现金流是最基本的还款来源，我们也可称之为第一还款来源的核心。区分第一还款来源和第二还款来源，除了使用以上的排除法外，还可以关注两者的一个基本区别，即看借款人是主动偿债还是被动偿债，只要是借款人主动偿债，不管其偿债现金流来源于哪里，都应归为第一还款来源。当借款人不是自愿还款时，银行基于担保法或其他法律上的权

⊖ 《中华人民共和国担保法》规定的担保方式包括保证、抵押、质押、留置和定金，在信贷实践中常用的担保方式主要为前三种。本书不赞成将担保方式直接界定为第二还款来源的说法，就像下文所述，我们一般也不说第一还款来源就是企业的生产经营活动，而是生产经营活动中产生的现金流。

利,通过处置抵押物、质押物或者追索保证人所产生的现金流均属于第二还款来源。在特殊情况下,银行没有设置担保措施,但在企业违约后通过法院等机构处置其财产获得的现金流,也应该属于第二还款来源。如图3-3所示的分析逻辑主要是对第一还款来源的分析。

此外,在中国还有一类特殊公司,即城投公司,也就是地方政府投融资平台。城投公司顶了一个市场化的名字,做的事基本上就是替地方政府融资,并用融来的钱做公益性基础设施建设和土地开发。城投公司的核心特征就是公益性和非市场化。其穿了一个马甲,替地方政府做事。这类企业的授信评估,本质上是政府信用评估,自然也不再适用如图3-3所示的分析逻辑。从报表分析讲,城投公司的三张报表中最主要的是资产负债表,它反映城投公司的家底、拥有资源的情况以及与政府关系的紧密程度。第二重要的是现金流量表,关键看筹资活动现金流,因为城投公司基本不靠自身的经营活动来实现资金的平衡,畅通的融资渠道和强大稳定的再融资能力是其持续运转的关键,政府对于城投公司的各种加持更多用来提升其信用水平,增强其再融资能力。利润表基本无关紧要,因为其公益性,城投公司本身不盈利,其盈利空间基本都是政府规定和支持的。有人总结城投公司评审标准是"高、大、纯、良",⊖ 即行政级别越高越好;区域经济实力、政府财政实力越强大越好,业务规模、资产规模越大越好;业务收入和交易对手越是纯粹的财政和政府越好;信用记录、银行授信、资产质量、盈利记录越良好越好。在城投信仰还没有实质破灭的背景下,不能用正常公司的分析逻辑去分析它。本书提示到此,后文将不再述及。

⊖ 资料来源:风控老司机.城投企业,看这一篇就够了[EB/OL].(2017-12-14)[2020-04-24].
https://www.sohu.com/a/210540479_499067.

3.4 信贷财务分析技术

3.4.1 闻嗅复核:含义与应用

适用于信贷风险管理目的的企业财务分析,当然不仅仅是计算哪些指标的问题,更重要的是如何评价这些指标,怎样分析这些指标,这就涉及分析方法或分析技术的问题。但需要明确指出的是,信贷人员不是注册会计师,要求他们采取详细的审计程序去核实客户财务报表的公允性,既不现实也无必要。但信贷人员对客户的财务状况又要做出自己的独立判断,那么适合信贷人员的财务分析技术又是什么呢?

本书认为,这一分析技术可形象地被称为"闻嗅复核"。这一技术在审计实务中被广泛应用,概称从分析财务与非财务数据之间的关系中获得审计证据,并分析评价这些数据,进而形成审计结论的一种活动。在审计实务和专业文献中,该技术被称为"分析性复核""合理性测试""分析程序""比较审计""排除法审计"等。该技术主要应用于四个领域,即制订审计计划、作为实质性审计程序、报表总体合理性复核、财务分析。在应用于财务分析中时,由于名称的冲突,如我们说"分析程序"是"财务分析"的分析方法,多少有点自我循环解释的味道,既然诸多的学名都有此类问题,我们就干脆取其要义形象地将其命名为"闻嗅复核"[⊖],以标明这一"方向关注性技术",并强调其"复核性"而非"审计测试"。

具体而言,"闻嗅复核"是指通过研究不同财务数据以及财务数据与非财务数据之间的内在关系,对财务信息做出评价,逻辑上属于对异常类或关注类信息的交叉验证与调查确认。在应用该技术的过程中,还包括调查识别与其他相关信息不一致或与预期数据严重偏离的波动和关系。这一技术贯穿于企业授

⊖ 这一称呼也不是空穴来风。托马斯·麦基(Thomas E. McKee)在其著作《现代分析审计:审计师和会计师实用指南》(*Modern Analytical Auditing:Practical Guidance for Auditors and Accountants*)中就认为这些名称中"闻嗅测试"最形象。

信业务的全过程,即关注、警觉、怀疑、调查、解惑。

1. "闻嗅复核"技术的运用和步骤

"闻嗅复核"技术的运用包括以下几个步骤。

(1)识别企业报表的重点项目、发展趋势和重要比率。

(2)依据环境、行业及企业战略分析确定上述报表项目、发展趋势和比率的期望值。

(3)依据企业报表资料确定和计算上述项目、趋势、比率的实际值。

(4)比较期望值与实际值的差异,识别需要进一步调查和了解的重大异常。

(5)调查异常数据关系,直到所有数据得到合理的解释。

这里的一个关键点是如何确认"异常"。我们不能片面地将"异常"理解为财务数据存在的重大波动。实际上,这里的所谓"异常"是指银行工作人员的"合理预期"(期望值)与财务数据存在的重大差异,它通常包括三类:一是预期增长而财务数据不增长;二是预期下降而财务数据不下降;三是预期稳定而财务数据不稳定。当然,这里的"异常"也不等于数据造假,因为此时往往银行对客户的了解还不全面,可能在了解深入后,就不认为存在异常了。

所以,在运用该技术时,信贷人员应重点关注关键的账户余额、趋势和财务比率关系等方面,依托对企业所处环境、行业及企业战略的了解,对其形成一个合理的预期,并与企业报表的金额、依据记录金额计算的比率或趋势相比较。如果结果显示的比率、比例或趋势与我们对企业及其环境的了解不一致,我们就必须取得企业管理层的合理解释,在此基础上,我们才能更好地对企业未来做出恰当评价。

例如,企业的高利润率一般意味着在产业链上拥有强势地位,在这种情况下,企业就会尽量占用上游客户的资金,而不给下游客户很长的赊账期,这两者相背离,往往意味着其高利润率不真实。这时就必须提高对企业盈利的警惕性了。

科学应用"闻嗅复核"技术，有两点非常重要。

一是对宏观环境、行业背景和企业战略等的分析，包括与企业管理层讨论获得的信息和认识，是进行企业财务分析最重要的信息资源，在任何时候都是全面理解企业财务状况并借以评价企业财务风险和偿债能力所必需的。

二是企业财务分析的结果，应当与从宏观环境、行业背景和企业战略等的分析中所得出的观察、分析和结论相一致。如果二者存在显著不符，则必须进行更深入的调研，直到所有不符点或数据都得到合理的解释。

2. "闻嗅复核"技术的性质与特点

"闻嗅复核"技术是一种环境与报表互动的评估技术。

一方面，要从环境的变化中寻找对报表的解释。例如，某行业今年陷入全行业亏损，那么对照该行业中的客户报表，若发现在全行业亏损及收入出现下滑的情况下，该客户的收入却急剧上升，就要注意是否存在其他因素导致其收入的增长，如果客户提供的一种解释是收入增长得益于出口的大幅度增长，就应把出口收入的真实性作为调查的重点。

另一方面，要从报表的异常中寻找环境的解释，如果找不到合理的解释，便要进一步追查。例如，某家拟上市煤炭公司，前几年毛利率较低，报告年度毛利率有较大幅度的上升，经了解这与近期煤炭行业的景气度上升有关，全国煤炭价格有大幅度增长，这时基本就可以消除银行的疑虑，但要注意企业是否为了上市，在以前年度隐瞒收入，而在近期释放收入。此时，疑虑仍然没有完全消除，有必要进一步追查。

需要指出的是，"闻嗅复核"作为信贷人员进行财务分析的基本分析技术，它本身其实是一种集合性技术，在具体应用中信贷人员可以使用不同的方法，包括从简单的比较到使用高级统计技术的复杂分析，典型的如下。

（1）趋势分析法。通过对比两期或连续数期的财务或非财务数据，确定其增减变动的方向、数额或幅度，以掌握有关数据的变动趋势或发现异常的变动。典型的趋势分析是将本期数据与上期数据进行比较，更为复杂的趋势分析则涉及多个会计期间的比较。用于趋势分析的数据既可以是绝对值，又可以是以比率表示的相对值；既可以是单个报表科目，又可以是不同科目之间的联动指标。

当客户处于稳定的经营环境中时，趋势分析法最适用。当客户业务或经营环境变化较大或者会计政策变更较大时，趋势分析法就不再适用。趋势分析法中涉及的会计期间的期数，有赖于企业经营环境的稳定性。经营环境越稳定，数据关系的可预测性越强，越适合进行多个会计期间的数据比较。

（2）比率分析法。主要是结合其他有关信息，将同一报表内部或不同报表间的相关项目联系起来，通过计算比率，反映数据之间的关系，用以评价客户的财务信息。例如，应收账款周转率反映赊销销售收入与应收账款平均余额之间的比率，这一比率变小可能说明应收账款回收速度放慢，需要计提更多的坏账准备，也可能说明本期赊销销售收入与期末应收账款余额存在错报。

当财务报表项目之间的关系稳定并可直接预测时，比率分析法最为适用。

（3）回归分析法。回归分析法是在掌握大量观察数据的基础上，利用统计方法建立因变量与自变量之间回归关系的函数表达式（即回归方程式），并利用回归方程式进行分析。例如，产品销售收入与广告费用之间通常存在正相关关系，我们可以建立两者之间的回归模型，并根据模型估计某一年度产品销售收入的预期值。

回归分析法理论上能考虑所有因素的影响，如相关经营数据、经营情况、经济环境的变化等，其预测精度较高，适用于中、短期预测。回归分析法的一个突出优点在于以可计量的风险和准确性水平，量化预期值。

3.4.2 闻嗅复核的缺陷与改善

"闻嗅复核"可以帮助信贷人员发现财务报表中的异常变化，或者预期发生而未发生的变化，从而识别可能存在的重大错报或舞弊，同时还可以帮助信贷人员发现财务状况、盈利能力或偿债能力发生变化的信息和征兆，识别那些表明客户持续经营能力存在问题的事项。

但要想取得实际效果，闻嗅复核的运用必须恰当，其关键是"预期值"的准确性问题以及"实际值"的真实性问题。这两个问题需要我们通过"战略导航"和"会计调整"两个分析步骤来解决。

在建立预期值时，信贷人员可根据前期对企业经营环境、行业态势、竞争优势等的了解，以下列数据为基础。

（1）上期或以前数期的可比信息。

（2）所在行业或同行业中规模相近的其他单位的可比信息。

（3）信贷人员以经验估计的数据。

在预期值准确，实际值也真实的情况下，二者就没有什么重大差异。但最需要关注的是，实际值若经过了企业的粉饰，刻意逢迎信贷人员，就可以麻痹信贷人员，也使"闻嗅复核"失效。也就是说，波动小的项目正是企业操纵的结果！

例如，客户的经营状况落后于行业的平均水平，但管理层篡改了相关的报表数据，以使其看起来与行业平均水平接近。在这种情况下，使用行业数据进行分析可能会误导信贷人员。更加典型的例子是，上市公司万福生科造假案，其全套"无死角"的舞弊令会计报表看起来一如往常，几乎没有什么异常。

3.4.3　闻嗅复核的应用举例

⊙ **案例 3-2　找寻报表重点关注项目**

某客户经理 A 对 XYZ 公司 2018 年度财务状况进行跟踪了解，该企业于当年下半年准备注册发行短期融资券，之前年度和该年上半年会计报表都进行了审计，注册会计师出具了标准无保留意见审计报告。该公司为一家均衡生产企业，2018 年产供销形势与上年相当，且未发生资产与债务重组行为。相关数据如表 3-1 所示。

表 3-1　企业利润表相关数据　　　　　　（单位：元）

项目	1～6月 已审实际数	7～12月 未审数	2018年 合计数	2017年 审定数
一、营业收入	120 400 000	216 300 000	336 700 000	240 686 000
减：营业成本	100 000 000	162 000 000	262 000 000	204 000 000
税金及附加	720 000	1 000 000	1 720 000	1 200 000
销售费用	820 000	800 000	1 620 000	1 600 000
管理费用	4 550 000	6 000 000	10 550 000	9 000 000
财务费用	1 450 000	1 750 000	3 200 000	2 800 000
资产减值损失	—	—	—	—
加：公允价值变动收益	—	—	—	—
投资收益	—	5 000 000	5 000 000	—
其中：对联营企业和合营企业的投资收益	—	—	—	—
资产处置收益	—	—	—	—
其他收益	—	—	—	—
二、营业利润	12 860 000	49 750 000	62 610 000	22 086 000
加：营业外收入	60 000	940 000	1 000 000	800 000
减：营业外支出	400 000	550 000	950 000	900 000
三、利润总额	12 520 000	50 140 000	62 660 000	21 986 000
减：所得税费用	3 130 000	12 535 000	15 665 000	5 496 500
四、净利润	9 390 000	37 605 000	46 995 000	16 489 500
（一）持续经营净利润	9 390 000	37 605 000	46 995 000	16 489 500
（二）终止经营净利润	—	—	—	—

假设经审计后的报表数据是准确无误的。若运用"闻嗅复核"方法，该客户经理在对 XYZ 公司提供的利润表进行分析时，应重点关注哪些项目呢？

（1）营业收入。2018年报表未审数比2017年审定数增加了 96 014 000（=336 700 000-240 686 000）元，增长率为 40%，而上半年营业收入审定数 120 400 000 元与上年平均水平（240 686 000/2）持平，由于该公司为一家均衡生产企业，2018年产供销形势与上年相当，且未发生资产与债务重组行为，据此可初步判断 2018 年 7～12 月营业收入明显不正常偏高。

（2）营业成本。在一般情况下，均衡生产企业应具有比较稳定的销售毛利率，XYZ 公司 2017 年度销售毛利率仅为 15.2%［=（240 686 000-204 000 000）/ 240 686 000×100%］，而 2018 年度销售毛利率则高达 22.2%［=（336 700 000- 262 000 000）/336 700 000×100%］，因上半年销售毛利率与上年几乎一致，这种情况主要是 7～12 月 25.1%［=（216 300 000-162 000 000）/216 300 000× 100%］的高销售毛利率的影响所致。

（3）销售费用。2018 年度报表数与 2017 年度审定数基本相等，仅比上年增长 1.25%［=（1 620 000-1 600 000）/1 600 000×100%］，在营业收入比上年增长 40% 的情况下，与之对应的销售费用通常也应有一定程度的增加。

（4）营业外收入和营业外支出。由于营业外收支项目本身具有相当的偶然性和不可预见性，通常要将其列入重点关注内容，尤其是当其发生额较大时。

找到以上重点关注项目后，客户经理应该进一步调查了解企业，与企业管理层或相关岗位人员进行座谈，以寻求合理解释，直到满意为止。

⊙ 案例3-3　运用回归分析估测存货预期值

1. 案例背景

某商业银行拟对某渔业公司进行尽职调查，该渔业公司专门从事大众化的家鱼生态淡水养殖。渔业公司的存货鱼，全部存放在一座超大型水库中。其成品鱼为当天打出当天即时全部卖出，不存在成品鱼库存。

2. 存货核实难点

存货是该公司的主要资产，客户经理在尽调过程中要对客户自己提供的数据进行验证。对淡水生态养殖状态的水产品，采用逐一盘点数量的方式显然不具备操作性，而采用直接采样数理分析的方法来进行推断也不符合鱼类的群居和洄游的特性。那么，该如何进行估测验证呢？这名客户经理刚刚取得注册会计师资格，遂计划借鉴事务所及注册会计师对该类业务执行的审计程序，拟通过对账面记录的回归分析进行盘点。

根据账面历史记录来进行盘点核实的关键点，是对客户存货账面永续记录的核实，核实以历史成本计量的投入是否真实存在。对鱼类来说，应该核实的内容包括：购买的鱼苗、饲料是否有原始的记录、投放鱼苗的记录、巡岸记录、捕鱼记录、鱼类赖以生存的水面水质化验记录等。在收集上述资料后，采用回归分析法找出与账面历史成本最为相关的要素，然后再采用数理推理方法推导出报表期末的理论账面成本，和实际账面成本进行对比分析，得出实际账面成本是否真实、完整地反映库存存货的结论。

3. 回归分析验证

根据上述计划，客户经理在收集相关原始资料后，继而观察讨论鱼的生长周期。通过审查成品鱼从幼苗到成鱼的生长期历史记录，反复对数据进行比照分析，将鱼的生长周期确定为4年。随后对4年的鱼苗投放量和捕鱼量，在数量和成本两个方面做了回归分析。如果说鱼的捕获周期是4年，那么账面反映的就是最近3年的投入成本，或者说账面反映的成本和最近3年投放的鱼苗成本应具有相关性，由此推理，客户经理按照以下步骤制作了相关回归分析表。

（1）设计填列库存分析表。按照影响鱼生存的环境等因素，设计库存分析表。为此，根据厘清的影响因素，将相互影响的因素设计为对应关系，主要应包括：账面结存成本，当年的捕获量、投放鱼苗量、捕获量和鱼苗量错4年的对应等。按照已知的影响因素，列出如表3-2所示的对应关系。

（2）计算捕获量和投放鱼种的关系。根据捕获周期为4年的特点，即捕获量与4年前的投放鱼种量存在关联，为此将捕获量和投放鱼种量以错4年进行回归分析，以投放鱼种量作为自变量，以捕获量为因变量。具体数据如表3-3所示。

经过统计分析，得到回归方程式为：

$$Y = 200.8871 - 0.8907 X$$

其中，X代表自变量（投放鱼种量）；Y代表因变量（捕获量）。

相关系数（Multiple R）为0.6107。

（3）计算投入鱼苗量和成本的关系。因鱼的一般生长周期认定为4年，即账面成本应该反映的是前3年（含本年）的投入。根据捕获周期，将上年年末账面结存成本（因变量）和近3年的累计投入鱼苗量（自变量）进行回归分析，得出账面结存成本和近3年的累计投入鱼苗量高度相关。以尽调最近年度期末数据代入此回归方程，计算得出理论的年度期末账面应结存的成本（见表3-4），同实际账面结存成本数据进行对比。

表3-2 库存鱼盘点分析表

年度	库存鱼账面成本（年末数）		当年捕鱼量（万公斤）	投放鱼种（万公斤）	当年投放鱼尾数量（万条）	当年水库是否发生大的灾情	错4年的对应关系			
	总成本（万元）	投放鱼苗的成本（万元）					账面成本	鱼种量（提前3年累计投放量）（万公斤）	鱼种量（提前4年投放量）（万公斤）	捕获量（万公斤）
2012	1 777	1 777	43.70	46.80	468.0	否				
2013	1 755	1 755	160.40	77.30	773.0	否				
2014	1 411	1 411	279.60	62.00	620.0	否				
2015	917	917	203.50	77.20	772.0	否				
2016	911	911	149.00	55.20	552.0	否	911	216.50	46.80	149.00
2017	1 093	1 093	121.90	75.40	754.0	否	1 093	194.40	77.30	121.90
2018	1 154	1 154	166.00	65.36	653.6	否	1 154	195.96	62.00	166.00

表3-3 捕获量和投放鱼种关系表 （单位：万公斤）

错4年的对应关系	
鱼种量（2012～2014年）	捕获量（2016～2018年）
46.80	149.00
77.30	121.90
62.00	166.00

表3-4 投入鱼苗量和成本关系表

错4年的对应关系			
账面成本所属投放鱼苗年份	前3年累计投放鱼种量（万公斤）	报表年份	捕获报表年份账面结存成本（万元）
2013～2015年	216.50	2016	911
2014～2016年	194.40	2017	1 093
2015～2017年	195.96	2018	1 154

经过统计分析，得到回归方程式为：

$$Y=3029.1929-9.7709X$$

其中，X 代表自变量（近3年的累计投入鱼苗量）；Y 代表因变量（上年年末账面结存成本）。

相关系数为 0.9533。拟合优度（R Square）为 0.9087，可以认为高度相关。

至此，客户经理认为库存鱼的账面成本应该没有多大问题，基本上是对库存鱼真实情况的反映，遂对客户报表数据予以采信。

资料来源：改编自"北京注册会计师协会专家委员会专家提示第8号——生态养殖淡水产品审计盘点解析"，见http://www.bicpa.org.cn/zyfwz/zyfw/zzyzd/sj/B1384393903783428.html。

⊙ **案例3-4　挖掘重点项目背后的逻辑**

2010年，某商业银行信贷经理在贷后管理过程中，阅读宇通客车（600066.SH）新披露的年度会计报告，从财务报表发现，其经营数据（见表3-5）存在异常现象需要解释：2009年在公司营业收入和净利润创造历史新高，分别达到87.82亿元和5.67亿元，比2008年分别增长5.35%和8.21%的情况下，经营活动现金净流量却从2008年的9.64亿元骤降至2009年的0.73亿元，下降幅度达92.43%，这不能不使信贷经理产生疑虑。在看到这种情况后，信贷经理必须搞清楚，这种现金流的重大不利变化是企业正常经营下会计数据的偶然波动，还是财务数据质量存疑的标志，抑或是企业基本面发生突变的信号，对已经发放给企业贷款的按时回收是否有不利影响。

表3-5　宇通客车主要经营数据

	2009年度		2008年度		2007年度	
	金额（亿元）	增长率（%）	金额（亿元）	增长率（%）	金额（亿元）	增长率（%）
营业收入	87.82	5.35	83.36	3.51	80.53	45.83
净利润	5.67	8.21	5.24	16.70	4.49	97.80
经营活动产生的现金净流量	0.73	-92.43	9.64	40.73	6.85	-25.22

图 3-4～图 3-6 显示了 2007～2009 年宇通客车营业收入、净利润和经营现金流量的趋势。

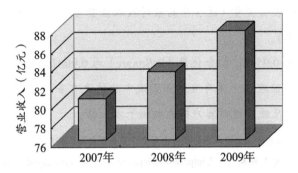

图 3-4　2007～2009 年宇通客车营业收入趋势

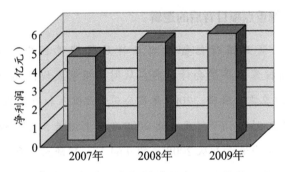

图 3-5　2007～2009 年宇通客车净利润趋势

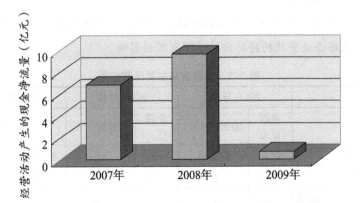

图 3-6　2007～2009 年宇通客车经营现金流量趋势

此时，信贷经理迅速在脑中搜索可能的原因，并进行了相关检查、计算和询问。

（1）对上市公司而言，普遍的一个可能性是大股东占款。公司经营活动现金流突变的原因是否来自企业与大股东之间不正常的资金往来呢？查看报表，2007年公司与关联方往来款中有4.27亿元应收账款，该笔资金在2008年收回，这也成为公司经营活动现金流在2007年下降，而在2008年大幅上升的重要原因之一。但2009年关联方应收类余额超应付类余额仅仅比2008年高出2000万元，不足以构成公司2009年经营活动现金净流量大幅降低的主要原因。

（2）2008年度，公司已经将所持有的原子公司郑州绿都置业有限公司的股权全部转让，致使当年存货（开发成本、出租开发产品、开发产品）减少了7.5亿元，改善了现金流。2009年度，公司应该不会再拿地和投入大额建造资金了。若如此，则大部分资金投入都将在存货科目中核算和反映。经查，企业存货科目中用于记录房地产的开发成本、出租开发产品和开发产品在2008年年末、2009年年末均为零。因此买地、建造等资金支出对企业经营活动现金流的影响并不存在。

（3）排除了上述两类多数上市公司普遍存在且特殊的因素后，信贷经理将目光转向了企业的现金流量表补充资料。首先发现，在采用间接法将净利润调节为经营活动现金流量的相关内容中，与2008年度相比，造成公司2009年度经营性现金流量不利影响的因素主要来源于两大方面：一是相比2008年度，存货减少0.97亿元，2009年度存货则增加了1.49亿元，与2008年相比，存货对现金流的占用增加了2.46亿元；二是相比2008年度，经营性应收项目大幅减少6.41亿元，2009年度经营性应收项目则大幅增加了8.54亿元，造成相比2008年，现金流占用增加了14.95亿元。这两方面应是公司经营性现金净流量出现巨幅下滑的最大因素，具体如下。

1）2009年年末影响现金流量的存货相对2008年年末增加了1.49亿元。其中主要是库存商品增加了0.59亿元，在产品增加了0.61亿元，二者合计为1.2亿元。根据公司产销量统计，2009年累计生产客车28 625辆，销售客车

28 186 辆，2008 年分别为 26 703 辆和 27 556 辆。产销量分别增长了 7.2% 和 2.3%。简单依据 2009 年产销量差（439 辆）及客车的营业成本率（82.36%）计算，估计新增存货成本约为 1.1 亿元，与企业披露的存货增加无重大差异，可予以认可。

2）2009 年年末应收票据相对 2008 年年末增加了 3.54 亿元，增长 185.92%。根据公司的解释，主要是 2009 年汽车行业受政策刺激以及经济回暖的影响，销售增长强劲，营业收入增长，相应导致应收票据增加。经进一步核对，公司应收票据全部为银行承兑汇票，且余额中无关联单位款项。从银行承兑汇票的可变现性讲，其大幅增加所造成的经营活动现金流的相应减少一般并不代表公司资金的不合理占用，更多的则是由于公司现金压力不是很大。因此，如果公司 2009 年经营活动现金流的变化是出于这一原因，那么显然银行并不用为之担心。再考虑到公司应付票据增加的 1.48 亿元，若别除票据因素，公司 2009 年的经营活动净现金流约为 2.79 亿元，远远超出财务报表上 0.73 亿元的水平，不过与其他年份的经营活动现金仍有不小差距。

3）2009 年年末应收账款相对 2008 年年末增加了 4.28 亿元，增长 75%。根据公司的解释，主要也是 2009 年整体经济回暖，汽车行业受相关政策刺激销售强劲所致。综合考虑预付账款增加 0.18 亿元，应付账款减少 1.35 亿元，预收款项增加 0.63 亿元，综合影响公司现金净流量下降 5.18 亿元，这是影响公司现金流量减少的最重要因素。根据宇通客车的产量公告，2009 年"在 12 月实现了公司持续投产能力和单月交付量的新高"，销量达到 4899 辆，远高于公司 11 月的 2876 辆，以及披露月度经营数据以来 2009 年 4～11 月的月均 2436 辆的水平。以公司客车每辆均价 30 万元计算，2009 年 12 月较之前月份新增销售收入达 7 亿元左右，考虑到销售政策和结算周期，形成较大的应收票据和账款也属合理。

综合所有上述分析，与企业营业收入和净利润趋势相悖的经营性现金净流量，具有可以解释的合理性，应该不会形成对公司基本面价值判断的重大影响。

事实上，公司后续的发展也打消了信贷经理的怀疑，确证了判断。

从各行业发展背景看，客车市场随经济和交通发展，在2005~2015年近10年间保持总体增长（见图3-7）。随着客车市场的成熟，行业越来越向头部企业集中，宇通客车的市占率不断提升。从整体来看，宇通客车2016年、2017年、2018年的市占率分别达到了23.5%、24.0%、25.3%的水平。

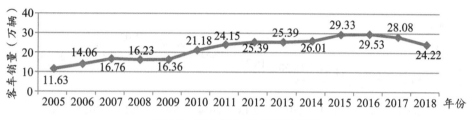

图 3-7　客车行业 14 年销量概况

在行业发展的大背景下，宇通客车销售及利润增长迅速。2014~2016年，受益于新能源市场的爆发式增长，公司营业收入快速增长，并在2016年达到顶峰，远远领先于同业。自2017年起，受新能源国家补贴退坡影响，营业收入和净利润开始出现下滑。图3-8显示了从2009年往后10年，宇通客车的营业收入持续增长，2010年超过100亿元，2013年超过200亿元，2015年突破300亿元大关。净利润则从2009年的5.67亿元持续增长到2016年41.02亿元（见图3-9）。经营活动现金净流入在2010年就实现了13.18亿元，超过2008年9.64亿元，此后一路攀升，于2015年超过60亿元，只在2017年出现了-17.49亿元的特殊状况，2018年则又强势反弹（见图3-10）。可以说，公司此后近十年经营活动现金净流量与营业收入和净利润保持了很高的趋势吻合度。

从其他核心盈利指标和偿债指标（见表3-6）来看，公司在此后很长时间内也都表现出了良好的发展态势，毛利率从2010年的17.33%持续攀升到2016年27.82%，2017年和2018年略有下降但也维持在25%以上的高位，遥遥领先于同行业的其他企业。资产负债率则基本多年维持在60%以下，利息保障倍数除个别年份外，均达到了较高水平。信贷经理就该客户发放的贷款应该安全无虞。

图 3-8　2009～2018 年宇通客车营业收入趋势

图 3-9　2009～2018 年宇通客车净利润趋势

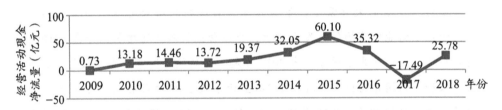

图 3-10　2009～2018 年宇通客车经营现金净流量趋势

表 3-6　宇通客车 2010～2018 年部分核心指标

年份	2018	2017	2016	2015	2014	2013	2012	2011	2010
毛利率（%）	25.33	26.32	27.82	25.33	24.28	19.46	19.97	18.20	17.33
资产负债率（%）	54.47	56.85	61.09	57.07	54.41	45.94	48.74	57.54	63.43
利息保障倍数	8.84	8.39	18.42	−27.82	−121.53	266.17	−45.66	147.07	59.31

⊙ 案例 3-5　通过报表数据异常发现可能的舞弊

请看如表 3-7 和表 3-8 所示的公司的几组报表数据。

假如该公司是一家 2010 年上市的企业，你觉得哪里可能有问题？2015 年为避免连续两年亏损，能否靠非经常性损益一举扭亏？接着我们看公司是在什么时候扭亏的，或者出于职业本能，我们怀疑是在临近年底时实现的。

表3-7 某公司2010～2015年的收入与利润数据（单位：万元）

年份	2010	2011	2012	2013	2014	2015
营业收入	23 388.43	22 822.61	20 512.75	16 612.78	15 096.79	10 523.02
净利润	3 389.17	1 897.25	2 184.43	298.70	-1 009.56	344.26
归属于母公司普通股股东的净利润	3 299.63	1 968.20	2 102.46	258.85	-961.63	431.43
归属于母公司普通股股东的扣除非经常性损益的净利润	2 753.22	1 589.89	1 547.62	82.43	-1 046.65	-1 522.40

表3-8 某公司2015年各季度收入与利润数据 （单位：万元）

	第一季度	第二季度	第三季度	第四季度
营业收入	2 185.41	2 540.87	2 306.8	3 489.94
归属于母公司普通股股东的净利润	-299.65	-498.22	-614.02	1 843.32
归属于母公司普通股股东的扣除非经常性损益的净利润	-331.89	-509.01	-619.38	-62.12

确实，公司前三个季度均大幅亏损，而在第四季度通过非经常性项目扭亏为盈。

接下来，我们再看企业资产类科目中有没有变动比较大的科目（见表3-9）。

表3-9 某公司2010～2015年主要资产科目 （单位：万元）

年份	2010	2011	2012	2013	2014	2015
货币资金	27 205.37	19 805.45	18 603.91	16 210.33	13 933.54	13 726.11
应收票据及应收账款	4 482.34	6 754.78	6 357.21	4 658.16	4 155.99	3 410.21
预付款项	1 126.07	430.97	379.38	385.24	617.03	1 778.73
其他应收款	344.42	378.62	203.22	242.53	854.90	4 688.05
存货	4 039.09	3 992.36	3 685.72	3 908.48	4 081.41	4 018.48
固定资产	4 115.90	4 232.24	13 250.52	13 825.75	13 780.60	10 642.86
无形资产	5 367.94	5 323.57	5 195.17	5 066.45	4 939.33	4 812.38

资产负债表中的相关数据显示，货币资金和应收账款逐年减少，存货变动也不大，固定资产和无形资产也逐年减少，因为有折旧摊销，很可能是正常的。但显著增加的科目是其他应收款，金额出现异常增长，很可能存在关联方占款等类似问题。预付账款也有较大的增长，值得一并关注。

那这些活动在现金流量表中有无反映？我们重点看企业2015年各季度和2016年第一季度的经营性现金流量数据（见表3-10）。

表3-10 某公司2015年第一季度至2016年第一季度主要经营性现金流量

（单位：万元）

	2015年第一季度	2015年第二季度	2015年第三季度	2015年第四季度	2016年第一季度
销售商品、提供劳务收到的现金	2 075.68	2 231.23	2 399.40	3 517.46	1 661.21
收到的其他与经营活动有关的现金	190.67	75.32	147.71	1 016.96	342.79
经营活动现金流入小计	2 439.97	2 332.70	2 608.06	4 654.22	2 066.49
购买商品、接受劳务支付的现金	1 378.79	1 240.33	1 184.72	4 617.30	513.29
支付的其他与经营活动有关的现金	359.81	423.70	718.22	289.65	2 728.11
经营活动现金流出小计	2 833.90	2 557.50	2 937.51	5 573.01	4 091.73
经营活动产生的现金流量净额	−393.93	−224.80	−329.45	−918.80	−2 025.25

总体看，企业经营活动中的现金流情况持续恶化，但明显的2015年第四季度经营性现金流入增加约2000万元，流出也相应增加，特别是第四季度收到的其他与经营活动有关的现金显著增加。

至此，我们能否合理怀疑，该公司为避免连续亏损，而通过某些一次性的手段，虚增了收入和利润呢？当然这里仅仅是怀疑而已，若要证实或证伪，需要从异常的地方入手进一步调查下去。

事实上，这里可以揭晓，这家公司名字叫作"宁波圣莱达电器股份有限公司"（002473）。该公司主要从事水加热生活电器核心零部件及整机的研发、生产和销售，主要产品为温控器及电热水壶整机。公司于2010年登陆中小板，上市当年营业收入达到2.34亿元，净利润达到3300万元。此后公司业绩连年下滑，2014年亏损961.63万元。2015年年中，公司的实际控制人发生了变更。为了避免ST，2015年虚增收入2000万元，虚增利润1500万元，实现微利431.43元（见表3-11）。

表3-11 公司2015年财务造假数据   （单位：万元）

	虚增前	虚增	虚增后
利润总额	−1 632.85	2 000	367.15
归属于母公司普通股股东的净利润	−1 068.57	1 500	431.43

2017年4月18日，公司公告因公司涉嫌信息披露违法违规，被中国证监会立案调查。2018年4月14日，圣莱达公告被下发《行政处罚事先告知书》，公司财务造假被查实。①虚构影视版权转让交易，对方故意违约，赔给圣莱达1000万元违约金，记为诉讼收入。交易款及违约金实质上是通过关联方循环支付完成的。②大股东把1000万元以税收保证金名义转给政府，政府再以政府补助的名义转给圣莱达，记为政府补助收入。整个舞弊过程中，关联方共计向圣莱达支付5000万元，而圣莱达共计向关联方支付7000万元。

⊙ 案例3-6 存货双高背后的财务造假

近年来，多家上市公司账面上有大量现金，却出现债券违约，背后多被查出会计造假，典型如康美药业、康得新等，这些公司同时具备"存贷双高"的特征，引起市场的广泛关注。以康美药业为例，讨论如下。

1. 康美药业造假事件概述

康美药业成立于1997年，2001年3月上市。公司以中药饮片生产、销售为经营核心，逐渐形成了中医药全产业链一体化运营模式，成为医药板块的一只白马股。早在2018年，就有媒体质疑该公司存在财务造假的嫌疑，公司发布澄清公告予以否认。2018年12月28日，证监会下达关于信息披露违法违规行为的调查通知书，对公司立案调查。2019年4月30日公司发布2018年年报，公司货币资金由2018年三季报中显示的377.88亿元下降至18.39亿元，存货却由184.50亿元飙升至342.10亿元，公司称变动原因是会计处理错误与核算账户资金存在错误，造成公司2017年报表存货等科目少计，货币资金多计299亿元。这一巨额会计差错的更正，事实上坐实了前期财务造假的质疑。2019年8月16日，证监会对公司及相关责任人下发《行政处罚及市场禁入事先告知书》，经查明，康美药业自2016年以来存在虚增营业收入和货币资金等财务数据、转移资金至关联方账户买卖本公司股票抬升股价等违法行为。其中，2016年度报告虚增营业收入89.99亿元，虚增货币资金225.49亿元；2017年度报告虚增营业收入100.32亿元，虚增货币资金299.44亿元；2018年半年度报告虚增营业收入 84.84 亿元，虚增货币资金 361.88 亿元；2018 年年度报告虚增营业收入 16.13 亿元。2016 年 1 月 1 日～2018 年 12 月 31 日，康美药业在未经过决策审批或授权程序的情况下，累计向控股股东及其关联方提供非经营性资金 116.19 亿元用于购买股票、替控股股东及其关联方偿还融资本息、垫付解质押款或支付收购溢价款等用途。

近 300 亿元银行存款的"会计差错"，在中国证券市场上可谓史无前例。与此项"会计差错"一并更正的是 5 个资产负债表科目和 6 个利润表科目，仅 2017 年就调减了 88.98 亿元的营业收入，占当年营业收入总额的 50.62%，调减税后利润 19.51 亿元，占当年税后利润总额的 90.99%（见表 3-12）。

2. 存贷双高特征对财务造假的警示与分析路径

尽管财务造假的警示指标有很多，但"存贷双高"无疑成为 2019 年中国资本市场中最热门的一个。随着近年来多家被曝出债券违约的上市公司的财务报表频频出现"存贷双高"的财务特征以及背后财务造假问题的逐步坐实，人们对这一特殊财务特征的背后可能隐藏的财务报表造假风险逐步提高了认识。

顾名思义，"存贷双高"就是企业的货币资金与有息负债同时处于较高的水平，账面货币资金高企的同时有息负债规模也处于高位。从量化角度，我们可将存贷双高定义为：

货币资金 ÷ 总资产 ≥ 20%　和　有息债务 ÷ 投入总资本 ≥ 20%

后者不能用资产负债率替代，分子、分母需将经营性负债剔除。

作为一种舞弊警示，通常我们会观察至少连续三个季报披露周期，持续存贷双高则必须引起警觉。

如康美药业，从绝对规模上来看，货币资金和有息负债规模呈现逐年上涨的趋势，在未更正的财务报表中，截至 2017 年年末，公司货币资金余额为 341.5 亿元，比 2015 年年末的 158.2 亿元，增长了 116%。有息负债则从 2015 年年末的 95.1 亿元增长到 2017 年年末的 239.8 亿元，增长了 152%。

从相对规模来看，总体上公司货币资金占比和有息负债率呈现逐年上涨的趋势，2015～2017 年公司货币资金占比由 41.51% 上升至 49.7%，公司货币资

表 3-12 康美药业会计差错的更正事项

（单位：万元）

调整科目	调整金额	对应调整科目	对应调整金额	调整原因
应收账款	64 107.32	货币资金	-64 107.32	调整业务还原真实应收账款余额
存货——中药材	1 834 307.70	货币资金	-1 834 307.70	采购中药材支出
其他应收款	571 382.10	货币资金	-571 382.10	支付其他方资金往来
存货——开发成本	180 400.09	货币资金	-180 400.09	支付工程支出
在建工程	63 160.01	货币资金	-63 160.01	支付工程支出
未分配利润	-281 073.76	货币资金	-281 073.76	调整业务还原项目
合计			-2 994 430.98	
2017年调整科目	调整金额	对应调整科目	对应调整金额	调整原因
营业收入	-889 835.23	货币资金	-889 835.23	核减不实业务凭证入账收入
营业成本	-766 212.94	货币资金	766 212.94	核减不实业务凭证入账成本
销售费用	49 716.44	货币资金、其他应付款	-49 716.44	调增业务相关销售费用
财务费用	22 824.00	货币资金、应收利息	-22 824.00	调减多计货币资金真实应收账款提利息
资产减值损失	-1 239.69	应收账款坏账准备	1 239.69	应收账款账龄分析，对应调整资产减值及所得税费用——坏账准备，递延所得税资产
所得税费用	185.95	递延所得税资产	-185.95	
合计			-195 108.99	
以前年度调整	调整金额	对应调整科目	对应调整金额	调整原因
营业收入	-694 835.87	货币资金	-694 835.87	核减不实业务凭证入账收入
营业成本	-613 552.36	货币资金	613 552.36	核减不实业务凭证入账成本
销售费用	52 630.23	货币资金、其他应付款	-52 630.23	调增业务相关销售费用
财务费用	15 119.30	货币资金、应收利息	-15 119.30	调减多计货币资金真实应收账款提利息
资产减值损失	-20 964.12	应收账款坏账准备	20 964.12	应收账款账龄分析，对应调整资产减值及所得税费用——坏账准备，递延所得税资产
所得税费用	-3 144.62	递延所得税资产	3 144.62	
合计			-166 852.54	

资料来源：2019年5月28日广东正中珠江会计师事务所（特殊普通合伙）出具的《关于对康美药业股份有限公司媒体报道有关事项的问询函》的专项说明。

金规模已占总资产的一半。2015～2017年公司有息负债率则由33.55%上升至42.73%（见图3-11）。

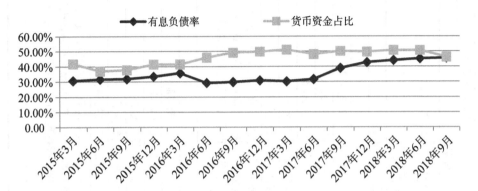

图3-11　康美药业2015年第一季度至2018年第三季度"存贷双高"展示

注：在计算公司有息负债时，具体取"短期借款、一年内到期的非流动负债、长期借款、应付债券、长期应付款"5个科目的相关数据。

在正常情况下，导致存贷双高出现的主要原因有两个：①集团层面合并报表，不同子公司的现金流状况和负债情况不同，在合并报表层面可能会导致高存高贷；②特殊行业商业模式，高杠杆的资金密集型企业，如房地产行业，一方面负债规模高企，但同时为应对拿地需求，需要储备大额账面资金。其他如有分析者指出的短期内有重大支出项目，在实务中基本不可能出现，更多是授信备用，即使暂时存在留钱备用的情况一般也不会长期趴在账上，很少会持续两个报告周期以上。

在非正常情况下，导致存贷双高出现的主要原因也有两个：①货币资金受限，企业账面上的很多货币资金可能是受限制的，严格讲不属于现金及现金等价物，规模大但不能直接使用，致使剩余可用货币资金不足导致企业必须从外部融资以维持日常运转及投资活动，或者资金受限本来就是为了融资，多数企业选择不予披露此种情况；②财务报表造假，大规模债务是真实的，但财务报表上并没有大规模的货币资金，直接伪造货币资金或通过虚增收入进而虚增货币资金。

那么外部信息使用者，包括商业银行信贷管理人员，遇到"存贷双高"的客户报表，如何进一步采用调查或分析技术去识别可能的舞弊呢？

运用闻嗅复核技术，核心手段主要有三个。

一是计算或发现企业呈现"存贷双高"特征后，以对行业的了解，结合企业的商业模式，向企业询问了解，是否存在报表合并、特殊行业商业模式以及可能的存款受到限制等情况。

二是计算货币资金收益率，关注企业的利息收入/平均货币资金余额，如果货币资金的收益率低于银行结构性存款或理财的利率水平，甚至低于银行的定期或活期存款利率，账面资金的充足与大规模举债并且支付较高的利息费用存在矛盾，就表明企业报表上的货币资金可能不存在，即使企业解释为受限也几无可能。

三是核查企业大股东股权是否质押，计算大股东的股权质押比例，质押比例较高一般意味着企业体外融资需求较高，极有可能抽占企业货币资金。企业为掩盖大股东资金占用，造成账面货币资金虚高。

案例3-6有点马后炮的意思，但事后总结也是一种提高，况且任何侦查审计技术都是伴随着交易对手的作案手段不断演进而不断进步的，正所谓"道高一尺，魔高一丈"。但行文至此，笔者还是想起了一个实际操作案例，可以作为以上内容的补充。

那是某年的冬天，窗外大风呼呼作响，我在21楼上几乎感觉到大楼在前后左右地晃动，紧闭的窗户挡不住窗外的丝丝寒意，我裹紧羽绒服，看着桌面上摆放的统计报表，存款数字小得可怜，与总行任务指标的差距倒是很大，快要收官了，分行年末的存款如何浮出水面（余额不低于去年年末）真是让人犯难。一个公司业务团队负责人敲门而入，说找到一个资金富裕的客户，年底准备进款2亿元，说是客户在别家银行有不少存款，为增强合作关系，准备同时启动上报2亿元授信，若是合作开展了，后续存款估计会持续存进来。貌似不错，我大喜过望，遂自告奋勇一起去拜访客户。我们到客户处，看到财务报表账上存款不少，负债也很多，但主要是经营性负债，企业对下游客户强势，不缺钱。在闲聊中，客户说起了存款的秘密。原来，银行与客户一起利用票据进行套利，客户赚钱也虚增了账面存款，银行拉来了存款，票据业务量也"嗖嗖"上蹿，真是一桩两全其美的生意。

说起来很简单，票据套利就是利用结构性存款利率和票据直贴利率之间的利差进行套利。例如，一家企业将手里的票据进行贴现，然后买入结构性存款，如果结构性存款利率是4.2%，票据直贴利率是3.6%，则套利空间为60bp。当然，脑袋灵光的客户经理和企业一般不会就此住手，可以继续将结构性存款进行质押开票，票据转几圈又回到企业手里，继续贴现，继续购买结构性存款，继续质押，继续开票……作为银行揽储利器，结构性存款收益率较高，经常超过票据直贴利率。比如，我拜访的这个企业就是这样跟某商业银行操作的：它先被某银行客户经理游说购买结构性存款，然后质押开票，循环往复，直到我去拜访的那一天，你猜客户做了几轮？2亿元的本金，账面有6亿元存款，企业老板说，可以跟我们银行再做点……

套利的游戏还没有结束，我们的思考也不能停止：往大处讲涉及实体经济下行、货币政策传导、货币资金空转，往小处说涉及银行低风险业务风险的高低，票据是结算工具还是融资工具？企业开票贸易背景真实吗？结构性存款是什么？存款利率不是还有基准约束和行业自律吗？自开自贴违规吗？企业以银行承兑汇票方式对外支付通常不能享受现金折扣能算有息负债吗？企业存款是真实的还是虚假的？这样虚胖的企业报表如何还原？这种情况是否属于"存贷双高"，若是，属于哪种情形？

唉，不想了，上帝会发笑的。

附录 3A

某商业银行公司业务授信调查信息交叉验证技术指引

鉴于在贷前调查过程中，存在信息不对称、信息不透明等问题，为提高贷前调查工作质量，为一线人员提供信息验证的手段和方法，特制定本技术指引，目的是通过运用信息交叉验证手段，相互印证和检验通过不同途径获取的信息资料，确保获取的信息真实、可靠。

1. 信息交叉验证的主要原则

（1）多环节原则。贷前调查涉及多个环节，需要尽调人员对所有环节涉及的信息进行前后比对验证，发掘前后获取的信息之间的共性和差异，重点抓住与还款能力、还款意愿、借款需求有重大相关性的信息和数据进行交叉验证。

（2）多角度原则。要求针对与客户的还款能力和还款意愿相关的信息及数据从多个角度进行验证，包括财务信息、外部信息、反映客户个人基本特征及企业经营特征的"软信息"等。

（3）多层次原则。要求针对不同的目标客户，包括规模、风险程度不同的企业，将它们区分为基本信息验证、主要信息验证，建立起多层次的信息交叉验证体系。

2. 适用范围及信息分类

（1）适用范围。需要进行信息交叉验证的企业具备如下特征：信息不透明；财务报表可信程度低；某些重要数据偏离行业正常水平；外部审计机构等未能核实某一方面数据；频繁更换会计师事务所；位于民间借贷或担保链风险高发地区；存在联保、互保业务等。凡涉及上述特征的企业建议应加强信息交叉验证工作。

（2）信息分类。根据交叉验证的信息来源渠道，可分为企业内部信息和外部信息；根据信息内容，可分为非财务信息和财务信息。

3. 信息来源渠道、分类验证方法

（1）信息来源渠道。在企业内部，主要通过企业实际控制人、管理人员、财务人员、一般员工以及其他相关人员获取企业的经营、财务信息。外部信息渠道，包括股东、合伙人、关联方、产业链上下游、保证人、同业竞争者，政府及行业主管部门，自来水公司、电力公司、燃气公司等水电气供应方，新闻媒体、网络信息等。

（2）分类验证方法。在信息交叉验证方面，包括财务类、非财务类信息核查，应重点对销售收入、购销环节物流及资金流、长期资产情况、生产经营状况、企业信用状况以及资金链状况六大方面信息进行交叉验证。具体如表 3A-1 和表 3A-2 所示。

表 3A-1　财务信息核查要素表

核查目标	交叉验证技术	着手点
销售收入	抽查最近三个月的银行流水（含公司的与个人的），剔除各项往来款后，每月现金流入是否和企业当年的平均销售额相符。应尽量取得能够标注交易对手账户名的银行流水，从而根据交易对手情况核实关联资金的往来情况，有助于剔除关联往来款部分。查看企业应收、应付账款中的主要往来方与其银行流水中反映的主要款项往来方是否吻合	银行流水
	挑选企业生产或贸易的正常期间（非淡季或旺季），加总一个月或一个星期（可视企业销售额的大小而定）产品主要原料的出库单、销售发票，观察出库单、销售发票月金额合计、报表月销售额之间是否对应	出库单
	大额销货合同的单笔抽查。从应收账款或主营业务收入等明细账上随机挑选一宗或几宗（视金额而定）大额或重要的销货活动，从合同、出货单、销售发票、相应银行收款流水，一路核查，判断该业务是否真实，账务处理是否合规	单笔大额业务全流程
	与实际控制人口头了解年纳税金额、报税销售收入。现场核查时登录报税系统，查看纳税申报表及对应的纳税凭证。涉及大额进出口的，核查进出口货物发票、海关报关单，并查询海关进出口数据进行验证	纳税、海关进出口数据
	生产型企业核心设备产能与实际产值有较直接的对应关系，在了解设备的设计产能后，结合现场调查可向生产厂长或生产线工人了解日常开工率情况、工作时长、淡旺季特点、设备检修频率，向财务人员了解各产品品类占比、产品销售单价、折扣率等，即可简单推算实际产值。若产品耗电量、耗煤量等与销售收入构成较标准的比例关系，可查看企业的水电费、耗煤量等单据来进行核实	产能、能耗估算
	现场调查时，要求查阅企业内部账务系统，将调阅的系统数据与报表数据进行比对；留意操作人员对系统的熟悉程度，能否实时取数，每笔交易金额是否大额整数，每月入账数量、频率与交易模式是否匹配，交易对手是不是关联企业等，以验证该账务系统是不是真实内账	内账
	通过同业、行业协会收集的纳税比例、产能与员工数、产能与能耗、产能与核心设备、产能与排污指标等存在对应关系的数据比例比对，再结合企业以上方面的实际盘点情况可较为准确地推断其实际经营规模	行业经验

（续）

核查目标	交叉验证技术	着手点
购销环节物流及资金流	要求企业填报主要客户和供应商交易情况表，抽查其中各一个供应商和客户的采购（销售）合同、发票，检查其真实性。根据企业提供的主要上下游客户名单和交易金额、结算方式等，通过比对以下信息源可判断信息的真实性：①审计财报中的应收、应付科目明细是否有以上交易对手，余额是否合理；②银行流水明细中交易对手与交易金额是否匹配；③在核查出库单及购销合同时，交易对手是否与企业提供的主要上下游客户一致	上下游核实
	抽查企业主要客户的销售合同，有条件的可向下游客户电话确认或函证。若企业有ERP系统，可查询ERP系统——出库明细账，抽取一部分大额销售合同的出库单据。若企业无ERP系统，可追查主营业务收入明细账中的分录至销售单、销售发票副联及发运凭证	合同、ERP系统、发票
	对于应收账款的周期和账龄，可与销售合同中的收款条件（如销售合同签订日期、信用期限、回款日期）核对，判断其周转率是否和报表反映的相符	合同条款
	现场实地查看仓库，查看存货中产成品、半成品标签上的进库日期（无具体日期的目测其成新度或产品款式），大致判断是否存在滞销产品或存在退货的现象，判断其周转率是否和报表反映的相符，匡算存货中产成品、半成品的数量、价值是否和账上记录一致。可让仓管员打印出截至当时的存货明细单，同时抽取个别品种进行实地盘点，以判断账面存货的真实性和完整性	查库
	对企业主要产品的主要生产设备进行现场考察，与现场管理人员和操作人员进行沟通（口头交流、记录），对各个生产环节、车间进行考察，了解其实际生产过程和工艺，了解各台设备的实际生产能力，以进一步匡算整个产品的生产能力；现场观察设备的新旧程度，并了解设备使用情况	生产工序、产能
	现场考察企业主要原材料和能源的情况，了解原材料、能源的来源，消耗情况等，抽查企业某一个月的原料入库出库单、合同、发票及各种能源供应合同、月度消耗统计报表等，了解原料消耗数量、价格和各类能源资源的消耗数量、价格，以匡算直接材料成本	用料

（续）

核查目标	交叉验证技术	着手点
企业资产投入情况	与实际控制人、高管口头访谈，了解企业的资产投入情况。针对大额的固定资产投入，可抽样查看固定资产明细表、购建合同、相应的银行支出流水，核实大型固定资产投入的工程款、设备款或土地、房产等购买价款是否已按合同约定支付。另外，还须核实企业的主要固定资产的购建是否合法合规，查看是否取得有权审批部门审发的有关证件	合同、凭证
	调查企业大额资产投入是否生产所需或与企业发展战略紧密相关，若系偏离度较高的多元化投资，则须深入了解该项资产是否另有产权人或其他股东方，该项资产形成资金占用也可能不具备创现能力，应在报表分析时予以客观修正	战略规划
货币资金	核对现金日记账、银行存款日记账、银行往来调节表，登录网银，核查某一时点各银行账户余额与同期报表是否一致	流水单、日记账
应收款项（包括应收票据）	抽查企业的销售合同并和购货方电话确认或函证	合同、联络客户
	核对应收账款明细账贷方发生额与银行收款凭证原件，核对借方发生额与发票和发货凭证原件	科目明细账、凭证
	了解应收账款的回款规律和账龄；与销售合同中的收款条件核对，分析应收账款的质量	合同
其他应收款	核查大额款项的入账凭证、付款凭证	凭证
	核查相关款项借款合同、协议等	合同
存货	根据大额购货合同电话或函证供应商	合同
	对企业盘点库存进行抽查	库存抽查
	领料单、发货单的相互核对	出入库单
	根据库存出入库台账及参考单价，验证销售收入、销售成本	台账
	通过第三方了解库存产品或原料的价格	价格
短期借款（包括长期借款）	复核短期借款明细表并与总账核对	科目明细账
	查询企业的征信记录，检查是否和企业账面记录一致，如不一致，须核查借款合同、担保合同、相应银行流水	征信
	核查借款合同以及借款增减相对的收付凭证	合同、凭证

（续）

核查目标	交叉验证技术	着手点
应付账款（包括应付票据）	查看应付账款明细表并与总账核对	科目明细账
	抽查大额的购货合同	合同
	电话或函证主要或重要供应商	联络供应商
	抽查应付账款对应的入库单等凭证	凭证
其他应付款	查核大额项目的原始凭证	凭证
	查核借入款项对应的银行凭证	凭证
实收资本	审阅企业章程和股东会、董事会会议记录	章程、会议记录
	核对验资报告、有关记账原始凭证、银行对账单	凭证、流水
资本公积	检查资本公积变动的内容和依据，并查阅相关会计记录和原始凭证	凭证
	拨款转入检查拨款凭证	凭证、流水
税金	大部分企业都要交纳增值税，在企业经营方式没有明显改变的情况下，企业交纳的税款与销售收入之间是有一定的比例关系的，因而可以从这个角度来分析企业的销售收入是否虚增。同理，可以通过所得税与利润总额及税后利润之间的关系，简单判断企业有无虚假的利润。分析近三年报税销售收入占报表销售收入的比例的变动趋势，检查与同期报表销售收入变动趋势是否一致	比例分析法
辅助分析方法	根据每个企业的特点，把握住希望了解的重点，或者说，抓住主要问题，对财务报表中影响最大的科目进行重点追踪和关注。一般的原则是，占企业资产规模比重较大的科目是重点	重点分析法
	从行业来看，可以参考的指标主要有：销售利润率、应收账款周转率、总资产周转率、总资产报酬率、净资产收益率、流动比率、速动比率等指标。可以参考政府机构、银行、行业协会、上市公司等发布的行业统计数据，通过行业对比，如果发现异常的指标，如销售利润率过高，就要分析原因，如是否有虚减成本、虚增收入的情况，或者确实是企业成本较低	行业对比法

表 3A-2 非财务信息核查要素表

核查目标	交叉验证技术	着手点
企业信用状况	核查时，须观察企业生产不饱和，是否有停转的生产线和设备，企业在场员工和企业披露的差距是否很大	设备状态
	核对企业近三个月租金、人员工资支出、水、电费通知单、相应发票（收据）、银行支出流水，考察相应费用是否正常支付	日常开支
	与员工口头交流尽可能回避现场高管，高管在场可能难以获得真实情况。现场调查时，与普通工人、仓管、司机或企业一般管理人员交流，了解工资发放情况、福利待遇情况和生产经营景气度，与通过和企业主访谈了解的信息进行比对分析。员工工资发放时间是否准时、员工工资涨跌、员工流动性、加班情况都是重要的生产景气度核实内容	员工访谈
	可以通过银行同业、协会了解，通过当地信用网站、工商网站、法院系统网站及其他网站查询企业、主要控制人（或股东）是否有诉讼、纠纷、被处罚或其他负面消息。通过同行业企业或行业协会访谈，了解申请人的行业地位、竞争能力及信用状况，也可侧面了解到申请人大致的经营规模	第三方渠道
	对企业提供的交易对手进行工商查询，追溯到第一层股权关系，防止关联交易	工商查询
	通过上游企业了解企业采购量、采购金额，付款及时性，大致了解企业经营规模和商业信用状况	客户评价
资金链状况	账面货币资金持续比较少，侧面反映其资金链紧张	账面资金
	通过银行授信额度的提用率高低，用款频率是否符合正常的交易周期和淡旺季特点，是否一次性大额整数提用等，与报表的财务费用是否匹配，判断资金面是否紧张、资金用途是否真实合理	贷款提用
	通过上游企业了解企业付款的及时性、付款周期变化和应收账款质量，判断其资金是否紧张，商业信用是否良好	付款情况
	现场约谈，侧面了解其对融资成本的接受度	融资成本
	核查公司、个人账户大额资金的规律性往来，涉及小额贷款公司、担保公司、投资公司的资金可能涉及民间融资，涉及律师事务所的款项，企业可能存在诉讼，若企业按季、按月定时汇往个人，为其他非业务往来资金，且备注为利息的，则可能为民间融资。对于一些非正常企业经营客户的流水往来，须特别关注其往来背后是否隐藏着民间借贷，通过存在交易对手账户名的流水往往能够提供较为丰富的企业资金面信息和核实线索	个人账

(续)

核查目标	交叉验证技术	着手点
资金链状况	若企业固定资产大部分采用融资租赁、按揭等方式取得，仅支付5%～10%的首期款，则侧面反映其资金链紧张	设备租赁、按揭
	查询个人征信系统、法院系统，看其实际控制人是否存在逾期记录，法院系统中是否有贸易纠纷、票据追索权纠纷等诉讼的记录，可能反映其资金链偏紧	诉讼
实际控制人	老板对自己办公室的熟悉程度，如办公室茶具的使用、办公台（电脑）熟悉程度等。在双方交谈过程中是否有人员经常进来要老板签字或者咨询问题。判断是不是实际控制人	环境
	观察其外表、交通工具、住所环境、企业经营场所是否与其经营情况对应	环境
	观察实际控制人的精神状态，同时如其年纪较大，应确定其是否有接班人，对家族式企业更应注意该核查事项	年龄、状态
	要求填写个人资产清单，并抽查部分物业资产是否属实	个人资产
	查询个人征信报告，从个人信用卡信息、个人融资信息等判断	个人融资

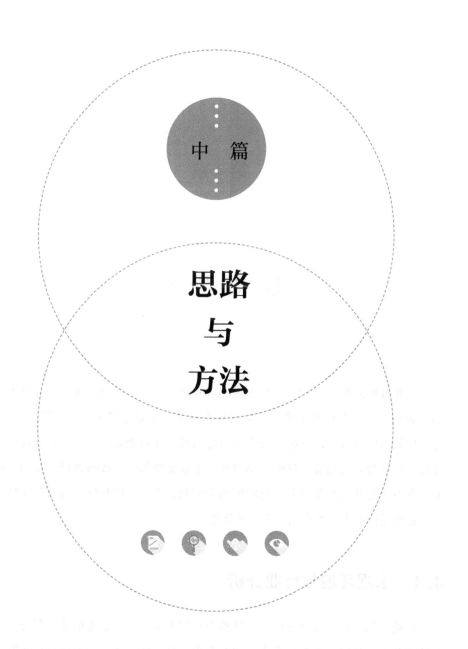

中 篇

思路与方法

第 4 章

战 略 导 航

企业战略问题是一个宏大的命题,对战略本身进行详细而深入的分析不是本书的任务,读者可参考诸多战略管理类图书。本章起名为"战略导航",则是从信贷风险管理目的下财务分析的角度出发,在对企业经营所处的宏观经济环境、行业特点与趋势、价值驱动因素、竞争优势和经营战略进行分析的基础上,重点关注其对企业财务状况的影响和预判,为其后的具体分析准备定性基础,着重发挥其方向性作用,即导航作用。

4.1 宏观环境与行业分析

环境无所不包。对企业而言,从整个宇宙中减去代表企业的那一部分,余下的部分就是环境。但我们重点关注企业生产经营所处的宏观经济环境和行业竞争环境,这二者构成了决定企业成功与否的最关键的系统性影响因素。

4.1.1 宏观经济环境分析

对企业来说，宏观环境通常可以看作那些不直接影响企业短期行为，但能够间接影响并对其长期决策有影响的一般力量，主要包括经济因素、技术因素、政治法律因素、社会文化因素等。但信贷风险管理目的下的财务分析通常更关注对企业产生普遍影响的经济波动及其相应的货币财政政策等。在不利环境下，对企业而言它们就构成了宏观经济风险，这种整体且全面性的风险可能是 GDP 变动、货币供应的变化、进出口成长或衰退、产值提升或下降等导致的。

经济波动又称经济周期，是指从长期看经济有一个平滑的稳定增长趋势，经济围绕这个长期趋势波动，表现为经济扩张和经济紧缩交替出现，包括繁荣、衰退、萧条和复苏四个阶段（可形象地看作一个"V"字形），衰退通常是经济周期的下降期。一般认为，在经济运行过程中，实际 GDP 至少连续两个季度呈现出下降趋势，即认为经济进入衰退阶段。经济下行期企业的经营环境恶化，势必对银行信贷产生不利影响，这是在信贷管理实践中需要密切关注的方向性问题。

就我国而言，经济波动性表现非常明显，以 GDP 为衡量指标，改革开放至今，经济发展经历了 5 次较为完整的波动过程，且第 5 次经济下行期从 2008 年开始，一直持续到目前（中间除了 2010 年有一个暂时性反弹）。这也是大家近些年一直感受到的经济下行期与经济新常态。如图 4-1 所示，我国 GDP 增长率从最高峰 2007 年的 14.2%（除 1984 年的 15.2% 之外的第二高速）一路下行到 2019 年的 6.1%（改革开放以来除 1981 年、1989 年和 1990 年之外的第四个最低点），目前看，未来几年仍将继续下行。在全球经济增长预期走弱和货币政策宽松的驱动下，美债乃至全球利率大幅下行屡次刷新历史低点，就在笔者写到此处的 2020 年 3 月 6 日，10 年期美国国债收益率跌至历史低位 0.768%，10 年期德国国债收益率盘中一度达到 −0.747%，欧美经济前景一片悲观。我国在经济下行期又遭遇新冠肺炎疫情，保增长又依赖新一轮新基建，内生动力不足，又能"保"到何时呢？

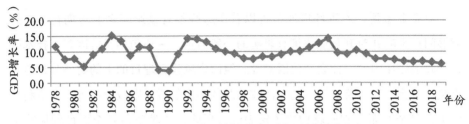

图4-1　1978～2019年我国经济波动发展特征
资料来源：按可比价格计算，为修订后数据，根据国家统计局数据整理。

在经济周期的不同阶段，经济增长速度迥异，政府实施的财政货币政策也大相径庭，这些将对企业的经营和外部融资环境产生重大影响。从财务指标上，我们可以比较明显地看到，经济景气时期企业资金充裕，收入增长较快；经济不景气时期盈利水平则大幅度降低。⊖

当然，具体而言，研判经济周期的影响，首先应区分不同的行业或企业特征分而待之。

对顺周期性行业而言，商业活动倾向于反映经济的总体趋势：在复苏（扩张）期增长，在衰退（收缩）期下降，在严重衰退或萧条阶段最差的企业会倒闭。

对反周期性行业而言，企业在经济衰退期的表现好于复苏期。当然，明显的反周期行业几乎很难找到。

对非周期性行业而言，经济的复苏和衰退对于企业的影响并不明显，尽管经济的活跃程度肯定会降低一些。这类行业提供的往往是绝对必需的产品和服务，如基本的食品和药品。

经济周期对企业的影响最终也将传导到银行身上（见图4-2）。因为银行放贷行为具有顺周期性，在经济上行期，由于对融资项目的预期盈利能力、借款人的偿债能力的评价偏乐观，银行会增加信贷供给，甚至对一些风险较大、收益相对较小的项目也提供贷款。由于企业盈利水平较高，银行收益也高。但伴

⊖ 资料来源：应惟伟.经济周期对企业投资影响的实证研究[J].财政研究，2008（5）：30-34.

随着经济下行期的到来，银行原先的贷款风险暴露和损失则会增加。已有的研究和观察表明，经济周期对信用质量迁徙具有显著影响，处于经济下行期，企业支付能力降低，使企业违约率增加，违约损失增大。

所以，分析企业的经营环境离不开对经济波动的分析，特别是要格外关注在经济下行期向顺经济周期行业中的企业放贷的行为。在贷款期限较长，甚至会跨经济周期的情况下，对未来的经济下行风险要予以充分评价。

具体在分析时，应重点考虑如下问题：借款人所在行业的周期性如何？经济周期目前处于何种阶段，这对行业和借款人而言意味着什么？经济周期在多大程度上影响着企业的销售、利润和现金流？行业是否存在严重的产能过剩，历史上行业应对经济衰退阶段的能力如何？借款人必须做好哪些事情才能在经济周期中持续取得成功？

特别要指出的是，银行往往在经济周期的繁荣期而不是在萧条期做出坏的信贷决策！原因如下。

其一，经济繁荣期，随着银行盈余和资本逐年积累，在持续盈利增长的压力下，银行容易放松授信标准，扩大信贷；同时，经济高速发展，客户贷款违约率下降，银行会相应减少计提的拨备，表现出更高的利润水平，进一步提高放贷的积极性；另外，处于经济萧条期与处于繁荣期相比，银行将受到更加严格的资本约束，筹集新资本的成本更高，也导致银行有强烈的在经济繁荣时迅速扩张贷款的动机。在经济繁荣期加大信贷投放的内外激励的作用下，银行业务增长率高于实体经济扩张程度，投机型融资和庞氏型融资⊖比重不断加大，业务体系由稳健趋向脆弱，一旦遭遇经济下滑，势必导致不良贷款的形成。

⊖ 根据经济学家海曼·明斯基创立的"金融不稳定性假说"，融资方式根据收入—债务关系，可分为三种类型：对冲型、投机型和庞氏型。对冲型融资，是指债务人的现金流能覆盖利息和本金；投机型融资，是指债务人的现金流只能覆盖利息，需要借新债还旧债；庞氏型融资，是指债务人经营产生的现金流既不足以满足本金的偿付，也不足以支付现有债务的利息。债务人需要依靠资产价格的不断上涨最终来偿还他们的债务。该假说认为，在一个持久的繁荣期内，经济体系将从稳定的金融关系转变为不稳定的金融关系。人们通过承担风险赚钱的时间越长，在承担风险方面就会变得越不谨慎，这是自我实现的，程度会越来越高。

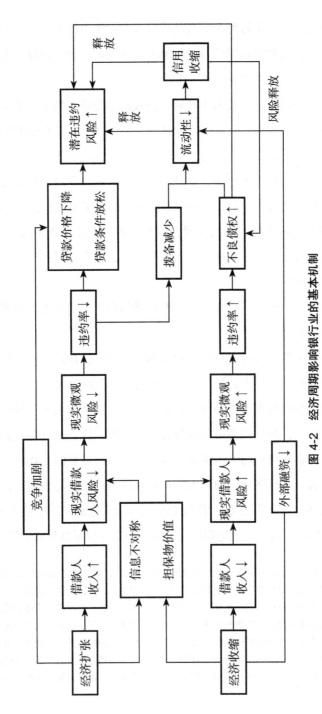

图 4-2　经济周期影响银行业的基本机制

资料来源：何浩. 商业银行应对经济周期下行的国际经验及对中国的启示 [J]. 国际金融研究, 2009 (6): 50.

其二，经济繁荣期，企业生产形势不错，积极扩张，出现投资饥渴。同时，相当一部分企业的发展欲望不断膨胀，多元化发展心态蔓延。而商业银行授信的一个基本原则是，不为企业非主营业务提供贷款。若贷款不被用于支持企业主营业务的生产性资产上，则这样的贷款很少是安全的。但在企业、行业和整个经济一片大好的形势下，基于竞争压力，银行可能会支持企业更多地投资和多元化发展，在经济出现拐点而下行时，不良贷款的形成势必加速。

其三，经济繁荣期，市场上好客户增多，原先不怎么样的企业的发展前景也看似不错，银行信贷投放的领域和视角越来越向低端延伸。一旦遭遇经济衰退，真正的好客户得以生存发展，那些在经济繁荣期迈入好客户行列的客户不再是好客户，其脆弱性使其不堪一击。而在经济下行期，纳入银行授信范围和符合银行授信标准的往往是可以经受经济衰退影响的真正的优质客户，可能出现多家银行同时竞争一家客户的情形（所谓累大户），正是因为这些大户表现出了优质低风险的特征。

其四，经济繁荣期，企业经过了几年的高涨式发展，业务指标和报表信息更臻于健康和完美。此时，银行做出授信的依据（如连续三年的业务或财务数据），乃是企业处在经济增长阶段若干年的经营数据，这些信息往往体现的是最强的经营业绩，由于没有经过经济低迷的检验或缺乏经济衰退期较差历史表现的数据参考，基于此做出的信贷决策势必过于乐观。

其五，经济繁荣期，企业资产价值势必高涨或被高估，在目前银行信贷业务抵押化的背景下，与经济衰退期相比，同样的资产将支持更多的贷款投放，换句话说，与经济繁荣期相比，在同样的抵押率条件下，经济衰退期银行抵押贷款的安全边际更高。这样在经济出现下滑，资产价值贬值的情况下，繁荣期发放的抵押贷款势必更多地处于风险暴露之下，客户违约率必然增大，不良贷款更容易形成。

最后，与经济下行期相比，在经济繁荣期，监管更可能趋于宽松。在金融领域中，近两年来，随着金融危机的蔓延和经济的下滑，国内外都强化了对银行的监管，特别是欧美，已经出台了新的严格监管法案。国内，基于商业银行的资本监管和规模管制力度不断加大,"三个办法一个指引"、资管新规、清理整顿、去杠杆、供给侧结构性改革,对银行业的监管持续趋严。这些措施更加保证了经济下行期发放贷款的安全性。

总之,可以这样认为,经济繁荣期发放的贷款多是顺周期贷款,当经济继续繁荣时没问题,一旦经济下行,部分贷款就会出现不良;而经济下行期发放的贷款多是抗周期贷款,在经济下行期没有问题,在经济繁荣期就更没有问题了。结论就是:银行往往在经济周期的最强时点而不是在最弱时点做出坏的信贷决策。

4.1.2 行业竞争环境分析

俗话说,"女怕嫁错郎,男怕入错行"。企业也一样,进入什么行业大致决定了其生存状态和盈利空间。之前我们做的一项关于信贷资产的行业属性对商业银行信用风险、收益的影响的实证研究表明,具有不同经济属性特征的各个行业之间存在着不同的风险—收益组合,一些行业存在低风险、高收益的特征,另一些行业却存在高风险、低收益的特征,不同的信贷资产行业配置结果将导致不同的经营绩效。由此可见,商业银行应注重动态观察行业经济属性特征的变动,优化信贷资产在各行业间的配置,银行也怕入错行。⊖

当然也有话说,"没有倒闭的行业,只有倒闭的企业"。但不可否认,一个企业是否有长期发展的前景,首先同它所处的行业本身的性质有关。身处高速发展的行业,对任何企业来说都是一笔财富,所谓"站在风口,猪都能飞"。一个企业处于弱势发展行业中,即使其财务数据优良,其未来的盈利能力也会受到大环境下行趋势的影响。所以,行业分析对定性判断贷款企业的发展前景具有重要的指示作用。

⊖ 资料来源:房巧玲,崔宏,王金涛.信贷资产行业配置与商业银行经营绩效[J].金融论坛,2013(8):62-68.

1. 行业生命周期分析

行业生命周期是指一个行业或行业内部的某个环节一般会遵循四个发展阶段，即导入期、成长期、成熟期和衰退期（见图 4-3）。分析行业生命周期有助于从企业之外的恰当视角看待行业和企业的前景，决定应该加大投入还是撤离该行业或企业。一个企业如果不了解行业所处的生命周期阶段，其发展策略就会变得不可靠。例如，企业在某行业中处于领先地位，但是该行业处于衰退阶段，那么企业的未来发展前景也会岌岌可危。同样，银行不了解企业的行业生命周期，也可能造成贷款的盲目投放。

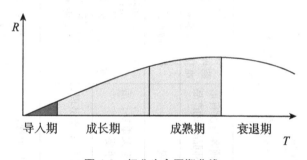

图 4-3　行业生命周期曲线

首先，行业发展阶段决定了企业的扩张速度及其资本支出需求，企业在经历导入期而步入成长期后，市场需求的快速扩张将引领行业产能的迅速提升，从而导致资本支出的大幅增长，相应地，企业对银行的信贷需求增大。进入成熟期后，市场趋于稳定，竞争也转向质量、性能、服务等非价格方面，行业大规模、集中式的资本支出将大大减少，相应地，银行的还款来源较有保证，但贷款空间同时会萎缩。

其次，行业发展阶段还决定了企业不同的风险水平和盈利特征，它们对应于不同的偿债能力。例如在导入期，行业发展不仅面临产品能否被社会广泛接受的市场风险，还面临生产成本过高导致的亏损风险。这个阶段适合风投，银行贷款则不宜大规模介入。

表 4-1 列出了行业生命周期各阶段的特征。

表 4-1 行业生命周期各阶段特征

阶段因素	导入期	成长期	成熟期	衰退期
市场增长速度	通常比较缓慢	增长速度高于GDP，但逐渐减慢，直到该阶段结束	大约与GDP的增长速度相当	需求下降，随着顾客购买欲望的转变，市场萎缩
增长的可预见性	需求只被现有产品满足一小部分，增长潜力难以预料	需求已被满足了一大部分，需求上限开始清晰	增长潜力已经很好确定	增长潜力明显有限
顾客的忠诚性	顾客对产品信任度低，使用少	有一定的信任。顾客尚没有形成品牌忠诚，试用不同品牌的产品	对该产品已形成品牌购买倾向。新进入者很难获得高额利润	极稳定。顾客很少有寻求其他供应者的动机
产品系列的拓展性	产品品种单一	产品系列迅速扩展	扩展减慢或停止	随着不盈利产品逐渐退出市场，产品品种减少
技术的作用	为了生产适合市场需要的产品，技术是重要角色	前期，产品技术至关重要；后期，生产技术更为重要	生产工艺和材料替换是重点。可以用新技术更新该行业使其延伸	技术完全成熟，稳定，易于掌握
产品技术	高度的产品创新。尚未产生主导性的设计	主导性的产品设计已经出现；强调产品多样性	小的渐进性的革新，基本围绕节省成本提高效益来展开	产品很少有改变
生产技术	强调柔性制造，在主导性产品出现以前都不固定	随着主导性设计的出现，生产工艺开始专门化	强调效率，尤其是通过自动化手段	很少或没有工艺改变
定价模式	价格高且易变	随着成本下降和竞争加剧，价格迅速下降	随着生产能力允许的成本下降而下降，很慢	价格低且稳定

促销	促销目标是"尝鲜者"和"革新者",主要是唤起欲望	侧重建立品牌形象	调整促销策略以适应不同的细分市场	主要依靠惯性维持市场
竞争者的数量	较少	首入者的高边际利润吸引竞争者数量迅速增加,到成长期后期达到最多,并购开始,行业开始集中	竞争力较强的企业已建立稳定的地位,边缘的竞争者进一步被淘汰。行业进一步集中	新进入者基本很少,而且不受欢迎。竞争者继续减少
市场份额的分布	不稳定。市场份额不反映企业家的眼光和把握机会的能力	稳定性增强。在典型情况下,少数竞争者以强有力的姿态出现	稳定。少数企业常会控制整个行业中的绝大部分	市场份额要么高度集中在极少数竞争者手中,要么由于行业细分化或市场地区化而使市场更稳定
竞争的性质	有限竞争。企业的目光主要集中在改进上而不是竞争上	市场的迅速增长掩盖了竞争	为了生存,竞争达到顶峰	随着新格局的形成,竞争者倾向低度竞争
进入的难度	进入容易,无控制者。顾客尚未形成偏好。如果说有对立性竞争的话,主要是技术、资本和对未知的担心	较困难。市场力量已经产生,但不是很强。如果进入的话,是进入对立性竞争的较好时机	困难。市场领导地位已经确立。新进入者必须从别人那里"抢生意"。行业内企业开始分化,有的发生动摇	因为市场萎缩,很少有新进入者,行业内企业纷纷退出,只留下一些大企业和一些"拾遗补阙"的小企业
投资需求	逐渐投资以支持新的产品	为支持增长,资本需求达到高峰	为确保生存能力仍须再投资	很少投资,甚至变卖部分资产以"榨取"现金

(续)

阶段 因素	导入期	成长期	成熟期	衰退期
销售	刚刚开始，受价格过高和其他因素的限制	随着价格下降和产品改善而快速增长	持续增长，尽管速度明显降低，价格也继续下降。虽然产品十分具有市场针对性，但产品面向的市场范围更广了	逐渐下降，然后可能迅速下降
利润	负数，因为销售额太低，而研发和生产成本过高	正利润。销售快速增长，规模经济和生产效率提高使然	因成本控制和持续的销售增长而开始走强	开始仍保持正利润，然后可能迅速下滑
现金流	负数，因为销售额太低，但产品研发和资产快速增长的投资要求过大	仍为负数，因为快速增长的销售花费了更多现金，导致入不敷出	正数，因资产增速放缓，盈利性经营创造了持续的、不断增加的现金	保持正现金流，然后正现金流的时间长于正利润的时间
信贷风险与机会	风险最高，机会很少，除非可设计创新产品取得类似股权投资的回报	风险中度，企业对投资需求巨大，银行机会也最大	风险最低，机会较多	风险中度偏高，短期贷款可能更为妥当和安全

资料来源：1. 董大海. 战略管理[M]. 大连：大连理工大学出版社，2000. 略有改动。
2. 世界银行集团国际金融公司中国项目开发中心. 信贷分析与公司贷款[M]. 北京：外文出版社，2010. 略有改动。

2. 行业市场结构分析

经济学理论将市场结构分为四种基本类型,其中完全竞争市场和垄断市场是两种极端。现实中的市场大多介于这两种极端之间,也就是既有竞争又有垄断,既不是完全竞争又不是完全垄断,我们称之为不完全竞争市场。根据市场的垄断程度,不完全竞争市场又分为垄断竞争和寡头垄断。影响市场结构的因素主要有市场集中度、进入壁垒及产品差异程度等。不同市场结构的不同因素的表现特征如表4-2所示。

表4-2 不同市场结构的不同因素的表现特征

	市场集中度	进入壁垒	产品差异程度
完全竞争	很低	不存在	差异很大
垄断竞争	较低	较低	有差别
寡头垄断	很高	较高	同质或较大
完全垄断	100%	非常高	没有替代品

影响市场结构的首要因素是市场集中度。市场集中度是指行业内规模最大的前几位企业的有关数值(比如产量、产值、销售额、销售量、职工人数、资产总额等)占整个市场或行业的份额。根据产业经济学的"结构—行为—绩效"(structure-conduct-performance,SCP)范式,集中度较高的产业有利于企业间的合谋,大企业运用市场势力制定较高价格,从而获得较高的产业利润。

在不同的市场结构中,由于企业竞争的激烈程度不同,因此企业获取的利润各不相同。竞争越是激烈,身陷其中的企业的毛利率就可能越低。特别是那些成熟的,甚至走向衰退期的行业,由于竞争非常激烈,整个行业的毛利率水平都会比较低。该行业中的企业尽管有差别,但很难在毛利率方面对行业的总体水平有太大的突破。

信贷人员加强对客户所在行业市场结构的分析,可以加深对企业的竞争地位和盈利前景的认识。例如,观察我国煤炭行业的市场集中度(以产量计算),我们不难发现,改革开放以后市场集中度保持着一个小幅下行的趋势,直到1998年才开始止跌回升,2002年中国煤炭行业呈现出低集中竞争型市场格局,规模最大的前 8 家企业的市场集中度（CR8）为 20.65%。尤其进入 2007 年，煤炭行业规模最大的前 4 家企业的市场集中度（CR4）就达到了 20.97%，标志着整个行业已经告别了分散竞争状态。㊀而在 2008 年开始的以山西省煤炭资源重组为核心的更加强大的产业政策、中国煤炭行业供给侧改革的强力推进下，煤矿数量持续下降，大型现代化煤矿已经成为全国煤炭生产的主体，煤炭行业集中度快速提高，寡头竞争的局面基本形成，在供给方的地位举足轻重。2015 年前 10 家企业市场集中度（CR10）达到 41%，2019 年达到了 45%，神华、中煤、兖矿、陕煤、山东能源、同煤、焦煤、晋能、冀中能源、阳煤等大型企业，对市场的影响越来越大。从 2009 年就开始的"煤电之争"一直持续到目前，表明以龙头企业为主的大煤炭企业已经迈出了主动联合的步伐，共同谋求提升产业整体的利润。

当然从不同的银行或其分支机构角度出发，依据资源配置范围，对行业集中度的分析不能仅仅站在全国的角度上，而且必要时应依据区域视角才更具有针对性和决策的依据性。一些行业从全国范围看集中度可能较低，属于竞争型结构，而从区域的角度单独进行集中度的计量，其市场集中度可能很高，市场结构可能属于寡占型，具有鲜明的垄断性市场特征，对于在该区域的信贷投放可能更具有参考价值。因此，基于区域市场集中度与全国性行业集中度的差异，在对区域性产业进行分析并决定信贷投放时，以具有相互竞争关系的企业范围作为计算市场集中度和判断市场结构的基本依据，才是建立正确评判方法的基本思路。

3. 行业盈利能力分析

不同行业的获利能力显然不同，甚至有天壤之别。分析行业盈利能力的工具有很多种，但仍以波特提出的"五力模型"为经典，且便于分析使用。

波特认为，有五种竞争力量决定了行业的盈利能力，其中三种来源于"水

㊀ 资料来源：陈小毅，周德群. 中国煤炭行业市场结构与经济绩效实证研究 [J]. 统计与信息论坛，2009（4）：37.

平"竞争，它们是产业内部现存的竞争者、潜在的进入者和替代品生产者，另外两个则来自企业的"垂直"关系，它们是供应商的讨价还价能力和购买者的讨价还价能力。根据波特的分析框架，行业内现实和潜在的竞争程度决定了行业获取超额利润的可能性，而这一潜在利润能否由行业取得则取决于该行业中的企业与客户和供应商的讨价还价能力。

其作用机制如图 4-4 所示。

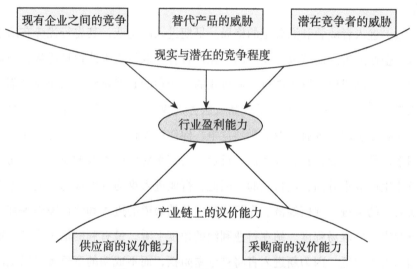

图 4-4　行业盈利能力影响力量模型

资料来源：Michael E Porter. Competitive Strategy[M]. New York：The Free Press，1980. 略有改动。

各种竞争力量都将从不同方面给行业盈利能力带来影响。[⊖]

（1）现有竞争对手间的竞争程度与利润摊薄。现有企业间的竞争是企业所面临的最大压力。现有竞争者根据自己的资源，采取价格竞争、新产品开发、服务质量以及促销等手段力图在市场上占据有利地位和争夺更多的消费者，对行业内竞争者构成极大威胁。在一般情况下，行业增长率高、竞争者的集中度和均衡度高、产品的独特性好、进入壁垒高、退出障碍低，则企业间的

⊖ 资料来源：戴欣苗. 财务报表分析 [M]. 2 版. 北京：清华大学出版社，2008：44-46. 杨贺. 基于信用评级角度的财务分析体系构建研究 [R]. 2008：54-55.

竞争强度会小一些；反之，则竞争会更加激烈。同行竞争总是由一个或几个企业认为存在改善其市场地位的机会引发的。比如，我国家电市场上，四川长虹几次依仗资金实力和规模经济发起价格大战，导致同行业其他企业的报复性反应。竞争的结果可能会使彼此都无从得益，特别是在行业中竞争者数量较多的情况下。同样，如果行业内竞争者较为集中，实力、规模相当，如美国软饮料业的可口可乐和百事可乐，它们可以心照不宣地相互合作，避免破坏性的价格竞争。

（2）进入者威胁利润分配的格局。早期进入的企业，其先行优势有助于阻止未来企业的进入而获取垄断利润，先入者容易取得成本或价格优势，制定有利的行业标准或取得资源许可。而行业的高额利润必然招致新入企业分割。新进入者的加入，一方面增加了产品或服务的供给，带来市场占有率方面的要求，这必然引起与现有企业的激烈竞争，促使产品价格下跌，拉低行业的平均利润率；另一方面，新进入者加入行业，会带来对生产资源的争夺，从而可能使行业生产成本升高，倒挤利润。因此，行业进入难易程度成为影响新进入者威胁大小的关键。规模经济、先行优势、分销渠道的进入和法律障碍等都会影响行业进入的难易程度。站在行业利润的角度上看，最有利的情况是进入壁垒高而退出障碍低。因为新进入者将被壁垒阻挡，而不成功的竞争者可以退出该行业。当两种壁垒都高时，潜在利润较高但通常会伴随着高风险。因为尽管挡住了新进入者，但不成功的企业仍会留在该行业内坚持斗争。进入壁垒和退出障碍都很低的情况虽然不尽理想，但不是最糟的。当进入壁垒低而退出障碍高时，进入该行业很容易，经济状况好转时会吸引新企业加入，但当情况恶化时，企业无力退出该行业，使这些生产能力滞留在该行业里，导致行业获利能力长期恶化。

（3）替代品威胁利润"大餐"。替代品由于与被替代品有相似的功能，无形中拓宽了被替代品的行业的竞争边界，而且这些替代品往往由高盈利行业提供，表现出一种价格优势，从而限制了企业所在行业的产品价格，抑制了行业的利润水平。所以，企业的产品一旦被模仿和替代，其利润必然呈下滑趋势。

（4）供求双方的强弱对利润的影响。行业的竞争程度决定了企业获取超额利润的潜力，而行业的供应商和消费者的议价能力决定了行业的实际利润水平。在产出前，企业面临着与劳动力供应方、原材料供应商的交易；在产出时，企业直接面对消费者或分销商。买方实际上也在和行业内的企业竞争，他们迫使企业降价、提高质量、提供更优服务，这些均会降低行业的获利能力。当然，买方的议价能力受其价格敏感性和交易地位的影响，若产品缺乏独特性且转换成本低或该产品在其成本结构中占有较大比重，则其愿意寻找成本更低的产品。相对于供应商的数量，买方少，购买量大，可供买方选择的产品或替代品多，则买方在交易中更容易保持强势地位。而当供应商少且客户可选择的替代品少时，供应商具有强势地位，从而可以提高买方的购买成本，压缩行业的盈利空间。

4. 行业成本结构分析

不同的行业呈现出不同的成本性态或成本习性，即行业内公司的固定成本和变动成本体现为较为稳定的比例特征，特定行业内的公司往往有着相似的资产转换周期、财务报表结构和成本结构。而不同的成本结构将会影响行业内公司的行业风险、企业风险、利润和竞争属性等。依据不同的行业成本结构，可以大体分为"重资产"和"轻资产"两类行业。

重资产行业，即高经营杠杆行业，指固定成本所占比重高于变动成本所占比重的行业。在该类行业中，产量高的企业比产量低的企业更能盈利。因为随着产量的增加，平均单位产品中的生产成本会迅速下降，即出现规模经济。在成熟的重资产行业中，为维持产量而保持市场份额，对于企业的盈利是至关重要的。

轻资产行业，即低经营杠杆行业，指变动成本较固定成本占比更大的行业。这类行业中的企业进行纠错的战略的可行性和现实性较高，在经济衰退期或产量下降时相对更具有优势。因为这类企业更容易快速降低变动成本，维持盈利。但在处于经济和销售增长都很强的时期，轻资产行业的盈利增长速度要慢于重资产行业。

通常,经营杠杆越高,企业面临的风险越大,需要较高的销售水平来维持行业的盈利,而且行业的盈利性相对于销售的下降也更加敏感。因此,重资产行业与顺经济周期的叠加,将表现出非常脆弱的特性。保持较高的销售额和较高的市场占有率,对于重资产行业内的企业取得成功非常重要。

实务中,一般有两种方法可以用来判定一家公司是重资产公司还是轻资产公司。

一是静态简单算法,计算资产负债表中的非流动资产(可再减去金融资产、开发支出、除土地之外的无形资产、递延所得税资产等)在总资产中的比重,低于50%的就是轻资产公司,高于50%的就是重资产公司。

二是动态计算方法,计算利润总额与资产负债表中的非流动资产(可减去金融资产、开发支出、除土地之外的其他无形资产、递延所得税资产等)的比值,高于社会平均资本回报率(如10%)的是轻资产公司,反之则是重资产公司。

第一种方法看似简单粗暴,实则表明公司天生"体重"较大,要求产量和销量必须多,否则高经营杠杆就会带来高风险。不忘初心,方得始终,"重也要努力飞"。

第二种方法貌似更为科学,资产就是能够带来未来经济利益(现金流)的资源,只要能带来足够多的利润,再重的"体重"也不胖。本质上没错,但利润不稳,可能导致企业一会是重资产,一会是轻资产,飘忽不定。结果导向,为轻是好,"飞起来就不重"。

在具体分析时,大家可根据自己偏好或实际情况酌情采用,使用不同方法不会影响分析结果。

5. 行业与区域政策分析

各国经济发展的历史经验表明,随着经济发展和国民收入水平的提高,产业结构将由低水平均衡向高水平均衡演化,呈现出有序性、阶段性和明显的规律性的特征。而经济结构的调整往往是在行业或区域政策的引导和促进下进行的。

产业政策通过鼓励、限制或禁止某些产业、产品和技术的发展，合理配置、利用资源，优化经济结构，促进产业发展。经济政策和信贷政策是实现产业政策的重要手段和途径，而区域政策相应主要是在一定的区域内对产业政策进行局部规划，以促进区域内部的发展以及与区域外部的协调。

从本质上讲，产业政策或区域政策是一种政府行为，是政府经济职能的重要实现形式，是政府为实现一定的经济和社会目标而对产业的形成与发展进行干预的各种政策的总和。产业政策的有效实施需要其他政策的配合，从现阶段来看，信贷政策已经成为产业政策实施的重要支柱之一。可以说，信贷手段作为货币政策的传导工具，天生就是实现产业政策的重要手段和途径。

在商业银行内部，其授信政策的制定往往要依据国家或区域的产业政策，并依据产业和区域政策的调整而调整。银行在保证风险可控的前提下，依据地方产业特点安排信贷资金的投向和结构。反过来讲，遵循行业和区域政策也是商业银行规避政策性风险的基本要求。银行在分析客户时，必须关注客户所在行业的政策要求，对于产业政策所限制或禁止发展的要慎贷、禁贷。

综上，对行业竞争环境的分析，从反方向看，是要识别行业风险，并将行业风险与企业在行业中的竞争地位结合起来分析。依据行业发展的基本规律，了解行业的增长点和风险所在，进而制定行业授信规模和行业资产组合，提高投资效率，降低信贷风险。同时，通过行业分析，判断出行业发展趋势、企业的总体竞争水平及高低差别水平、产品市场空间，掌握总体的行业财务及比率标准和差异，从而促进某一个企业的财务状况分析质量和现金流预测准确性的提高，可以科学地把握客户，超前规避行业内的客户风险。从正向看，则可以识别出行业中真正的优质客户，促使银行信贷业务安全开展。

⊙ **案例 4-1　行业前景判断重要性的例证**

上海超日太阳能科技股份有限公司，主营太阳能电池产品的生产和销售。公司是国内最早从事太阳能电池组件生产的公司之一，并已全面掌握了太阳能电池片生产的核心技术。目前，它已经成为国内太阳能电池组件生产行业的领先企业，是最早获得德国 TUV 认证和国际 IEC 认证的国内太阳能电池组件制造商之一（其他主要有天威英利、无锡尚德、江苏林洋和天合光能）。从 2008 年开始，超日公司投产单晶硅电池片，向太阳能产业链上游延伸，其生产的电池片最大功率和光电转换率高于同行业平均水平，产品质量达到了国内先进水平。2008 年 12 月 25 日，公司获得国家高新技术企业证书。同时，财务数据显示，其 2006～2008 年营业收入每年都以超过 80% 的速率增长。

公司募集资金投资项目——年产 100MW 多晶硅太阳能电池项目的建设，将充分利用公司自有技术，项目达产后不仅使公司拥有铸锭、切片、电池片和电池组件的完整产业链，而且将扩大公司产品的产能，丰富公司的产品结构，提升公司的市场竞争能力。

该公司作为一家新能源企业，行业前景看似明朗，在中国证券监督管理委员会发行审核委员会于 2009 年 7 月 15 日召开的 2009 年第 48 次会议上，其首发上市申请却未能通过。审核意见稿中显示，"因产能急剧扩大存在市场风险，以及因产业链转向上游存在技术风险……与会委员同意票数未超过 5 票"，也就是说，委员们因对该公司行业前景的担忧而否决了其上市申请。

1. 补充一：光伏及多晶硅行业背景还原

多晶硅是光伏产业的关键原材料，处于光伏产业链的上游环节，其工艺任务是将自然界广泛分布的硅矿提炼为高纯度的多晶硅硅料。相较于硅片组件，多晶硅是光伏制造端壁垒较高的环节，表现在生产技术复杂、投产周期长等。那时，因为生产瓶颈和阶段性的供需不平衡，价格暴涨、暴跌令人惊心动魄。

图 4-5 是光伏产业链的示意图。

20 世纪 80 年代起，在个人计算机和存储器发展的带动下，半导体市场掀起热潮，对硅材料产业发展起到极大的促进作用。2004 年以后，随着德国 EEG 法案的出台，光伏市场快速发展，对多晶硅需求快速上升，其价格开始持续上涨。多晶硅价格第一轮暴涨发生在 2005～2008 年，这是超日公司上市前的行业状态，也是公司向产业上游发展的动力。其背景是欧洲光伏市场需求出现爆发式增长，2008 年西班牙市场的高增长将需求推到高峰，使其价格大幅上涨（见

图4-6）。当时，多晶硅的生产主要是被七家国际大厂以及少数国内老牌半导体材料厂垄断，产能和短期供给量有限，完全是卖方市场。多晶硅价格迎来快速上涨。当时拥有多晶硅生产线的厂家犹如拥有印钞机，投资1年多就可以回本。万众瞩目的暴利行业受到了资本的关注，2008年国内掀起一股投资多晶硅的热潮。但同时，2008年金融危机爆发，由于财政吃紧，西班牙降低了补贴力度，需求的蒸发使得多晶硅价格在2008年见顶后即扭头下跌并一路狂泻，让国内许多刚着手新建厂的企业措手不及。2009年超日公司上市被否，其募投项目不被看好概源于此。

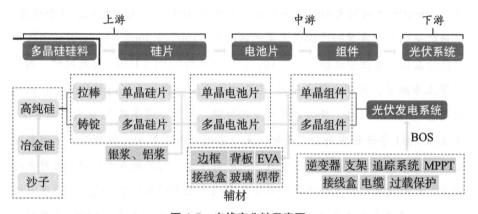

图4-5　光伏产业链示意图

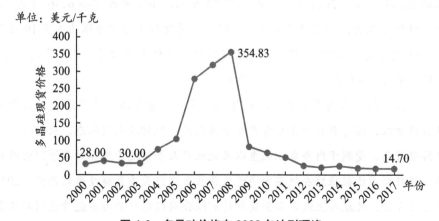

图4-6　多晶硅价格在2008年达到顶峰

时任国务院总理温家宝于 2009 年 8 月 26 日主持召开国务院常务会议，研究部署抑制部分行业产能过剩和重复建设，引导产业健康发展。会议指出，多晶硅等新兴产业也出现重复建设倾向，要求对多晶硅等新兴产业建立和完善准入标准。这也预示着该行业的发展将进入新阶段。

2. 补充二：超日公司后续故事

第一次创业板上市申请被否后，2010 年 9 月 17 日，超日公司以 2009 年的良好业绩终获中国证监会发审委审核通过，同年 11 月 8 日在深圳中小板成功挂牌上市。在募集资金和募投项目上，超日公司也由 2009 年的 6 亿元、一个年产 100MW 多晶硅太阳能电池片项目变更为 2010 年的 12.9 亿元、三个项目，扩张之意明显。在第一次谋求上市之前两年（2007～2008 年），公司的组件生产能力在国内企业中还排不进前 10，产能还不到尚德的 1/10。与此同时，由于较早上市融资，无锡尚德与赛维 LDK 这些企业正在向上下游狂飙突进，试图打通整个光伏产业链，抢占更多的市场份额。超日公司手握 24 亿元募集资金，于是从 2011 年开始布局全产业链，由中游的组件生产向上游硅料和下游电站延伸，其中电站成了其转型的重点，同时实际控制人开始在光伏行业之外大肆投资。然而受国内外光伏产业政策变化影响，光伏行业发展低迷，电站项目回款不力，巨额应收拖累现金。募投项目纷纷陷入亏损，年产 100MW 多晶硅太阳能电池片项目，2011 年度亏损 4873.23 万元，2012 年度亏损 6256.15 万元。为缓解资金压力，2012 年 3 月 7 日，超日公司发行了存续期限为 5 年 10 亿元的"11 超日债"，此外还有大量的银行借款、股权质押融资，甚至民间借贷，导致公司的应收账款和负债率逐年升高。

此后，超日公司整体业绩持续亏损，生产经营管理陷于停滞，无力偿付供应商货款，银行账户和主要资产处于被冻结、抵押或查封状态，应付债券不能按期付息。受制于财务负担沉重以及光伏产业整体处于低谷时期等因素的影响，超日公司已经很难在短期内通过主营业务的经营恢复持续盈利能力。2014 年 4 月 3 日，债权人上海毅华金属材料有限公司以超日公司不能清偿到期债务为由，向上海市第一中级人民法院申请对该公司进行破产重整。随后，因连续三年亏损,超日公司股票于 2014 年 5 月 28 日起暂停上市,"11 超日债"于 2014 年 5 月 30 日起终止上市。

2014 年 6 月 26 日上海市第一中级人民法院经审查,认为超日公司已经资不抵债,符合破产重整的条件,依法裁定受理上海市首例民营上市公司破产重整案,并指定一家律师事务所和一家会计师事务所组成联合管理人。管理人通过公开招标,确定由 9 家公司作为联合投资人。2014 年 10 月 8 日,管理人公告发布《超日公司重整计划草案》《关于确定投资人相关情况的公告》等文件。管理人结合超日公司的实际情况以及对意向投资人的综合考察,确定由江苏协鑫能源有限公司等 9 家单位组成联合体作为超日公司重整案的投资人。9 家联合投资人将出资 19.6 亿元用于超日公司重整,其中 18 亿元用于支付重整费用和清偿债务,剩余 1.6 亿元作为超日公司后续经营的流动资金。

《超日公司重整计划草案》于 2014 年 10 月 23 日向第二次债权人会议提交。经分组表决,各表决组均通过了重整计划草案。依管理人申请,上海一中院于 10 月 28 日裁定批准超日公司重整计划并终止重整程序。根据重整计划,超日公司职工债权和税款债权全额受偿;有财产担保债权按照担保物评估价值优先受偿,未能就担保物评估价值受偿的部分作为普通债权受偿;普通债权 20 万元以下(含本数)的部分全额受偿,超过 20 万元部分按照 20% 的比例受偿。此外,长城资产管理公司和久阳投资管理中心承担相应的保证责任,"11 超日债"本息全额受偿。超日公司更名为协鑫科技股份有限公司,并于 2014 年实现盈利。2015 年 8 月 12 日,"*ST 超日"更名后在深交所恢复上市。

资料来源:中国证监会发审委 2009 年第 48 次会议审核结果公告、上海超日太阳能科技股份有限公司首次公开发行股票招股说明书(申报稿)。

自豪一下,笔者当年所在机构在能源金融领域,特别是煤炭和光伏产业的金融创新服务上,绝对处于"带头大哥"的地位。彼时,笔者所在部门参与了超日公司的重整,投贷联动,为单位赚取了不菲的收益,投资收益率至今无项目可及,成为投行业务的经典案例!

4.2 价值驱动因素与竞争优势分析

4.2.1 价值驱动因素

战略分析应当围绕企业的价值创造能力展开。那究竟什么是企业的价值驱动因素？从理论上讲，如果用多个变量对企业在一个细分市场中的利润做一个断面回归，价值驱动因素就是那些回归系数具有更大的统计重要性的变量。通俗点，可以理解为最能影响企业在市场上持续取得竞争胜利和实现良好经营绩效的因素，它可以是特定的战略因素、产品属性、竞争能力、财务实力、顾客满意度、创新水平等。价值驱动因素也可以被称为关键成功因素或成败攸关因素，一般来说，对一个细分市场而言，最重要的因素可能至多有 3 ~ 5 个。

对关键成功因素的把握，决定了企业在行业中的竞争地位和最后的经营绩效以及能否持续发展。关键成功因素在每个行业、每个企业中所表现出来的内容或者说特点是各不相同的，也就是说，每个行业或企业都会有各自不同的关键成功因素。例如，对啤酒行业而言，其关键成功因素可能是酿酒能力、批发分销商网络、广告推广；对多晶硅行业而言，主要是成本管控和技术水平；对煤炭行业而言，资源储量和产能、煤种煤质、开采和运输条件、产业链的衔接、安全管理水平成为关键成功因素。同时，在产业竞争的不同阶段，行业的关键成功因素也可能会有所不同，例如在生产供不应求的时候，生产能力可能成为关键的成功因素；当生产供过于求时，则寻求低成本的制造能力将成为关键成功因素。当然，在一般情况下，企业的现存经济实力也是一个必不可少的关键因素。

普华永道会计师事务所在 2001 年曾对 157 位分散在不同行业的公司经理进行了调查，依据公司经理在不同方面的使用和赞成比例，八大类价值驱动因素的相对重要性结果如表 4-3 所示。

调查结果显示，产品和服务质量、客户满意度和忠诚度、运营效率、当期财务绩效这 4 个因素，不管在什么用途下，都获得了 60% 以上的认可度。

表 4-3 公司经理如何看待八大类价值驱动因素

价值驱动因素	在为股东创造价值的过程中具有重要性	对公司未来的财务绩效会产生很大的影响	在做评估和决策时将会使用这些指标
产品和服务质量	89%	86%	83%
客户满意度和忠诚度	83%	86%	73%
运营效率	75%	75%	72%
当期财务绩效	71%	62%	81%
产品和服务创新	62%	60%	54%
雇员满意度和营业额	47%	44%	38%
与其他公司的联盟往来	20%	22%	17%
社区参与度和环保绩效	11%	8%	11%

资料来源:PricewaterhouseCoopers,"PricewaterhouseCoopers Management Barometer Survey:Nonfinancial Measures are Highest-Rated Determinants of Total Shareholder Value". April 22,2002. www.barometersurveys.com/pr/newsflash-mg.html.

4.2.2 竞争优势分析

在评价企业是不是银行的目标或优质客户时,客户在行业或细分市场中的竞争位势是一个非常重要的参考指标。即使某个行业的吸引力很大,某企业也不一定是有吸引力的客户,至少要看企业处于行业平均值的上方还是下方。通常我们可以说,高于行业平均水平则具有竞争优势,低于行业平均水平则不具有竞争优势。

对于具体某个商业银行而言,由于其经营范围不同、管理体制不同、客户定位不同,其资源配置模式也不同,相应地,其评价客户竞争优势的出发点也不同。例如,某个将目标客户定位于中小企业的商业银行,若在分析客户的竞争优势时选取的参照物是整个行业,那结果是其全部客户几乎都不具有竞争优势,难道因此就能得出结论说,客户没什么开发价值,业务就不做了吗?显然,答案和做法都不是这样的。

因此,对于商业银行而言,谈论客户的竞争优势,绝不是笼统地相对行业而言分析客户的竞争优势。相反,依据该银行的经营范围,特别资源配置模式和客户定位进行分析，更具有针对性和应用价值。一个可资参考的方式是，以银行同一资源配置范围内（如分行范围内或全国范围内等）的现有客户群为基本参照物，将其按行业分类，竞争力高于其平均水平的就具有竞争优势，反之则无。或者也可以进一步这样简便操作：根据银行同一资源配置范围内现有客户的行业分类，选取各行业中有代表性或相对优质的3个客户作为参照物，若某目标客户或现有客户在价值驱动因素或关键成功因素上优于该3个客户的平均水平，就称其具有竞争优势。

本质上，一个企业的竞争优势取决于它在价值驱动因素上具有哪些强力点和弱力点。将竞争优势予以定量化表达有助于形象化地突显企业的竞争地位。

从实用和可操作目的出发，我们可以使用笛卡尔坐标图将一个企业的竞争优势形象化（见图4-7）。标有刻度的坐标轴分别代表不同的价值驱动因素。企业占据的特定位置（从单位1到7），取决于它与其他竞争者（参照企业）或行业平均水平相比较的强力点和弱力点的力量大小。

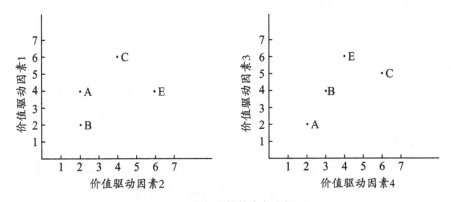

图4-7 竞争优势笛卡尔坐标图

图4-7中的E为目标分析企业；A、B、C为3家主要竞争对手或参照企业。

进一步，我们可以将目标分析企业的竞争优势通过一个简单的公式计算出一个数值来反映，就更清晰明了了。

目标分析企业E竞争优势 =（E均值 −ABC均值）/ABC均值 ×100%

以图4-7为例。

首先,计算目标分析企业在各个价值驱动因素上的平均刻度水平(均值):

$$E 均值 = (4+6+6+4)/4=5$$

其次,计算 3 个主要竞争对手在各个价值驱动因素上的平均刻度水平(均值):

$$ABC 均值 =[(4+2+2+2)/4 + (2+2+4+3)/4 + (6+4+5+6)/4]/3 =3.5$$

最后,计算目标分析企业的竞争优势:

$$目标分析企业 E 竞争优势 = (5-3.5)/3.5 \times 100\% = 43\%$$

由此可以得出结论:目标分析企业 E 相比 3 个主要竞争对手而言,具有较高的竞争优势,平均而言,高出竞争对手 43%。

这一结论是一种非常有价值的概括,它用一个简单的百分比数字表明了从价值驱动因素或关键成功因素的强力点和弱力点方面来说,相对于主要的竞争对手,目标分析公司所处的位置。相比我们许多信贷人员在调查或分析报告中经常采用的"行业成熟,盈利能力较强,企业具有较强的竞争优势,可以进入"等语言描述准确得多。

4.3 竞争战略与财务预判

企业的盈利能力不仅受到行业结构的影响,还受到其在行业中对自身进行定位时所做出的战略选择的影响。根据波特的观点,竞争战略就是要在行业中占据一个可以防守的位置,使公司业绩能够超越竞争对手。竞争战略主要关注两个问题。

其一,以低成本为基础竞争,还是以质量或服务等成本之外的产品或服务差异为基础竞争?

其二,与竞争对手在最热门的那一块市场面对面竞争,还是集中于一个市场空隙,满足于一个不那么热门但盈利的细分市场?

对于竞争战略选择来说,第一个问题更为根本。因而,波特认为,尽管企业的经营战略多种多样，但一般性的竞争战略主要有两种：成本领先战略和差异化战略。

4.3.1 成本优势创造利润优势

如果一个企业实施的所有价值活动的累计成本低于其竞争对手的成本，那么它具有成本优势。如果企业能够做到成本领先，那么只要其要价与竞争对手相同，就可以获得超额利润；反之，成本领先企业会迫使其竞争对手降低价格，并接受较低的收益水平，或者退出该行业。成本优势的战略价值在于其持续性。若企业成本优势的来源是竞争对手难以模仿的，那么成本优势的持续性就显示出来了。所以，实行成本领先战略的企业，对规模经济、产品设计、生产效率和成本控制水平的要求很高。

4.3.2 差异化与高收益

实行差异化战略的企业在行业中追求独一无二。当一个企业向其客户提供某种独特、有价值的产品而不仅仅是价格低廉的产品时，它就把自己和其竞争对手区别开了。为保持这种竞争优势，企业需要在超值产品和服务以及研发、技术和市场容量方面加大投资。只要差异化取得成功，就可使企业弥补成本后获得溢价，以一定价格出售更多产品，或在季节性经济萧条来临时，有更多客户忠诚于其产品，从而获得利润。如果实现的溢价超过为使产品独特而追加的成本，那么差异化就会带来更高的收益。

两种不同的经营战略由于提供产品或服务的价值体现和成本不同，相应就会对企业的财务指标造成不同的影响。一般来说，采用成本领先战略的企业虽然有成本低的优势，但是由于产品没有独特性而只能采取低价策略，最终毛利率是比较低的。然而，这类企业虽然牺牲了毛利率，但由于它们提供的产品更能满足大多数消费者的需求，所以在周转率等资产的运作效率方面往往会有优势，正所谓"薄利多销"。采用差异化战略的企业虽然为了获得产品的独特性而必须提高产品的生产成本，但是它们可以通过较高的售价得到弥补，而且这样的企业一般能获得更高的毛利率。与此同时，提供的产品价格较高，在一般情况下会使其面对的客户数量减少，从而影响其存货的周转率，进而影响其他相关资产的周转率。

企业经营战略给我们进行财务分析的基本启示是，采用成本领先战略的企业往往具有比较高的周转率，但是在净利润率特别是毛利率方面很难具有优势；采用差异化战略的企业往往具有比较高的毛利率，但是在周转率方面往往落后于那些采用成本领先战略的企业。这实际告诉我们，企业可以通过不同的途径来达到同样的综合盈利水平，一种途径是低盈利而高周转（成本领先战略），另一种途径是高盈利而低周转（差异化战略）。两种途径都可以达到同样的目的，但是一般的企业需要有一个重点，很难两种优势同时具备。在信贷实践中，我们在对客户进行财务分析时，一定要注意那些另类的企业——低成本同时低周转。这往往意味着企业经营战略的不成功，其盈利能力显然值得怀疑，偿债能力也难以保证。

4.4 生产经营与授信风险

不同企业表现出不同的生产经营特征，即使具有若干相同行业特征的企业，其生产经营也会存在差异。识别这种特征，可使分析人员对企业的历史和可预见的未来经营业绩及其债务偿还能力做出可靠的判断。特别是在对中小企业或民营企业授信时，银行人员应该把大部分分析时间花在行业分析与企业生产经营分析方面，这样在企业财务信息质量和详细程度方面有所欠缺的情况下，将最大限度地缓释授信风险。

概括而言，基于信贷风险导向的企业生产经营分析，集中于两类六个因素：一类是产业链特征，包括供应、生产、销售三个因素；一类是一般性考量，包括盈利模式、经营历史、管理风险三个因素。

4.4.1 供应

关注企业的供应特征，主要在于分析企业生产资料供应的集中度、稳健性、控制力三个方面。若企业的原材料供应依赖于少数几个供应商，那么企业就可能面临供应中断、接转成本等集中度风险，一般对单一供应商的依赖不应超过10%，规模较小的企业为获得批量折扣可适当提高判定标准，但一般也不应超过20%。供应的稳健性，衡量企业生产资料在合理市场价格下保质保量按时的可获得性，原材料的稀缺性、不可替代性、运输瓶颈、缺乏买方议价能力、跨境风险等都会造成企业供应的波动。控制力主要是指企业对采购价格的影响力，具体衡量企业的供货价格风险。若企业供应商分散，生产技术对多种原材料兼容，购买地位强大，真正具备使用衍生工具对冲风险的能力，那么企业对供应价格的控制力就强。

通过对以上几方面的分析，信贷人员一般应获得如下三个问题的答案。

（1）企业如何以及从哪里获得生产供应？

（2）企业对生产资料供应的稳定性和价格的控制能力如何？

（3）在保障供应方面企业采取了哪些策略和行动？

4.4.2 生产

一般而言，银行工作人员对企业的生产流程应做到心中有数，并重点关注生产能力及利用率、技术及装备水平、风险缓释及限制三个方面。若企业的生产能力达不到规模经济水平，或产能利用率低，那么单位产品分担的固定成本就高，将不利于企业维持较低的生产成本，影响了产品的市场竞争力。实际上，开工率低下是公司所在行业产能过剩的主要微观表现。对企业而言，闲置的产能就是过剩的产能，即无效资产，不能对利润表贡献收入和利润，在通常情况下若企业开工率较长时间低于75%，一般认为开工不足。若企业生产所用技术和设备，面临变化迅速的行业科技更替，特别是在企业采用"未经证实的"技术的情况下，企业就可能遭遇巨大的科技风险。例如，当前新能源的生产技术和设备就处于快速发展的进程之中，所谓的传统技术企业面临的科技风险很大。风险缓释及限制关注企业的主要或核心资产的安全性和对可能信贷的保障性。例如，是否对固定资产进行了保险，保险受益人是谁，可否指定为本银行，企业正常生产面临的最大风险是什么，企业的资产是否已经做了抵押登记，是不是租赁资产，所有权是否存在瑕疵，这些都对授信风险的缓释措施具有重要影响。

通过对以上几方面的分析，信贷人员一般应获得如下三个问题的答案。

（1）企业的生产能力及产能利用率如何，是否达到规模经济或行业平均水平？

（2）企业生产技术或设备技术水平如何，是否面临淘汰？

（3）企业对主要资产是否采取了风险缓释措施，所有权是否受到了限制，若银行进行授信，是否可以对企业相关资产进行控制或作为受益人？

4.4.3 销售

与供应分析类似，对企业销售情况的分析，应着重于销售的集中度、稳健性、价格控制力。此外，还应重点关注产销率，以及产品性质、产品策略与销售渠道等因素。产销率总体反映企业产品实现销售的程度，不同行业产销率的正常范围有所差别，但一般认为不应低于90%，否则就会出现比较严重的存货积压问题。另外，企业开工率即使能维持在90%的较好水平，而产销率为90%，实际产能发挥效益的利用率也仅仅为81%。销售是卖产品给客户，产品越重要，风险越低，如生活必需品就比奢侈品风险低。产品策略衡量企业产品的多样化和差异化，分析人员应该关注，若企业正在对其产品做脱离其核心业务和能力的多样化运作，这样无疑将把企业带入一个新的行业，此时授信，将会承担股权投资水平的风险，务必审慎。企业坚持在核心领域实行产品差异化策略，则显然会提升企业的竞争能力和盈利水平。销售渠道或销售体系的建设往往也成为企业竞争力的一个主要方面，并极大地影响企业的成本和盈利水平。银行需要了解企业与批发商和分销商之间的典型交易条件，以及企业对于销售渠道的整合能力。对那些由企业自己的关联公司销售产品的情形，要注意销售的关联方交易特征和销售的真实实现性。例如，企业将产品销售给控股股东和非控股子公司，因无须编制合并会计报表，对企业而言，销售收入增加，同时应收账款和利润增加，从而实现了对外"合法"销售。

通过对以上几方面的分析，信贷人员一般应获得如下三个问题的答案。

（1）企业产品的属性和竞争力如何，产品市场容量有多大，市场占有率有多大，变动趋势如何？

（2）企业的产销率是多大，产品销售到了哪里，销售的稳定性和销售价格的控制能力如何？

（3）在促进销售方面，企业采取了哪些策略和行动，销售渠道是否健全和完善？

⊙ 案例 4-2　销售为什么重要

我们在前面已经说明，要特别关注企业的产能利用率和产品销售率，也就是开工率和产销率。开工率低下将导致企业产能闲置，生产产品成本偏高，拖累收入和利润，损害企业的市场竞争力。产销率总体反映企业产品实现销售的程度，过低势必导致比较严重的存货积压，造成无效生产。而且从评价项目的角度来说，我们一般认为两者都不应低于90%，否则就会给企业带来致命的影响。

关注这两者是因为它们其实最终指向的是企业的销售收入。只有生产出来并卖出去（当然还得收回来），并且尽量多地生产、销售，才能实现尽可能多的收入。银行信贷人员一定要牢记的准则是，收入是企业第一还款来源的核心。对银行债权人而言，企业的收入比利润重要，因为企业的借款最后都要转化为利润表的成本费用并从收入中扣除（如流动资金贷款对应变动成本，固定资产贷款对应折旧、摊销等固定成本）。有收入才可能有利润，没有收入，企业所有的成本费用都无法得到弥补。收入是企业偿债的基础，没有收入就没有偿债来源。

在信贷工作中，银行信贷人员要知道企业销售收入的下降比利润的下降更加可怕。因为，大多数企业都运用了经营杠杆和财务杠杆，从而放大了盈利变化对销售变化的反应程度。

示例如下：我们综合消费品企业、服务型企业的情况，做一个简化。在企业正常的情况下，每月的销售收入是1000万元，全年销售收入是1.2亿元，固定成本为3600万元，变动成本为30%，销售费用为10%，管理费用为10%，其他各项费用或损失为10%。其中，净利润按10%计算，对当前我国多数企业而言，这已经是偏乐观的估计了。为简便暂不考虑税收因素。销量下降对企业的影响如表4-4所示。

表4-4 销量下降对企业产生严重打击 （金额单位：万元）

	正常状况	销量下降10%	销量下降20%
销售收入	12 000	10 800	9 600
固定成本	3 600	3 600	3 600
变动成本（30%）	3 600	3 240	2 880
毛利	4 800	3 960	3 120
销售费用（10%）	1 200	1 080	960
管理费用（10%）	1 200	1 080	960
其他费用损失（10%）	1 200	1 080	960
利润	1 200	720	240
利润变化 金额		−480	−960
利润变化 占比（%）		−40	−80

通过表4-4可以看出，销量的下降对企业盈利的影响是至关重要的。销量下降10%，企业利润将比销量下降前少40%；若企业销量下降20%，则企业利润将下降80%。

由是观之，2020年，企业受新冠肺炎疫情影响，若迟迟不能复工，两个月的减产将导致多数企业处于亏损的边缘。银行的员工也要做好与亏损企业打交道的准备。

4.4.4 盈利模式

盈利模式就是企业赚钱的渠道，即通过怎样的模式和渠道来赚钱。盈利模式是企业在市场竞争中逐步形成的企业特有的赖以盈利的商务结构及其对应的业务结构，即在企业产供销结构下，形成的具体生产产品、满足客户、赚取利润的方式。比如，饮料公司通过卖饮料来赚钱；快递公司通过送快递来赚钱；网络公司通过获取点击率来赚钱；通信公司通过收话费来赚钱。煤炭企业的盈利模式属于典型的传统"产品模式"，基本可以归纳为"少出事，多出煤"。在目前中国的资源结构和市场需求下，只要挖出煤就会有收入，关键是不要受行业政策的影响而停工，更别因为自己的安全问题导致整顿，安全第一，产量为王。再比如，大型连锁超市和连锁药店，卖的东西价格相对低廉，那如何赚钱？实际上，它们通过让利给消费者获得市场份额，消费者以现金付款概不赊账，供应商则给它们一个相当长的账期，也就是说它们利用其在产业链上的优势地位，获取了大量的经营性负债，在账面上出现一个巨大的沉淀现金流，再把这些现金流投入高利润投资项目。

一种商业模式会呈现出相应的现金流特点，关注客户的盈利模式，了解客户的现金流模式和特点，即他们是这样开展业务，是这样赚钱的，就会对客户在资产负债表和现金流量表上的呈现有一定的预期，再看客户财务报表就会有的放矢，通过对二者进行验证，就可以发现可能存在的异常问题。

⊙ **案例4-3　警惕农业类公司特有的盈利模式与报表风险**

笔者曾经所在的分行，区域内农业是其中一个特色和优势产业，平时打交道的也较多，比如养牛的、养猪的、种土豆的、种树的、育苗的……但是总行对这类公司的授信非常谨慎。我们细数中国股市历史上臭名昭著的财务造假上市公司，若以行业来分析造假频率，我们会发现，农业股似乎是一枝独秀，而且每一个造假案例都堪称资本市场的经典。远的有银广夏和蓝田股份，往后有丰乐种业和草原兴发，再往后有绿大地和万福生科，近期有辉山乳业和獐子岛等。资本市场造假层出不穷，固然源于资本市场巨大经济利益的驱动。农业股造假如此频发且手法雷同，却不能不让我们深思，也提醒我们在对这类公司授信时，要特别关注风险点，这些风险可以说是这类公司的固有风险。

1. 客观上，农业类公司受自然属性影响不易做强、做大

一是农业受到土地等生产要素的天然制约，无法快速扩张。从事种植或养殖的企业，其共同的特点是以土地或海洋等自然资源作为基本的生产要素，而这些自然资源是有限的，无法像工业制造业企业一样快速实现高速扩张。

二是单位面积上的农产品产量和价值有限，限制了营业收入的增长。单位土地或水面只能生产有限的农产品，单位重量的农产品价格有限，这就决定了农业类公司的销售收入的绝对量和增速都非常有限。这与其他矿产品和工业品的高价格相去甚远。

三是农产品作为生物资产生长周期固定，周转率提升困难。不管是林、草、苗，还是牛、羊、猪，抑或是乌龟、海参、人参，都有其天然的生长周期，工业措施干预有限，导致农业公司的季节性特征明显，且周转率基本固定。

这些特点或缺陷，决定了从事种植与养殖的公司，基本无法满足资本市场的业绩高速增长要求，毛利率不高，规模也难以爆发，面临资本市场的压力。

2. 主观上，农业类公司经常受到地方政府的大力支持

农民、农村、农业历来是中央1号文件的支持对象，不论是中央还是地方都高度重视，都在政策上不遗余力地给予支持。农业往往关乎地方脱贫就业，在许多地方，农业类公司即使在主营业务上并不赚钱，每年也能以各种名义从中央、地方拿到补贴和扶持资金。

因此，对于农业龙头企业的融资，地方政府也是大力支持，对企业的造假谎报有时睁一只眼闭一只眼，甚至主动配合企业游说银行和有关部门，获取贷款或上市资格。公司往往给人政企关系良好的感觉。

上述主客观因素，导致农业类公司经营业绩往往报酬率较低、补贴较高、产能比较平稳、发展潜力不大。这些因素在现行资本市场评价标准和商业银行授信政策中，往往得不到鼓励和支持。为应对外部融资需要，这类公司或多或少会在财务报表中进行粉饰甚至造假。而且得益于行业经营的一些特点，这类公司在对财务报表进行粉饰或造假时获得了便利，且难以被发现。这些特点主要包括以下几点。

1. 农产品会计计量困难，"估计是常态"

农产品的会计计量和存货的价值确定都有很强的估计成分。计量方面，例如林业公司的会计处理，根据会计准则的要求，自行营造的林木类消耗性生物资产的成本，包括郁闭前发生的各项必要支出，郁闭之后发生的管护费用则计入当期费用。按准则解释，郁闭通常指林木类消耗性生物资产的郁闭度达 0.20 及以上，郁闭度是指森林中乔木树冠遮蔽地面的程度，以林地树冠垂直投影面积与林地面积之比表示。定义很清楚，但实际操作起来是难上加难。还有，存货盘点困难或者成本畸高，如蓝田股份的甲鱼和獐子岛的海参，"跑了""瘦了""死了"都不好确认。固定资产和在建工程好多不是厂房设备，而在地下、水下，真实价值不好确认。农业类公司的产品、生产环节特性，导致其业务既存在理论上的不确定性，又存在财务技术上无法精细化的特性，这为企业粉饰报表提供了先天优势。

2. 税收优惠，"吹牛不纳税"

国家为了鼓励农业生产和农产品加工行业发展，实施了很多的税收优惠政策，农业的税率很低甚至个别领域完全免税，即便虚增业绩，也无增加税负之虞。不像其他行业造假特别是虚增收入还会以"真金白银"缴纳一大笔税金，农业行业，由于流转税和所得税的诸多优惠，造假的成本得到了极大降低。

3. 交易对手很多是个人，"现金交易难核查"

在农产品供应链的上游，公司往往面对普通农户或小型的农民合作组织来收购初级产品。而且与一般商品不同，农产品发票由收购方而非销售方开具，更为虚开或不开发票创造了得天独厚的条件。有些企业下游客户也以个人或个体工商户为主。这样就造成交易零散，存在大量现金交易，乃至现金坐支，其业务流和现金流不像其他工商企业能有很清晰严格的交易凭证"留痕"，成本和收入造假便利。

4. 经营波动很正常，"不好看的报表有时显得更真实"

农业类公司本来利润率普遍就低，周期性还强，市场稍有风吹草动，再加上不可抗力无法预测，比如瘟疫、气候变化，企业经营波动较大，一不小心就会亏损，企业的盈利压力相较于其他企业更大。有时风调雨顺好年景，还需要平滑一部分收益为来年做准备。如此，为持续满足银行或资本市场的要求，力求展示一个稳定增长的良好形象，借助不可抗力可以将损失解释得合情合理，利用上下游交易和存货、固定资产、在建工程等成本控制的隐秘性，可以将收入和利润控制在目标区间内。中间既有真实情况，也容易编造故事。这样的粉饰或造假非常容易使外部投资者和贷款人被迷惑。

4.4.5 经营历史

经营历史衡量的是企业的成熟度，若企业成立时间很短，就缺乏用来证明企业经营业绩所必需的经营记录，管理层的能力也难以得到检验性证明，行业经验也无从谈起。国内外的研究均表明，每年新成立企业的死亡率是非常高的。因此，新成立的企业，往往不是银行提供融资的对象。某些时候，即使企业经营历史已经较长，也不一定就能证明企业较为成熟，管理水平较高。例如，一个企业成立已有 3 年时间，管理层稳定，业绩平稳增长，风险看似不高，但若是该企业所在的行业正处于经济的上升期，大势所趋，不盈利都难，则企业的管理层仍不能证明其具有在经济衰退通道下带领企业继续持续发展的能力。

根据国家工商总局⊖2013 年发布的《全国内资企业生存时间分析报告》，企

⊖ 2018 年 3 月，根据第十三届全国人民代表大会第一次会议批准的国务院机构改革方案，组建中华人民共和国国家市场监督管理总局，重新组建中华人民共和国国家知识产权局，不再保留国家工商行政总局。

业成立后 3～7 年为退出市场高发期，即企业生存的"瓶颈期"。企业成立后第 3 年死亡数量最多，死亡率最高达到 9.5%。企业规模越大，存活率越高，大规模企业较小规模企业生存曲线更平稳。所以，授信要尽量找那些经过了生死考验的存活时间较长的企业。

4.4.6 管理风险

有效的管理对企业至关重要，对企业管理层的分析，对民营中小企业而言尤其重要。这是因为这类企业的成功与否与其创始人或管理层中的关键人物的关联性很强，且其决策可能对企业的信用产生迅速而重大的影响。同时，这类企业财务信息的质量存在一定问题，导致对管理层的信任变得更为重要。实践中，不少银行授信人员甚至笑谈，若是对中石油、中国移动、华能授信，不用看企业的任何资料，闭着眼就可以，不仅是因为这类企业财务实力本身就非常强大，还因为这类企业的经营业绩几乎不受管理层变动的太大影响；对中小民营企业而言，时时瞪大眼睛对管理者布下的陷阱也总会防不胜防。

对企业管理风险的分析，可重点对管理层的能力、品行、过往经营记录、企业对其依赖度或可替代性等几方面进行分析。

⊙ 案例 4-4　企业不同生产经营模式导致不同的风险

1999 年，互联网如日中天，风险投资家迈克尔·阿赫恩（Michael J. Ahearn）选中了第二代太阳能产品薄膜电池，并说服沃尔玛继承者之一约翰·沃尔顿（John T. Walton）先后投资 1.5 亿美元。2006 年，First Solar（第一太阳能）在纳斯达克上市，一年内上涨 888%。10 年后，沃尔顿的投资账面价值高达 80 亿美元。2009 年，First Solar 产量全球第一，并且是全球首家生产成本低于每瓦 1 美元的生产商。

差不多同时起步的无锡尚德借力地方政府，拉来 8 家国企投资 600 万美元，结合中国的制造优势，生产传统型晶体硅电池。2005 年 3 月，在无锡市政府的动员下,国有股东主动退出,取得了10～23倍的投资收益,高盛等海外资本顺利入股。同年10月,尚德在纽约证券交易所(以下简称纽交所)上市。当年,尚德产能排名世界第八,First Solar 则远未进入前十。但是中国太阳能产业带有天然罩门:晶硅原料由海外控制、市场和融资渠道也在海外。经历原料价格的大幅波动后,2008年第四季度尚德毛利率骤降至0.6%。

试想,若是这两家企业同时提出信贷需求,作为银行工作人员,你倾向于哪家呢?

1. 尚德电力与 First Solar 两大流派的巅峰对决⊖

如日方升的光伏产业,短短数年成就了两家年轻的世界级企业:中国的尚德太阳能、美国的 First Solar 公司。它们有类似的成长轨迹,又有迥异的基因。规模、成本、技术,当然还有运气,是它们的共同武器,可它们在具体成长路径上大有不同。

2000年,37岁的澳大利亚博士施正荣来到江苏无锡。除了几页商业计划书外,他两手空空。之前,他曾经在秦皇岛、大连、上海徘徊,可最终没有获得资金支持。这一次幸运之神终于降临,无锡市政府仅用了3个月的时间,即完成了项目接洽、论证、调查、股权谈判,并拉来8家当地国有企业,投资600万美元。2001年9月,尚德太阳能电力有限公司注册成立。

对看好施正荣的当地官员来说,这是一次豪赌。2000年中国电力不是紧缺,而是过剩。光伏发电在国内找不到需求,海外市场也没有大起色,商业前景难测。

在大洋的彼岸,美国俄亥俄州的匹兹堡市,风险投资家阿赫恩和施正荣一样,正处于焦灼中。他当时担任沃尔玛继承者之一约翰·沃尔顿的顾问,为后者寻找具有成长潜力的公司。就在1999年互联网投资异常火爆的时刻,阿赫恩却选中了一家不起眼的太阳能电池公司 Solar Cells。他说服沃尔顿向 Solar Cells 投资4500万美元,随后给公司改了个霸气的名字——First Solar,并自任CEO。

⊖ 资料来源:何伊凡. 尚德电力 VS First Solar 两大流派的巅峰对决 [J]. 中国企业家,2010(11).

施正荣和阿赫恩较早预料到这个产业的未来，可实际上，他们手中并没有预言兑现的时间表。尽管美国、日本、瑞士、法国、意大利、西班牙、芬兰在21世纪初纷纷制定了光伏发展规划，终端市场却并未同步启动。1999年全球光伏产量为201.3MW，两年后达到390.54MW，尚不足一个小型发电厂提供的电量。

2002年，尚德第一条10MW太阳电池生产线正式投产，产能相当于此前4年中国太阳电池产量的总和，当时First Solar尚在试产阶段。两家公司选择了不同的技术路线，有趣的是，曾在太平洋太阳能电气有限公司担任研发负责人6年多的施正荣，并没有延续在薄膜技术上的优势，而是结合中国的制造优势，生产传统型晶体硅电池，反倒是技术的门外汉阿赫恩，把目光直接聚焦于第二代产品：新型的碲化镉薄膜电池。

其后，大家的日子都不好过。2002年尚德的销售额为1000多万美元，亏损700多万美元；2003年年初更加困难，为了获取银行贷款，能抵押的已全部抵押，创业团队也分崩离析。幸运的是，中国光伏企业在萌芽之时就打上了"政府工程"的烙印，几个国有大股东半自愿半被迫地轮流为尚德担保贷款，无锡市也在2003～2004年替尚德申请了9个政府基金项目。同年，First Solar账面上的资金也所剩无几，但阿赫恩没有其他外力可以求助。曾经做过律师的他只好再次使用如簧之舌，说服沃尔顿向这个看似无底洞般的公司追加注资1亿美元。

2004年8月尚德第三条生产线投产，当时它已处于内外交困之境，甚至连设备都要抵押给工程队。恰在此刻峰回路转，德国政府实施著名的EEG法案，对太阳能等新兴能源发放高额政府补贴，市场需求瞬间爆发。随后，德国超越日本，一跃成为全球最大的光伏市场，2004年推动全球光伏市场的规模同比增长61%。而大多数同行对这一转机显然准备不足，尚德有足够大的胃口吞下膨胀的蛋糕，在2004年一举扭亏，净利润达到1980万美元。

2005年3月，又是在无锡市政府的动员下，国有股东主动退出尚德，分别取得了10～23倍的投资收益（国资顺利退出，这在国内甚少先例）。高盛、英联等多家海外资本顺利入股，尚德转制为外资企业，同年10月19日在纽交所上市，募集到4亿美元。施正荣因而成为当年的"中国首富"。

这一阶段尚德暂时跑在了First Solar前面。2005年，尚德电力产能达到120MW，排名世界第八，而First Solar的产能不过75MW，远远没有进入世界前十名。

这与双方的产品有关。薄膜电池以各种化合物配制而成，光电转化效率远低于晶体硅电池，商业化速度相对落后于前者。

不过，薄膜电池的制造成本低得多。阿赫恩还在马来西亚的居林修建了一座工厂，共有16条生产线，让成本更具竞争性。

2004年至2008年上半年，光伏是中国最红火的行业，它被视为中国唯一能与世界同步的高科技产业。除尚德外，还涌现出一大批明星公司。江苏、河北、内蒙古等多个地区将发展光伏产业作为重点工程。然而，中国光伏产业带有天然的罩门，即俗称的"两头在外"：晶硅原料主要由海外控制，市场主要在海外，实际上是三头在外，融资渠道主要也在海外。

2006年11月17日，First Solar在纳斯达克公开上市，此后公司股价一飞冲天，一年内上涨888%。约翰·沃尔顿合计投资1.5亿美元，那时持股市值已超过80亿美元。在中国同行忙于杀价时，First Solar已在薄膜太阳能电池模块研发领域突飞猛进，在全球率先达成能源转换率超过10%的目标，并不断尝试商业模式创新，是世界上第一个实行预付费产品回收和再利用系统的光伏企业。

中国光伏企业的好日子在2008年10月突然终止，硅料价格进入跳水状态。业内素有"拥硅为王"之说，组件企业为保证生产连续性，需要有储量不等的备货，2004年多晶硅价格为24美元/公斤，2008年3月涨到400~500美元/公斤，而2009年3月突降至115美元/公斤，这番折腾，给晶硅光伏企业的财报捅了个大窟窿。

尚德作为行业龙头所受冲击颇大，其2008年第三季度毛利率尚有21.6%，第四季度骤降至0.6%，并因减产、裁员而成为舆论焦点。

First Solar 却轻松避开了这场危机，成为该行业中的超级大赢家，成为美国拥有最高估值水平的光伏股。它的模块转换效率仍在不断提高，生产成本也持续下降，2008 年第四季平均生产成本已降到每瓦 0.98 美元，是全球首家生产成本低于每瓦 1 美元的太阳能厂商。

以产量计，到 2009 年，First Solar 兑现了自己的名字，成为第一，尚德虽然位居次席，1.1GW 的年产量也与 First Solar 接近，生产成本和毛利率却无法与之比肩。

2010 年，德国等欧洲市场出现萎缩迹象，而美国与中国的需求开始释放，正因如此，长期以来并无正面较量的 First Solar 与尚德可能出现交锋。尚德通过合资、并购等方式，希望在美国不仅是设备供应商，还要成为系统方案解决商和电站运营商，而 First Solar 也正在中国内蒙古自治区的戈壁沙漠地区兴建一座 2GW 的太阳能发电站，该项目历时 10 年，面积相当于一个曼哈顿。

可以说，作为光伏行业的两大产业骄子，尚德电力与 First Solar 的不同发展轨迹，既是选择不同技术路线的结果，也有不同资本对接渠道的差异影响；既是施正荣和阿赫恩两人各自的市场预期所导致的，也折射出中美两国在新能源领域的差异化特征。

2. 补充一：First Solar 的前世

First Solar 作为全球光伏行业的龙头企业，是一个独特的存在。它独辟蹊径，采用和大多数太阳能公司不同的光伏材料并且一路坚持，以一个技术少数派的身份在行业中一枝独秀，在尚德电力溃不成军、丢盔弃甲的时候，成为当时唯一一家真正实现盈利的太阳能公司。

1980 年在从一家大型玻璃集团刚刚荣休之后，发明钢化玻璃的发明家和企业家哈罗德·麦克马斯特（Harold Mcmaster）继续寻找他的玻璃革命应用项目。此时美国能源危机正步步紧逼，油价一再飙升，电力行业的不景气让对太阳能发电的研究越来越热。几番研究之后，他认为，光伏电池就是一层半导体夹在两块玻璃之间。玻璃的重量占整个终端产品的 95% 以上。他有了一个奇妙的想法，光伏产品本质上就是玻璃产品的延伸，如果能将夹在玻璃中间的硅片简化成一层薄膜，那制造成本将成指数地降低（谁也比不过浮法玻璃的成本），光伏发电成本很快就会低于火电。尽管这一想法与当时的主流学界认为光伏组件本质上是一块半导体，玻璃和封胶只是保护半导体的封装结构而已的观点截然不同，但哈罗德坚持己见，他过去 20 年的玻璃行业经验告诉他，不是镀增透膜就是镀反射膜，光伏组件只是镀了吸光膜的玻璃而已。在基本研究掌握了薄膜硅技术后，哈罗德融资 1200 万美元成立了 Glass Techsolar 公司。一段时间以来薄膜光电效率太低，加之哈罗德对半导体确实不太熟悉，导致公司成立几年后毫无建树。但工夫也没有白费，他发现了一种新的光伏材料：碲化镉。而碲化镉光伏电池技术在 1981 年已被其他科学家完美解决，光电转化效率一举达到 10%。后来的科研将转化率进一步提高到了 16%，已经基本追上了传统的晶硅电池的性能。此时哈罗德看到了机会。

1989 年，哈罗德将原公司解散，重新融资 1500 万美元成立了新的公司 Solar Cell，并聘请技术专家专注于碲化镉薄膜的商业化产品开发，不久就在工艺量产和薄膜质量上做到了世界领先，但样品效率一直在 7% 左右，在成本上不具有吸引力。1998 年，已经 83 岁的哈罗德考虑到自己的身体状况，开始为 Solar Cell 寻找新的领导者和投资人。1999 年，他成功吸引沃尔玛继承人之一约翰·沃尔顿注资 4500 万美元。至此故事来到了本案例的开始。新的公司 CEO 上任后围绕大规模低价量产的目标展开了大刀阔斧的改革，但直到 2002 年组件效率仅仅为 9% 左右。于是，阿赫恩说服沃尔顿家族继续投资 1 亿美元，最终在 2004～2005 年第一条生产线成功量产，规模达到 25MW，组件转换效率达到了 10%。之后的发展都顺理成章了。

2006 年，登陆纳斯达克，发行价为 20 美元 / 股；2009 年成为世界上第一家将组件成本降至每瓦 1 美元以下的公司，成为世界第一家产能超过 1GW 的公司；2010 年成为世界第一家成功从组件制造商转型为太阳能项目开发、建设、售后服务垂直整合的集团公司；从 2011 年开始，在很长一段时间内都是世界上市值最高的太阳能公司；2013 年以 16.1% 和 18.7% 连续两次打破转换效率的世界纪录。笔者续写到此处，查询公司股价，从 2011 年 2 月 28 日最高价

175.45 美元/股跌落到 2012 年 6 月 28 日的最低点 11.43 美元/股以后，一直到目前，基本都在 40～70 美元/股波动，2020 年 3 月 6 日，当日收盘价 45.47 美元/股，市值约为 47.7 亿美元（见图 4-8）。

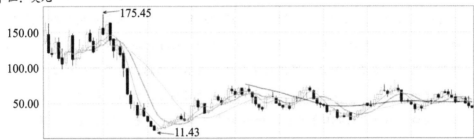

图 4-8　2009～2019 年 First Solar 的股价走势

3. 补充二：尚德电力的今生

2012 年，出于行业恶性价格战打响、全球产能过剩，以及自身决策频繁失误和内部管理问题等原因，无锡尚德运行陷入极端困境。无锡尚德是尚德电力旗下资产规模最大的生产基地，集中了 95% 以上的产能。此举导致尚德电力股价一度跌至 0.6 美元/股以下，9 月收到纽交所第一次退市警告。屋漏偏逢连夜雨，10 月尚德电力 5.41 亿美元可转债券持有人起诉至美国纽约一家法院，要求尚德电力强制破产。由于尚德电力未在规定时间内应诉，11 月纽交所发布声明宣布，尚德电力进入退市处理流程。

2013 年 3 月 18 日，中国银行等 8 家银行以无锡尚德不能清偿到期债务为由，向江苏省无锡市中级人民法院申请对无锡尚德进行破产重整。3 月 20 日，无锡中院裁定批准无锡尚德进入破产重整程序。同日，尚德电力被纽交所暂停交易，最后价格为 0.59 美元/股。作为竞争对手的美国 First Solar 则大涨 6%。4 月，尚德电力第二次收到纽交所的退市警告。5 月，由于未能及时递交 2012 年年报，公司第三次收到纽交所的退市警告。同时，美元可转债券持有人继续起诉，希望迫使尚德电力在美国进入强制破产程序。

无锡中院受理无锡尚德重整案后，指定由地方政府职能部门组成清算组担任管理人，选聘优秀团队负责重整期间无锡尚德经营事务，先实现复工。为彻底恢复其持续经营能力，2013年6月起，管理人从全球光伏行业上百家企业中筛选潜在战略投资者，公开招募评议后，江苏顺风光电科技有限公司获得战略投资者资格。当年10月底，管理人提交重整计划草案，明确顺风光电支付30亿元现金用于解决无锡尚德相关费用与债务清偿，获得100%股权。职工债权、税收债权、担保债权均按100%比例以现金方式一次性受偿，普通债权人10万元以下部分全额受偿、10万元以上部分在"现金"及"现金＋应收款"两种方式中择一受偿。11月12日，债权人大会召开，顺利通过了重整计划草案。12月底，30亿元全部到位并分配完毕。重整后的无锡尚德继续沿用"尚德"品牌，并持续专注于光伏电池及组件的开发、生产和销售，投资人希望将无锡尚德打造成为全国洁净能源尤其是光伏领域中最领先的高科技企业。

还没有进入2014年，尚德电力就已不再是以前的尚德电力了，旗下最核心的资产无锡尚德已花落他家。等待尚德电力的只有破产清算和退市了。公司的无序扩张、沉重的债务负担、无技术壁垒和无差异产品，全球产能过剩的红海价格厮杀、对政策的无限依赖、创始人的担当精神缺失、内部管理的混乱，等等，都注定了尚德电力的昙花一现。或许该公司对中国光伏产业的最大贡献就是它带来的警示作用吧，该公司重整案例成为中央党校省部级领导干部班课程的教学案例，也算是一种另类的纪念。

事实上，梳理我国光伏行业的发展脉络可知，我国光伏业经历了政府大力补贴扶持到迈向"平价上网"的漫长阶段。从21世纪初的国外技术封锁、市场垄断，到自主技术的艰难研发；从2005年国内首条多晶硅生产线投产后的蓬勃发展，到2011年"双反"后行业的哀鸿遍野；从"两头在外"的被动无奈，到国内市场的全面启动；从"并网难""骗补贴"的尴尬局面，到2017年年底全国装机53GW、95%技术自有和5000亿元的产业链年产值，中国光伏业历经磨难，终于成了全球领先的光伏发展创新制造基地。这一切尚德电力却无缘参与了，其"夭折"也确实令人唏嘘。

本书第 1 版写作时间是 2010 年，距今已有 10 个年头了。现在回头再看上述故事，本想狗尾续貂，总结一下二者在技术路线、商业模式、竞争优势、生产经营、实际控制人等方面的差异化表现，以及银行如何看待其中可能蕴含的风险。但是，想法已无法完整实现。二者的对比到 2013 年就戛然而止了。

如果说上述案例对企业生产经营的特点与授信风险的关系还体现得不够充分，或者说对于新能源领域之外的人员稍嫌专业与陌生，下面我举一个大家似乎都很熟悉的行业（影视剧制作）的例子，来研判其行业特点和授信风险，并为第 6 章的财务分析提供战略导航。

⊙ 案例 4-5　影视行业战略分析下的银行信贷考量⊖

华策影视（300133）是由浙江华策影视有限公司依法整体变更、发起设立的股份有限公司，成立于 2005 年 10 月 25 日。公司自成立以来，一直专注于影视剧主业的制作、发行及衍生业务。该公司的股票于 2010 年 10 月 26 日在深交所创业板挂牌交易。与华谊兄弟作为中国"电影第一股"相对应，该公司的上市成为中国"电视剧第一股"。这里的问题是，假如华策影视寻求银行贷款支持，作为银行的客户经理与授信管理人员，该如何评价影视行业与具体企业的经营风险，从而对财务报表分析提供指引并做出科学的授信决策？

1. 影视行业发展前景广阔

随着国民经济的持续快速发展，我国迎来产业升级和消费升级的时代大趋势，居民对文化娱乐产品的消费欲望、消费能力快速提升。国家相继出台了一系列政策法规支持文化产业的发展，在此背景下，影视剧及其相关行业迅猛发展，已然成为文化产业最具发展潜力的细分领域。

一是我国文化产业增加值占 GDP 比重仍有较大提升空间。我国文化产业增加值占 GDP 比重由 2013 年的 3.63% 提高到 2018 年的 4.30%，但与主要发

⊖ 主要数据来自浙江华策影视股份有限公司首次公开发行股票并在创业板上市招股说明书（申报稿）与相关年度报告。

达国家 15% 的比重相比仍存在较大差距，未来提升空间巨大。作为其中占比较大的影视行业将有望更进一步获益。

二是 5G 时代超高清视频、VR 等新技术为影视行业发展注入全新的动能。随着中国 5G 的商用，超高清视频、VR/AR 等对于带宽、能效、流量密度等要求较高的新技术目前存在的诸多痛点将得到解决，而这一类应用场景的率先发展将推动影视行业进一步发展。2019 年 2 月工信部发布《超高清视频产业发展行动计划（2019—2022 年）》，预计 2022 年我国超高清视频产业规模达 4 万亿元，覆盖全国 2 亿名用户，极大地带动上游影视行业内容端的增长。

三是我国版权保护和版权付费意识逐渐提升助推优质版权内容的开发。近年来，各项法律法规的出台及一系列行政执法活动的推动，有效截断了用户与盗版网络视频内容的链接，减少了盗版视频的数量，促使我国网络版权产业结构日趋多元化，产业规模持续扩大。根据国家版权局的数据，2018 年中国网络版权产业规模达 7423 亿元，同比增长 16.6%，产业规模位居全球前三。同时，用户版权付费意识也持续提升，2018 年付费用户数的高速增长使会员收入首次超过广告收入，成为互联网视频行业增长的第一驱动力。整个社会版权保护和版权付费意识的提升使得影视行业内容变现渠道更加通畅，有利于优质版权价值的增加。

从产业市场规模来看，2018 年电视剧市场规模为 460 亿元，电影票房收入为 610 亿元，综艺收入超千亿元。但 2015 年以来我国影视行业市场规模同比增速有所下降，主要受三方面因素的影响：一是演员片酬、阴阳合同、偷税漏税等娱乐圈负面新闻带来的冲击以及监管新政策的调整；二是短视频、直播等新兴娱乐形式出现，快速发展的同时转移了部分用户的注意力；三是一些风险抵抗能力较弱的影视公司被市场淘汰。企查查数据显示，2019 年全国共有 2996 家各类影视公司吊销、注销，较 2018 年的 2035 家增加 47%。随着行业规范持续完善，市场更为理性，商业规则更加规范，影视行业将由"从无到有"向"又好又快"的高质量发展阶段迈进。我国影视产业市场规模变动情况及预测如图 4-9 所示。我国视频内容行业市场规模如图 4-10 所示。

图 4-9 我国影视产业市场规模变动情况及预测

资料来源：艾瑞咨询。

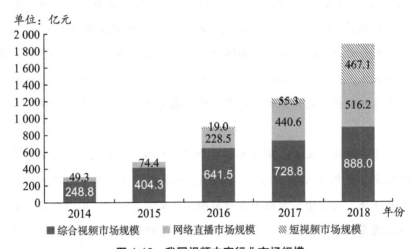

图 4-10 我国视频内容行业市场规模

资料来源：中国网络视听节目服务协会。

2. 影视行业的特点与主要风险

一是影视行业兼具意识形态和商业形态两种属性。在商业形态上，影视行业一直是国家经济改革和消费升级的重要方向和驱动力，长期看将保持持续发展态势。但在意识形态上，作为国家软实力的具体体现之一，它部分承担着建设社会主义文化强国,弘扬社会主义核心价值观,丰富人民群众精神文化生活的任务。因此,行业的行政管制力量强大,制作内容需要通过备案审查并取得许可。

二是产业链条分工明确。影视行业的上游为内容制作方,主要包括电影、电视剧、网剧以及综艺等作品的出品方、发行方以及版权方,内容提供商主要依靠优质版权内容获得相关收益,总体呈现明显的高度分散特征,长尾效应明显,仅有头部的内容提供商才可直接进入院线、网台等主流渠道播映其内容;中游为内容传播方,主要负责内容的发行、宣传营销,包括院线、电视台、视频终端等各类播放渠道;下游为内容变现方,主要通过会员收入、票房、广告、IP衍生品等多种方式变现。

三是整个产业链生态正向激励逐步形成。自2018年年中以来,播出平台与制片方共同对行业价值链进行了重塑,内容制作的成本结构大幅优化。剧本、服化道、美术、音乐、后期制作等制作端成本将快速提升,艺人片酬等劳务成本将显著下降。制片成本结构的优化将逐步带来内容作品质量的提升,并在价值回报上逐步形成正向激励机制,也对制片方的生产规模、内容储备、题材开发、制片能力、产品品质、赋能支持、资源整合能力提出了更高的要求。与此同时,内容生产端的供给侧改革成效初显,持有《电视剧制作许可证(甲种)》的机构数已从2014年的137家降至2019年的73家,行业持续出清。在台网统一标准的新规则下,备案、生产、取证、首播的内容作品数量进一步下降,行业洗牌加速。有实力的上游影视内容制作方将迎来美好时光。

四是产品生产投入成本高、项目周期长、专业化程度高。在产品制作过程中,繁杂庞大的筹备过程、昂贵的实地搭景、高流量的明星片酬支出,使得投入成本居高不下。投入生产之后,项目制作周期长,且产品的产出与触达之间常存较长时间的间隔,也导致收入实现严重滞后,为保证前端的投入往往需要较大规模的融资支持。编剧、主演、导演、后期等核心工种对产品质量有着举足轻重的影响,顶尖专业人才仍是稀缺资源。

上述行业特征,也给影视公司带来了经营风险,主要如下。

一是政策监管风险。正因为影视行业具有涉及意识形态的特殊属性，现阶段国家对此执行较为严格的监管政策。影视作品的制作、进口、发行等环节均实行许可制度，禁止出租、出借、出卖、转让或变相转让各类许可证。由此产生了以下结果。①若未来行业准入和监管政策松动或放宽，行业竞争将进一步加剧，外资企业及进口电影、电视剧对国内影视文化行业的冲击可能加大。②从资格准入到内容审查，国家对影视文化行业的监管贯穿整个业务流程，若公司在作品制作过程中违反了相关监管规定，公司将受到国家广播电影电视行政部门通报批评、限期整顿、没收所得、罚款等处罚，情节严重的还将被吊销相关许可证及实施市场禁入。③公司提交的剧本若未获备案，则筹拍阶段面临的损失主要是前期筹备费用，对公司的不利影响较小；公司已经制作完成的作品，若未通过内容审查并取得《电视剧发行许可证》或《电影片公映许可证》，则作品将做报废处理，公司将承担该作品的全部制作成本损失；公司作品若在取得行政许可后被禁止发行或放（播）映，公司除承担作品报废带来的全部制作成本损失外，还可能面临行政处罚带来的损失。

二是市场竞争加剧的风险。影视行业一直处于充分竞争状态。近年来，业内企业与资本的合作更加紧密，资源加速集聚，行业竞争愈发激烈，行业格局发生变化，视频网站自制内容开始兴起。若未来无法持续产出优质内容，影视公司就可能面临行业竞争力减弱的风险，从而对公司的经营业绩造成不利影响。传统的影视公司除了专注于提供优质内容外，可能需要拓展其他泛娱乐内容，但全内容、多元化业务发展同样存在不确定性。为了应对竞争而延长或拓展产业链，可能采用产业链整合和跨行业整合的策略，在投资并购过程中，可能会出现战略决策失误、估值过高、监管和法律等方面的风险。在投资完成后，可能会面临难以有效整合标的企业，难以形成良好的协同效应，标的企业业绩不达预期，以及因投资前运营情况而发生诉讼或处罚等风险。

三是投资风险高、收入波动大。影视行业是一个投资大、回收期长、风险高的行业。为了制作精品大片，提升作品质量，赢得高收视率，制作公司加大投入并延长制作周期，使得影视公司制作成本不断上升。同时，由于电视剧市场竞争激烈，因此电视台、院线具备较强的话语权，除少数精品大片能获得理想的发行价格外，多数影视剧的购片价格滞涨甚至下跌。此外，由于影视剧产品还具有大众性和艺术性，观众口味不可捉摸，所谓精品作品难以预期。一流的编导、演职员可能会拍出一部烂片，无名小卒搭建的草台班子也有可能制作出精品。所以，影视公司投资风险高，收入不确定性大。

四是知识产权纠纷与仲裁诉讼的风险。影视公司原创作品存在被盗版、盗播等知识产权保护的风险。此外，随着国内知识产权体系的日益完善和IP（原创网文、小说、漫画、游戏、节目模式等）的兴起，版权授权愈加细化，也会引发知识产权纠纷增多。同时，随着业务版图的不断扩大、运营模式的日趋复杂、行业商业模式的创新，影视公司面临的仲裁、诉讼和由此产生损失的风险有所增加。若发生该等风险，公司有可能无法取得对公司最有利的判决结果，或虽然取得了对公司有利的结果但判决完全执行存在一定困难，由此可能对公司造成一定的不利影响。此外，若出现上述风险，也可能发生较高的诉讼、执行等费用，对公司业绩造成一定的不利影响。

3. 华策影视核心竞争力与业务盈利模式

华策影视创始人为傅梅城及杭州大策投资，其中杭州大策为董事长傅梅城的控股公司，目前实际控制人为傅梅城、赵依芳夫妇，傅梅城先生任公司董事长，赵依芳女士任总经理，公司控制权稳定，多年来未曾变更，截至2020年2月15日，傅梅城先生直接持股24.6%，通过杭州大策投资间接持股20.08%，共计持股44.68%。公司管理层经验丰富，总经理赵依芳女士有30多年影视行业从业经验，公司为老牌影视制作公司，底蕴深厚。多年来，该公司在行业中深耕，形成了自己一定的核心竞争力优势，特别是公司核心管理团队长期深耕于全网剧、电影、综艺等领域，拥有丰富的运营管理经验和勇于创新的管理理念，带领公司率先完成从作坊式制作模式向工业化制作模式转型，保证了公司在未来竞争中的战略优势。

目前，公司人才、版权资源集聚效应显著，拥有较强的核心创意能力，建立了事业合伙人制度、员工职业发展体系和长效激励机制，现有优质创意团队、工作室规模居行业第一。公司拥有业内领先的大数据团队，其可提供体系化服务支持，确保内容产出的优质和稳定，引领产业精品化、工业化创新升级。公司明确影视内容为核心，通过内容驱动全网剧、电影、综艺三大内容板块齐头并进，力求内容渗透全网，全网剧年产能达1000集以上，产能规模稳居全行业第一。公司精品内容生产的确定性带来的庞大的、持续增长的流量，为流量打包植入广告分成模式、游戏、高端衍生品、虚拟形象授权等衍生业务提供了可能。同时，其积极开展全球化布局，顺应华流出海浪潮，不断丰富输出内容的题材和形式，通过建立全球娱乐合伙人联盟和中国电视剧出口联盟，与华纳、索尼、福克斯、ITV、爱奇艺等国际、国内顶级传媒集团开展深度合作，整合全球的优质内容资源，引领中国内容产业的升级。此外，其前瞻性地布局，多元化变现格局初步形成。公司一方面在科技领域中的虚拟现实、增强现实技术领域进行了前瞻性的布局，以驱动内容、形式的创新升级；另一方面广泛参与跨行业资源整合与合作，拓展内容衍生价值和新业务模式，深入对接时尚、旅游、短视频等多个行业和业务领域，开发、整合营销、授权、电商、衍生品、艺人经纪等多元变现潜力，积极探索内容的多元化变现，为公司持续、健康、稳健发展护航。

华策影视公司电视剧业务位于电视剧行业民营企业第一梯队，团队优秀且形成了体系化的生产能力，全网剧年产能达1000集以上，产能规模稳居全行业第一，电影、综艺两大板块也稳步发展。由于我国电视剧市场制作主体数量庞大，因此电视剧市场集中度较低。华策影视制作、发行影视剧业务的市场占有率较高。2018年全年，全国生产完成并获得《国产电视剧发行许可证》的剧目共323部13 726集。华策影视公司年内取得发行许可证的全网剧共14部632集，实现首播全网剧共14部615集，上映电影8部，继续保持行业领先的生产能力和市场影响力。

公司的市场竞争力在财务数据上得到了验证。2010～2018年，公司收入实现了65.1%的复合增长率，2018年收入为57.97亿元，同比提高10.5%。但前几年影视行业面临总产能过剩、上游演员成本过高、税务政策调整、平台限价、现金流紧张等一系列问题，公司收入增速逐渐放缓，2019年前三季度公司实现收入13.10亿元，同比下降63.4%。在收入中剧集的销售占比为77.6%（2018年），其余占比较大的业务为电影销售（2018年占比为6.84%）、综艺（2018年占比为6.61%）、经纪业务（2018年占比为4.59%），影视剧出海收入2018年实现0.92亿元。公司在2015～2016年现金流恶化的局面在2017～2018年得到了较大改善。预计随着2020年公司现金流恢复正常，项目立项数逐渐增加，渠道合作模式逐渐成熟并趋于多样化，加之减值准备甩掉了历史包袱，业绩有望企稳回升，开始新的业务周期。

未来一段时间，该公司将继续坚持"内容精品化、产业平台化、华流出海"三大战略，研判行业新趋势，拥抱新变化，降本增效，提高运营效率和精细化管理能力，发挥创作能力优势、管理和赋能体系平台优势，不断提高自身的内容制作能力、发行能力和抗风险能力。

公司最近三期主要财务数据如表4-5所示。

表4-5　华策影视2017年至2019年第三季度主要财务数据　（单位：万元）

项目	2019年第三季度	2018年年末/年度	2017年年末/年度
资产	1 317 115	1 287 279	1 253 891
负债	616 291	587 283	553 207
营业收入	130 953	579 721	524 559
净利润	2 424	25 006	63 591
经营活动产生的现金流量净额	34 477	30 124	70 632
投资活动产生的现金流量净额	-18 595	11 613	-20 472
筹资活动产生的现金流量净额	106 068	8 586	-31 632

受行业政策趋严、竞争环境改变及宏观经济下行的影响，2018年影视行业进入巨亏之年，营业收入和利润的同步下滑是影视行业的一道独特景观。例如，华录百纳营业收入同比下滑72%，营业利润亏损达33亿元，长城影视、慈文传媒、唐德影视、华谊兄弟等都出现了营业亏损。对比同业，华策影视扛过了艰难的2018年，但2019年收入和盈利出现了明显下滑。

影视剧企业的生产经营方式与一般工商企业有很大不同。采购（供应）主要包括剧本创作服务、演职人员劳务、摄制耗材、道具、服装、化妆用品等的采购,以及专用设施、设备和场景的经营租赁等,其中剧本是整个电视剧产业链的源头,是影视制作机构的核心价值所在。生产(制作)则以剧组为基本生产单位,分为独家拍摄、联合拍摄(执行制片方)和联合拍摄(非执行制片方)等方式进行。对电视剧而言,销售通常包括预售和发行销售两个阶段,而电影的销售一般不存在预售情形,且销售渠道以"院线+电影院"为主。

其业务流程如图 4-11 所示。

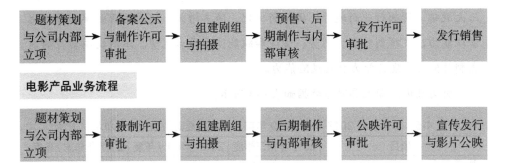

图 4-11　影视剧产品业务流程

电视剧一般采用"预先销售为主,后期销售为辅"的销售模式。在电视剧摄制阶段,制作公司就会将其版权提前销售给电视台等客户,使用这种预售的方式有利于加速公司资金周转、缓解资金压力。在一般情况下,首轮发行期结束,电视剧作品预计销售收入的大部分已经实现,成本已经基本结转完毕。确认收入方面,具体是在电视剧购入或完成摄制并经电影电视行政主管部门审查通过取得《电视剧发行许可证》,电视剧播映带和其他载体转移给购货方并已取得收款权利时确认收入。对于自制的电视剧,按照签约发行收入确认营业收入。对于公司与其他方联合拍摄的电视剧,当本公司负责发行时,按签约发行收入确认营业收入,向合拍方支付的分成款确认营业成本;当合拍方负责发行时,本公司按协议约定应取得的结算收入确认营业收入。

电影的销售主要是公司取得《电影公映许可证》后，自己或委托发行公司代理，与各院线公司就影片的放映业务达成合作协议，然后由各院线公司负责对其所管理的影院就影片放映做出统一安排及管理，所取得的票房收入在扣除国家电影专项资金、税金与附加费之后，按行业惯例，一般由电影发行公司、院线公司和影院按 40∶10∶50 的比例分账。目前，中国影片放映后音像版权等其他后续销售收入较少，电影的销售收入基本来自票房收入。具体分账收入是于院线、影院上映后按双方确认的实际票房统计及相应的分账方法所计算的金额确认收入。电影版权收入在影片取得《电影公映许可证》、母带已经转移给购货方并已取得收款权利时确认收入。

其他的电视栏目制作及衍生业务收入是在电视栏目已播出，客户权益已实现，相关的经济利益能够可靠计量，且很可能流入时确认收入。

目前在线视频用户规模不断扩大，2019 年在线视频市场规模超过 2000 亿元，网络视频付费用户比例快速提升到 50% 以上。截至 2019 年第三季度，爱奇艺总订阅人数达 1.058 亿，同比增长 31%，腾讯视频订阅账户数达 1.002 亿人次，同比增长 22%。视频平台替代电视台成为剧集采购的核心渠道，各平台内容投入基本都呈现翻倍增长的状态。2017 年，华策影视公司三大销售客户就是腾讯、爱奇艺、湖南广播电视台。在网端市场持续扩容的趋势下，点击分账模式将会逐渐兴起。华策影视一直在提高内容的商业化能力，探索打通全网剧、动画、游戏、音乐、小说、VR 等具有多元变现能力的内容价值链，全面开发、整合营销、内容电商、粉丝经济等以内容为核心的商业生态，推动业务及盈利模式从 B2B 向 B2B2C 和 B2C 转变，盈利模式的改变也将带来新的利润增长点。

4. 华策影视财务报表预期与行业特色

影视行业拥有独特的生产制作、销售模式，使得华策影视的报表呈现出典型的"两高一低轻资产"行业特色，即"高应收账款＋高存货＋低固定资产＋高流动资产占比"（见表 4-6）。

表 4-6　华策影视报表的行业特色

项目	2019.9.30 金额（万元）	比例（%）	2018.12.31 金额（万元）	比例（%）	2017.12.31 金额（万元）	比例（%）
流动资产	1 031 741	78.3	991 199	77.0	924 073	73.7
其中：货币资金	338 880	25.7	218 669	17.0	166 552	13.3
应收票据	6 976	0.5	7 571	0.6	1 924	0.2
应收账款	272 974	20.7	424 827	33.0	402 487	32.1
预付账款	62 860	4.8	52 624	4.1	44 331	3.5
其他应收款	15 718	1.2	19 601	1.5	9 538	0.8
存货	259 035	19.7	227 031	17.6	264 550	21.1
其他流动资产	75 298	5.7	40 877	3.2	34 691	2.8
非流动资产	285 373	21.7	296 080	23.0	329 818	26.3
其中：固定资产	2 498	0.2	2 412	0.2	2 874	0.2
商誉	127 112	9.7	132 002	10.3	132 941	10.6
资产总计	1 317 115	100.0	1 287 279	100.0	1 253 891	100.0

注：由于数据取整，在加总时可能会有微小误差。

首先，从资产构成来看，公司流动资产占总资产比重很高，在上市最初的三年间均达到98%以上。最近三年也都维持在70%甚至80%以上。对影视制作企业而言，其产品——影视作品在生产过程中可以不购置形成固定资产的生产设备、土地、厂房等，投入的资金主要用于剧本创作服务、演职人员劳务及相关支出、摄制耗材、道具、服装、化妆用品等的采购，以及专用设施、设备和场景的经营租赁等，影视制作企业的持续生产就是货币资金、应收账款、预付款项和存货等流动资产之间的不断转换。因此，形成流动资产占比奇高的"轻资产"特征。

其次，高应收账款占比。影视剧的销售收入是在影视剧摄制完成并通过审查取得《电影片公映许可证》或《电视剧发行许可证》，影视剧播映带和其他载体转移给购货方并已取得收款权利时确认收入，并按照合同约定的收款期限收款，特别是在第四季度或年末有大量产品发行时，更是容易为公司带来巨额的应收账款。2017年年末和2018年年末华策影视应收账款占总资产比例都为

30%以上，占流动资产比例均为43%。虽然公司应收账款余额较大，占总资产比例较高，但公司的销售客户主要为各大电视台或视频平台，普遍信用良好，应收账款的坏账风险较低。截至2018年12月31日，公司1年以内的应收账款余额的占比是66%，1～2年的应收账款余额占比是25%，公司期末应收账款的账龄相对较短。

再次，大量存货积压。根据会计政策，资金一经投入影视剧拍摄便形成存货——影视作品，分别由"存货"项下的"原材料""在产品（在拍影视剧）""库存商品（完成拍摄影视剧、外购影视剧）"等科目予以体现。影视作品从拍摄到销售通常需要耗费较长时间，导致公司资产项下不可避免地积压着大量存货。在2017年年末、2018年年末和2019年第三季度末的总资产中，存货占比分别高达21.1%、17.6%和19.7%，而其在流动资产中的占比则分别高达29%、23%和25%。其中，完成拍摄电视剧和在拍影视剧占比最大，2018年年末占比达66%，在产品反映的是处于制作期的影视的成本，这部分存货只有在拍摄完成并取得许可证后才转入库存商品，然后根据电视剧的预售、销售情况，电影的随后公映情况再结转成本。

最后，低固定资产特征。影视行业经营所用房产基本是租赁来的，公司不拥有房屋产权；公司影视剧业务所需要的生产设备，如道具、影视基地、摄影棚、大型机房、整套摄影器材、洗印设备等，通常以租赁或对外采购专业劳务的方式取得及使用；公司的艺人经纪业务属于服务性行业，购买日常办公设备即可满足经营需要。因此，其固定资产的账面价值及占总资产的比例均很低，在0.2%左右。截至2019年第三季度末，华策影视固定资产金额仅仅为2498万元。轻资产结构特征非常明显。

5. 尽调过程中应重点核查的报表项目

根据职业判断，对华策影视这类公司来说，影响其财务绩效的最重要科目，无疑是营业收入、存货和商誉，这也可能是商业银行判断其财务报表真实性的最大关注点，在尽职调查中，必须特别关注并予以重点核查。事实上，根据华策影视2019年的业绩预告，公司将计提商誉减值准备约8.4亿元，计提长期股权投资减值准备约 1.8 亿元，计提存货减值准备约 1.3 亿元，总计减值约 11.5 亿，2019 年将亏损 12.95 亿～12.90 亿元，去掉减值影响亏损 1.45 亿～1.4 亿元，亏损主要是 2019 年度内公司持续去库存导致销售规模降低所致。这也证实了上述重点项目的重要性。

一是营业收入确认。华策影视的营业收入主要来自影视剧制作、发行及衍生业务。2018 年度，华策公司实现营业收入约 58 亿元，其中全网剧销售业务收入为 45 亿元，占营业收入的约 78%。华策影视公司的影视剧销售在影视剧购入或完成摄制并经电影电视行政主管部门审查通过，取得《电视剧发行许可证》或《电影公映许可证》，影视剧播映带和其他载体转移给购货方并已取得收款权利时确认收入。由于营业收入是公司关键业绩指标之一，也是银行最为关注的指标，为防止或识别其可能存在通过不恰当的收入确认以达到特定目标或预期的固有风险，应将公司收入确认政策确定为关键核查事项。可通过检查主要销售合同、与管理层沟通等方式，评价收入确认政策是否符合企业会计准则的规定，进一步可结合抽样对销售收入进行抽样测试，向主要客户了解双方交易情况，检查报表日前后确认或退回的大额营业收入等。

二是存货价值核实。截至 2018 年 12 月 31 日，公司存货账面余额为 23.3 亿元，跌价准备为 0.6 亿元，账面价值为 22.7 亿元。公司发出存货采用个别计价法，主要按照计划收入比例法进行成本结转。资产负债表日，存货采用成本与可变现净值孰低计量，按照单个存货成本高于可变现净值的差额计提存货跌价准备。由于存货金额巨大，且在采用计划收入比例法时对售价的预估和存货可变现净值的确定涉及重大判断，因此要将存货成本结转和可变现净值确定为关键核实事项。要确保存货不成为调节利润的载体，因为当前一段时间文化影视行业仍处于调整周期，产业链上下游价格逐步回归理性，可能导致公司部分项目出现前期投入处于相对高成本阶段，存在贬值风险。为此，可抽样复核企业对成本结转时使用的项目估计总售价，将估计总售价与已实现销售情况、同类型项目销售情况和市场情况等进行比较，复核企业编制的存货项目成本结转计算表，检查企业对存货可变现净值的计算是否准确，检查期末存货中是否存在距离首次确认收入时间较长、市场需求变化导致估计售价实现可能性较小等类型的项目。

三是商誉减值核实。截至2018年12月31日，公司商誉账面原值为13.3亿元，减值准备为0.1亿元，账面价值为13.2亿元。由于商誉因并购而生，但并购公司的盈利能力经常令人失望，若发生减值损失则对当期盈利的影响是巨大的。会计准则规定企业应于每年年度终了对企业合并所形成的商誉结合与其相关的资产组或者资产组组合进行减值测试，相关资产组或资产组组合的可收回金额按照预计未来现金流量现值计算确定。减值测试中采用的关键假设包括：详细预测期收入增长率、永续预测期增长率、毛利率、折现率等。由于商誉金额重大，且商誉减值测试涉及重大判断，因此必须将商誉减值确定为关键核查事项。一方面可复核企业以前年度对未来现金流量现值的预测和实际经营结果，评价企业过往预测的准确性，另一方面看企业在减值测试中使用的方法是否合理并与之前保持一致，结合总体经济环境、行业状况、经营情况、历史经验、运营计划、经审批的预算等因素，判定计算公式中的关键假设是否合理，并复核数据和计算结果的准确性。

6. 对于银行授信的可能考虑

华策影视"两高一低轻资产"的显著特色，为公司资金带来了持久压力，也催生了巨大的融资需求，但银行在信贷产品介入上，还需要仔细思量。

一方面，高应收账款和高存货，加之高预付账款，将占用公司大量的可用资金，再加上影视业务的收入具有较强的季节性或发行周期效应，难以形成稳定、持续的现金流，公司现金流吃紧成为必然。对影视制作企业而言，经营活动现金流量具备以下两大特性：一是经营活动现金流入的周期性，即影视剧从启动投资开始拍摄到实现销售收入并回笼资金往往需要1年以上的周期，投资摄制到发行普遍存在跨期现象；二是经营活动现金流入流出的非均衡性，在影视剧的摄制和发行过程中，资金流出贯穿全部过程直至发行结束，而影视剧发行结束后资金的回笼往往在某几个时点发生，呈明显的间歇性，导致了经营活动现金流入和流出的非均衡性。公司于2010年上市，2010～2018年9年间，经营活动净现金流量有 5 年是负的（2011 年、2012 年、2013 年、2015 年、2016 年），只有 4 年是正的（2010 年、2014 年、2017 年、2018 年），波动明显，为准确预测公司的现金还款能力带来了困难。

另一方面，影视公司产品投资风险大，而抵押手段缺失，致使传统银行产品难以对应，收益难以覆盖风险。影视行业是一个投资大、回收期长、风险高的行业。为了制作精品大片提升作品质量，赢得高收视率，制作公司加大投入并延长制作周期，使得影视公司制作成本不断上升。同时，由于电视剧市场竞争比较激烈，因此电视台、院线、视频平台具备较强的话语权，除少数精品大片能获得理想的发行价格外，多数影视剧的购片价格滞涨甚至下跌。加之盗版的存在，音像销售收入也难以取得大的突破，造成影视公司生产经营存在不断上升的风险。此外，如果公司影视作品完成后，未能通过主管部门的审查（或审查时间过长）或发行失败，更会导致较大的投资风险。统计显示，每年都有相当多的投拍电影和电视剧不能上演或播映，许多产品被积压甚至再无上映的机会。即使成功发行，由于影视剧兼具商业属性和艺术属性，观众口味不可捉摸，所谓精品作品难以预期。一流的编导、演职员可能会拍出烂片，无名小卒搭建的草台班子也有可能制作出精品。所以，影视公司的产品和收入具有相当的不确定性。美国电影协会成员公司每部电影投资平均为 1.07 亿美元，但是每 10 部片子中只有 4 部片子可以收回投资，6 部片子处于亏损状态。⊖2018 年，华策影视剧收入前五名占主营业务收入的比例为 56.34%，其他约 20 部的收入仅占 4 成多。若公司没有爆款产品问世，投资效益就会堪忧。

所以，就传统银行视角而言，华策影视的业务与经营具有较高的风险，在公司不能提供可靠的风险缓释工具的条件下，提供贷款难度较大。但好在公司作为电视剧行业的头部公司，规模较大，具有较强的创作能力，且较早实现了在资本市场上的上市，再融资渠道较为顺畅。其在商业银行的融资可考虑使用

⊖ 美国电影协会中国区总裁冯伟在第六届 2009 年中国数字电视产业高峰论坛发表的主题为《影视产业如何应对新媒体挑战》的演讲，可参见：http://homea.people.com.cn/GB/41416/166388/166390/9908503.html。

以下几种方式。

一是基于交易对手信用的融资。在应收账款方面，公司账面价值较大，账龄又多集中在1年以内，且所对应的客户大多为资金实力雄厚、信用记录良好的各大电视台和视频平台，坏账风险较低，以应收账款质押贷款或通过保理可实现部分融资。报表显示，公司2018年与银行及商业保理公司续做了2.47亿元的应收账款转让业务。进一步，也可尝试在应收账款保理基础上开发资产支持票据信托、应收账款债权融资计划以及ABS等产品。

二是基于产品版权的融资。2007年10月31日，交通银行北京分行以版权为质押，对北京天星际影视文化传播公司的电视剧《宝莲灯前传》提供了600万元贷款，开创了影视企业获银行版权质押贷款的第一单。但未经市场检验的版权可带来的收入存在巨大的不确定性，而已经过市场检验的版权的后续发行收入已经很少了，基本失去了质押价值，在评估版权价值上存在较大挑战。

三是基于企业信用的融资。基于企业的龙头地位和总体经营效益，在详细分析偿债能力的基础上，可考虑给企业发放信用贷款。报表显示，2018年年末，公司短期借款中有13.2亿元信用借款、6亿元保证借款；长期借款仅有1.998亿元，全部为信用借款，其他保证和质押借款已全部归还。2018年年末企业账面货币资金为21.87亿元，基本都来源于借款。在实际续作中，可尽量寻找部分保证措施。

四是基于预期的项目贷款。自从2004年华谊兄弟为拍摄《夜宴》从深圳发展银行获得5000万元担保贷款开始，银行为单一影视作品提供融资的方式也变得普遍了，《金陵十三钗》背后有民生银行1.5亿元的贷款支持，《龙门飞甲》也由北京银行提供了1亿元的"打包"贷款支持。这类贷款除了可以做版权质押外，更重要的是建立在对剧本、演员、导演、项目团队、公司实力、过往票房、市场号召力等多方面因素综合分析的基础上，应谨慎从之。

五是基于股票信用的融资。利用公司流通股的可变现价值，可为公司大股东提供股票质押融资。截至2018年12月31日，公司第一大股东傅梅城持有的公司46617.12万股股份中的53%合计24 790万股已用于质押；第二大股东大策投资公司持有的公司 35251.2 万股股份中已有 21694 万股用于质押，占比为 62%；第三大股东吴涛持有的公司 10152.99 万股股份中已有 2500 万股用于质押，占比为 25%。

六是结构化融资参与。影视剧也吸引了不少的 VC/PE 等基金的投资，商业银行也可尝试与资深的基金管理人合作，使之参与投资公司的单个影视项目，或直接投资公司。

七是基于承销的融资。企业直接融资方式中还有债券融资，商业银行可以作为承销商为企业提供融资安排。华谊兄弟就在银行间交易市场发行了几十亿元规模的中期票据和短期融资券。上市公司还可以发行公司债、企业债等。查询公司报表，华策影视还没有发行自己的债券，商业银行可以尝试为公司承销，帮助企业融资。

4.5 战略导航中常见的陷阱及规避

4.5.1 在浩如烟海的战略中迷失了方向

战略问题本身就是一个偏宏观的大问题，目前有关企业战略分析的理论与图书层出不穷，令人眼花缭乱。所以在分析中，信贷人员可能会罗列许多战略理论与分析工具，却不知其所云，让分析淹没在战略的烟海中，迷失了方向。战略是很实在的东西，不是虚无缥缈的，必须在与企业财务分析相关联的视角下把握重点，挖掘行业本质，判断企业的盈利空间和未来。所以，战略分析部分不在多而在精。

4.5.2 战略分析与企业财务分析脱节

战略分析不是为战略而战略，而是要为其后的财务分析奠定必要的基础。

所以，战略分析中的关键是发挥其导航作用，弄清楚对企业有什么影响，对财务指标有什么影响，对预测企业未来发展有什么影响。这才是我们进行战略分析的目的。

反过来说，财务分析应在企业战略导向下进行，其发现也应当与通过战略分析得出的观察和结论一致。

4.5.3 无视企业多元化战略对财务分析的影响

多数企业集团可能不会仅生产单一产品，甚至不会停留在单一行业中。在前面我们没有特意提及企业的多元化问题，这里一并说明。例如现在的利润表，其第一行数字就是营业收入，而不是以前的主营业务收入，这就是在适应企业的集团化、多元化、产业链式发展的新趋向。在分析时，多元化集团的财务分析，与单体企业的财务分析还是存在许多差异的，有必要进行分部分析，而不能笼统地看。必要时，将新准则下的利润表还原为原会计制度下的分步式利润表可能更有意义。

4.5.4 战略分析对授信风险的影响不及财务分析重要

不少人认为，评价授信风险重要的是看企业的财务状况，财务分析的结果对授信风险的判断至关重要。不可否认，在多数情况下的确如此，但也不能一概而论。有些时候，通过对企业战略的分析特别是基于企业生产经营特点进行的企业风险的分析，有可能直接导出对授信进行否决的意见。正所谓战略导航一旦发现航向不对，即可刹车，而不再需要进行企业财务分析。

第 5 章

会 计 调 整

  银行工作人员毕竟不是审计人员,其直接职责不是对企业财务报表进行质量鉴证,而是在多数情况下,依据经过审计的企业财务报表进行分析并做出判断,但这不否认在财务分析之前进行会计分析并做出适当调整的必要性和重要性。原因有三,一是会计准则本身存在一定的质量问题,不是尽善尽美的;二是企业在执行会计准则时可能存在主观选择甚至滥用,导致好的准则由于执行力的弱化而偏离应有的结果;三是审计可能失败,而且审计师发现舞弊的概率非常低,甚至存在与企业合谋掩藏不当会计处理的操纵行为。

  当然,这里需要再一次申明,做出分析前的会计调整对银行而言是一个巨大挑战。已有研究表明,银行在信贷决策时没有或没有能力对企业的财务状况进行深入调查和分析,不能识别企业的盈余管理行为,⊖即使银行有一定的识别

 ⊖ 资料来源:陆正飞、祝继高、孙便霞.盈余管理、会计信息与银行债务契约 [J].管理世界,2008(3):152-158.

意愿，也无法整体上识别企业的盈余管理以授予其相应的债务期限，从而损害了银行的债权。⊖总之，现有证据表明，中国银行业并不能有效识别企业的会计操纵行为，⊜或者即使银行能够在一定程度上识别出企业的盈余管理行为，⊜其在借款担保的设置上也没有表现出明显的差异。⑲

其实，抛开这些学术研究，就我们在一线银行作业的感受而言，只能说有的企业的造假行为还是能发现的，当然也有不能发现的，至于二者的比例则实在无从定论。从功用主义角度出发，若银行发放的贷款没有出现问题，到期本息全部收回，对银行而言企业财务造假与否其实没那么重要。从统计看，各商业银行的不良资产率毕竟不高，去掉部分确实后续经营出了问题的企业，剩下的因造假而给银行造成损失的企业并没有那么多。然而，具体到基层经营机构和个人，在审计问责日益强化的当下，一则即使有限的不良资产客户也可能带来巨大的经营损失，对基层行而言就是不能承受之重；再则个人包括客户经理甚至评审人员，都可能被终身追责，影响其职业发展。从这个意义上说，不管银行能不能识别企业的造假行为，在主观上都必须努力去识别，并尽可能将因不能识别而做出错误决策的风险降到最低水平。为此，银行工作人员还是要重视对客户财务信息的分析，并在具体分析之前对企业财务信息保持必要的警惕，采取必要的措施消除可能的不合理因素，必要时做出适当会计调整，在调整后力求可靠的基础上进行分析评价。

银行信贷人员必须牢记我们在第 2 章提出的基本理念，要牢记任何一个企业提供给我们的报表都是企业经济实质的带有偏差的反映！具体而言：

⊖ 资料来源：叶志锋，胡玉明，纳超洪.盈余管理、债务期限与银行债权保护——来自中国证券市场的经验证据 [J].财务与金融，2011（3）：1-8.

⊜ 资料来源：叶志锋，胡玉明.银行能够有效识别企业的会计操纵行为吗？——以中国上市公司的银行借款违约概率为视角 [J].审计与经济研究，2009（2）：89-94.

⊜ 资料来源：姚立杰，夏冬林.我国银行能识别借款企业的盈余质量吗？[J].审计研究，2009（3）：91-96.

⑲ 资料来源：刘文军，曲晓辉.银行真的能识别盈余管理吗？——基于银行借款合约的研究 [J].会计与经济研究，2014（4）：33-45.

> 财务报表 = 经济实质 + 计量误差 + 人为操纵
> 　　　　　（必然的）　（可能的）

进行会计调整的前置步骤是分析会计信息的质量是否存在问题，这涉及两个主要环节，即辨认和评价企业的关键会计政策，以及识别危险信号。在此基础上，才能寻求合理解释或做适当调整。

5.1 辨认和评价关键会计政策

5.1.1 会计政策和会计估计

1. 会计政策

会计政策通常是指企业在会计确认、计量和报告中所采用的原则、基础和会计处理方法。原则是指按照企业会计准则规定的、适合企业会计核算并被采用的具体会计原则。基础是指为了将会计原则应用于交易或者事项而采用的基础，主要是计量基础（即计量属性），包括历史成本、重置成本、可变现净值、现值和公允价值等。会计处理方法是指按照会计原则和基础的要求，由企业在会计核算中采用或者选择的、适合本企业的具体会计处理方法。会计原则、基础和会计处理方法三者是一个具有逻辑性、密不可分的整体，通过这个整体，会计政策才得以应用和落实。

对会计政策的判断通常应当考虑从会计要素角度出发，根据各项资产、负债、所有者权益、收入、费用等的会计确认条件、计量属性，以及相关的处理方法、列报要求等进行。

比如在资产方面，存货的取得、发出和期末计价的处理方法，长期投资的取得及后续计量中的成本法和权益法，投资性房地产的确认及后续计量模式，固定资产、无形资产的确认条件及减值政策，以及金融资产的分类等，属于资产要素的会计政策。

在负债方面,借款费用资本化的条件、债务重组的确认和计量、预计负债的确认条件、应付职工薪酬和股份支付的确认和计量、金融负债的分类等,属于负债要素的会计政策。

在所有者权益方面,权益工具的确认和计量、混合金融工具的分析等,属于所有者权益要素的会计政策。

在收入方面,商品销售收入和提供劳务的确认条件,建造合同、租赁合同、保险合同、贷款合同等合同收入的确认与计量方法,属于收入要素的会计政策。

在费用方面,商品销售成本及劳务成本的结转、期间费用的划分等,属于费用要素的会计政策。

除会计要素相关会计政策外,财务报表列报方面所涉及的编制现金流量表的直接法和间接法、合并财务报表合并范围的判断、分部报告中报告分部的确定,也属于会计政策。

在我国,会计准则属于法规,会计政策包括的具体会计原则、基础和具体会计处理方法由会计准则规定。企业基本上是在法规允许的范围内选择适合本企业实际情况的会计政策的。所以,会计政策具有强制性的特点。当然,由于会计准则的不完备性,留下了很大的弹性空间,企业可以自己发挥,在这个意义上讲,会计政策又具有一定的自主性。

2. 会计估计

会计估计是指企业对结果不确定的交易或者事项以最近可利用的信息为基础所做的判断。由于商业活动中内在的不确定因素影响,因此许多财务报表中的项目不能精确地计量,而只能估计。

会计估计的判断,一般应当考虑与会计估计相关的项目的性质和金额,在通常情况下,下列属于会计估计。

(1)坏账是否会发生以及坏账数额的确定。

(2)相关资产可变现净值或可回收金额的确定。

（3）相关资产公允价值的确定。

（4）相关资产的受益期或预计使用寿命与净残值的确定。

（5）应付职工薪酬金额的确定。

（6）或有损失和预计负债金额的确定。

（7）劳务或合同完工进度的确定。

（8）风险报酬转移程度的确定。

由会计估计的性质可以看出，虽然会计估计也由会计准则规范，但既然是估计就免不了太多的人为成分在内，所以对于会计估计，特别是对企业有重要影响的会计估计，需要授信人员重点关注。

一般地，对会计确认的指定或选择、对计量基础的指定或选择、对列报项目的指定或选择是会计政策；根据会计确认、计量基础和列报项目所选择的，为取得与该项目有关的金额或数值所采用的处理方法是会计估计。

5.1.2　辨认和评价关键会计政策与会计估计

通过战略导航，已经对企业经营所处的宏观经济环境、行业特点与趋势、价值驱动因素、竞争优势和经营战略进行了详细了解，这些因素决定了企业创造价值的源泉和面临的主要风险。依此基础，有助于对企业的财务现状和未来发展形成一个基本的判断。因此，企业财务报表中反映这些因素和风险的项目就自然成为财务报表分析的重点关注内容。这样，首要的工作就是对企业用于衡量价值驱动因素和风险的会计政策及估计进行确认和评价。同时，通过对会计政策与会计估计的确认和评价，还可以提高企业财务报表的相关性和可靠性，以及同一企业不同期间和同一期间不同企业的财务报表的可比性。

例如，对于实施产品差异化战略并以产品质量和产品创新作为主要竞争优势的制造企业而言，与研究、开发及售后服务相关的会计政策就显得十分关键；对于实施成本领先战略的零售和批发企业而言，存货管理则是关键，与存货相关的会计政策及估计如存货跌价准备、存货可变现净值、存货计价就成为重点关注内容，对于企业前后政策或估计的变动要特别予以关注。

一般地，对企业会计政策和会计估计的确认及评价，应重点关注如下内容。

（1）企业关键的会计政策和会计估计是什么？

（2）企业所选择的会计政策和会计估计是否与会计准则的规定相一致？

（3）企业所选择的会计政策和会计估计是否与行业惯例或其他主要竞争对手企业相一致？若不一致，是因为企业的经营战略与众不同，还是有其他原因？

（4）企业的会计政策和会计估计的弹性有多大？企业管理层是否存在利用会计弹性进行特定目的下不当会计处理的可能性？

（5）企业是否变更了会计政策和会计估计？理由是什么及是否充分，影响有多大？

5.1.3　确认和评价会计政策与会计估计的变更

现行会计准则原则性导向的制定基础，赋予了企业根据实际情况合理变更会计政策和会计估计的选择权。同时，也给了一些意图利用不合理的会计政策和会计估计变更操纵利润、粉饰财务报表，以迎合融资或其他目的的企业可乘之机，使之成为目前较常见的舞弊方式之一。对此，我们应高度重视。

1. 关注会计政策和会计估计变更原因的合理性

根据会计准则，企业进行会计政策变更，只有国家统一规定变更和变更后会计信息更可靠相关两种情形。会计估计，只在估计的基础发生变化（如获取了新信息等）时，才应当变更。也就是说，除国家统一规定外，会计政策及会计估计的变更，只能以因经济环境和客观情况发生改变，需要提供更相关、可靠的会计信息作为出发点。

下述情形均不符合会计准则的一致性要求，会产生利润操纵的嫌疑：企业在经营环境没有重大变化，也没有新的信息、证据证明的情况下，变更坏账准备的会计估计比例或方法，从而增加当期利润；在没有技术改造等客观变化的情形时，将重要设备等固定资产可使用年限进行重新鉴定以延长使用年限；在没有充分基础信息和依据的情况下，将重要生产设备由加速折旧法改为直线法，从而通过减少折旧计提来增加收益。

若怀疑企业变更的合理性，则应进一步分析企业主要经营指标与同行业、以前年度相比是否存在重大差异，以及存在重大差异的原因；分析业绩增长等财务指标是否依赖于会计政策和会计估计的变更，不进行变更是否会导致财务趋势呈不利影响等。根据分析结果和影响程度，判断企业是否存在操纵舞弊的可能，以及是否实施进一步核查。

2. 关注会计政策和会计估计变更依据的充分性

即使企业变更会计政策和会计估计的理由是合理的，也要进一步分析企业变更的依据是否充分。

一是关注企业进行会计政策变更是否具备能够提供更可靠相关会计信息的客观环境和条件。例如，企业利用会计政策的选择空间，将投资性房地产由成本法计量改为公允价值计量并增加了核算利润。但其房地产所在地尚无活跃的交易市场，公允价值尚不能够持续、可靠取得，因此不符合准则规定的变更条件，不符合会计准则对于会计信息的真实性、客观性的要求。

二是关注企业是否存在通过其他不符合准则的措施变更会计政策，违背会计信息的质量要求。例如，违背谨慎性原则，在物价呈上涨趋势时将存货计价方法由加权平均法改为先进先出法以提高盈利水平；违背配比性原则，将本应采用完成合同法确认收入的、盈利水平与成本支出严重不匹配的系统集成业务，改为采用完工百分比法而虚增利润等。

三是关注企业进行会计估计变更，是否取得了真实可靠、充分客观的证据。这包括是否与注册会计师的独立估计结果可对比验证；技术与资产的受益年限，是否具备外部专家报告；变更结果是否同行业可比，且可解释；变更后是否更谨慎等。例如，企业对某项无形资产摊销年限的确定基础，是该资产的预计未来经济增长速度,而该参照资料是企业内部预计的,没有外部权威部门确认。

四是关注变更结果是否可验证。考虑后期对前期变更合理性的支持依据,例如坏账实际发生比率和重要资产的实际使用期限的重要支持数据。如果与预计差异较大,则需要考虑分析原因并进行相应调整。

3. 关注会计政策和会计估计变更处理的正确性

作为舞弊操纵易发的重点项目,信贷人员在识别客户的会计政策和会计估计发生变更后,还应观察企业的会计处理是否正确,防范不规范行为的发生。

一是准确区分两种性质的变更,并按要求进行正确的会计处理,防范不顾客观事实的账务处理而进行财务操纵的情形发生。会计政策变更采用追溯调整法,无法区分是会计政策变更还是会计估计变更时,难以确定累积影响数的会计政策变更均按会计估计变更处理;会计估计变更采用未来适用法。要确认企业是否严格执行上述适用原则,是否根据盈利目标的需要主观操纵会计处理。例如,对明确应追溯调整的会计政策变更的情形,为财务目标需求而以影响数难以确定或性质难以区分等为由,采用未来适用法进行会计处理。

二是严防滥用变更核算起点进行财务操纵。在一般情况下,会计估计变更应自该估计变更被董事会等相关机构正式批准后生效,如需提交股东大会审议,则不得早于股东大会审议日。会计政策追溯调整,应当从可追溯调整的最早期间期初开始应用变更后的会计政策。要关注是否按照上述时限进行处理,是否存在影响重大的人为操纵情形。

三是关注是否存在应变更而未变更的情形。这包括应当获取而未获取,以及已获取而未采用相关资料信息的情况等。例如,本年度根据经营环境变化变更坏账比例,以符合坏账实际发生情况,该项经营环境变化在上年度已经发生明显变更迹象,但企业并未进行变更。再如,企业因客观条件改变而变更折旧年限,而相关因素前期已经存在。如果企业不能合理解释上述情况,就需要进一步评估错报风险并对以前年度进行复核,并分析是否与盈利操纵动机相关。

⊙ 案例 5-1 变更会计政策增加巨额利润的是与非

雅戈尔（600177）于 2018 年 4 月 10 日发布了编号为临 2018-016 的《关于变更对中国中信股份有限公司会计核算方法的公告》，公告核心内容如下。

公司于 2018 年 4 月 9 日以通信方式召开第九届董事会第八次会议，会议全票审议通过了《关于变更对中国中信股份有限公司会计核算方法的议案》，同意自 2018 年 3 月 29 日起对中信股份的会计核算方法由可供出售金融资产变更为长期股权投资，并以权益法确认损益。根据《企业会计准则第 2 号——长期股权投资》的规定，公司所持中信股份对应的净资产可辨认公允价值与账面价值的差额 930 210.84 万元，将计入 2018 年第一季度营业外收入。

简单说就是，公司于 2015 年通过新股认购和二级市场买入的方式形成的股票投资，当初作为可供出售金融资产核算，现在要改为长期股权投资并采用权益法核算了。这一会计政策的变更导致企业当期净利润增加了 93 亿元！

同日，公司还发布了编号为临 2018-017 的《2018 年第一季度业绩预增公告》，称：主要由于中信股份会计核算方法的变更，公司业绩预计增加约 868 046 万元，同比增长 687.95% 左右。

再看公司三大产业运营情况：

1. 服装板块完成营业收入 13.67 亿元，较上年同期增长 13.02%；实现归属于上市公司股东的净利润 2.59 亿元，较上年同期增长 18.40%。

2. 地产板块完成营业收入 2.50 亿元，由于本期无集中交付项目，较上年同期降低 88.39%；实现归属于上市公司股东的净利润 0.20 亿元，较上年同期降低 94.81%。

3. 投资业务由于对中信股份会计核算方法变更，实现归属于上市公司股东的净利润 96.67 亿元，较上年同期增加 90.21 亿元。

根据上述公告，公司的服装和地产两大业务板块第一季度仅仅带来净利润 2.79 亿元，而依仗对中信股份会计核算方法的变更，投资板块就实现了归属于上市公司股东的净利润 96.67 亿元。真可谓，方法一变天地宽，会计部门成为公司最大的盈利部门！

这是在玩转会计魔方吗？按照公告，这一变更得到了公司董事会、监事会的审批同意，也获得了独立董事的认可。

我们先看原因，公司为什么要变更这一会计政策呢？公告就变更原因是这么说的。

鉴于：

1. 公司副总经理兼财务负责人吴幼光先生于 2018 年 3 月 20 日获委任为中信股份非执行董事。

2. 公司为中信股份第三大股东，且公司对中信股份的持股比例于 2018 年 3 月 29 日由 4.99% 增加至 5.00%。

3. 根据《企业会计准则第 2 号——长期股权投资》的规定，投资企业对被投资单位具有共同控制或重大影响的长期股权投资，应采用权益法核算。

公司董事会根据《企业会计准则》的相关规定，判定公司对中信股份的经营决策具有重大影响，应当将中信股份的会计核算方法由可供出售金融资产变更为长期股权投资，并以权益法确认损益，以更加合理、准确地反映公司对中信股份股权投资的会计核算情况。

上述公告阐述理由的核心关键词是"重大影响"，其理由主要是"派了一个董事""持股 5%"。根据《企业会计准则第 2 号——长期股权投资》，所谓重大影响，是指对一个企业的财务和经营政策有参与决策的权力，但并不能够控制或者与其他方一起共同控制这些政策的制定。投资企业能够对被投资单位施加重大影响的，被投资单位为其联营企业。在通常情况下，投资企业直接或通过子公司间接拥有被投资企业 20% 以上但低于 50% 的表决权股份时，一般认为对被投资企业具有重大影响，除非有明确的证据表明在该种情况下不能参与被投资企业的生产经营决策，不形成重大影响。若是达不到上述标准，通常可以通过以下一种或者几种情形来判断是否对被投资单位具有重大影响：在被投资企业的董事会或类似权力机构中派有代表，参与被投资企业财务和经营政策制定过程，与被投资企业之间发生重要交易，向被投资企业派出管理人员，向被投资企业提供关键资料等。

雅戈尔的公告说明，雅戈尔持有中信股份5%股权⊖，虽然达不到20%，但公司派了一名董事，且为被投资企业的第三大股东，所以雅戈尔认为对中信股份形成重大影响。所以会计政策的变更符合《企业会计准则》的规定。

但这一变更真的合理吗？或者说变更的理由充分吗？

事实上，在公司发布变更会计处理方法和业绩预增公告两周后，4月24日上海证券交易所就下达了监管工作函（上证公函[2018]0373号），让公司及会计师核实以下事项。

一、公司称会计核算方法变更的原因为：公司副总经理吴幼光于3月20日获任中信股份非执行董事，且公司对中信股份的持股比例于3月29日由4.99%增至5%。因此，董事会认定公司对中信股份的经营决策具有重大影响。请公

⊖ 注意这里的5%。为何雅戈尔在4.9%的时候没有采取行动，而是当天在二级市场上买入0.1%达到了5%才采取行动？这主要是因为中信股份是上市公司，这个比例在相关规定中比较重要，一般达到5%持股比例的股东就被认为是重要股东，各种规则就要区别对待。如《证券法》第三十六条规定，上市公司持有5%以上股份的股东，转让其持有的本公司股份的，不得违反法律、行政法规和国务院证券监督管理机构关于持有期限、卖出时间、卖出数量、卖出方式、信息披露等规定，并应当遵守证券交易所的业务规则。第四十四条规定，上市公司持有5%以上股份的股东，将其持有的该公司的股票在买入后六个月内卖出，或者在卖出后六个月内又买入，由此所得收益归该公司所有，公司董事会应当收回其所得收益。第五十一条将持有公司百分之五以上股份的股东列为证券交易内幕信息的知情人。第六十三条规定，通过证券交易所的证券交易，投资者持有或者通过协议、其他安排与他人共同持有一个上市公司已发行的有表决权股份达到5%时，应当在该事实发生之日起三日内，向国务院证券监督管理机构、证券交易所做出书面报告，通知该上市公司，并予公告，在上述期限内不得再行买卖该上市公司的股票。达到5%后，其所持该上市公司已发行的有表决权股份比例每增加或者减少5%，应当进行报告和公告，在该事实发生之日起至公告后三日内，不得再行买卖该上市公司的股票。其所持该上市公司已发行的有表决权股份比例每增加或者减少1%，应当在该事实发生的次日通知该上市公司，并予公告。违反规定买入上市公司有表决权的股份的，在买入后的36个月内，对该超过规定比例部分的股份不得行使表决权。第八十条规定，当发生持有公司5%以上股份的股东持有股份的情况发生较大变化，可能对上市公司股票交易价格产生较大影响的重大事件时，公司应当立即将有关重大事件的情况向国务院证券监督管理机构和证券交易场所报送临时报告，并予公告，说明事件的起因、目前的状态和可能产生的法律后果。第九十条规定，持有1%以上有表决权股份的股东，可以作为征集人，自行或者委托证券公司、证券服务机构，公开请求上市公司股东委托其代为出席股东大会，并代为行使提案权、表决权等股东权利。

司结合中信股份的股权结构、董事会结构及公司参与中信股份财务经营决策的情况,依据企业会计准则核实核算方法变更的合理性和充分性。

二、根据企业会计准则的相关规定,长期股权投资的初始投资成本小于投资时应享有被投资单位可辨认净资产公允价值份额的,其差额计入当期损益。公司以中信股份的净资产作为其可辨认净资产公允价值,并以所持中信股份的账面值与对应中信股份净资产份额的差额,直接确认93.02亿元损益。请公司核实以净资产账面值作为可辨认净资产公允价值的合理性、充分性,会计计量的准确性。

三、请公司审慎核实上述会计核算方法变更是否符合企业会计准则的规定,是否符合公司的经营实质,并请公司年审会计师发表意见。

浓缩为一句话:到底有没有重大影响,给我说清楚!注册会计师呢?你啥意见?

4月25日,注册会计师就给上交所回函(信会师函字[2018]第ZA193号),直接给予了否定意见。理由主要是:

1. 2018年3月29日,雅戈尔在二级市场买入中信股份0.1万股,持股比例达到5%,该0.1万股本身并不会实质增强雅戈尔对中信股份的影响,且其增持并不足以表明公司已改变对中信股份的持有意图,其持有意图仍是作为财务投资者以获取中信股份的高额股息分配等收益。

2. 中信股份前两大股东持股比例达到78.13%,在其股东大会的表决权上前两大股东占有绝对优势,增持后雅戈尔持股比例仅为5%。在其他股东持有股份不是高度分散的情况下,5%有表决权的股份通常不足以达到重大影响,因此雅戈尔通过股东大会参与中信股份的经营及财务决策施加影响的量级不够。

3. 中信股份于2018年4月18日发布《董事会名单与其角色和职能》的公告,公告显示雅戈尔副总经理兼财务负责人吴幼光先生于2018年3月20日成为中信股份非执行董事。中信股份董事会由17名董事组成,雅戈尔通过其在董事会中1/17的席位对中信股份实施的影响是非常有限的。此外,中信股份董事会设立的五个委员会,包括审计与风险委员会、提名委员会、薪酬委员会、战略委员会和特别委员会，董事会将相关职能授权给该五个委员会。除执行董事外，13 名非执行董事中有 11 名非执行董事均在相关委员会中任职，但雅戈尔派出的吴幼光先生在上述委员会中未担任任何职务，表明相对绝大多数非执行董事而言，雅戈尔派出董事无法参与中信股份的重大经营及财务决策相关专委会职责的履行。

随即，雅戈尔公告取消了上述会计政策变更的决定。

从终点又回到了起点。

我们再来看看公司当初要变更会计政策的动机。

根据公司公告，本次会计核算方法变更对公司财务状况及经营成果的影响如下。

公司所持中信股份对应的净资产可辨认公允价值与账面价值的差额 930 210.84 万元，将计入当期营业外收入，相应增加公司净资产 930 210.84 万元，增加公司净利润 930 210.84 万元，对公司 2018 年第一季度经营业绩产生积极影响。公司业绩预计增加约 868 046 万元，同比增长 687.95% 左右。取消这次变更后，公司 2018 年第一季度归属于上市公司股东的净利润预计较上年同期减少约 7.5 亿元，降低约 60%。

我们看一下公司过去相关年度和季度的营业收入和净利润情况（见表 5-1）。

表 5-1 雅戈尔 2015 年～2018 年第一季度的业务数据　　（单位：元）

	2015 年	2016 年	2017 年		2018 年
	全年	全年	第一季度	全年	第一季度
营业收入	14 527 392 635	14 894 999 392	3 394 465 162	9 839 528 959	1 681 660 097
归属于上市股东的净利润	4 371 497 355	3 684 747 270	1 261 788 998	296 731 412	509 284 926

数据显示，公司 2017 年业绩大幅下滑，营业收入比 2016 年降低 33.94%，归属于上市股东的净利润同比更是降低了 91.95%。公告解释原因是，地产板块结转项目减少并计提资产减值准备。到了 2018 年第一季度，公司预期收入和净利润同比继续下滑，营业收入同比继续下降 50.46%，归属于上市公司股

东的净利润则继续下降 59.64%，公司解释原因仍然是报告期内地产板块本期无集中交付项目，以及投资收益的减少。作为上市公司业绩持续大幅下滑无疑"压力山大"。由此，它便想到了通过变更会计政策，增加公司净利润的思路和方法。

案例点评：雅戈尔的会计政策变更事项因为对公司财务状况及经营成果产生了巨大影响，引起了各方的关注。上交所发函询问，审计师紧急表态，董事会、监事会、独立董事相继"打脸"。公司急于扭转利润持续下滑的心情溢于言表，但会计政策的变更需要严格遵循相关的会计准则规定，否则基于企业的状况，这一行为很容易被人看作报表粉饰或操纵行为。当然，雅戈尔这笔中信股份的投资无疑是一块非常优质的资产，只是在哪个时点确认利润的问题而已。对于商业银行而言，即使不确认相关收益，优质资产本身也无异于现金等价物，对于评价企业的偿债能力也是一个加分项，本身亦可作为质押资产或是融资标的。

5.2 报表危险信号识别与关注

对企业财务报表进行会计分析和调整的目的就是评价企业会计信息的质量，并消除可能存在的重要的影响会计信息质量的危险因素，使企业财务报表尽量反映企业实际的经营状况。具体使用的主要方法就是确认和评价企业会计政策和会计估计，识别有其他粉饰或造假行为，并通过本书第 3 章中阐述过的"闻嗅复核"技术来核查。信贷人员，本身不是注册会计师，要求他们采取详细的审计程序核实客户的财务报表的公允性，既不现实也不符合成本效益原则。信贷人员对企业的财务状况又必须做出自己的独立判断，在参考审计结论外，最适合信贷人员的财务分析技术就是"闻嗅复核"。通过重点关注关键的账户余额、趋势和财务比率关系等方面与预期相比较显示的重大差异，并辅以适当的调查，以寻求合理解释或对报表数据进行调整。

那么，哪些报表项目或内容值得信贷人员重点关注呢？或者说，哪些关键的内容或项目值得信贷人员警觉，并采用"闻嗅复核"技术进一步进行辨识呢？这里，我们首先借鉴国内外审计职业界的已有成果，对一般情况下报表存在错报的高风险领域予以揭示。随后根据以往的调查研究和案件、案例，特别是对于企业提交给银行的报表，对其危险信号予以归纳，供信贷人员参考。

5.2.1 会计职业界视野下的舞弊红旗标志

舞弊红旗（fraud red flag），也称舞弊风险因素（fraud risk factor）或警讯（warning signal），是指企业的经营环境中可能存在故意错报高风险的征兆，"红旗"标志在一般审计业务中的作用是增加独立审计师对企业经营者产生舞弊动机的职业关注，提高其对舞弊财务报告风险领域的警觉。存在舞弊红旗并不表明舞弊一定发生，但是值得关注的重点领域。长期以来，会计职业界研究总结出了一大批被认为能够显示舞弊财务报告的"红旗"标志，这里列举两个代表性的成果，供大家参考。

1. 美国会计职业界归纳的舞弊红旗标志

2002年10月，美国注册会计师协会（AICPA）颁布了第99号审计准则《财务报表审计中对舞弊的考虑》（以下简称 SAS 99），要求注册会计师以更加积极主动的方式、近乎怀疑一切的职业审慎，在财务报表审计中尽可能发现和揭露舞弊行为。SAS 99 提出的风险因素或预警信号，对于我们判断企业财务报表是否存在舞弊极具借鉴意义。

SAS 99 借鉴舞弊三角理论[一]，从动机/压力（incentive/pressure）、机会

[一] 史蒂夫·阿尔布雷特（Steve Albrecht）认为，尽管舞弊的手段多种多样，但所有舞弊都有三个要素：动机/压力、机会和合理化借口。舞弊的发生是上述三个要素互动的结果，是这三个要素的函数。参见 W Steve Albrecht.Fraud Examination[M].Toronto :Thomson South-Western Publishing, 2003.

（opportunity）、合理化借口（rationalization）三个角度，提出了识别财务报表舞弊的 42 个风险因素。

（1）动机/压力层面的风险因素或预警信号（16 个）。

1）董事会或 CEO 对经营层或经营人员过分地施加压力，以实现设定的目标。

2）以奖金、股票期权为代表的管理层报酬，有很大一部分取决于能否实现股票价格、经营成果或财务状况等激进目标。

3）与同行业其他企业相比，企业增长快速或盈利能力异常高。

4）管理层在新闻公告或年度报告中提供了过于乐观、不切实际的盈利或增长预期。

5）经常发生入不敷出的经营性现金流量，或者在报告盈利和盈利增长的同时未能创造足够的现金流量。

6）担心报告糟糕的财务状况将对一些重大未决交易（如企业合并或合同争取）产生潜在或实际的不利影响。

7）投资分析师、机构投资者、重要债权人或其他外部主体因为管理层在新闻公告或年度报告中过于乐观而形成不切实际的盈利或增长预期。

8）管理层或董事会成员个人为企业重大债务提供担保。

9）经营损失将导致企业立即破产、被取消抵押权或被接管。

10）管理层和（或）董事会成员在企业拥有重大的财务利益。

11）企业没有能力符合交易所的上市要求或没有能力偿还负债。

12）特别容易受到技术、产品或利率迅速变化的不利影响。

13）竞争激烈、市场饱和、毛利率不断下降。

14）客户需求大幅下降，行业或整个经济的经营失败不断增多。

15）为了维持竞争力，在主要的研究开发或资本支出方面需要获得额外的债务或权益融资。

16）出现新的会计法规或监管要求。

（2）机会层面的风险因素或预警信号（14 个）。

17）对审计师接触人员、信息进行正式或非正式限制，或者限制了审计师与董事会或内部审计人员的沟通。

18）在正常经营活动之外，或者与未经审计或经由其他事务所审计的关联方发生了重大关联交易。

19）在由非业主管理且缺乏相应控制的企业中，管理层由一个人或一个小团体支配。

20）会计或信息系统失效，包括涉及可报告状况的情形。

21）重大的内部控制缺乏充分监督。

22）董事会或审计委员会未能对财务报告程序和内部控制系统进行有效监控。

23）会计、内部审计或信息技术等部分的人员流动性很高，或者这些部门雇用了不称职的人员。

24）在税收天堂管辖区内设有银行账户、子公司或分支机构，且缺乏明显的商业理由。

25）资产、负债、收入或费用以重大估计为基础，这些估计涉及难以证实的主观判断或不确定性。

26）CEO或董事会成员离职率很高。

27）难以确定在企业中拥有控制权益的组织和个人。

28）组织结构过于复杂，涉及异常的法律主体或管理权限。

29）因财务实力强大或有能力支配特定的行业领域，企业能够左右供应商或客户的交易条款或条件，由此可能产生不恰当或不公平的交易。

30）重大的经营业务位于或在经营环境和文化迥异的国际边界开展。

（3）合理化借口层面的风险因素或预警信号（12个）。

31）引发"实质重于形式"问题的重大、异常或高度复杂的交易，在年末发生此类交易尤其如此。

32）在处理与审计师的关系时，管理当局具有霸道行为，尤其是试图限制审计师的工作范围。

33）存在违反证券法的不良记录，或者企业、其高管层或董事会成员因涉嫌舞弊或违反证券法而遭受指控。

34）管理层未能就企业的价值或道德标准进行有效的宣传、实施、支持或督促，或者宣传了不恰当的价值或道德标准。

35）现任或前任审计师经常在会计、审计或报告问题上产生争端。

36）管理层基于税收动机，对采用不当手法尽可能减少报告盈利表现出浓厚兴趣。

37）管理层经常试图以重要性为理由为一些微不足道或不恰当的会计处理进行辩解。

38）管理层未能及时纠正内部控制已发现的可报告状况。

39）不分管财务的管理层过多地参与会计原则的选择或重大估计的确定。

40）管理层具有向财务分析师、债权人和其他第三方承诺过于激进或不切实际预测的做法。

41）向审计师提出不合理的要求，如对完成审计工作或签发审计报告提出不合理的时间限制。

42）管理层过分热衷于保持或抬升企业的股票价格或者过分看好盈利趋势。

当然，这些因素在发现财务报表舞弊方面的有效性方面，存在一定区别。2005年10月，美国《内部审计师》杂志刊登了得克萨斯–泛美大学（University of Texas-Pan American）研究人员对这42个风险因素有效性的研究成果。根据调查数据，研究人员计算了这42个风险因素在发现财务报表舞弊方面的有效性分值，并按分值将这42个风险因素按有效性划分为三类：最有效的风险因素、有效的风险因素和较无效的风险因素。上述对三类因素的列示就是根据有效性分值排序的，每类因素中排位越是靠前的，有效性越高。其中1）、17）～23）、31）～38）共16个因素为最有效的风险因素；2）～5）、24）～27）、39）～41）共11个因素为有效的风险因素；其他15个因素为较无效的风险因素。

2. 中国会计职业界归纳的舞弊红旗标志

中国注册会计师协会于 2002 年 7 月 19 日印发了《审计技术提示第 1 号——财务欺诈风险》（会协 [2002]203 号），提示列举了 9 类 54 个可能导致公司进行财务欺诈，或表明公司存在财务欺诈风险的因素，要求注册会计师在执行公司会计报表审计业务时，应当对此予以充分关注，保持应有的职业谨慎。

这 9 类 54 个因素大量借鉴国际经验并结合了我国的实际情况。

（1）财务稳定性或盈利能力受到威胁（10 个）。

1）因竞争激烈或市场饱和，主营业务毛利率持续下降。

2）主营业务不突出，或非经常性收益所占比重较大。

3）会计报表项目或财务指标异常或发生重大波动。

4）难以适应技术变革、产品更新或利率调整等市场环境的剧烈变动。

5）市场需求急剧下降，所处行业的经营失败日益增多。

6）持续的或严重的经营性亏损可能导致破产、资产重组或被恶意收购。

7）经营活动产生的现金流量净额连年为负值，或虽然账面盈利且利润不断增长，但经营活动没有带来正的现金流量净额。

8）与同行业的其他公司相比，获利能力过高或增长速度过快。

9）新颁布的法规对财务状况或经营成果可能产生严重的负面影响。

10）已经被证券监管机构特别处理（ST）。

（2）管理当局承受异常压力（8 个）。

11）政府部门、大股东、机构投资者、主要债权人、投资分析人士等对公司获利能力或增长速度的不合理期望。

12）管理当局对外提供的信息过于乐观，导致外界对其产生不合理的期望。

13）为了满足增发、配股、发行可转换债券等对外筹资的条件。

14）可能被证券监管机构特别处理或退市。

15）急于摆脱特别处理或恢复上市。

16）为了清偿债务或满足债务约束条款的要求。

17）不良经营业绩对未来重大交易事项可能产生负面影响。

18）为了实现设定的盈利预测目标、销售目标、财务目标或其他经营目标。

（3）管理当局受到个人经济利益驱使（3个）。

19）管理当局的薪酬与公司的经营成果挂钩。

20）管理当局持有的公司股票即将解冻。

21）管理当局可能利用本公司股票价格的异常波动谋取额外利益。

（4）特殊的行业或经营性质（4个）。

22）科技含量高，产品价值主要来源于研发而非生产过程。

23）市场风险很大，很可能在投入了巨额研发支出后却不被市场接受。

24）产品寿命周期短。

25）大量利用分销渠道、销售折扣及退货等协议条款。

（5）特殊的交易或事项（6个）。

26）不符合正常商业运作程序的重大交易。

27）重大的关联交易，特别是与未经审计或由其他注册会计师审计的关联方发生的重大交易。

28）资产、负债、收入、费用的计量涉及难以证实的主观判断或不确定事项，如八项减值准备的计提。

29）尚未办理或完成法律手续的交易。

30）发生于境外或跨境的重大经营活动。

31）母公司或重要子公司、分支机构设在税收优惠区，但不开展实质性的经营活动。

（6）公司治理缺陷（5个）。

32）董事会被大股东操纵。

33）独立董事无法发挥应有的作用。

34）难以识别对公司拥有实质控制权的单位或个人。

35）过于复杂的组织结构，或涉及特殊的法人身份或管理权限。

36）董事、经理或其他关键管理人员频繁变更。

（7）内部控制缺陷（5个）。

37）管理当局凌驾于内部控制之上。

38）有关人员相互勾结，致使内部控制失效。

39）内部控制的设计不合理或执行无效。

40）会计人员、内部审计人员或信息技术人员变动频繁，或不具备胜任能力。

41）会计信息系统失效。

（8）管理当局态度不端或缺乏诚信（8个）。

42）管理当局对公司的价值观或道德标准倡导不力，或灌输了不恰当的价值观或道德标准。

43）非财务管理人员过度参与会计政策的选择或重大会计估计的确定。

44）公司、董事、经理或其他关键管理人员曾存在违反证券法规或其他法规的不良记录，或因涉嫌舞弊或违反法规而被起诉。

45）管理当局过分强调保持或提高公司股票价格或盈利水平。

46）管理当局向政府部门、大股东、机构投资者、主要债权人、投资分析人士等就实现不切实际的目标做出承诺。

47）管理当局没有及时纠正已发现的内部控制重大缺陷。

48）管理当局出于逃税目的而采用不恰当的方法减少账面利润。

49）对于重要事项，管理当局采用不恰当的会计处理方法，并试图将其合理化。

（9）管理当局与注册会计师的关系异常或紧张（5个）。

50）频繁变更会计师事务所。

51）在重大的会计、审计或信息披露问题上经常与注册会计师产生意见分歧。

52）对注册会计师提出不合理的要求，如对出具审计报告的时间做出不合理的限制。

53）对注册会计师施加限制，使其难以向有关人士进行询证、获取有关信息、与董事会进行有效沟通等。

54）干涉注册会计师的审计工作，如试图对注册会计师的审计范围或审计项目小组的人员安排施加影响。

5.2.2 信贷人员应予重点关注的舞弊红旗标志

不管是 SAS 99 提出的风险因素或预警信号，还是中国注册会计师协会提示的风险信号，对于我们判断企业是否存在财务报表舞弊都具有借鉴意义。在信贷实践中，如果存在上述风险因素或预警信号，信贷管理人员就应当保持高度的职业怀疑态度，实施必要的调查程序，以获得企业的合理解释，直至疑虑被消除。

1. 一般预警信号

在我国信贷实践中，许多信贷人员经常会产生这样的疑问：客户提供的财务报表看起来总是很"漂亮"，似乎非常符合银行信贷标准，但总觉得心里不怎么踏实。计算常规的财务比率，得到的结果也很正常，可就是觉得财务数据之间好像有点说不清楚的关系。部分企业就这样的，在贷款后未能按时还本付息。

总结实践经验，基于企业更加可能"高估资产、低估负债，高估收入、低估成本"的基本导向，我们应当特别关注以下 30 个可能表明企业存在财务报表舞弊的一般性风险因素或预警信号。

（1）企业组织结构过于复杂，难以识别企业的最终控制人或企业有意隐瞒。

（2）高管人员异常变动（尤其是分管财务的高管或主管会计频繁辞职或被调离）。

（3）企业或企业的高管人员曾存在违反有关法规而被起诉或处理的不良记录，或在资本市场上高名远扬。

（4）频繁变更会计师事务所（尤其是被出具"不干净"审计报告后更换会计师事务所）。

（5）企业经营发生亏损，甚至陷入财务困境（尤其是面临着退市、有债务到期等艰难处境）。

（6）盈利质量与资产质量相互背离，如在报告大幅增长利润的同时，只见应收增加，不见现金流增加。

（7）净利润与经营活动产生的现金流量持续背离（尤其是企业连续盈利，但经营活动产生的现金流量连续几年入不敷出）。

（8）企业合并报表的合并范围发生变动。

（9）经济不景气、行业产能过剩，企业资产质量没有受到影响（如资产不计提或很少计提减值准备），或在某个会计期间出现原先计提的资产减值又大量转回。

（10）主营业务不突出，或非经常性收益所占比重较大。

（11）企业毛利率水平比上年或比其他同行业企业大幅度提高。

（12）以成本利润率衡量的企业获利水平有较大提高。

（13）市场需求急剧下降，行业一片萧条，而企业盈利状况一枝独秀。

（14）企业所在行业处于成熟或衰退阶段。

（15）企业经营业绩与其所处行业地位不相称。

（16）与同行业的其他公司相比，获利能力过高或增长速度过快。

（17）企业一直在谋求增发、配股、发行债券等对外筹资的事项。

（18）不合乎商业逻辑的资产置换。

（19）期末发生的异常销售（尤其是对新客户的大额销售）。

（20）前期"销售"在本期大量退货。

（21）企业的订单显著减少，预示未来销售收入下降。

（22）企业产品遭受同业或低价进口品的竞争。

（23）会计政策或会计估计发生变化，例如折旧由年数总和法改为直线法而欠缺正当理由。

（24）发生套换交易或回旋镖交易（如售后回租、资金在交易双方双向流动等）。

（25）企业的经营模式缺乏独立性，主要通过关联方开展购销业务。

（26）经常在会计期末发生数额巨大的关联交易，或当期的收入或利润主要来自重大关联交易。

（27）对关联方的应收或应付款居高不下。

（28）对单一或少数产品、顾客或交易的依赖。

（29）企业经常卷入诉讼官司。

（30）企业会计报表被注册会计师出具"不干净"的审计意见。

2. 具体预警信号

从会计角度看，财务报表舞弊主要表现为销售收入高估舞弊、销售成本低估舞弊、负债和费用低估舞弊、资产高估舞弊等形式。在实务中，要特别关注以下110个具体信号。

（1）销售收入高估舞弊的预警信号。

1）销售情况与客户所处行业状况不符。例如，客户所处行业景气度下降，销售却出现增长；又如，销售接近或超过客户所处行业的需求。

2）与同一客户同时发生销售和采购交易（回旋镖交易），或者与同受一方控制的客户和供应商同时发生交易。

3）交易标的对交易对手而言不具有合理用途。

4）主要客户自身规模与其交易规模不匹配。

5）与新成立的客户发生大量或大额的交易，或者与原有客户交易金额出现大额增长。

6）与关联方或疑似关联方客户发生大量或大额交易。

7）与个人、个体工商户发生异常大量的交易。

8）对应收款项账龄长、回款率低下或缺乏还款能力的客户，仍放宽信用政策。

9）客户是否付款取决于下列情况：能否从第三方取得融资；能否转售给第三方（如经销商）；能否满足其他特定的重要条件。

10）直接或通过关联方为客户提供融资担保。

11）在临近期末时发生了大量或大额的交易。

12）实际销售情况与订单不符，或者根据已取消的订单发货或重复发货。

13）未经客户同意，在销售合同约定的发货期之前发送商品或将商品运送到销售合同约定地点以外的其他地点。

14）销售记录表明，已将商品发往外部仓库或货运代理人，却未指明任何客户。

15）已经销售的商品在期后有大量退回，本期发生的退货占前期销售收入的比重明显偏高。

16）交易之后长期不进行结算。

17）销售合同未签字盖章，或者销售合同上加盖的公章并不属于合同所指定的客户。

18）销售合同中重要条款（如交货地点、付款条件）缺失。

19）销售合同中部分条款或条件不同于企业的标准销售合同。

20）销售合同或发运单上的日期被更改。

21）在实际发货之前开具销售发票，或实际未发货而开具销售发票。

22）记录的销售交易未经恰当授权或缺乏出库单、销售发票等证据支持。

23）应收款项收回时，付款单位与购买方不一致，存在较多代付款的情况。

24）应收款项收回时，银行回单中的摘要与销售业务无关。

25）对不同客户的应收款项从同一付款单位收回。

26）发生异常大量的现金交易，或企业有非正常的资金流转及往来，特别是有非正常现金收付的情况。

27）货币资金充足的情况下仍大额举债，报表呈现"存贷双高"现象。

28）企业申请公开发行股票并上市，连续几个年度进行大额分红。

29）工程实际付款进度快于合同约定付款进度。

30）与关联方或疑似关联方客户发生大额资金往来。

31）采用异常于行业惯例的收入确认方法。

32）与销售和收款相关的业务流程、内部控制发生异常变化，或者销售交易未按照内部控制制度的规定执行。

33）与收入相关的账簿记录和电话询证或其他途径提供的信息之间存在重大或异常差异。

34）企业不允许调查人员接触可能提供相应证据的特定员工、客户、供应商或其他人员。

35）对外报告的收入太高、销售退回和销售折扣过低、坏账准备的计提明显不足。

36）在对外报告的收入中，已收回现金的比例明显偏低，应收账款的增幅明显高于收入的增幅，销售收入与经营活动产生的现金流入呈背离趋势。

37）在经营规模不断扩大的情况下，存货呈急剧下降趋势。

38）当期确认的应收账款坏账准备占过去几年销售收入的比重明显偏高。

39）最后时刻的收入调整极大地改善了当期的经营业绩。

40）销售交易循环中的关键凭证"丢失"或未能提供收入的原始凭证，或以复印件代替原件的现象屡见不鲜。

41）高级管理层有可能逾越销售交易循环的内部控制，新客户、异常客户或大客户未遵循惯常的客户审批程序。

42）高级管理层或相关雇员对收入或收入异常现象的解释前后矛盾、含混不清或难以置信。

43）对信贷人员要求提供的收入相关信息拖延搪塞。

44）高级管理层对信贷人员就收入提出的质询做出行为失常的举动（如勃然大怒、威逼利诱等）。

45）接到客户、雇员、竞争对手关于收入失实的暗示或投诉。

（2）销售成本低估舞弊的预警信号。

1）对外报告的销售成本太低、降幅太大。

2）期末存货余额太高或增幅太大。

3）对与存货和销售成本相关的交易没有完整和及时地加以记录，或者在交易金额、会计期间和分类方面记录明显不当，记录的存货和销售成本缺乏凭证支持。

4）期末的存货和销售成本调整对当期的经营成果产生重大影响。

5）存货和销售成本的关键凭证"丢失"，或未能提供存货和销售成本的原始凭证，或只能提供复印件。

6）存货和销售成本的会计记录与佐证证据（如对供应链上下游企业了解到的采购与销售价格）存在异常差异。

7）相关报告（如审计报告等）显示，存货盘点数与存货记录数存在系统性差异，或存货盘盈数量巨大。

8）新出现了以前未了解到的存货供应商，或供应商的身份难以通过正常渠道予以证实。

9）新的或异常的供货商未遵循正常的审批程序，存货实物盘点制度薄弱等。

10）前期企业计提了巨额的资产减值准备，或固定资产折旧明显比前期或其他企业减少。

11）高级管理层或相关雇员对存货和销售成本的解释前后矛盾、含混不清或难以置信。

12）存在着禁止信贷人员接触相关设施、雇员、记录、客户、供应商等有助于获取存货和销售成本证据的行为。

13）企业对信贷人员要求提供的存货和销售成本相关信息拖延搪塞。

14）高级管理层对信贷人员就存货和销售成本提出的质询做出行为失常的举动。

15）接到知情者关于存货和销售成本不实的暗示或举报。

（3）负债和费用低估舞弊的预警信号。

1）期后事项分析表明，在下一会计期间支付的金额属于资产负债表日业已存在的负债，但未加以记录。

2）存货盘点数少于存货会计记录数。

3）供货商发货声明上载明的金额未体现在会计记录中。

4）采购金额、数量和条件与信贷人员了解到的供应链上的情况存在着重大差异。

5）未能提供雇员薪酬个人所得税代扣证明。

6）有贷款但没有相应的利息支出，或有利息支出但未发现贷款。

7）有租赁办公场所，但没有相应的租金支出。或有租金支出，但没有租赁负债。

8）在会计期末编制增加了销售收入、减少了预收货款的重分类分录。

9）收入会计记录与对销售客户的了解存在重大差异。

10）产品担保支出大大超过担保负债。

11）企业与客户签订有回购协议。

12）以担保承诺函形式承担暗担保责任。

13）商品形式上出售但企业承担隐性回购责任。

14）企业办理了"无追索权保理"业务，但可能实际承担被追索责任。

15）企业处于担保链导致其承担被担保方代偿责任。

16）传闻企业可能涉及民间借贷。

17）财务费用科目有大额变动，与账面负债不匹配，可能存在通过各类创新型融资工具隐藏债务，如未登记在贷款卡的各类理财业务、信托融资等。

18）企业办理商票贴现、商票转让业务规模较大，存在被追索的可能。

19）带回购条款的股东增资或"明股实债"性质股东增资。

20）企业对外签订有对赌协议。

21）大宗期货或金融衍生产品交易存在亏损风险。

22）征信系统查询结果表明，有贷款在会计记录中未得到反映。

23）董事会会议记录讨论的或有负债没有反映在会计记录中。

24）向外聘律师支付了大额费用，但未确认任何或有负债，或有情况表明公司可能卷入重大法律诉讼。

25）监管部门的公函或媒体报道公司可能存在重大违法违规行为，但公司既未确认或有负债，也未有附注披露。

26）公司设立了众多的特殊目的实体，且资金往来频繁。

27）公司与关联方的资金往来频繁，委托付款或委托收款现象突出。

28）对信贷人员要求提供的重要负债和费用相关信息拖延搪塞。

29）高级管理层对信贷人员就重要负债和费用提出的质疑做出行为失常的举动。

30）接到知情者对重要负债和费用不实的暗示或举报。

（4）资产高估舞弊的预警信号。

1）资产快速增长、资产周转率低下。

2）缺乏正当理由对固定资产进行评估并将评估增减值调整入账。

3）频繁进行非货币性资产置换。

4）期后事项分析表明，注销的资产价值大大超过以前年度计提的减值准备。

5）固定资产、在建工程和无形资产中包含了研究开发费用或广告促销费用。

6）固定资产和在建工程当期增加额与经过批准的资本支出预算存在重大差异，且未能合理解释。

7）企业的主要客户遭受严重经济压力，收回欠账有困难。

8）存货大量增加超过销售所需，尤其是高科技产业的产品可能过时。

9）将亏损子公司排除在合并报表之外且缺乏正当理由。

10）采用成本法反映亏损的被投资单位。

11）经常将长期投资转让给关联方或与关联方置换。

12）频繁与关联方发生经常性资产的买卖行为。

13）固定资产和无形资产的折旧或摊销政策显失稳健。

14）未能提供重要固定资产和土地或矿产资源有效的产权凭证。

15）重大资产的购置或处置未经恰当的授权批准程序，未建立有效的固定资产盘点制度。

16）企业发生并购行为，账面存在较大金额的商誉资产。高级管理层或相关雇员对重大资产的解释前后矛盾、含混不清或难以置信。

17）存在禁止信贷人员接触相关设施、雇员、记录、供应商等有助于获取重大资产证据的行为。

18）对信贷人员要求提供的重要资产相关信息拖延搪塞。

19）高级管理层对信贷人员就重要资产提出的质询做出行为失常的举动。

20）接到知情者对重要资产不实的暗示或举报。

5.3 企业财务舞弊的逻辑框架

在本章开篇，我就提醒大家要牢记任何一个企业提供给我们的报表都是企业经济实质的带有偏差的反映，并归纳了一个公式：

$$财务报表 = 经济实质 + 计量误差 + 人为操纵$$

按照会计信息的定义，会计信息是对企业经济活动（交易和事项）的反映，因此，只要会计信息与经济实质不一致，基本上我们就可以认定财务报表存在一定程度的不可靠因素。只是有些因素是客观造成的，有些因素是人为因素造成，甚至是恶意为之。财务报表反映出来的经济活动与实际的经济现实差异不会太大，一般对决策的影响不大，我们也就默认了。一旦差异达到重要程度，足以引起错误决策，我们必须对之予以识别，否则将导致灾难性后果。

要想尽可能地识别出企业财务操纵行为，有必要系统梳理和把握通常情况下企业财务造假的类型、逻辑和具体方法，这样我们才能"知己知彼"，在调查中有的放矢，提升我们识别企业财务操纵行为的能力和水平。这也是一门商业银行的信贷人员绕不过去的必修课。

5.3.1 财务操纵的类型

从财务报表（会计信息）是对经济现实的反映这一角度出发，可以把财务报表粉饰或财务操纵分成三大类。⊖

（1）**无中生有型**，也称胆大妄为型或豪放型。这就是将本来经济现实中根本就没有的事项，通过虚构的形式伪造出来。这类财务报表粉饰性质最为恶劣，但往往借助公司体外资金循环等方式，导致识别起来存在很大的难度。把这种方法总结成两个字，就是"虚构"。

（2）**技术调整型**，也称技术实力型或婉约型。这就是利用会计准则给予的会计政策选择权和职业判断空间，通过调整技术方法的应用来实现财务报表粉饰。这种类型的财务报表粉饰考验会计人员对公司业务经营及会计准则的深入理解，通过一些技术方法的运用来实现财务报表粉饰。

（3）**拒绝披露型**，也称信息披露违规型或无底线型。这种财务报表粉饰方法的实质是公司拒绝向公众披露可能影响投资者决策判断的重大不利信息，如公司的重大或有事项、重大诉讼、重大违规对外担保、大额存单质押等。这些信息一旦披露出来，可能会揭示公司的重大风险，对于投资者的决策判断和估值将构成重大负面影响。在实际工作中，一些公司的确会有意或者无意地故意隐瞒一些信息，同时在财务账上也不做任何处理，性质极其恶劣。

5.3.2 财务操纵的逻辑

我们通常说的财务报表，一般包括三张会计报表，即资产负债表、利润表、现金流量表。它们将企业的所有经济活动，量化成会计信息证据，记录为会计账目，最后综合成结果。得益于或受限于复式记账法，每一笔经济业务的发生，都要以相等的金额在两个或两个以上相关账户中做等额双重记录，所谓"有借必有贷，借贷必相等"。三张报表间存在着彼此钩稽的平衡关系。部分经

⊖ 资料来源：许亚荣.企业全镜像分析[M].北京：机械工业出版社，2020：155.

济活动可能只在某一张报表上予以反映就行了，但多数经济活动需要在两张或三张报表中同时予以反映。也就是说，你动一个报表中的科目比如营业收入，就会引起连锁反应，报表中的其他科目或其他报表中的科目也会跟着动。这就为我们识别企业的会计操纵行为提供了更多的线索和逻辑。

对三张报表的逻辑关系进行简化总结，如图 5-1 所示。

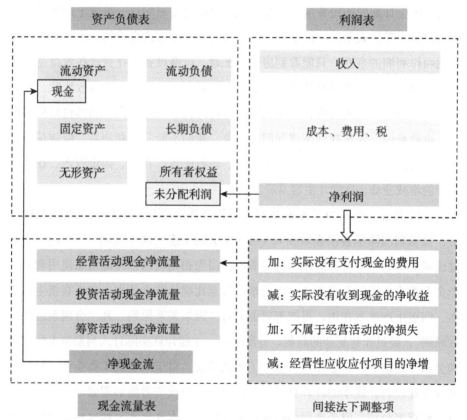

图 5-1　三张报表的逻辑关系

通常而言，企业财务造假，往往以利润表作为目标，以现金流量表作为配合，资产负债表则是最终反映。

增加利润表中的利润，有两个办法，即增加收入或者减少成本费用，或者一起上，所谓开源节流。我们从三张报表的关系说，如果企业在利润表中虚增了收入和利润，则期末随着科目余额的结转，必然会导致资产负债表中所有者权益（未分配利润）的增加，在公司负债端不发生变化的前提下，必然导致资产端也要同步增加，至于增加到哪里，要看企业的手法和策略，理论上可以增加到所有资产科目中。在这一过程中，可以不经过现金流，也可以通过现金来配合。所以从实物形态来看，利润是一个结果，是企业经营活动的结果，是企业一定会计期间的经营成果，是企业经营活动在利润这一维度上的计量。利润是以货币单位表示的，但是利润并不总是以货币方式存在的，你在企业里找不到叫作利润的东西，只能看到房子、土地、机器设备、存货这些看得见的资产，以及存在于文件和会计账簿中的，肉眼看不到的资产，如应收账款、无形资产、商誉等。也就是说，利润是以各种资产的形式存在的，当然包括货币形式。也就是说，要想找到虚增利润的迹象，我们不能盯着利润看，应该观察资产负债表的一些重点科目，如货币资金、应收账款、存货、固定资产、在建工程等的增减变动，这样才更容易看出端倪。

一般而言，企业为了虚增利润，多数会从虚增收入开始。当然从逻辑上讲，操纵利润除了直接虚增收入（通常也会同步虚增成本费用）外，还可能通过虚减成本费用进行，前述所谓的节流。因为相比收入，外部信息使用者对一个企业的成本进行客观深入分析的难度甚至比确认收入还大。包括直接生产成本、间接生产成本在内，可能都需要通过"因果关系原则"和"合理系统的分配原则"，经过非常复杂的归集、分配流程，才能计算实际计入当期成本的项目和金额。这给外部信息使用者增加了确认难度。对于一些化工类企业、互联网模式企业而言，成本的计算更是复杂得超出普通投资者能够理解的范围。这也就导致很多公司在财务造假的时候更喜欢使用成本计算和分摊这些相对隐蔽的方式而不是堂而皇之的收入端造假。⊖笔者很久之前在会计师事务所工作的时候，就见过企业通过在畅销品和非畅销品之间分摊成本、推迟广告投入减少销售费用而虚增利润的情形。

⊖ 资料来源：许亚荣. 企业全镜像分析 [M]. 北京：机械工业出版社，2020：134.

此外，有兴趣的读者还可以参阅霍华德·M.施利特等的著作《财务诡计》，此书借鉴20世纪80年代的电影《都市牛郎》中的"得克萨斯两步舞"概念，将企业在给成本费用记账时的步骤，比作"会计两步舞"⊖。支出发生时，跳第一步，这时钱已经花出去了，但是相关利益尚未获得，这些支出代表的是"未来利益"，因此在公司的资产负债表上被列为资产。取得利益时，跳第二步，这时，支出要从资产负债表移到利润表，列为成本费用。这种"会计两步舞"的关键在于舞步的节拍，即成本费用应该和长期收益配比还是和短期收益配比。和长期收益配比时，舞步缓慢，相关支出在资产负债表上留很长时间，慢慢摊入费用（例如，机器设备可以有20年折旧期）。和短期收益配比时，舞步急促，前后两步瞬息同时完成，相关支出根本不列入资产负债表，而是立即记为成本费用（例如，很多典型的经营费用：工资、电费等）。

企业可以主观改变"会计舞步"的节拍，从而显著影响利润数字。勤快的投资者应估量一下成本费用是不是在跳出"第一舞步"时就被故意冻住了，冻在资产负债表上，而不是接着跳"第二舞步"，把成本费用体现在利润表上。《财务诡计》这本书中列举了企业盈余操纵的多种方法，其中经营费用过度资本化、成本费用摊销过慢、贬值资产不提取减值准备、不确认应收账款坏账和投资贬值，都是将当期费用推迟到以后期间确认，均为扭曲运用"会计两步舞"，错把成本费用留在资产负债表上，避免它们减少当期利润，把它们挪走就是以后期间的事情了。

此外，这本书中还列举了隐瞒费用损失的其他方法，如不以恰当金额记录当前交易产生的费用、采用过于激进的会计假设记录过低的费用、转回前期提取的准备金以削减本期费用等，读者可以学习借鉴。

我们这里重点讨论企业虚增收入手段下虚增利润的业务模式或典型造假逻辑。至于在特定情况下，企业为了达到报告期内降低税负或转移利润等目的而

⊖ 资料来源：霍华德 M 施利特，杰里米·佩勒，尤尼·恩格尔哈特.财务诡计：如何识别财务报告中的会计诡计和舞弊（原书第4版）[M].续芹，陈柄翰，石美华，王兆蕊，译.北京：机械工业出版社，2019.

少计收入或延后确认收入的情形，本书就不予关注了。[1]

我们把企业收入/利润财务造假或操纵行为归纳为两套逻辑框架。

一是放大或扭曲真实经济业务。这类造假的套路是：企业有基础交易在日常生产经营过程中真实发生，但企业滥用会计准则给予的会计政策或会计估计的判断空间和选择权，对企业经济活动和事项的经济实质，怎么有利于增加收入或利润，就怎么来。在特殊情况下，企业也可以适当改变经济业务的形式，通过操纵确认和计量，多计或提前确认收入。

这一套逻辑基本还是在企业会计准则的执行层面进行操纵，例如通过与未披露的关联方或真实非关联方进行显失公允的交易，在客户取得相关商品控制权之前确认销售收入，企业放宽客户付款条件促进短期销售增长等。

二是无中生有虚构经济业务。与第一套逻辑不同，这套造假逻辑不是基于企业已有的真实交易，而是为了增加收入与利润，凭空虚构出一些经济业务。虚构经济业务型造假是一个系统工程，涉及的环节比较多，其中关键的环节因为不同的操作模式而有所不同，主要关键环节如下。

（1）源头：收入来自哪里？虚构客户（当然也可以依托真实的客户和供应商，在真实交易基础上叠加部分虚假交易）。

（2）交易：虚构经济业务相匹配，比如销售。

（3）资金：在个别情况下，不需要现金流的参与，但为了"逼真"多数会有现金流的参与以与交易/经济业务配合。

（4）资产：虚增的净利润通过未分配利润进入资产负债表，在负债不动的情况下，必须通过各项资产消化虚构的利润。其中根据是否收到现金，又划分为若干情形，包括直接挂应收账款、直接放入货币资金、通过交易虚构现金支出形成其他资产等。

---

[1] 这类舞弊手段，典型如企业在满足收入确认条件后，不确认收入，而将收到的货款作为负债挂账，或转入本单位以外的其他账户；企业在采用以旧换新的方式销售商品时，以新旧商品的差价确认收入；对于属于在某一时段内履约的销售，企业未按履约进度确认收入，而推迟到履约义务完成时确认收入。

据此,我们可以将财务造假粗略划分为 5 个不同逻辑的版本。

1.0 版:利润表中虚增收入和利润,现金流量表不参与,资产负债表中直接虚增应收账款。

2.0 版:利润表中虚增收入和利润,现金流量表中表现为经营性现金流入,资产负债表中直接虚增货币资金。

3.0 版:利润表中虚增收入和利润,现金流量表中表现为经营性现金流入,同时增加经营性现金流出,资产负债表中虚增预付账款、其他应收款、存货等流动性资产。

4.0 版:利润表中虚增收入和利润,现金流量表中表现为经营性现金流入,同时增加投资性现金流出,资产负债表中虚增固定资产、在建工程、生产性生物资产、长期股权投资、长期待摊费用、无形资产等非流动性资产。

5.0 版:综合 1.0 版~4.0 版组合操作,利润表中虚增收入和利润,现金流量表中表现为经营性现金流入,同时增加经营性现金和投资性现金流出,资产负债表中虚增各类资产。通过综合技术的应用,重在各报表之间、各会计科目之间、各指标之间,实现均衡、稳定,从而达到虚增收入利润且不被轻易发觉的目的。

各版本框架逻辑如图 5-2 所示。

道高一尺,魔高一丈。不同版本的造假逻辑也是企业在与外部信息使用者和监管者斗智斗勇中,不断迭代而进化出来的。版本越高,造假的成本越高,相应的隐蔽性也越好,发现的难度也就越大。特别是 5.0 版本的逻辑下,不但经济业务形式上"真"的发生了,而且在会计处理上多遵循会计准则的规定,就像"真"的业务一样,形式上保持利润、收入、现金、资产的同步增长态势,并且考虑了财务指标之间的关系,能保持各项财务指标的稳健性,不容易引起外部的注意。

在这套逻辑下,造假的企业首先会根据目标利润金额,计算出当年需要虚增利润的金额,再根据销售净利率等指标反算出需要虚增收入的金额,然后根据毛利率计算出虚增生产成本的金额,进而推导出虚假采购的金额;接着,通

过虚增资产的方式消化虚假毛利占用的资金；最后，将造假金额分解到每个月份，安排人员具体实施。㊀

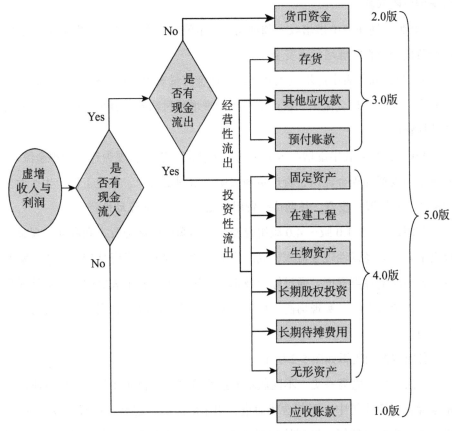

图 5-2　不同版本之财务造假逻辑

一切貌似天衣无缝。

事实上，这一模式也确实可称完美。从后面关于万福生科的案例，我们就可以看出发现企业造假需要有点意外、运气和特殊技术才行，注册会计师审计也难以发现它。本书称之为典型的财务造假逻辑框架（见图 5-3）。

㊀ 资料来源：刘石球. 虚构经济业务型财务造假手法剖析及识别 [J]. 中国注册会计师，2016（12）：72-77.

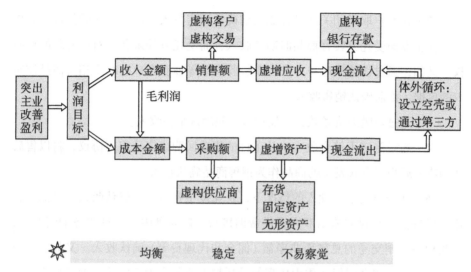

图 5-3 企业典型的财务造假逻辑框架

5.3.3 财务操纵的具体方法

1. 放大或扭曲真实经济业务的操纵方法

对应上述第一类造假逻辑,在有真实背景的基础交易上,通过滥用会计准则,操纵确认和计量,达到多计或提前确认收入的目的。主要手段和方法如下。[一]

(1)进行显失公允的交易。一是通过未披露的关联方或真实非关联方进行显失公允的交易。例如,以明显高于其他客户的价格向未披露的关联方销售商品。与真实非关联方客户进行显失公允的交易,通常会由实际控制人或其他关联方以其他方式弥补客户损失。二是通过出售关联方的股权,使之从形式上不再构成关联方,但仍与之进行显失公允的交易,或与未来或潜在的关联方进行显失公允的交易。三是与同一客户或同受一方控制的多个客户在各期发生多次交易,通过调节各次交易的商品销售价格,调节各期销售收入金额。

[一] 资料来源:中国注册会计师协会,"审计准则问题解答第 4 号——收入确认(征求意见稿)" 2019 年 10 月 21 日。

（2）在客户取得相关商品控制权前确认销售收入。例如，在委托代销安排下，在企业向受托方转移商品时确认收入，而受托方并未获得对该商品的控制权。又如，通过伪造出库单、发运单、验收单等证明客户已取得相关商品控制权的单据，提前确认销售收入。

（3）通过隐瞒退货条款，在发货时全额确认销售收入。

（4）通过隐瞒不符合收入确认条件的售后回购或售后租回协议，将以售后回购或售后租回方式发出的商品作为销售商品确认收入。

（5）在企业属于代理人的情况下，企业按主要责任人确认收入。例如，企业为代理商，在仅向购销双方提供帮助接洽、磋商等中介代理服务的情况下，按照相关购销交易的总额而非净额（佣金和代理费等）确认收入。又如，企业将虽然签订购销合同但实质为代理的受托加工业务作为正常购销业务处理，按照相关购销交易的总额而非净额（加工费）确认收入。

（6）对于属于在某一时段内履约的销售，通过高估履约进度的方法实现当期多确认收入。

（7）企业放宽客户付款条件促进短期销售增长。

（8）当存在多种可供选择的收入确认会计政策或会计估计方法时，随意变更所选择的会计政策或会计估计方法，如改变存货计价方式，改变投资的核算模式，形式重于实质等。

（9）选择与销售模式不匹配的收入确认会计政策。

2. 无中生有虚构经济业务的操纵方法

对应第二类造假逻辑，赤裸裸地虚构销售交易从而虚增收入和利润。主要方法如下。

（1）通过与其他方（包括已披露或未披露的关联方、非关联方等）签订虚假购销合同，或依托真实的客户和供应商，在真实交易基础上叠加部分虚假交易，签订虚假购销合同。虚构存货，并通过伪造出库单、发运单、验收单等单据，以及虚开商品销售发票虚构收入。在某些情况下，企业销售的产品所耗费实物的成本较低，如软件企业销售的通用软件，在虚构销售交易时可能无须虚构存货。有时候，企业也可能成立空壳公司进行造假，这类公司几乎没有正常的业务，其存在的价值就是在虚构经济业务造假过程中扮演客户或供应商的角色。由于其公章、账簿等实际掌控在企业手中，因此造假极为便利。但是，由于人员、注册资金、联系方式等各方面与企业存在较为明显的关联，加上业务比较单一，因此很容易被识别出来。

（2）为了虚构销售收入，将商品从某一地点移送至另一地点，以出库单、发运单、验收单等为依据记录销售收入。例如，虚构出口销售，将商品运送至与报关运抵国不同的国家，再通过关联方进口回国。企业也可以通过在国外成立关联公司或空壳公司，伪装成客户或供应商与企业进行虚假交易，或者伪造与海外客户之间的合同，虚增销售价格，虚增的收入部分自行安排海外关联方付款。有的企业甚至采用在账外设立库房的方式，将存货以正常销售的方式出库，但存货并未实际发往客户，而是移送至账外库房，然后虚构销售退回，或者将产成品拆解为零配件，从第三方虚构采购购回，再组装实现二次销售。

（3）企业根据其所处行业的特点进行虚构销售交易。例如，企业从事游戏运营业务，利用体外资金"刷单"，对其自有游戏进行充值以虚增收入。

根据上述虚构销售交易是否需要现金配合，企业虚构收入可进一步分为两种方法。

一是虚构收入后无货款回笼。虚增的应收账款/合同资产通过日后不当计提减值准备加以消化，这种方法较为简单，也容易引起外部信息使用者的怀疑和识别。

二是使用货币资金配合货款回笼，并解决因虚构收入而带来的虚增资产或虚减负债问题。在这种情况下，虚构收入对许多财务报表项目会产生影响，包括但不限于货币资金、应收账款/合同资产、预付款项、存货、长期股权投资、其他权益工具投资、固定资产、在建工程、无形资产、开发支出、短期借款、应付票据、应付账款、其他应付款、营业收入、营业成本、税金及附加、销售费用等。

企业在采用上述第二种方法虚构收入时，相应确认应收账款/合同资产，同时通过虚假存货采购套取其自有资金用于货款回笼，形成资金闭环。但通过虚假存货采购套取的资金金额可能小于虚构收入金额，或者对真实商品进行虚假销售而无须虚构存货。虚构收入无法通过上述方法套取资金以实现货款全部回笼，也可能进一步采取如下手段。

（1）通过虚假预付款项（预付商品采购款、预付工程设备款等）套取资金用于虚增收入的货款回笼。

（2）虚增长期资产采购金额。企业通过虚增对外投资、固定资产、在建工程、无形资产、开发支出等购买金额套取资金，用于虚增收入的货款回笼。形成的虚增长期资产账面价值，通过折旧、摊销或计提资产减值准备等方式在日后予以消化。

（3）通过被投资单位套取投资资金。企业将资金投入被投资单位，再从被投资单位套取资金用于虚构收入的货款回笼。形成的虚增投资账面价值通过日后计提减值准备予以消化。

（4）通过对负债不入账或虚减负债套取资金。例如，企业开具商业汇票给子公司，子公司将票据贴现后用于货款回笼。

（5）伪造回款单据进行虚假货款回笼。采用这种方法会形成虚假货币资金。为使财务造假显得更真实可信，一些企业通过伪造银行对账单、银行资金存取凭证等方式伪造资金进出轨迹。

（6）对应收账款/合同资产不当计提减值准备。

（7）企业实际控制人或其他关联方将体外资金提供给企业客户或第三方，客户或第三方以该笔资金向企业支付货款。体外资金可能来源于企业实际控制人或其他关联方的自有资金，也可能来源于对企业的资金占用或通过企业担保取得的银行借款。例如，企业及其控股股东与银行签订现金管理账户协议，将企业的银行账户作为子账户向控股股东集团账户自动归集（应计余额不变，实际余额为零），实现控股股东对企业的资金占用，控股股东将该资金用于对企业的货款回笼。又如，企业以定期存款质押的方式为关联方提供担保，关联方取得借款后用于货款回笼。

在使用货币资金配合货款回笼，伪造"真实"的资金流，构建资金循环时，所有的资金划转都是真实的，在银行都有据可查，但如果沿着资金进出的轨迹继续往前追查，就会发现资金实际是在循环转圈。早期的造假，企业往往直接采用银行资金划转的方式构建资金循环，资金进出轨迹比较清晰，收付款项往往能一一对应，因此只需要循着资金划转轨迹追查即可。后来，企业开始将大额资金拆散，或将其混入大量的真实资金划转中，通过多个不同公司或银行账户划转、归集，掩盖资金的对应关系和划转轨迹，给追查和认定带来较大的困难。此外，还有企业通过银行承兑汇票背书、质押，或者直接篡改银行单据上的收付款人名称等方式掩盖或切断资金进出轨迹。⊖

（1）伪造或篡改银行收付款凭单。企业在通过真实的客户或供应商伪造交易时，很多时候并未取得客户和供应商的配合，仅是借其名义行造假之事。在此情形下，企业根据真实交易合同的要素自行伪造虚假的交易合同、进出库单据等原始凭证。同时，为了配合虚构的交易，安排关联方进行资金划转，伪造真实的资金进出轨迹，但由于银行收付款凭单上会显示真实的收付款单位，为掩盖收付款单位与交易对手不一致的情形，企业经常直接篡改银行收付款凭单上的收付款单位名称，或直接伪造假的收付款凭单，掩盖资金的真实来源和去向。

（2）利用银行承兑汇票掩盖资金流转轨迹。企业可以不实际收付任何资金，仅通过银行承兑汇票的背书转让就可以完成资金流转。企业的关联方将收到的汇票经多次背书转让给企业，企业可以承兑或继续背书转让。由于经多次背书，最终承兑人或出票人与企业及其关联方可能无任何关系。企业在留存的原始凭证中只保留汇票复印件、最近一次背书转让复印件，在台账中仅登记前一手背书人、出票人和后一手被背书人的情况，因此当汇票承兑或背书出去之后，从企业留存的财务资料中无法查看整个背书过程，从而无法识别企业与其

⊖ 资料来源：刘石球.虚构经济业务型财务造假手法剖析及识别[J].中国注册会计师，2016（12）：72-77.

关联方之间的资金划转关系。去银行查证背书过程时，只能在出票行或承兑行查证，其时间成本和经济成本都较高，而且查证背书过程的重要性往往会被审计师或信贷客户经理忽视。

（3）利用银行信贷等业务切断资金循环关系。企业的关联方或供应商收到资金或商业汇票后，直接用于归还银行贷款，或作为保证金，或将汇票质押给银行用于开立银票或获得新的贷款，再经多次划转后流回企业。由于循环中加入了银行质押、还款、再放款的环节，在追查资金流向时很容易失去踪迹，也难以保证资金之间的对应关系，人为地切断了资金流转轨迹。

需要提醒注意的是，企业在进行虚构收入舞弊时并不一定采用上述完整模式，可能采用上述某几种方法的组合。⊖例如，企业生产非标准化产品，毛利率不具有可比性，可能无须虚构大量与虚增收入相匹配的存货采购交易，可以通过实际控制人或其他关联方的体外资金，或以虚增长期资产采购金额套取的资金实现货款回笼。

总体看，无中生有虚构经济业务的操纵方法，特别是使用货币资金配合货款回笼，整个造假流程完整，作业逼真，往往具有以下几个鲜明的特点。

一是系统性强。造假可能遍及进、存、产、销各个经营环节，参与造假的人员众多。在执行过程中，往往有牵头人统一策划、统一指挥、统一分配任务，过程就像流水线，每个参与人员只需完成各自的部分，然后移交给下个环节负责的人，等流水线结束后，整套假账也顺理成章地诞生了。

二是隐蔽性高。经济业务形式上是真的，且会计账目形式上也是真的，内

⊖ 黄世忠等人分析了 2007 年至 2018 年 6 月因财务舞弊被中国证监会处罚的 87 家上市公司的相关资料，对财务舞弊类别、手法及趋势等信息进行了分类统计和分析，发现操纵收入是上市公司惯用的伎俩，利用或隐瞒关联方甚至通过非关联方串通合谋虚构业务和收入的情况越来越普遍；通过虚构货币资金收支的"假账真做"现象日趋普遍；收入和毛利率异常是最有效的财务识别特征，滥用收入确认会计政策与前五大客户出现隐性关联方是最有效的非财务识别特征，财务与非财务识别特征之间并不是相互独立的关系，往往以组合形式出现在同一家财务舞弊上市公司中。详见黄世忠，叶钦华，徐珊.上市公司财务舞弊特征分析——基于 2007 年至 2018 年 6 月期间的财务舞弊样本 [J].财务与会计，2019（10）：24-28.

容却是假的,还可能是真假业务混淆交织在一起,一笔业务里既有真数也有假数,货物基本也是真实调拨,物流、信息流、资金流,三流合一。外部核查难度巨大。此外,关键证据上还可以配合篡改,如企业账套的资金流水与银行的资金流水在日期、金额上本应该逐笔一一对应,企业却可以对名称进行造假,在这个过程中能演变出许多不同的形式。例如,原本是由A企业通过银行打回的款项,对应的银行回单上的账户名称却被改成了B客户的名称,还有来往的款项金额可能不会一一对应,大拆小,小并大,有的还涉及境外。在这种情况下,若没有特殊手段,一般难以看出问题。

三是协调性好。因为整个公司财务是按计划,而非业务的真实市场情况去造假,所以财务人员会根据虚增后的各产品销售收入、毛利率以及生产消耗率直接倒算相关生产财务成本,从而达到产销平衡,公司财务与业务数据相互印证。既然是算出来的,整个资产负债表一定是平衡的,而且相关指标钩稽关系没有问题,协调性好,稳定性也强,这时候财务分析中的异常指标或异常情形反而相对较少。

⊙ 案例5-2 万福生科教科书级的财务造假

万福生科(300268)于2011年9月27日在深交所创业板上市,一年后的2012年9月中旬,万福生科因为涉嫌业绩造假而被中国证监会立案调查。2013年5月10日晚间,证监会在其官方网站上公布了对万福生科涉嫌欺诈发行上市和上市后信息披露违规等事项的调查结果。调查结果显示,2008~2010年,公司分别虚增销售收入12 000万元、15 000万元、19 000万元,虚增营业利润2851万元、3857万元、4590万元;2011年年报和2012年半年报,公司虚增销售收入28 000万元和16 500万元,虚增营业利润6635万元和3435万元。

万福生科案开创了诸多"第一",它不仅是首例创业板公司涉嫌欺诈发行股票的案件,还是证监会首次对保荐机构单独立案、暂停其受理保荐业务的案件,更开启了由发行人和保荐机构协商赔偿投资者损失的先河。想当初,公司凭借高超的财务造假技术,通过证监会发审委的层层审核,顺利上市,并在上市后继续虚增收入和利润。其造假手段属于典型的无中生有虚构经济业务的操纵方法，其可以说是造假手段的集大成者，万福生科案堪称教科书级的典型案例。

1. 龚永福及万福生科前世今生

万福生科上市之前的股权结构如下：龚永福及其妻子杨荣华持有万福生科80.38%股份，并有多名亲戚在公司任职，这是一家典型的家族企业。龚永福1959年出生于桃源县枫树乡。他出生贫苦，初中毕业后入伍，以坦克兵的身份参加了对越自卫反击战，荣立二等功，落下了八级伤残。

1980年，龚永福转业回乡，成为湖南省桃源县一个镇粮站的保管员，以其老实淳厚的形象迅速积聚人脉。据媒体报道，龚永福第一桶金是通过倒卖陈化粮赚得的；1995年，龚永福辞职下海，带领一批退伍军人、农民创办了万福大米厂；2003年，龚永福引进"大米淀粉糖加工"技术，设立湘鲁万福公司；此后，龚永福不断完善稻谷产业链，构建了一条循环经济的"稻米加工产业链"，湘鲁万福成为一家农业深加工高科技企业。

2009年10月，湘鲁万福整体变更为万福生科（湖南）农业开发股份有限公司，它于2011年9月27日在创业板上市，发行股份1700万股，募集资金4.25亿元，成为湖南常德市史上第三家上市公司，龚永福也以12亿元身价成为湖南最富农民企业家。万福生科就这样由一家小作坊式的稻米加工厂逐步演变为一家创业板上市公司。

2. 造假案发

2012年8月22日，万福生科发布上市后的第一份半年报。此时湖南证监局上市公司检查组正在万福生科进行上市后的例行现场检查，检查组很快发现了万福生科2012年半年报中的预付账款存在重大异常：公开披露的资产负债表显示，预付账款余额为1.46亿元，而科目余额表显示，万福生科预付账款余额超过3亿元，预付账款"账表不符"；财务总监解释称为了让报表好看一点，将一部分预付账款重分类至"在建工程"等其他科目，但检查组敏锐地意识到如此畸高的预付账款绝对不正常，因为上年同期只有0.2亿元，那么这些预付款去哪里了呢?

检查组立即到银行追踪资金的真实去向,结果不查不知道,一查吓一跳。银行真实的资金流水显示,账列预付8036万元设备供应款根本就没有打给供应商(法人),而打给了自然人;再一比对,发现下游回款根本不是客户(法人)打进来的,而是自然人打进来的。现场检查组发现万福生科银行回单涉嫌造假重大违法事实之后,湖南证监局立即于2012年9月14日宣布对其立案调查,案情上报之后得到证监会高度重视,9月17日中国证监会稽查总队宣布对其立案调查。在铁的事实面前,财务总监无奈地交出私人控制的56张个人银行卡,稽查大队又在现场截获存有2012年上半年真实收入数据的U盘,从此揭开了一个伪造银行回单14亿元、虚构收入逾9亿元的惊天大案。

3. 造假手法

万福生科的造假模式是将公司的自有资金打到体外循环,同时虚构粮食收购和产品销售业务,虚增销售收入和利润。为完成资金体外循环,万福生科借用了一些农户的身份去开立银行账户,并由万福生科控制使用,甚至农户本人都不知道有些个人银行账户的存在。

具体流程是,万福生科首先把自己账上的资金打到其控制的个人账户中去,同时在财务上记录粮食收购的预付款,再相应地做粮食收购的入账,完成原材料入账;之后,把这些实际控制的个人账户中的钱,以不同客户回款的名义分笔转回到公司的账户中,对应地在财务上做这些客户的销售回款冲减应收款,再相应地做客户销售收入等账目,利用资金的循环达到虚增销售收入的目的。

万福生科造假流程遍及进、存、产、销各个经营环节,参与人员较多,总体来说是龚永福授权财务总监来具体执行,财务总监再具体分配任务,每个参与的人员完成各自负责的一部分,俨然是流水线式的造假流程,实现了系统作业。

万福生科在做资金的体外循环中也变换了很多种方式。比如,两个500万元转出去,不一定就是两个500万元回来,可能会拆分成几笔,把回款的资金拆得比较零碎，想做哪个客户的回款，就假冒成这个客户把钱打回公司账户中。

把款打回来之后就涉及一个问题，银行的回单上会显示个人账户打回来多少钱，而不是客户打回来多少钱，为了掩盖这个情况，万福生科又伪造了大量银行回单，私刻了若干个银行的业务章，并盖在银行回单上。他们做的单据很逼真，调查人员在反复翻看银行回单的时候发现了蛛丝马迹，最终还是把这些造假的银行回单给找了出来。

万福生科的造假比较隐蔽，直接发现问题的难度比较大。一方面，它假借采购户或者销售户的名义，以自有资金体外循环，假冒了粮食收购款和回款。在资金循环过程中，除伪造大量银行凭证外，它还使用了现金存取的方式，借以隐瞒资金的真实来源。另一方面，在整个造假流程中，真实的购销合同、入库单、检验单、生产单、销售单、发票等"真实"的票据和凭证一一对应。依靠流水线式的造假流程，这些单据都由实际负责对应业务的工作人员专人开具。如果把中间的某张单据单独拿出来，形式上没有问题，但实际上这笔业务是虚假的。虚构业务的整个造假流程很逼真、很难辨别。证监会稽查组负责人介绍，万福生科造假案集系统化、隐蔽性、独立性于一体，采取了成本倒算制，使得财务报表整体十分平衡，很难从形式上发现问题。

4. 中介失职，证监局是如何发现万福生科有问题的

笔者觉得这里有"天时、地利"的因素，预付账款是导火索，银行流水是突破口；他们进场时很快发现万福生科预付账款异常，预付账款高达逾3亿元，而且有逾2亿元是付给粮食经纪人的，给最多的一户杨建中一人就预付了4000万元；这时，他们怀疑龚永福可能通过预付采购款套取上市公司资金，很自然他们要去追查这些预付采购款最终的资金去向，于是他们到银行查询杨建中等人的相关账户资金往来，结果惊奇地发现，万福生科打给杨建中的钱又打回到万福生科账上，再查万福生科的资金流水，发现杨建中打回的钱变成了大客户的回款。通过核查粮食经纪人的账户和万福生科的账户流水，调查人员发现了万福生科虚假采购、虚假销售的惊天骗局。

保荐机构为何没有发现万福生科的预付账款异常呢？这是由于之前该公司

预付账款余额一直不多，上市前的2011年半年报只有2000多万元；上市后该科目余额迅速上升，2011年年末就达到1亿元出头，这时会计师为何未在2011年年报中发现该公司预付账款异常呢？因为这里面大部分是预付设备款，预付采购款直至2011年年末都很少，到了证监局进场时预付采购款高达逾2亿元。证监局调查的突破口在于核查银行流水，保荐机构包括会计师没有权限对于上游供应商的银行流水进行核查，只有监管部门有权延伸检查。

至于在对万福生科本身的银行流水的核查中，中介机构为何没有发现万福生科虚构大客户回款的事实呢？这里有银行对账单的问题，我们核查客户银行流水基本通过银行对账单进行，而相当部分银行对账单没有显示"对方户名"，即从银行对账单入手核查银行流水，弄不清楚交易对手的名字，这就给了万福生科浑水摸鱼的机会，将经纪人账户打进的钱包装成大客户的回款，万福生科伪造了银行回单，这种伪造的银行回单一般人根本识别不出来，一般大家也不会怀疑银行单据有假；部分银行对账单也显示"对方户名"，即可以从银行对账单入手核查付款人的名字，万福生科也伪造了部分银行对账单，这导致直接从银行对账单入手无法核查银行流水的真实性，万福生科的造假手法并不高明，但是其伪造银行单据的水平绝对是一流的。

证监局直接从供应商账户和万福生科的银行账户入手很容易就揭穿了万福生科的银行流水伪装，笔者相信稽查大队入场后还会延伸至对下游客户的银行账户进行核查，这种通过上下游账户延伸进行核查可以比较容易地发现通过资金运作虚构收入的陷阱，而中介机构是无法通过上下游账户入手发现问题的，因为它们没有这个权限；通过上下游访谈发现资金运作陷阱效果很差，包括会计师在2011年报审计时也对8036万元预付设备款做了供应商访谈、函证和拍照，但事实证明这些审计程序都失败了，供应商配合万福生科撒谎；再加上目前对银行流水的审计往往交给年轻人负责，很少有人去怀疑银行单据造假，即使是资深专业人士也无法识别出银行票据的真伪，笔者认为中介机构没有发现万福生科骗局是情有可原的。

此外，笔者怀疑万福生科上市前虚构收益有真金白银投入，即龚永福将个人账外融资的钱打入万福生科作为货款,这时利润表是假的,而资产负债表是实的;上市后,龚永福疯狂从上市公司套现去偿还之前的账外个人负债导致预付账款急剧增加,2011年一年就虚构了6000万元的利润并承担了2500万元的税收造假成本,这时预付账款也非常异常,只是公司将异常的预付账款放入了"存货"和"在建工程"下,从报表入手很难发现其异常。万福生科是典型的"一条龙"造假,公司根据真实的"投入产出比例"虚拟采购、生产和销售流程,炮制假购销合同、假入库单、假检验单、假生产通知单、假出库单、假保管账、假成本核算、假银行结算单等。

万福生科财务造假分为两个阶段,一是上市前,一是上市后,两个阶段的财务造假具有不同的特征。上市前,利润表是假的,而资产负债表是真的(相当于企业实际控制人自己在体外拿出真金白银进行采购,作为企业营业收入入账);上市后,万福生科虚构了巨额的预付账款(可以理解为随着造假规模的扩大,实际控制人体外没有那么多真金白银了),而其银行存款仍是真实的。万福生科不但虚构销量和采购量,还虚构产量,对于一般的制造业还可以通过"供应链"(如通过水费、电费等生产指标)入手来发现虚增产量问题,而万福生科有自己的水厂,无法通过水费发现其虚增产量;又由于该公司满负荷生产和半负荷生产用电量差异不大,故从电费入手也无法发现其虚增产量;万福生科不但虚构主要原材料,还虚构相关的生产辅料、人工成本和包装物成本,故从辅料、人工和包装物入手也无法发现其虚增产量。万福生科从供应链数据造假入手在ERP系统上自动生成虚假的财务数据,中介机构无法通过从业务至财务的"自上而下"或从财务至业务的"自下而上"的核查路径发现其财务造假,因为该公司财务与业务数据是相互印证的。

发现这类财务造假最有效的手法是上下游(供应商和客户)延伸核查,目前保荐机构和会计师进行上下游延伸核查时采用的主要手法是访谈和函证,如果上下游与发行人串通,则上下游访谈和函证程序也是无效的。总之,万福生科财务造假犹如女人十月怀胎,刚开始不明显,因为规模小,有账外的资金填补;后来规模大了,"肚子"越来越大,这时想瞒也瞒不住了,月份够了就该"产"

了，此时监管部门的核查机缘巧合充当了万福生科财务造假曝光的"接生婆"。

资料来源：本案例引自夏草，技不如人 防不胜防：中介机构为何没有发现万福生科造假，引用时做了部分删改，http://stock.jrj.com.cn/2014/08/11100117782152.shtml。

案例点评：夏草的这篇文章完整深刻地总结了万福生科的财务造假模式和手段，生动再现了"无中生有虚构经济业务"的操纵套路和逻辑框架。中介机构很难发现这类造假行为，那么商业银行的信贷工作人员是否也难以发现呢？正如夏草所言，监管机构也是利用技术侦查手段在"天时、地利"之下，动用近二十人花了两个多月才调查清楚。"三分贷七分管""靠天吃饭碰运气"，不免悲观。但好在万福生科财务造假在曝光之前也不是没有令人怀疑的异常，[⊖]只要细心，还是可能不被类似龚永福——笼罩着"对越自卫反击战二等功功臣、伤残退役军人"光环的人欺骗的，只要发现异常在尽调时再深入、接地气一点，完全有可能识别出异常现象，即便不能像监管机构那样彻底调查清楚，别忘了，我们还有一招（见第 2 章）：看不清的不做，有怀疑的就撤。

5.4 企业收入舞弊的核查技术

因为企业收入对授信评价很重要，银行在尽调过程中应予以特别关注。在收入确认领域实施核查，需要再次发挥"闻嗅复核"技术的作用。在设计分析程序时，要在充分了解企业及其环境的基础上，识别与收入相关的财务数据与

⊖ 在万福生科上市前，就有媒体指出万福生科"金玉其外，败絮其中"，核心观点是万福生科作为稻谷加工企业，与同业相比，毛利率过高，存货周转率过低。事后证明这两点判断是对的，但万福生科给出了貌似合理的解释：毛利率高是因为主业是稻谷深加工，技术含量高且循环经济，公司使用大米为原料，原材料价格相对其他企业所使用的玉米较为稳定，公司毛利率相对稳定；存货周转率低是因为在国内稻米价格整体温和上涨的背景下，加强仓储能力有利于公司控制生产成本，并充分分享终端产品价格上涨带来的超额收益。详见刘浪，万福生科"金玉其外"下隐见败絮 高增长令人疑惑，第一财经日报，2011 年 07 月 29 日，https://business.sohu.com/20110729/n314854850.shtml。

其他财务数据、非财务数据之间的关系，以改善实施分析效果。

根据图 5-2 和图 5-3 揭示的财务造假逻辑，我们可以大概对不同造假逻辑版本下的核心特征和主要异常点进行总结，如表 5-2 所示。

表 5-2 不同造假逻辑版本下的核心特征和主要异常点

造假逻辑版本	核心特征	主要异常点
1.0	1. 利润表中虚增收入和利润 2. 现金流量表不参与 3. 资产负债表中直接虚增应收账款	1. 应收账款增多，周转率变低 2. 现金流与收入和利润背离 3. 应收账款增加的同时，毛利率提升 4. 大额交易或异常交易
2.0	1. 利润表中虚增收入和利润 2. 现金流量表中表现为经营性现金流入 3. 资产负债表中直接虚增货币资金	1. 货币资金增多 2. 在销售增长的同时收现率提高，应收账款占比下降 3. 销售收现率提高，毛利率提高 4. 大额交易或异常交易
3.0	1. 利润表中虚增收入和利润 2. 现金流量表中表现为经营性现金流入，同时增加经营性现金流出 3. 资产负债表中虚增预付账款、其他应收款、存货等流动性资产	1. 销售增长的同时，经营现金净流量没有改善 2. 销售增长预示产品竞争力提升，但预付增多 3. 销售增长预示产品比较畅销，但存货反而增多 4. 其他应收款增加 5. 其他与经营活动有关的现金流入与流出增加 6. 关联交易或回旋镖交易 7. 大额交易或异常交易
4.0	1. 利润表中虚增收入和利润 2. 现金流量表中表现为经营性现金流入，同时增加投资性现金流出 3. 资产负债表中虚增固定资产、在建工程、生产性生物资产、长期股权投资、长期待摊费用、无形资产等非流动性资产	1. 销售增长的同时，净现金流量没有改善 2. 长期资产大幅增加超出正常需要或超出行业平均水平 3. 关联交易或回旋镖交易 4. 大额交易或异常交易 5. 大股东质押融资
5.0	1. 利润表中虚增收入和利润 2. 现金流量表中表现为经营性现金流入，同时增加投资性现金流出 3. 资产负债表中可以虚增各种资产	1. 与行业大势不吻合，公司发展欣欣向荣 2. 与同业相比，公司各方面表现都比较优爽 3. 业务不均衡，月度之间波动较大 4. 关联交易或回旋镖交易 5. 大额交易或异常交易 6. 大股东质押融资

有了大概的关注点，进一步的"闻嗅复核"可以实施的分析程序包括分析账面销售收入、销售清单和销售增值税销项清单是否存在差异，如发现异常，则进一步核查；将本期销售收入金额与以前可比期间的对应数据或预算数进行比较；分析月度或季度销售量、销售收入金额、毛利率变动趋势；将销售收入变动幅度与销售商品及提供劳务收到的现金、应收账款、存货、税金等项目的变动幅度进行比较；将销售毛利率、应收账款周转率、存货周转率等关键财务指标与可比期间的数据、预算数或同行业其他企业的数据进行比较；分析销售收入等财务信息与投入产出率、劳动生产率、产能、水电能耗、运输数量等非财务信息之间的关系；分析销售收入与销售费用之间的关系，包括销售人员的人均业绩指标、销售人员的薪酬、广告费、差旅费、运费，以及销售机构的设置、规模、数量、分布等。

通过实施"闻嗅复核"技术，可能识别出未注意到的异常关系，或通过其他方法难以发现的变动趋势，从而有目的、有针对性地关注可能发生的收入操纵行为。例如，如果信贷人员发现企业不断为完成销售目标而增加销售量，或者大量的销售因不能收现而导致应收账款大量增加，就需要对销售收入的真实性予以额外关注；如果发现企业临近期末销售量大幅增加，就需要警惕其提前确认下期收入的可能性；如果发现单笔大额收入能够减轻企业盈利方面的压力，或使企业完成销售目标，就需要警惕企业虚构收入的可能性。

如果发现异常或偏离预期的趋势或关系，就需要认真调查其原因，评价是否可能存在舞弊行为。涉及临近期末收入和利润的异常关系尤其值得关注，例如在报告期的最后几周内记录了不寻常的大额收入或异常交易。可采用的调查方法包括：如果企业的毛利率变动较大或与所在行业的平均毛利率差异较大，可以采用定性分析与定量分析相结合的方法，从行业及市场变化趋势、产品销售价格和产品成本要素等方面对毛利率变动的合理性进行调查；如果发现应收账款余额较大，或其增长幅度高于销售收入的增长幅度，就需要分析具体原因（如赊销政策和信用期限是否发生变化等），并在必要时采取恰当的措施，如使用与前期不同的抽样方法、实地走访客户等；如果发现企业的收入增长幅度明显高于管理层的预期，就可以询问管理层的适当人员，并考虑管理层的答复是否与其他证据一致，如若管理层表示收入增长是销售量增加所致，就可以调查与市场需求相关的情况。

如果经过初步分析，认为或怀疑企业在收入确认方面存在重大舞弊的可能，就应该开展进一步的调查。此时，信贷人员需要根据交易的经济实质判断企业收入确认的政策是否恰当，特别是那些与复杂交易相关的政策。可以采取的调查程序举例如下。⊖

（1）针对收入项目，使用分解的数据进行分析。例如，按照月份、产品线或业务分部将本期收入与可比期间收入进行比较。利用数理统计技术可能有助于发现异常的或未预期到的收入关系或交易。

（2）复核销售合同，了解主要合同条款或条件，评价企业与收入确认相关的会计政策是否适当，与相关行业使用的会计政策是否保持一致。

（3）向企业的客户函证或电话确认相关的特定合同条款以及是否存在背后协议。因为相关的会计处理是否适当，往往会受到这些合同条款或协议的影响。例如，商品接受标准、交货与付款条件、不承担期后或持续性的卖方义务、退货权、保证转售金额以及撤销或退款等条款在此种情形下通常是相关的。

（4）向企业负责销售和市场开发的人员询问临近期末的销售或发货情况，向企业内部法律顾问询问临近期末签订的销售合同是否存在异常的合同条款或条件。

（5）期末在企业的一处或多处发货现场实地观察发货情况或准备发出的商品情况（或待处理的退货），并对销售及存货进行测算。

（6）对于通过电子方式自动生成、处理、记录的销售交易，实施控制测试以确定这些控制是否能够为所记录的收入交易已真实发生并得到适当地记录提

⊖ 资料来源：中国注册会计师协会，《审计准则问题解答第4号——收入确认（征求意见稿）》2019年10月21日。

供保证。必要时，考虑利用信息系统审计专家的工作。

（7）对比历年主要客户名单，查明与原有主要客户交易额大幅减少或合作关系取消，以及新增主要客户的原因。

（8）调查重要交易对方的背景信息，询问直接参与交易的员工交易对方是否与企业存在关联方关系。

（9）如果企业按照履约进度确认收入，检查相关合同或其他文件，以评价确定履约进度的方法是否合理，与从企业内部获取的资料中的相关信息是否一致，以及完成的工作能否取得企业客户的确认，能否得到监理报告、企业与客户的结算单据等外部证据的验证，必要时可以利用专家的工作。

（10）如果企业采用经销商的销售模式，关注主要的经销商与企业之间是否存在关联方关系，并通过检查企业与经销商之间的协议或销售合同，出库单、货运单、商品验收单等相关支持性凭证，以确定是否满足收入确认的条件。此外，还可以关注经销商布局的合理性、企业频繁发生经销商加入和退出的情况，以及企业对不稳定经销商的收入确认是否适当、退换货损失的处理是否适当等。

（11）如果企业采用代理商的销售模式，检查企业与代理商之间的协议或合同，确定是否确实存在委托与代理关系，并检查企业收入确认是否有代理商的销售清单、货物最终销售的证明等支持性凭据。

（12）如果存在企业关联方注销及非关联化的情况，关注企业将原关联方非关联化行为的动机及后续交易的真实性、公允性。

（13）企业存在特殊交易模式或创新交易模式的，分析盈利模式和交易方式创新对经济交易实质和收入确认的影响。

（14）以收取现金方式实现销售的，核对付款方和付款金额与合同、订单、出库单是否一致，以确定款项确实由客户支付；必要时，向现金交易客户函证或电话确认收入金额，以评估现金收入的发生和完整性认定是否恰当。

（15）如果对收入真实性存在重大疑虑，且通过常规调查手段无法获得关于舞弊的证据，考虑实施"延伸检查"程序，即对检查范围进行合理延伸，对所销售产品或服务及其所涉及资金的来源和去向进行追踪，对交易参与方（含代为收付款方）的最终控制人或真实身份进行核实。

实务中，通常可以考虑实施的"延伸检查"如下。①对企业主要供应商、客户进行实地走访，以确认相关采购、销售交易的真实性。在实地走访时，通常需要关注以下问题：确认被访谈对象的身份真实性和适当性；确认主要供应商、客户是否与企业存在关联方关系或"隐性"关联方关系；观察主要供应商、客户的生产经营场地，判断其和企业的交易规模是否与其生产经营规模匹配；了解主要客户向企业进行采购的商业原因；了解主要客户采购企业商品的用途和去向，是否存在销售给企业指定单位的情况；了解主要客户采购自企业商品的库存情况，必要时进行实地察看；确认是否存在"抽屉协议"，如退货条款、价格保护机制；了解主要供应商向企业销售的产品是否来自企业的指定单位；确认主要供应商、客户与企业是否存在除了购销交易以外的资金往来，如存在，确认资金往来性质。要充分考虑企业与被访谈对象串通舞弊的可能性，根据实际情况仔细设计访谈计划和访谈提纲，并对在访谈过程中注意到的可疑迹象保持警觉。在访谈前应注意对访谈提纲保密，必要时，选择两名或不同层级的被访谈人员访谈相同或类似问题，进行相互印证。②获取企业主要供应商、客户资金流水，检查是否与企业控股股东、实际控制人以及其他关联方存在大额资金往来，如有，应确定该等资金往来是否与企业收入舞弊有关。③获取企业控股股东、实际控制人、关键管理人员以及其他关联方的银行账户资金流水，检查是否存在前述各方提供资金配合企业虚构收入的情况。④利用企业信息查询工具，检查主要供应商和客户的股东至其最终控制人，以确认主要供应商和客户与企业是否存在关联方关系。⑤对于采用经销模式的，检查经销商的最终销售实现情况。

需要指出，信贷人员在判断是否需要实施"延伸检查"及如何实施时，应当针对企业的具体情况，与评估的舞弊风险相称，并体现重要性原则。例如，企业所处行业的下游产业链较长，如果通过对下游产业链的某个或某几个环节实施"延伸检查"获取的证据，可以应对与收入确认相关的舞弊风险，则"延伸检查"无须覆盖所有环节。

（16）对重要客户的货款回收进行测试，关注是否存在通过第三方账户，包括员工账户和其他个人账户回款的情况。

（17）结合货币资金项目，关注是否存在异常的资金流动，包括不具有真实商业背景的大额现金收入、"一收一付金额相同""收款人和付款人为同一方"等异常资金流水。

（18）结合存货、预付款项等项目的调查，检查存货采购是否真实、价格是否公允，预付款项是否具有合理的商业理由。

（19）结合长期股权投资、其他权益工具投资、固定资产、在建工程、无形资产、开发支出等长期资产项目的调查，检查是否存在虚增采购金额套取企业资金的情况。

（20）结合短期借款、应付账款等负债类项目的调查，检查是否存在通过将负债不入账或虚减负债套取企业资金的情况。

（21）结合或有事项的调查，检查是否存在通过未披露的担保套取资金的情况。

（22）结合出库单及销售费用中运输费等明细，检查货物运输单和提单，必要时向运输单位进行函证或走访，关注货物的流动是否真实存在，从而确定交易的真实性。

（23）结合销售合同中与收款、验收相关的主要条款，对于大额应收账款长期未收回的客户，分析企业仍向其进行销售的合理性和真实性。

（24）浏览企业的总账、应收账款明细账、收入明细账，以发现可能的异常活动。

（25）检查收入明细账或类似记录的计算准确性，追查将收入过入总账的过程。

（26）分析和检查合同负债等账户期末余额，确定不存在应在本期确认收入而未确认的情况。

（27）分析和检查报表日以后的贷项通知单和应收账款其他调整事项。

（28）将临近期末发生的大额交易或异常交易与原始凭证相核对。

（29）详细复核企业在临近期末以及期后编制的调整分录，调查性质或金额异常的项目。

（30）检查临近期末执行的重要销售合同，以发现是否存在异常的定价、结算、发货、退货、换货或验收条款。对期后实施特定的检查，以发现是否存在改变或撤销合同条款的情况，以及是否存在退款的情况。

（31）浏览报表期后一定时间的总账和明细账，以发现是否存在销售收入冲回或大额销售退回的情况。

（32）如果企业在本期存在与收入确认相关的重大会计政策、会计估计变更或会计差错更正事项，分析这些事项是否合理。

在此申明，实践中，银行信贷人员毕竟不是注册会计师，也难以做到像审计准则要求的那样对企业收入舞弊实施太严格的测试程序，但是这些用审计风险甚至审计失败换来的宝贵经验无疑值得银行借鉴。不过一个好消息是，与我们银行信贷人员的作业模式和财务核查能力比较匹配的是，那些能够"系统性、隐蔽性、协调性、一致性"地造假的企业毕竟不多，多数还是能够对业务数据和财务数据的差异性有所察觉的企业，实践中也几乎用不到上述所有的核查程序或措施。

在夏草老师那篇《技不如人　防不胜防：中介机构为何没有发现万福生科造假》的最后，他借用郭台铭的"广深高速"的经营理念（要拥有创新的思维，前提就是广度、深度、高度、速度要够），提出了财务核查做到"广度""深度""高度"和"速度"。我们不妨将其称为"四渡赤水"，可以简化归纳一下，作为在具体应用调查手段核查企业财务状况时的总体要求和着力点。

（1）**广度**：根据波特五力分析模型，企业外部环境五力主要是供应商、客户、竞争对手（同行）、潜在的竞争对手和替代品。在万福生科财务核查过程中，注册会计师除了上下游访谈不到位外，最大的问题是不了解万福生科所处的外部环境，包括上游、下游、同行和替代品，如万福生科的下游客户主要是糖果厂，中国食品工业协会糖果专业委员会技术顾问张忠盛接受媒体采访时介绍，水果硬糖中的淀粉糖浆或麦芽糖浆的比例应为12%～18%，在奶糖中的比例应为25%以下。如果财务核查人员了解糖果投入产出比例，则有可能发现大客户销售量的不合理；如果了解替代品白砂糖的价格走势，则应该对万福生科核心产品麦芽糖浆的价格走势有合理预期；如果了解上游稻谷价格在涨、下游产品价格在跌，则应该对其稳定的毛利率产生怀疑。这就是说，我们在做财务核查时，不但要了解客户本身，还要延伸至上下游、同行和替代品行业，在万福生科一条龙造假链条中，涉及供产销全环节造假，如果我们能通过上游供应商的产能发现采购量造假、下游客户的产能发现销售量造假，则万福生科一条龙造假就不能得逞。而传统上，我们只核查企业的产能，没有核查上下游的产能，我们只核查发行人的水表、电表，没有延伸核查上下游的水表、电表。财务核查的广度要求核查对象要从波特五力模型入手，深入了解客户所处的外部环境。

（2）**深度**：在万福生科财务核查中，注册会计师的核查没有"接地气"，未能从细节入手发现企业的财务异常，尤其是忽略了对企业银行流水的核查，导致银行流水和银行存款余额造假泛滥成灾。财务核查深度要求从客户、账户和账目入手，不能只依赖财务报表，要抽查凭证尤其关注期末、期初的账项调整，包括没有原始凭证支持的暂估入账和冲回等；不但要到工商局核查上下游企业，还要到社保局核查上下游企业个人股东的社保记录。

（3）**高度**：与深度相反，高度要求财务核查要站得高、看得远，要从行业、从宏观入手，要着眼于未来，不能拘泥于历史，不能拘泥于细节，要面向未来、面向全球，发现隐形冠军和未来的王者。

（4）**速度**："竹外桃花三两枝，春江水暖鸭先知"，财务核查是一个持续过程，对银行而言，贷前、贷中、贷后，从接触客户开始，就要持续关注客户经营环境和业务、采购和销售、核心技术、管理层、财务状况的重大变化情况，当企业内外部环境发生变化时要及时调整、校正对客户的业绩预期，并与客户实际业绩进行对比。大部分客户所处的行业都是周期性行业，要对行业和企业的生命周期保持足够敏感，要逆周期而不是顺周期选择客户。财务核查的速度要求对企业内外部环境变化做出快速反应，及时更新财务核查证据和结论，财务核查要先知先觉而不是后知后觉。

5.5 会计调整与实施

5.5.1 归准则化会计调整与实施

当我们依循可疑或异常的财务关系，进一步调查之后，确认了企业的会计处理有所偏颇的时候，在财务分析之前，我们必须对其影响予以消除。⊖在多数情况下，我们所做的就是归准则化的调整与实施。

所谓归准则化，即将企业没有按照会计准则的要求正确进行的会计处理的影响，纠正到会计准则的要求之内。信贷人员的调整不是企业会计人员对会计报表或会计账簿本身的调整，不需要专门的技术和步骤，只需要将其影响反映到报表相关科目和有关评价指标中。

⊙ **案例 5-3　企业通过业务的不当处理虚增利润**

2008 年 10 月 28 日，皖能电力（000543）与淮南矿业（集团）有限责任公司（简称"淮南矿业"）签署《股权转让协议》，公司将其持有的子公司皖能合肥发电有限责任公司 12% 的股权转让给淮南矿业。本次股权转让的总交易金额为 9660 万元，使公司 2008 年度取得投资收益 33 382 681.56 元，增加税后利润 25 037 011.17 元。

经对公司 2008 年度财务报告进行全面审计，华普天健高商会计师事务所

⊖ 在此重申，实务中，假如我们在尽职调查过程中发现某个企业财报表粉饰或造假的程度很高、性质很恶劣，其实我们根本用不着继续往下分析，一般都直接略过了。只有在我们可以容忍的限度内的会计差错或报表粉饰，我们才可能继续分析下去，或者是在判断企业会计差错或报表粉饰的影响程度时需要进一步分析的，才可能继续进行下去。

（北京）有限公司于 2009 年 3 月 16 日出具了会审字 [2009]3236 号无保留意见的审计报告。公司第五届董事会于 2009 年 3 月 16 日召开第二十八次会议审议通过了公司 2008 年年度报告，并于 2009 年 3 月 18 日在《证券时报》《巨潮资讯网》上进行了相关信息披露。

值得关注的是，早在公司审计报告出具与财务报告公开披露前，财政部会计司于 2009 年 2 月 27 日，就证监会会计部"关于处置子公司长期股权投资（不丧失控制权）会计处理有关问题"的征询，出具了《关于不丧失控制权情况下处置部分对子公司投资会计处理的复函》（财会便 [2009]14 号），其中规定：母公司在不丧失控制权的情况下部分处置对子公司的长期股权投资，在合并财务报表中处置价款与处置长期股权投资相对应享有子公司净资产的差额应当计入所有者权益。

按此处理规定，皖能电力以上投资收益在合并财务报表中不能计入当期损益，而只能计入所有者权益。皖能电力 2008 年营业利润只有 33 287 583.83 元，净利润为 33 516 100.74 元，如果该投资收益不能确认，那么皖能电力 2008 年营业利润将出现负数，净利润也几成负数。

对此事项，应做相应调整，具体如表 5-3 所示。

表 5-3　报表科目调整　　　　　　　　　　（单位：元）

合并报表项目	调整前	调整后
资本公积	1 775 072 774.02	1 800 109 785.19
未分配利润	41 361 018.41	16 324 007.24
投资收益	100 964 019.28	67 581 337.72
营业利润	33 287 583.83	-95 097.73
利润总额	74 523 271.71	41 140 590.15
所得税费用	41 007 170.97	32 661 500.58
净利润	33 516 100.74	8 479 089.57

案例点评：虚增收入、虚减费用是许多企业虚增利润的惯常手法。假如信贷人员要对皖能电力 2008 年度会计报表进行分析，就必须对上述事实导致的报表数据进行调整，并据以进行相关指标分析。事实上，就本案例的以上事项，皖能电力在 2009 年 7 月 7 日发布了《关于公司 2008 年度财务报告调整事

项的公告》,决定对 2008 年度和 2009 年度第一季度财务报告的相关财务数据进行调整。

⊙ 案例 5-4　企业通过保理业务降低资产负债率并改善现金流动性

在企业融资实践中,加上各商业银行的业务营销,企业应收账款融资成为不少企业的一项经常性业务。企业为了筹资或加速资金回收等,将其销售商品、提供劳务所产生的应收账款通过保理方式向银行或其他金融机构融通资金。应收账款保理按保理商有无追索权,分为有追索权应收账款保理和无追索权应收账款保理。对于有追索权应收账款保理,由于企业需要承担该项应收账款的坏账风险,即当应收账款不能收回时,银行可向企业追索,因此这类保理业务实质上是应收账款抵押借款,即企业与银行等金融机构签订合同,以应收账款作为抵押品,从银行等金融机构取得借款。其特点是:①应收账款的债权未发生转移,仍由企业向货物或服务购买方收款,并承担应收账款可能产生的现金折扣、销售折让及退回等损失以及坏账风险;②银行一般视应收账款的质量、企业的财务状况等情况核定借款数额;③企业承担相关的手续费和借款利息。

某公司于 2019 年 12 月 1 日,将预计账期为 2 个月的 80 000 万元应收账款(已提取坏账准备 4000 万元)交由某商业银行保理,银行按应收账款的 6% 收取手续费。公司进行了如下会计处理。

借:银行存款　　　　　　　　　　75 200 万
　　财务费用　　　　　　　　　　 4 800 万
　　坏账准备　　　　　　　　　　 4 000 万
　贷:应收账款　　　　　　　　　　　　　　80 000 万
　　　营业外收入　　　　　　　　　　　　　 4 000 万

同时在该年的现金流量表中,公司将收到的款项做了增加经营活动的现金流量的处理。

某信贷经理经过核查,发现公司与银行签订的保理协议为有追索权应收账款保理协议，协议规定：①应收账款仍由公司负责收账并承担现金折扣、销售折让及退回和坏账损失；②公司每月月底把收回的款项如数向银行结算；③公司按照12%的年利率支付利息。

据此，信贷经理认为公司会计处理错误，将实质上的融资业务处理为出售业务，在 2019 年 12 月 31 日报表中同时虚减了资产和负债，降低了资产负债率，同时改善了流动比率和现金流量指标。该信贷经理在具体对公司财务状况进行分析时，考虑到12月的利息支付，该笔业务的会计处理应如下。

借：银行存款　　　　　　　　　　74 400 万
　　财务费用——手续费　　　　　 4 800 万
　　财务费用——利息费用　　　　 800 万
　贷：短期借款　　　　　　　　　　　　　80 000 万

同时，在现金流量表中，将该笔业务导致增加的经营活动的现金流量归入筹资活动现金流量。

案例点评：本例也可以看作企业隐瞒债务的一种方式。这种情况典型表现为表外融资，当然这里的所谓表外融资不是指那些在会计上可以不必表内确认的融资，而是指应该是表内确认而没有确认的债务。实践证明，大部分公司资金链断裂都是债务危机导致的，而这种债务危机也往往是表外债务引发（或者称之为隐瞒债务）的。资产、负债同时虚减是表外融资最有效的方式。此外，在新的会计准则下，依据《企业会计准则第 23 号——金融资产转移》，附追索权的票据贴现和背书转让，都可能存在类似问题。

5.5.2　去准则化会计调整与实施

与归准则化相反，有时候，我们还需求"故意"偏离会计准则的要求。因为会计准则是统一性地一刀切地要求全部企业执行，这就不可避免地忽视了不同企业的特性，有时候会造成以下这种情况：严格按照会计准则的要求去做，会对公允反映企业的财务状况、经营成果和现金流量造成不良影响，从而偏离会计准则的要求，采用其他的处理方式，有可能更加公允地反映企业的经营状况。信贷人员甚至在对企业某事项有所"怀疑"或"保留"的情况下，宁愿采取保守主义而适度偏离会计准则。在这些情况下，我们就应该实施去准则化会计调整。

⊙ 案例 5-5　历史成本的局限造成横向对比的信息失真

我们知道，会计一般遵循历史成本原则。但历史成本原则往往导致同行业新老企业比较的困难。比如：

甲、乙两家企业生产完全相同的产品，生产能力一样，本年销售收入也完全一样，都是 1 亿元，但甲企业是 10 年前成立的企业，由于固定资产购建比较早，当初的成本较低，加上使用中折旧，故其固定资产的账面值较低，仅为 2000 万元，总资产为 6000 万元，净利润为 1200 万元，净资产为 4000 万元；乙企业是刚成立 3 年的企业，固定资产的购建成本较高，累计提取的折旧较少，所以其账面值较高，为 6000 万元，总资产为 1 亿元，净利润为 800 万元，净资产为 8000 万元。

我们计算甲、乙两家企业的相关指标。

固定资产周转率：甲企业为 $10\,000 \div 2000 = 5$，乙企业为 $10\,000 \div 6000 = 1.67$。

资产报酬率：甲企业为 $1200 \div 6000 \times 100\% = 20\%$，乙企业为 $800 \div 10\,000 \times 100\% = 8\%$。

权益报酬率：甲企业为 $1200 \div 4000 \times 100\% = 30\%$，乙企业为 $800 \div 8000 \times 100\% = 10\%$。

简单对比二者，会得到乙企业的固定资产周转率仅仅为甲企业的 1/3，资产报酬率仅为甲企业的 1/2.5，权益报酬率仅为甲企业的 1/3，乙企业的资产管理效率和资产效益似乎远远不如甲企业的结论。但是，这样的结论显然是有失公允的。若信贷经理对比这两家企业显然不能以此结论做出相关决策。解决这一局限性的方法是信贷经理在计算两家企业的相关指标时，将它们统一到一个计价基础上来，比如对甲企业可以按固定资产重新购建的成本——重置成本来替换其账面值，这样甲、乙两家企业的对比才有一致性的基础。

案例点评：由于会计核算中的历史成本限制，企业的资产以及利润表中的产品销售成本是按资产或存货获得时所支付的金额记录的，因此资产和销售成本不是按资产或存货现行价值反映的。在通货膨胀的情况下，这通常将引起资产管理效率和资产报酬率或权益报酬率的高估。在对类似企业的比较中，应研判比较基础差异的影响程度并做出适当调整。

⊙ **案例 5-6　严格执行坏账准备计提的一贯政策不一定公允反映其经济实质**

某信贷经理于 2019 年 6 月对某公司进行授信调查，得知如下信息：该公司于 2018 年 11 月 12 日经股东大会批准，与另一非关联方公司（甲公司）签订协议，用其 3 年以上的应收账款与甲公司的一块土地（使用权）进行置换，交易已于 2019 年 4 月完成，并已完成土地过户手续。截至 2018 年 12 月 31 日，拟置出的 3 年以上应收账款原值为 2.5 亿元，已提坏账准备 0.7 亿元，净值为 1.8 亿元。根据该公司的会计政策，2018 年年末应补提坏账准备 0.4 亿元，应收账款净值为 1.4 亿元。如公司进行补提，则 2018 年公司将由盈利 3500 万元变为亏损。事实上，该公司没有进行补充计提。该信贷经理询问公司得到的解释是：因为换出的应收账款与换入的土地使用权（评估值为 1.82 亿元）相当，没有发生减值，即预计可回收金额高于拟换出资产的账面值，因此换出的应收账款未按相应的会计政策计提坏账准备。再查阅审计报告，注册会计师因该事项出具了保留意见审计报告。

根据注册会计师的审计意见，信贷经理在对该企业进行财务分析时，对公司报表项目进行了调整，由于调整后 2018 年公司经营亏损，在内部团队分析时，团队成员一致认为该公司经营状况不好，遂决定暂时缓报该授信项目。

案例点评：若不考虑其他因素，仅就公司该应收账款坏账准备的计提导致公司 2018 年亏损一事，实际存在可商榷之处。通常认为（本例中注册会计师也如此认为），公司应按照会计政策的规定进行坏账准备的补提。理由是，应收账款的"预计可回收金额"应理解为一种公允价值，即转让给独立第三方的公允市场价值，该公司 3 年以上的应收账款原值为 2.5 亿元，即使补提 0.4 亿元，计提的坏账准备也只有 1.1 亿元，计提比率也只有 44%，仍然低于一般公司 3 年以上应收账款计提标准。同时，鉴于市场盛行的关联交易非关联化的忧虑，以及土地使用权可能高估的情况，信贷经理以及审计师可能有足够的理由怀疑应收账款的期末公允价值低于 1.8 亿元，实际上土地使用权评估价 1.82 亿元与应收账款账面价值 1.8 亿元应当不是偶然的巧合，或许是企业的精心谋划与刻意安排。

但从另一方面讲，对于该笔资产置换，在 2018 年年底，一方面已经具备了法律效力（股东大会已经通过），另一方面在后续发展中也得到了证明（土地使用权也完成了过户）。2019 年 6 月，信贷经理在对企业进行授信调查时，上述事项已成既定事实，信贷经理完全可以认可 2018 年公司年报中对坏账准备偏离会计政策的处理，这样公司 2018 年实现盈利。基于更公允地反映经济业务性质的角度，相信授信评审人员应该就该点予以认可，而不一定非要缓报该授信项目，或许一次业务机会就这样流失了。

⊙ 案例 5-7　遵守会计准则的要求并不一定能消除信贷人员的担心

ABC 公司是一家从事电力控制系统产品开发的科技企业，该公司 5 年前以外购的方式引进了一套电力控制产品的制造技术，该技术当时成交价值为 3000 万元，预计摊销年限为 10 年，经过几年的摊销后目前账面价值为 1500 万元。根据信贷人员掌握的信息，该企业的竞争对手正在开发该技术的替代技术，并且预计替代技术在未来 3～5 年内可以出台。而 ABC 公司也十分关注企业目前拥有的技术的账面价值是否存在减值，根据会计准则的要求，公司还委托专门的评估机构进行了无形资产减值测试。

根据评估公司的评估报告，该套厂站自动化及保护系统技术，主要用于发电厂、变电站自动化系统和保护设备的设计、生产以及工程服务，范围包括自动化系统和保护设备的设计、软件开发、硬件组装、工程调试、系统维护等各个方面。评估公司估算了该技术所有权的在用价值为 1600 万元。由于被评估无形资产的在用价值高于被评估无形资产的账面价值，因此得出结论，本次评估的无形资产没有减值。企业据此未提取资产减值准备。

但是信贷人员担心，企业该项技术的替代技术最快可能 3 年后就会出现，届时，公司的现有技术将面临贬值，保守估计，3 年后该项技术的 600 万元账面价值将为 0。为此，该信贷人员在分析企业财务状况时，调增 600 万元的减值准备，相应调减利润总额 600 万元。

案例点评：尽管企业依据会计准则的要求，聘请专业的评估机构进行了无形资产的评估，以确定无形资产是否发生减值。但是基于对未来的情势判断和保守原则，信贷人员仍然在分析时对减值准备进行了计提，这也是在信贷分析时理性的反映，尽管表面上看与会计准则的要求有所偏离。

5.5.3 至可比化会计调整与实施

在某些情况下，企业的会计处理既符合会计准则的要求，也未造成对企业财务状况的不公允反映，但还是可能要做出适当调整，这就是至可比化会计调整。

所谓至可比化，意思是虽然企业的会计处理与准则不相违背，企业的会计政策与会计估计选择也在会计准则的允许范围之内，但若是同行业其他企业特别是那些标杆企业、与分析企业有竞争关系的企业，对某些会计事项的处理采纳了另一种会计政策或会计估计，这时候对分析企业的会计处理一般也应做出适当调整，以与之看齐，便于分析和对比。而企业自身的会计政策或会计估计若在分析的年度视野内发生了重大调整，也应予以调整，以便对企业连续几年的情况进行对比分析。

⊙ 案例5-8 企业前后几年会计政策不一致

企业采用的会计政策，在每一会计期间内和前后各期都应当保持一致，除非法律、行政法规或者国家统一的会计制度等要求变更或者会计政策变更能够提供更可靠、更相关的会计信息，否则是不能随意变更的。同样，企业据以进行估计的基础发生了变化，或者由于取得新信息、积累更多经验以及后来的发展变化，也可以对会计估计进行修订，但会计估计变更的依据应当真实、可靠。随意变更会计政策或会计估计，将导致企业会计信息失去可比性。

根据《企业会计准则第4号——固定资产》的规定，企业应当结合自身实际情况，制定固定资产目录、分类方法、每类或每项固定资产的使用寿命、预计净残值、折旧方法等，并编制成册，根据企业的管理权限，经股东大会或董事会，或经理（厂长）会议或类似机构批准，按照法律、行政法规等的规定报送有关各方备案，同时备置于企业所在地，以供投资者等有关各方查阅。企业已经确定并对外报送，或备置于企业所在地的有关固定资产目录、分类方法、使用寿命、预计净残值、折旧方法等，一经确定不得随意变更，如需变更，仍然应按照上述程序，经批准后报送有关各方备案。

但是，固定资产使用过程中所处经济环境、技术环境以及其他环境的变化，也可能导致与固定资产有关的经济利益的预期实现方式发生重大改变。如果固定资产给企业带来经济利益的方式发生重大变化，企业也应相应改变固定资产折旧方法。例如，某企业之前年度采用年限平均法计提固定资产折旧，是年开始，因为与该固定资产相关的技术发生很大变化，年限平均法已很难反映该项固定资产给企业带来经济利益的方式，因此决定变年限平均法为加速折旧法。上述会计处理完全符合会计准则的规定。但信贷人员在对企业财务进行分析时，必须考虑这一变更对相关指标特别是年度对比指标的影响，必要时应进行调整。

例如，2017年1月1日，某公司购入10台不需要安装的生产用设备，取得的增值税专用发票上注明的设备价款为10 000万元，增值税进项税额为1700万元，发生运输费50万元，款项全部付清。该公司为增值税一般纳税人，其发生在购建固定资产上的增值税进项税额均符合规定可以抵扣。

公司购置设备的成本 =100 000 000 + 500 000-500 000×7%=100 465 000（元）。

在不考虑其他相关税费的情况下，其账务处理如下。

借：固定资产——××设备　　　　　　100 465 000

　　应交税费——应交增值税（进项税额）

　　　　　　　　　　　　　　　　　　17 035 000①

　　贷：银行存款　　　　　　　　　　117 500 000

① 17 000 000 + 500 000 × 7%=17 035 000

对该设备，公司确定的折旧方法是年限平均法，预计使用寿命为15年，预计净残值率为4%。这样2017～2018年每年提取的折旧额为6 429 760元。

从2019年开始，公司出于某些理由，将原先的年限平均法改为双倍余额递减法，作为会计估计变更采用未来适用法进行了会计处理，全年计提的折旧额为13 477 766元。

信贷人员了解到，公司2017～2018年经营效益不甚理想，年盈利均为1000万元，2019年经营形势逐步好转，企业希望少缴部分税项，遂改变了固定资产的折旧方法。公司账面显示2019年度实现净利6 713 996元。信贷人员在分析企业的盈利增长趋势时，显然不能简单依靠企业的账面利润进行对比，若此，则将得出公司的盈利在2019年度发生下滑的错误结论。

实际上，信贷人员在分析时，应剔除固定资产折旧方法变更的影响，假设企业未变更，则公司会增加税前利润7 048 006元。考虑25%所得税影响后，企业将增加净利润5 286 004元，这样2019年度企业实际盈利将高达1200万元，比2017～2018年年度盈利增加20%。这与仅依据企业账面指标进行分析的结论截然相反！

案例点评：企业应当根据与固定资产有关的经济利益的预期实现方式合理确定折旧方法。当经济利益的预期实现方法发生变更时，折旧方法的相应变更也在情理之中。由于选用不同的固定资产折旧方法，将影响固定资产使用寿命期间内不同时期的折旧费用，进而影响企业盈利，因此固定资产的折旧方法一经确定，除非符合固定资产准则的规定，否则不得随意变更。在本例中，企业的变更理由不充分，或者即使允许企业在核算时变更，信贷人员分析时，也应做出适当调整，否则将得出错误的判断。当然，若是判定企业当初采用的年限平均法本身就不合理，企业更应采用加速折旧法，信贷人员在分析时也完全可以将双倍余额递减法倒推到2017年度，这样也并不改变企业的盈利趋势。

⊙ 案例5-9 企业会计政策与行业内主要可比公司不一致

会计准则赋予企业对会计政策的一定选择权，在准则允许范围内，企业可以自行确定自己的具体会计政策。这样可能导致的一个问题是，同一个行业的不同企业可能采用了不同的会计政策，从而导致相互可比性降低。

例如，《企业会计准则第1号——存货》第14条明确规定：企业应当采用先进先出法、加权平均法或者个别计价法确定发出存货的实际成本。换言之，该项规定允许企业对发出存货的计价采用三种不同的计价方法。由于存货通常是企业的一项很重要的资产，所占的比重较大，选择不同的计价方法对企业的经营成果有着重要的影响。

在一个实际情形中，信贷人员需要比较某公司相对同行业三家主要竞争公司的毛利率。以四家公司2019年经审计后的无保留意见会计报表数据计算，各家毛利率如表5-4所示。

表 5-4　目标公司与竞争对手毛利率比较　　　　（%）

	目标公司	竞争对手1	竞争对手2	竞争对手3	竞争对手平均
毛利率	21.85	20.51	21.32	22.15	21.33

但数据显示的结果是否就表明了目标公司的毛利率好于竞争对手公司呢？不一定。

据了解，目标公司与三家竞争对手公司的会计政策基本相同，只是在存货的发出计价上有所不同。三家竞争对手公司采用的是加权平均法，而目标公司采用的是先进先出法。

经进一步详细了解，目标公司在 2019 年期初存货为零，全年的购销情况如表 5-5 所示。

表 5-5　目标公司 2019 年购销情况

购货		销售	
数量（台）	单价（万元）	数量（台）	单价（万元）
40	30	13	35
20	40	35	45
90	50	60	60

全年共购进 150（40+20+90）台，金额为 6500（40×30+20×40+90×50）万元。

全年共销售 108（13+35+60）台，销售收入为 5630（13×35+35×45+60×60）万元。

依据公司采用的先进先出法：

年末存货成本=（150-108）×50=2100（万元）

全年销售成本=期初存货+本期购进－期末存货=0+6500-2100=4400（万元）

毛利=销售收入－销售成本=5630-4400=1230（万元）

毛利率=（1230÷5630）×100%=21.85%

但是，若改为与竞争对手公司相同的加权平均法，则：

加权平均单价=（期初存货金额+本期采购成本）÷（期初存货数量+本期购货数量）

=（0+6500）÷（0+150）=43.33（万元）

年末存货成本=（150-108）×43.33=1819.86（万元）

全年销售成本=期初存货+本期购进－期末存货

=0+6500-1819.86=4680.14（万元）

毛利=销售收入－销售成本=5630-4680.14=949.86（万元）

毛利率=（949.86÷5630）×100%=16.87%

这样，目标公司与竞争对手相比，其毛利率最低。这与企业报表显示的结果截然相反！

案例点评： 在国际经济形势不景气的大环境下，国内不少产品市场价格处于波动上行通道，在企业会计准则取消了后进先出法的情况下，本案例中的竞争对手公司都采用了加权平均法，经营成果较为稳健，企业的所得税税负也较轻。而目标公司存货发出成本的核算采用先进先出法，相较竞争对手公司，有高估本期利润的效果。即使企业正处于所得税的减免期，可借此得到更高的减免额，但在不同公司之间进行对比时，仍有必要进行调整。

5.6　会计调整中常见的陷阱及规避

5.6.1　所有的差异都要调整

是不是发现了企业财务报表中的一点问题，就需要调整一番呢？事实上也不尽然。正如企业的会计处理需要遵守重要性原则一样，信贷人员对企业会计报表的错误也应像注册会计师一样，为错误和舞弊设置一个重要性水平。对于那些对企业财务状况、经营成果和现金流量的影响不重大，或是对随后的财务分析结论不致产生重大影响的错误，即使我们发现了，也不一定进行调整。因为通常一个项目的调整会关联或影响到一系列其他科目或项目的调整，可谓牵一发而动全身。有时，这种调整太过麻烦而显得没有必要。当然若是调整非常容易，那么将不重要的调整事项进行调整并没有任何坏处，更向精确靠近了一小步。

5.6.2　对经审计无误的会计数据奉行拿来主义

在信贷实务中，许多银行对企业报表的审计机构还实行了所谓的准入制度，所需的财务报表一般也要求必须是经过注册会计师审计后的报表，似乎经审计后的报表就是正确的。诚如本书之前章节和本章有关内容表述的那样，经过了注册会计师的审计，即使他出具了标准的无保留意见审计报告，也并不表明企业的报表真实可靠。在这方面，我们一定不能奉行拿来主义，好像注册会计师为我们做了挡箭牌。且不说，绝大多数的审计报告不是专门针对银行出具的，人家不会对银行承担任何责任，即使是专门针对银行使用目的出具的，真的出了问题，其对银行能赔付的，与可能造成的损失相比也是可以忽略不计的。我们的信贷人员特别是客户经理一定要发挥比注册会计师对企业更加了解的优势，在企业提供信息的基础上，自行判断，以形成更加可靠的数据分析基础。在这方面，要坚持"不以善小而不为"的原则，尽管超越注册会计师水平做出分析前的适当调整，对信贷人员而言是一个巨大的挑战，但我们必须尽己之力，努力而为。

5.6.3 现金流量表一定比资产负债表和利润表更可靠

在企业财务分析实务中，一般都认为资产负债表和利润表中的项目及数据容易造假，而现金流量表提供的信息不易造假，分析时可更加倚重现金流量表。推论到对报表的调整上，则认为调整主要是对资产负债表和利润表的调整，一般不涉及现金流量表。其实不然。在实际工作中，一些企业为粉饰经营业绩，无视国家统一会计制度的规定，制造虚假的交易和现金流量，对现金流进行恣意操纵。从数据（见表5-6）中可以看到，蓝田股份1998～2000年的经营活动净现金流连续三年都很好。事实是，蓝田股份1998～2000年三年间累计经营活动现金净流入177 734万元，但同期投资活动现金净流出187 981万元，蓝田股份虚构收入的同时虚增经营性现金流入，然后通过投资名义将虚增的现金流消化掉，再加上几套账的运作，使其账面现金流十分充沛与好看，显示了很强的现金获取能力，给人一种业绩良好的虚假表象。

当然，现金流量表的造假方式还有很多，除了配合收入和利润造假而做的配合性动作之外，操纵现金流量表还有不少套路，如将筹资活动现金流入归类为经营活动现金流入（典型的如将正常的银行借款确认为虚假的经营活动现金流量、通过在回款期之前转让应收账款来增加经营活动现金流量、通过虚构应收账款转让来虚增经营活动现金流量），将经营活动现金流出归类为其他活动现金流出（典型的如回旋镖交易虚增经营活动现金流量、不合理地将正常的经营成本资本化、将材料采购确认为一项投资活动现金流出、将经营活动现金流出转移到现金流量表表外），使用非持续性的活动来推高经营活动现金流量（典型的如通过延迟支付供应商货款来增加经营活动现金流量、通过提前回收客户货款来增加经营活动现金流量、通过减少采购来增加经营活动现金流量、通过偶然所得来增加经营活动现金流量）。[⊖]所以，在实际工作中，一定要全面质疑与审视几张重要报表，以便在随后的具体分析中，使数据建立在坚实的基础上。

表 5-6　蓝田股份（600709）1998～2000 年三年现金流量和收益情况

（单位：万元）

年份	1998 年	1999 年	2000 年
经营活动净现金流	30 023	69 128	78 583
投资活动净现金流	−45 568	−70 881	−71 532
筹资活动净现金流	2 641	6 195	−9 612
现金净流量	−12 904	4 442	−2 561
主营业务收入	164 034	185 143	184 091
净利润	36 259	51 303	43 163

5.6.4　盲目相信自己的识别能力

在实际工作中，我们看到和听到过太多的自信人士，他们都在工作中号称对客户非常了解，对自己的专业能力从不怀疑，特别是部分人也确实能够发现企业部分财务信息的错误处理，但殊不知，在厨房中发现了一只蟑螂并不代表全部，多数情况下还会发现更多的蟑螂。所以，信贷工作人员一定不能浅尝辄止，要记住，怀疑比技术更重要，保持警惕才是应有的态度。

⊖ 具体可参见霍华德 M 施利特，杰里米·佩勒，尤尼·恩格尔哈特.财务诡计：如何识别财务报告中的会计诡计和舞弊（原书第 4 版）[M].续芹，陈柄翰，石美华，王兆蕊，译.北京：机械工业出版社，2019：155-206.

附录 5A

贷后管理中常见的风险预警信号[1]

银行在贷后管理过程中,常见的风险预警信号如表 5A-1 所示。当企业出现风险预警信号时,银行要相机抉择,及时采取有效措施处置风险,保障银行债权安全或减少贷款损失。

---

[1] 本部分内容摘自:刘元庆.信贷的逻辑与常识[M].北京:中信出版集团,2016:260-263.

表 5A-1 贷后管理中常见的风险预警信号

序号	风险类别	风险预警信号的主要表现	相机抉择处置风险
1	资金用途异常	1. 借款人挪用资金或改变贷款用途 2. 受托支付贷款资金回流至借款人或关联企业账户 3. 贷款资金流入股市、房地产或民间借贷等领域	1. 采取符合监管规定的支付方式，尽可能通过受托支付方式将贷款资金支付至真实交易对手 2. 要求借款人立即纠正不按约定用途使用贷款的行为 3. 宣布贷款提前到期，要求借款人提前偿还贷款
2	资金结算异常	1. 近6个月通过本行结算的资金大幅下降或波动频繁 2. 存款沉淀大幅减少，存贷比很低 3. 与新增交易对手的结算很少 4. 关联企业间交易频繁，虚增交易量 5. 代发工资异常	1. 核实资金结算异常的原因，如经营萎缩，应提前做好贷款处置预案；如转移到他行，应要求借款人在本行的结算量与本行融资占比相匹配 2. 如发现借款人涉经营造假，应尽快退出
3	信贷造假及欺诈	1. 贸易背景造假，如假合同、假发票、假单据 2. 银行流水造假 3. 签名印鉴造假 4. 财务造假，如报表数据异常，提供给银行与提供给其他机构同的报表不能互相印证，报表数据与经营数据脱节	1. 核实信贷造假的情况，评估严重性及其影响程度 2. 不对借款人发放新增贷款，存量贷款做好风险处置预案，实现有序退出 3. 恶意信贷欺诈事件报司法机关处置
4	财务状况恶化	1. 客户应收账款、存货高企 2. 收入萎缩，成本大幅上升 3. 对外投资出现重大失误 4. 经营亏损 5. 经营活动现金净流出量大，资金链紧张	1. 切实加强企业销售回笼资金管理，加强现金流控制 2. 摸清企业及其实际控制人的资产状况，保障权益安全 3. 做好贷款有序退出方案，追加资产抵押
5	过度扩张及过度融资	1. 负债增速远高于资产增速 2. 对外投资金额过大，长期投资超过所有者权益 3. 企业债务在短期内快速增长 4. 债务总量过大，超过其偿还能力 5. 债务与收入、利润、现金流的关系失调	1. 对快速扩张的企业，银行总体上要保持谨慎的态度 2. 借款人已过度融资的，要停止对其发放新增贷款，存量贷款到期收回的，暂时不能收回的，要减少余额，追加增信措施或提高利率，实现有序退出

序号	类别	异常情况	应对措施
6	项目建设及投产情况异常	1. 项目资本金未按期到位 2. 项目建设投资金不落实 3. 项目建设进度滞后 4. 工程形象进度与资金投入不匹配 5. 项目未按期投产或产品质量有瑕疵等	1. 严格落实项目资本金与贷款与资本金合同比例到位,本行贷款与其他行贷款大致同比例到位,督促借款人或股东按期投入资金 2. 对工程进度严重滞后的项目或形象进度后的项目,原则上暂不允许企业后续提款,应要求企业先投入资本金 3. 项目超支应由借款人或股东自筹解决;确需增加融资的,应提高资本金比例 4. 对项目投产后产品质量不达标或市场情况欠佳的,应要求借款人追加担保或抵押
7	担保情况异常	1. 保证人经营情况恶化 2. 保证人债务违约 3. 保证人或借款人对外担保增长过快 4. 关联担保或互保情况过多 5. 抵押物权属争议,毁损或价大幅贬值	1. 要求借款人追加抵押物或追加保证人 2. 要求借款人置换抵押物或变更换保证人 3. 提前收回部分或全部贷款 4. 要求借款人提供其他增信措施
8	涉嫌民间借贷	1. 企业资金在公私账户间往来频繁 2. 资金汇划时,用途多为"还借款""投资"等 3. 借款人财务费用异常高企,与表内借款金额不匹配 4. 企业财产为非表内借款设定了抵押	1. 核实企业涉及民间借贷的原因、金额及其影响程度 2. 核查借款手续、担保手续、抵质押物实物及权属状况,确保无法律瑕疵 3. 对企业因资金链紧张参与民间借贷的,要尽早制订风险处置预案,加强对企业现金流控制,实现有序退出
9	关联交易异常	1. 关联企业数量多、关联交易频繁、交易金额大 2. 关联定价不合理 3. 关联账户资金对倒频繁、资金流与物流异常 4. 通过关联交易虚构收入及流水,掩盖经营及财务困难	1. 审核关联交易消单,挤压非正常关联交易水分 2. 根据还原后的财务状况,决定信贷策略 3. 对涉及通过关联交易虚构收入反利润的企业,不对其发放新增贷款,存量贷款及早退出

(续)

序号	风险类别	风险预警信号的主要表现	相机抉择处置风险
10	有违约记录	1. 对他行违约 2. 对上下游交易对手违约 3. 在本行有逾期欠息记录等	1. 高度重视违约信息，核实违约原因 2. 对借款人因经营财务情况恶化无力履约的，要尽早做好风险处置预案，尽可能追加抵押或保证措施，实现有序退出或减少损失
11	负面信息过多	1. 媒体报道企业或实际控制人负面信息多 2. 银行同业对借款人的评价不佳 3. 上下游合作伙伴对借款人的评价不佳 4. 员工对企业及实际控制人的评价不佳	1. 核实负面信息的真实性及其对借款人的影响程度 2. 高度重视涉及借款人及其实际控制人的经营造假、信贷欺诈、不良信用记录等方面的负面信息，原则上不对其发放新增贷款
12	企业行为异常	1. 不好联系，如企业负责人、财务人员联系不畅，频繁更换手机号码和职称在外地等 2. 不提供资料，如不愿提供财务报表及提供的财务报表及税务报表明细，纳税情况和水电费等 3. 不配合检查，如关键人员避而不见，以各种理由搪塞银行检查存货、抵押物等 4. 企业实际控制人和财务负责人及员工的精神面貌差	1. 多渠道核实企业发生异常行为的原因 2. 援引有关合同约定，严肃告知企业不配合银行核实有关情况的后果及银行可能采取的措施 3. 如企业行为异常背后的原因是经营恶化，要及早制订风险处置预案，防范贷款风险
13	企业出现不稳定因素	1. 频繁更换财务主管、会计人员等 2. 核心岗位关键管理人员纷纷离职 3. 主要股东退出 4. 家族股权纠纷 5. 客户流失	1. 评估企业上述不稳定因素对借款人的影响程度 2. 严格控制借款人的新增贷款 3. 加强对借款人现金流的控制，争取为存量贷款追加增信措施，逐步压缩存量贷款余额
14	涉及纠纷或诉讼	1. 因违约或诚信等原因产生纠纷 2. 因重大质量、技术事故引起诉讼或仲裁 3. 为他人担保引起纠纷 4. 民间借贷引发纠纷	1. 核实纠纷及诉讼原因，涉及金额及对借款人的影响 2. 对涉及金额大，对借款人影响大的纠纷或诉讼，要及早制订风险处置预案 3. 对涉及金额及影响较小的，可暂不采取措施，但要将其列入重点监测客户名单，加强跟踪监测

附录 5B

企业隐性债务调查指引表^㊀

企业隐性债务是指未反映在企业财务报表、报表附注以及其他公开披露信息中的债务，是企业的"表外""表表外"债务。隐性债务显性化可能给企业资产带来突然的损失，进而影响银行债权。在银行外部经营环境日趋复杂的形势下，强化对企业隐性债务的有效识别尤为重要。

隐性债务调查指引表是一个工作底稿，有利于客户经理快速、高效调查。企业情况千差万别，仍需要客户经理在调查过程中做出独立判断和创造性工作。调查过程应注意区分正常生产经营造成的隐债风险和企业故意甚至恶意隐瞒债务的行为，对前一种正常隐债风险，充分调查、分析并披露；针对后一种恶意隐瞒债务行为，鉴于企业已有骗贷意图，应考虑退出。比如，某企业出于美化报表需要，将部分债务通过理财或信托融资方式出表，属于正常行为。但不配合银行调查工作，刻意对银行隐瞒上述债务，属恶意隐瞒债务行为。企业隐性债务调查指引如表 5B-1 所示。

㊀ 摘自某商业银行《银行企业隐性债务表现形式及调查指引》。

表 5B-1　企业隐性债务调查指引表

隐性债务调查事项	调查方法
一、隐性担保类	
1. 以担保承诺函形式承担暗担保责任	访谈；查阅财务报表附注；金融同业访查；担保合同查阅；贷款审批书查阅；董事会决议查阅；约谈财报审计师
2. 商品形式上出售但企业承担隐性回购责任	访谈；财务报表科目明细及附注查阅；销售合同查阅；银企协议查阅；约谈财报审计师
3. 实际承担被追索责任的"无追索权保理"	访谈；银企协议查阅
4. 企业处于担保链导致其承担被担保方代偿责任	访谈；绘制企业担保圈简化图，确认企业是否有超出自身承债能力的联保；金融同业访查；担保圈内企业调查
二、隐性融资类	
5. 企业主动或被迫借入民间融资	访谈；同类企业（竞争对手）访查；金融同业访查；约谈企业高管；企业账户流水调阅；约谈财报审计师
6. 通过各类创新型融资工具隐藏债务	访谈；财报科目明细及附注查阅；金融同业访查；企业账户流水调阅；约谈财报审计师；关注财务费用科目有无大额变动
7. 商票被追索承担隐性债务	访谈；调查企业商票贴现、商票转让业务规模、票据前手企业
三、隐性财务类	
8. 不合理的债务会计账务处理方式	权益类科目异常分析；应交税款科目的分析；约谈财报审计师
9. 财务报表附注披露事项	访谈；调查有无未决诉讼，约谈企业法律顾问；调查有无期货或金融衍生品交易，核实货币资金科目有无理财产品；约谈财报审计师
四、股权债务类	
10. 对赌协议执行时的隐性债务	访谈；增资协议查阅；约谈财报审计师
11. 隐性持股导致企业债务	访谈；企业代持协议查阅；约谈财报审计师
12. 股份回购业务导致隐形负债	访谈；增资协议查阅；约谈财报审计师
13. 名股实债形成的隐性债务	访谈；增资协议查阅；公开发行文件审阅；约谈财报审计师
五、违约侵权类	
14. 未能履行合同导致赔偿责任	调查合同履约记录；合同查阅
15. 销售质量保证责任导致企业债务	调查过往质量保证记录；合同中质量保证条款的查阅
16. 安全生产或劳动或用工方面处罚责任	调查过往安全生产记录；实地调查企业安全生产状况

第 6 章

指 标 分 析

  经过上一章的会计调整之后，依程序可进入指标分析环节。在进入具体的指标分析之前，我们有必要对第 3 章中 "基于信贷风险管理的财务分析切入点" 再进行一次简要回顾（见图 3-3）。依据资产负债表的关键是资产质量（创造的收益尽可能多）, 利润表的关键是盈利质量（收入和利润持续多）, 现金流量表的关键是现金流（剩余现金流足够多）的基本判断, 以企业偿债能力为归宿, 从信贷风险管理的角度出发, 资产质量、盈利质量、现金流量是财务报表自身分析的三大逻辑切入点。相应地, 分析指标也围绕这些切入点而形成。当然, 既然资产质量、盈利质量、现金流量是分析的切入点, 那么围绕它们展开的具体分析, 其内容是极为丰富的。

6.1 资产质量分析

资产质量分析将主要依据资产负债表中的数据来进行。所谓资产质量，就是指通过对资产的安排和使用，资产实际发挥的效用与其预期效用之间的吻合程度。资产质量不同将直接导致企业实现利润、创造价值方面的差异。好的资产质量会使企业的资产结构与企业的竞争战略相匹配，与企业所处的行业性质相吻合，与企业在行业中的定位相适应。从这个意义上看，不断优化企业的资产质量，促进资产的良性循环，是企业保持持久竞争优势的源泉。

表现在企业会计报表上，资产质量主要体现在三个方面：一是计量质量；二是结构质量；三是变现质量。我们知道，资产是预期能带来价值的资源，而资产价值就是资产未来预期收益的现值，也就是其体现的收益能力或盈利性。资产本身无所谓好坏，正如我们不能问桌子和椅子哪个质量好一样，在会计上是否按照会计准则的要求进行确认和计量决定了一项资产的好坏：符合确认条件的，质量就好；不符合确认条件或确认有水分的，质量就差。也就是说，所谓资产质量不是资产本身的质量，而是确认和计量的质量。但本书在此不打算对此问题进行深入探讨，而是关注资产质量的另外两个方面，即如图6-1所示的资产结构和现金含量。

为了总体把握，我们先从资产负债表的整体审视开始，然后再看资产结构和现金含量。

6.1.1 资产负债表的总体审视

对于信贷人员而言，拿到一张企业的资产负债表，先看什么？相信不同的人有不同的习惯。我们观察到很多人是先看经营规模（总资产），然后看股东权益（净资产），当然中间经过了对负债的考量，再看报表相关科目本期与上期相比的变动。

依据本书的逻辑，在对一个企业的会计报表进行具体指标分析时，我们已经对目标企业财务数据进行了战略导航与会计调整，诸如会计数据的异常变动、数据体现的行业特点等，故这些将不再是本环节的重点关注内容。基于信贷风险管理的角度，我们建议在分析具体的资产质量前，先从整体上关注企业的债务规模并结合资产分析企业的财务结构。

1. 财务结构

企业的融（筹）资和投资活动是企业重大的财务活动和经营活动。融资的目的在于投资，投资的结果表现为企业的不同资产分布。从经济实质或会计等式上看，企业的融资（资金来源）在总量上一定等于企业的投资（资金占用）。由于不同的资金来源与不同的资金占用的性质和特点不同，二者的适应性可能在不同企业存在不同的差异，对企业财务健康状况造成不同的影响。归纳起来，由于资产结构和资本结构的不同适应性表现，资产负债表呈现出保守型、稳健型、风险型三种结构类型。

（1）保守型结构。保守型结构是指企业全部或绝大部分资产的资金来源都是长期资本。其形式可用图6-1来表示。

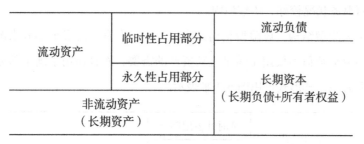

图6-1　保守型结构示意图

保守型结构的主要标志是企业全部或绝大部分资产的资金来源依赖于长期资本，即长期负债和所有者权益来满足，也就是企业的流动资产特别是临时性占用流动资产不仅占用了流动负债，还占用了长期负债或所有者权益资金。这种类型的财务状态的最大优点是财务风险低，但缺点是几乎全部资本都是长期资本，资金成本高。同时，由于资金使用保守，更多的资金停留在收益率较低的资产上。从长期看，由于缺乏财务杠杆，企业发展后劲受到影响。

（2）稳健型结构。稳健型结构是指企业的长期资产和永久性占用流动资产的资金来源于长期资本，临时性占用流动资产的资金来源于流动负债。其形式可用图6-2来表示。

流动资产	临时性占用部分	流动负债
	永久性占用部分	长期资本 （长期负债+所有者权益）
非流动资产 （长期资产）		

图6-2 稳健型结构示意图

稳健型结构的主要标志是企业的流动资产（临时性占用部分）和长期资产（包括永久性占用流动资产）与流动负债和长期资本分别对应。这种类型的财务状态的最大优点是资金的来源与应用相对应，财务风险较小，与保守型结构相比，其负债成本相对较低。同时，由于流动资产是流动负债的一倍以上，符合流动比率的一般要求，对流动负债的偿还较有保障，又比较充分地运用了资金，故而财务状况较好，比较稳固。

（3）风险型结构。风险型结构是指企业的长期资产的资金部分来源于流动负债，即流动负债不仅用于满足流动资产的需要，而且还用于满足部分长期资产的资金需要。其形式可用图6-3来表示。

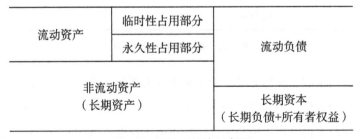

流动资产	临时性占用部分	流动负债
	永久性占用部分	
非流动资产 （长期资产）		长期资本 （长期负债+所有者权益）

图6-3 风险型结构示意图

风险型结构的主要标志是企业的短期流动负债长期化使用。这种结构由于流动负债的构成高于流动资产的构成，必然使企业面临较大的支付压力，财务风险较高。虽然相对其他结构，这种结构的资本成本可能最低，但如果不能采取非常措施解决企业的短期偿债能力，企业随时会由于流动性出现问题而可能发生财务危机。这种结构只适用于企业资产流动性好且经营现金流充足的情况，长远看企业不宜采用这种结构。

当然，不同的财务结构体现了企业不同的融资偏好与投资分布，对企业偿债能力有重要影响。信贷人员在分析企业的财务结构时，必要时还可进一步对企业的融资来源进行细分，并结合企业的不同资金运用，研判企业的融资弹性和资产流动性，借此更为准确地评估企业投融资状况对其债务偿还能力的影响。

不管分析形式如何多样，两个关键的考虑因素是：期限匹配和风险配置。理想状态是：短期资产应当与短期融资来源相匹配，长期资产应当与长期融资来源相匹配；风险水平越高，财务结构中的净资产比重越高。

2. 财务变化

在企业的生产经营过程中，资金不断发生变化，不断对企业财务状态产生影响。通常财务状态变化的类型有六种（见表6-1）。

表 6-1 财务状态变化的六种类型

	有利变化			不利变化		
	类型 1	类型 2	类型 3	类型 4	类型 5	类型 6
资产	+	++	−	+	− −	−
负债	−	+	− −	++	−	+
所有者权益	+	+	+	−	−	−

可结合财务状态与财务变化进行具体分析：看企业的资产负债表中资产、负债和所有者权益发生了怎样的变动，进而对企业财务结构类型有何影响。

⊙ **案例 6-1　资产负债表总体审视**

表6-2是2018年年末和2019年第三季度末华策影视的资产负债简表。

表 6-2　华策影视资产负债简表　　　　　　（单位：万元）

资产	2018-12-31	2019-09-30	负债及所有者权益	2018-12-31	2019-09-30
流动资产	991 198.74	1 031 741.23	流动负债	567 253.70	586 250.46
非流动资产	296 080.05	285 373.35	非流动负债	20 028.80	30 040.09
总资产	1 287 278.79	1 317 114.58	所有者权益	699 996.29	700 824.03

分析如下：

（1）2018年年末，华策影视在财务结构上，属于稳健型结构。其流动负债约为57亿元，而流动资产约为99亿元；长期资本约为72亿元，而长期资产约为30亿元（见图6-4）。企业的长期资本不仅完全满足长期资产的需要，而且还用于满足部分流动资产的资金占用需要，企业资产结构与资本结构相匹配，财务结构非常稳健。

图 6-4　2018年稳健型财务结构

（2）2019年第三季度末，华策影视继续保持财务结构的稳健性，其流动负债微升约为59亿元，但流动资产也增加至约103亿元；长期资本增加至约73亿元，长期资产则减少约1亿元，变为约29亿元（见图6-5）。整体同样非常稳健。

```
流动资产约103亿元    流动负债约59亿元
                    长期资本约73亿元
长期资产约29亿元
```

图 6-5　2019年第三季度稳健型财务结构

表 6-3 是 2018 年年末和 2019 年第三季度末华谊兄弟的资产负债简表。

表 6-3 华谊兄弟资产负债简表 （单位：万元）

资产	2018-12-31	2019-09-30	负债及所有者权益	2018-12-31	2019-09-30
流动资产	753 278.97	579 994.25	流动负债	725 660.23	599 876.30
非流动资产	1 090 690.53	1 082 370.08	非流动负债	159 629.09	173 867.12
总资产	1 843 969.50	1 662 364.33	所有者权益	958 680.18	888 620.91

分析如下：

（1）2018年年末，华谊兄弟在财务结构上，属于稳健型结构。其流动负债约为72亿元，而流动资产约为75亿元；长期资本约为112亿元，而长期资产约为109亿元（见图6-6）。形式上企业的长期资本能够满足长期资产的需要，而且还用于满足部分流动资产的资金占用需要，企业资产结构与资本结构相匹配，财务结构比较稳健。但值得警惕的是，总资产约184亿元的超大规模，流动资产仅仅覆盖约72亿元的流动负债，虽然属于稳健型财务结构，但也非常脆弱。企业需要尽快扭转这种局面，否则非常容易滑入风险型财务结构中去。

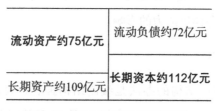

图 6-6 2018 年稳健型财务结构

（2）果不其然，仅仅过了9个月，到2019年第三季度末，华谊兄弟的财务结构就发生了质的变化。截至2019年9月末，企业的流动负债降为约60亿元，流动资产则进一步减少约58亿元，长期资本减少到约106亿元，而长期资产基本保持不动，约为108亿元（见图6-7）。流动负债不仅用来满足流动资产的需要，而且还用于满足部分长期资产的资金需要，存在短期流动负债长期化使用的问题，财务风险较2018年年末进一步放大，此时财务结构已经演变为风险型结构了。

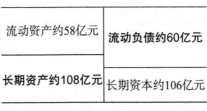

图 6-7　2019 年第三季度风险型财务结构

特别需要指出的是，对于文化影视类公司而言，轻型化是一个比较典型的特征，因此公司多会表现出流动资产占比高的特点，故决定其财务结构的核心影响因素就是短期负债的占比，一旦公司处于风险型财务结构中，其流动性就面临很大问题了，需要引起特别关注。

6.1.2　资产结构分析

对资产结构的分析，主要是对各类资产占资产总额的比例及其变动进行分析，目的是识别企业的成本性态与经营杠杆，评估企业的退出壁垒与经营风险，从而判断其对债务偿还能力的影响。

1. 结构报表分析法

最有效的分析资产结构的办法是编制结构报表。表 6-4 列示了华策影视（300133）和华谊兄弟（300027）2018 年 12 月 31 日的资产结构。

在本书第 4 章的案例（案例 4-5 "影视行业战略分析下的银行信贷考量"）中，我们曾指出，影视行业属于典型的人力和知识资本密集型行业，因其独特的生产制作、销售模式，其报表应呈现出典型的"两高一低轻资产"的行业特点，即"高应收账款 + 高存货 + 低固定资产 + 高流动资产占比"。在通常情况下，我们预期同一行业中的公司，在行业成本性态或成本习性上应该大致相同。但从表 6-4 中，我们可以非常明显地看出，即使同样身处影视行业的两家公司，由于发展策略不同，两者之间也存在着显著区别。

表 6-4　华策影视和华谊兄弟 2018 年 12 月 31 日的资产结构

（合并口径，金额单位：万元）

资产	华策影视		华谊兄弟	
	余额	占比（%）	余额	占比（%）
流动资产：				
货币资金	218 669.25	16.99	264 128.18	14.32
应收票据	7 570.99	0.59	2 264.45	0.12
应收账款	424 826.72	33.00	125 183.40	6.79
预付款项	52 623.60	4.09	160 681.36	8.71
其他应收款	19 591.09	1.52	47 999.74	2.60
应收股利	9.68	0.00	0.00	0.00
存货	227 030.86	17.64	122 719.78	6.66
一年内到期的非流动资产	0.00	0.00	8 205.31	0.44
待摊费用	0.00	0.00	0.00	0.00
其他流动资产	40 876.54	3.18	22 096.76	1.20
流动资产合计	991 198.73	77.01	753 278.98	40.84
非流动资产：				
可供出售金融资产	85 360.57	6.63	213 265.44	11.57
长期应收款	0.00	0.00	2 899.28	0.16
长期股权投资	47 033.26	3.65	510 772.30	27.70
投资性房地产	0.00	0.00	4 972.96	0.27
固定资产	2 412.33	0.19	92 937.32	5.04
在建工程	0.00	0.00	1 270.03	0.07
无形资产	405.66	0.03	4 909.59	0.27
商誉	132 001.79	10.25	209 627.57	11.37
长期待摊费用	4 347.03	0.34	11 042.47	0.60
递延所得税资产	24 519.40	1.90	38 993.56	2.11
非流动资产合计	296 080.04	22.99	1 090 690.52	59.16
资产总计	1 287 278.77	100.00	1 843 969.50	100.00

　　华策影视确实符合这一典型特征，2018 年年末的数据显示，应收账款（含应收票据）占总资产的比例高达 33.59%；存货占比高达 17.64%；固定资产（含在建工程）占比仅为 0.19%；全部流动资产的占比则高达 77.01%。

　　相反，华谊兄弟的应收账款（含应收票据）占总资产的比例仅为 6.91%；存货占比 6.66%；固定资产（含在建工程）占比则高达 5.11%；全部流动资产的占比则仅为 40.84%。同时，其长期股权投资的占比高达 27.70%，比华策影视的 3.65% 高了约 24 个百分点。其实只要拉长时间跨度，就会发现，在几年之前华谊兄弟的财务报表同样体现了类似华策影视的财务报表的特征，也是典型的影视行业特点，只是近几年华谊兄弟在经营战略上采取了影视娱乐、品牌授权及实景娱乐、互联网娱乐、产业投资四大板块齐头并进，并逐步向多层次、跨平台、跨地区方向扩张，加速完善大娱乐生态布局的经营战略，相应的长期投资和固定资产快速增加，体质"重型化"，致使其财务报表中的资产结构偏离传统的影视公司越来越远。

一般而言，固定资产（包括非上市公司的股权投资）占资产总额的比例越高，公司的退出壁垒越高，企业的自由选择权越小，在经济不景气的情况下，公司几乎不能实现竞争退出，只能选择惨淡经营，承受巨大的市场、经营和财务风险，同时却只能获得微不足道的回报，甚至发生巨额亏损。这种公司应对不利的经营环境和市场环境的能力显然弱于流动资产占比较高的公司。⊖

2. 项目变化释义法

许多信贷人员已经熟悉和习惯了关注报表项目的变动并对其做原因分析，着眼于资产质量，信贷人员应对企业资产结构的重要变化可能包含的质量含义予以关注。对主要资产项目的概括如表 6-5 所示，供参考。

⊖ 2020 年 2 月 28 日，华谊兄弟发布 2019 年度业绩快报，报告期内公司实现营业总收入 231 154.79 万元，比上年同期下降 40.59%；营业利润为 -375 797.29 万元，比上年同期下降 337.09%；利润总额为 -370 712.70 万元，比上年同期下降 363.09%；归属于上市公司股东净利润为 -396 299.44 万元，比上年同期下降 262.56%。根据公告，造成华谊兄弟上年度大额亏损的主要原因是主投主控电影项目的缺失，以及计提商誉减值准备、长期股权投资和其他资产减值准备。众所周知，受资本推动，2015 年前后影视行业兴起了一段并购热潮。而过去两年间，受国际环境波动、国内经济整体下行等因素影响，中国影视行业遭遇了行业历史上最严峻的考验，调整不断加剧，资本市场估值也相应下降，市场和行业对商誉、长期股权投资等减值的判断情况随之趋于收紧。影视行业作为大消费、大娱乐领域本来发展前景广阔，我们相信那些真正拥有内容能力和丰富作品储备的头部公司，它们只要调整或聚焦发展主业，对业务结构、资产结构进行主动调整，同时进一步加强投资管理，集中全部资源强化核心主营业务，迟早会回归健康发展的快车道。市场呼唤"王者归来"。

表 6-5 资产项目变动的质量含义

主要项目	增加的质量含义	减少的质量含义
货币资金	近期偿还债务需求增加；不当筹资行为发生；采用银行承兑汇票结算导致保证金存款增加；企业分公司需要周转资金；企业在投资方面没有作为；引起不必要的利息支出；形成对外投资的机会成本等	企业严格控制货币资金存量；企业对经营活动产生现金流量的能力有信心；企业对其筹资环境有信心；经营活动难以产生现金净流入量；现金流量趋于枯竭等
交易性金融资产	企业近期有较为充裕的现金存量并希望通过短期投资来实现更大的增值；持有的债券投资、股票投资、基金投资、权证投资等金融资产市值增加	正常交易波动的结果；企业现金趋于紧张；处置持有的交易性金融资产等
应收票据	企业业务发展迅速，对新扩张的业务采用商业汇票结算以保证回款质量等	企业对交易对象的财务质量有信心；企业业务萎缩；行业竞争加剧，企业被迫放宽信用政策；企业对应收票据进行贴现等
应收账款	企业业务发展迅速；回款质量不高导致长期难以回收；迫于竞争压力或以拓展市场为目的而主动放宽信用政策；通过对该项目"注水"而虚增营业收入等	企业回款质量较高；紧缩信用政策以提高资产质量；企业计提过高的减值准备；企业业务萎缩等
其他应收款	被母公司、兄弟公司无效占用；被子公司占用，效益间接表现为投资收益；出资人抽逃注册资本；企业业务发展规模扩张较快等	企业对本项占用控制严格；业务萎缩等
存货	产品经营结构发生显著变化，企业经营策略有所调整；企业市场需求增长迅猛，存货正常增加；产品生命周期走到尽头；企业错误的生产决策导致存货积压；企业采用不正当的费用分摊办法，故意调高期末存货价值，减少产品成本，操纵毛利率等	企业对存货进行有效控制；企业经营活动萎缩；企业计提过高的减值准备等
可供出售金融资产	以公允价值计量的股票投资、债权投资自身的公允价值在增加；企业投资战略和盈利模式进行主动调整（购买）等	股票投资、债权投资自身的公允价值在减少；企业投资战略和盈利模式进行主动调整（出售）等
持有至到期投资	企业改变盈利模式，相关投资增长等	企业对持有的相关投资进行处置，或者企业持有投资质量下降，计提了减值准备等

(续)

主要项目	增加的质量含义	减少的质量含义
长期应收款	融资租赁业务增长；产品或劳务采用递延方式；具有融资性质的业务模式的采用等	相应业务减少或者债权已经回收等
长期股权投资	企业盈利模式调整，转为更多依靠对外投资；企业实施多元化战略；企业将其不用或者账面上没有价值的非货币资产对外投资等；用权益法核算产生投资收益等	企业收缩对外投资战线；质量下降，企业计提了减值准备；用权益法核算产生投资损失等
投资性房地产	投资性房地产增加，有关资产公允价值增加等	企业处置了相关资产；资产公允价值降低等
固定资产	企业继续走内涵扩大再生产之路；企业进行产品结构调整，实施产品多样化竞争和发展策略；企业错误决策，增加了市场根本消化不掉的生产能力等	企业进行产品结构调整；企业整体经营规模萎缩等
生产性生物资产	企业进军生物领域；在已有生物资产的企业，生物资产增加一般表明企业发展所赖以依存的生物资产的规模得以扩大等	企业对持有的生物资产结构进行调整等
油气资产	企业的矿区权益和油、气、井等技术装备水平在提高；企业进军新的领域等	企业调整油、气资源结构，减值准备增加等
无形资产	外购无形资产增加等；企业占有的土地范围扩大等	质量下降，企业处置有关无形资产；企业计提了减值准备等
开发支出	成功的开发支出，未来产品的更新换代基础更好等	摊销；对没有成功的开发进行核销等
商誉	企业合并规模扩大等	计提减值准备等

资料来源：张新民，钱爱民.财务报表分析[M].北京：中国人民大学出版社，2008：79-81.

随着一系列会计准则的修订和颁布，财政部于2019年4月30日发布了《关于修订印发2019年度一般企业财务报表格式的通知》（财会〔2019〕6号），报表的科目发生了较大变化，实践中可根据不同企业的实际情况，结合各自的具体资产科目进行分析。

3. 轻重资产分析法

在本书第4章中，我们探讨过不同行业的成本性态或成本习性，并根据行业成本结构的不同，指出可以大体分为"重资产"和"轻资产"两类行业，其中重资产行业，即高经营杠杆行业，指固定成本所占比重高于变动成本的行业。重资产公司通常需要不断投入资金进行维护、更新或升级，并产生大量折旧，因此必须有大量的产品来分摊，一旦产品销量下滑，单位产品分摊的固定成本会使企业更容易滑向亏损的泥潭。轻资产行业，即低经营杠杆行业，指变动成本所占比重高于固定成本的行业。轻资产公司则避开了高固定成本，其产品或服务的成本主要是变动成本。即使遭遇市场不景气，其成本也会跟随销量下滑，使企业更容易在逆境中保持盈利能力。

不同行业的典型公司，其资产的轻重程度不同。在实务中，可以采用静态计算法或动态计算法两种方法来判定一家公司是重资产公司还是轻资产公司。

静态计算法：计算资产负债表中的非流动资产（可再减去金融资产、开发支出、除土地之外的其他无形资产、递延所得税资产等）在总资产中的比重，低于50%的就是轻资产公司，高于50%的就是重资产公司。

动态计算法：计算利润总额与资产负债表中的非流动资产（可再减去金融资产、开发支出、除土地之外的其他无形资产、递延所得税资产等）的比值，高于社会平均资本回报率（如10%）的属于轻资产公司，反之则属于重资产公司。

实际上，不管轻重，都是程度的问题，轻资产公司中也有"体重"相对较重的，重资产公司中也有"体重"相对较轻的。

对公司的轻重，要观察公司历年的轻重指标比例是如何变化的。然后思考为什么变重，或为什么变轻？企业增加的是哪块资产，减少的又是哪块资产，利弊分别是什么？同时要进行同行对比，观察其在年内变化的异同。方向趋同，说明业内人士对行业发展的战略估计基本一致，所采取的策略也基本一致，大致说明行业维持原有方向，未发生突变或转折。方向不同，如一家更重，另一家更轻，可能说明行业内人士对企业的发展战略和方向出现了不一样的看法。

以华策影视和华谊兄弟为例，它们同处于轻资产行业，但华策影视相对更轻，华谊兄弟更重，通过静态计算，华策影视比例为 0.6% 左右，华谊兄弟则为 6% 左右，其"体重"是华策影视的 10 倍。究其原因，华策影视公司以成为"全球化的以内容为核心的综合性传媒集团"为目标，践行内容精品化、产业平台化和华流出海三大战略，以内容力驱动广告、经纪、综艺、电影业务的成长与发展，固定资产投资少，一直保持轻质化发展路径。华谊兄弟则采取了影视娱乐、品牌授权及实景娱乐、互联网娱乐、产业投资四大板块齐头并进，并逐步向多层次、跨平台、跨地区方向扩张，加速完善大娱乐生态布局的经营战略，固定资产快速增加，体质持续"重型化"。

4. 资产归类分析法

在对资产结构进行分析时，还有四个分类视角需要关注，特别是后两类需要引起银行信贷人员的特别关注。

一是将资产分类为以下三项：具有实际账面价值的资产（如现金及现金等价物等）、账面价值不确定的资产（如应收账款和存货等）、需要分期摊提的资产（如固定资产和递延资产等）。

二是将资产分类为以下三项：使用受限资产（如已经抵质押了的资产等）、租赁资产、自由使用资产。

三是将资产分类为以下两项：经营性资产和投资性资产。前者如固定资产和存货等，信贷调查和审查的重点是分析其创收能力和盈利能力；后者如长期股权投资、投资性房地产、交易性金融资产、可供出售金融资产、持有至到期投资，或者新会计准则下的以公允价值计量且其变动计入当期损益的金融资产（FVPL）和以公允价值计量且其变动计入其他综合收益的金融资产（FVOCI）等，重点分析其升值潜力、变现能力和投资收益状况。

四是将资产分类为以下两项：有效资产和其他资产。这一分类的目的主要是判断一个企业容易变现和抵债的优质资产有多少，可以覆盖有息负债。具体而言，有效资产是指价值确定、流动性良好的资产，如投资性房地产，上市公司股权，流通性良好的非上市公司股权，硬通货存货，应收银行承兑汇票，付款方实力雄厚、回款日期明确的应收账款，交易性金融资产，可供出售金融资产，持有至到期投资，或者新会计准则下的以公允价值计量且其变动计入当期损益的金融资产和以公允价值计量且其变动计入其他综合收益的金融资产等。在实际应用时，可以对有效资产按照市值进行重新估值，与有息负债或刚性负债敞口相比较，覆盖倍数越高，银行的授信就越安全。这个分类还提示我们去挖掘企业其他可能不在报表里的优质资产。

这四种分类分析法，对于研判企业的资产变现能力、对债务的担保能力等均具有重要意义。

6.1.3 资产利用效率分析

资产利用效率指资产利用的有效性和充分性，其中有效性是指使用的后果，属于产出的概念，一般通过资产运用创造的收入来衡量；充分性是指使用的进行，属于投入的概念。从字面上理解，就是企业的资产是不是被全部利用起来了，各类资产的功能是不是被充分发挥出来了。企业资产被利用得越充分，资产运用创造的收益越多，资产的质量自然也就越高。

从资产使用效率的概念可以知道，企业偿债能力与资产使用效率是密切相关的。企业各类资产占用资金过多或出现有问题的资产，就会使资产运用不充分，资金积压，企业盈利能力下降，企业偿债能力就会相应减弱。

一般而言，影响资产使用效率的因素包括：企业所处行业及其经营环境、企业经营周期的长短、企业的资产构成及其质量、资产的管理力度以及企业所采用的财务政策等。资产使用效率一般用资产周转率指标来反映。常用的指标有以下几个。

1. 总资产周转率

总资产周转率指企业一定时期的营业收入与总资产平均总额的比率，说明企业的总资产在一定时期内（通常为一年）周转的次数。该指标反映了企业对全部资产的运用效率，指标数值越大，说明企业全部资产的周转速度越快，资产的使用效率越高，其结果必然会给企业带来更多的收益，使企业的盈利能力、偿债能力都得到提高。从指标的含义可知，要想提高总资产的使用效率有两条途径：一是增加收入，二是减少资产。

2. 固定资产周转率

固定资产周转率是指企业一定时期的营业收入与固定资产平均净值的比率。该指标衡量的是固定资产的使用效率，固定资产周转率越高，表明企业固定资产的利用越充分，说明企业固定资产投资得当，固定资产结构分布合理，能够较充分地发挥固定资产的使用效率，企业的经营活动也就越有效；反之，则表明固定资产使用效率不高，提供的生产经营成果不多，企业固定资产的营运能力较差。同样，要提高固定资产的周转率也需要从公式的分子、分母入手寻找解决办法。

3. 应收账款周转率

应收账款周转率是指企业一定时期的营业收入与应收账款平均余额的比率，它意味着企业的应收账款在一定时期内（通常为一年）周转的次数。在一定期间内，企业的应收账款周转率越高，周转次数越多，表明企业应收账款回收速度越快，企业应收账款的管理效率越高，资产流动性越强，短期偿债能力也就越强。该指标下降，会影响企业的资金状况，导致资金紧张，风险上升。同时，较高的应收账款周转率可有效地减少收款费用和坏账损失，从而相对提高企业流动资产的收益能力。

计算和分析应收账款周转率指标应注意以下几个问题。

（1）使应收账款周转率下降的主要原因是企业的信用政策、客户故意拖延和客户财务困难。

（2）应收账款是时点指标，易受季节性、偶然性和人为因素的影响。为了使该指标尽可能接近实际值，计算平均数时应采用尽可能详细的资料。

（3）一般而言，应收账款周转率越高越好，但过高的应收账款周转率也可能是由紧缩的信用政策引起的，其结果可能会危及企业的销售增长，影响企业的市场占有率。

4. 存货周转率

存货周转率是反映企业存货在一定时期内周转速度的指标。其可由两种方式计算：一是以成本为基础的存货周转率，用营业成本与存货平均净额的比值来反映，主要用于流动性分析；二是以收入为基础的存货周转率，用营业收入与存货平均净额的比值来反映，主要用于盈利性分析。

以成本为基础的存货周转率，公式中分子、分母口径一致，可以更准确地反映企业存货的周转情况；以收入为基础的存货周转率既维护了资产使用效率比率各指标计算上的一致性，又能与应收账款周转率相对应，从而计算得出企业的营业周期。但不论采用哪一个指标，一般情况下存货周转次数越多，说明存货的周转速度越快，存货的占用水平越低，流动性越高，存货转换为现金或应收账款的速度越快。因此，提高存货周转率，改善存货的使用效率，可以增强企业的获利能力，提高企业的变现能力。

在计算分析存货周转率指标时，也应该注意以下几个问题。

（1）应尽可能结合存货的批量因素、季节性变化因素等情况对指标加以理解，同时可结合存货的组成结构进一步计算分析。

（2）存货（特别是那些供应较紧张的存货）周转过快，有可能会因为存货储备不足而影响生产或销售业务的进一步发展。

需要注意的是，以上各项资产周转率的计算，在公式中我们采用的分子"营业收入或营业成本"，是现行利润表中的"营业总收入和营业总成本"的概念，没有采用"主营业务收入或主营业务成本"，主要是考虑到多数公司的实际情况，当公司主营业务突出、采用聚焦战略时，主营业务收入或成本占企业营业总收入或总成本的比例很高，相互替代问题不大；当公司主营业务不突出，采用多元化战略时，区分主营业务收入或成本意义不大，采用总收入或成本的概念更符合实际情况。

图 6-8 ～图 6-11 分别列示了华策影视和华谊兄弟以及行业平均值[⊖]的资产周转率情况。

从应收账款周转率来看，华策影视逐年降低，从 2010 年的 5.2 降低到 2018 年的 1.3，可见公司应收账款占用资金情况逐年加重。而华谊兄弟经历了从 2010 年的 2.6 到 2014 年的 1.6 的下降之后，从 2015 年开始逐步恢复，2018 年基本恢复到了 2010 年的情况，达到了 2.7。在这一指标上，华策影视 9 年来从高于行业均值，到 2013 年开始低于行业均值，此后与行业均值间的差距越来越大。华谊兄弟则从 2010 年起就一直低于行业均值，但近年逐年缩小与行业均值间的差距，2018 年仅仅低于行业均值 0.2（见图 6-8）。

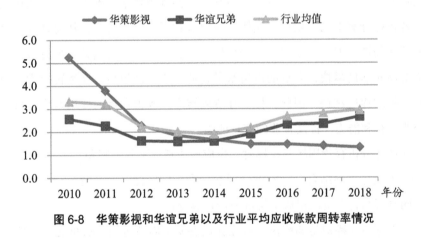

图 6-8　华策影视和华谊兄弟以及行业平均应收账款周转率情况

从存货周转率（见图 6-9）来看，华策影视在 2010 ～ 2012 年领先于行业均值及华谊兄弟，但从 2013 年开始，其存货周转率低于行业均值与华谊兄弟，到 2018 年下滑到 2.2。2013 ～ 2016 年，华谊兄弟的这一指标则高于行业均值和华策影视，最近两年则略低于行业均值，但 2018 年仍达到 3.4。

⊖ 此处行业平均是按照申万行业分类"SW 影视动漫"计算的，截至 2018 年 12 月 31 日共计 25 家上市公司。数据来源于 Wind。本章关于华策影视与华谊兄弟的数据，除非特殊说明，否则都来自 Wind。

第 6 章 指标分析 251

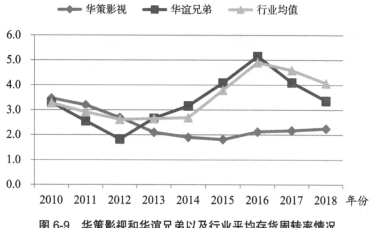

图 6-9 华策影视和华谊兄弟以及行业平均存货周转率情况

从固定资产周转率（见图 6-10）来看，华策影视一枝独秀，远远高于行业均值和华谊兄弟，2013 年最低也达到了 20，2018 年则超过 200。前面的分析表明，华策影视的固定资产占比仅仅为 0.2%，远低于华谊兄弟的 5%。受资产越来越重型化影响，华谊兄弟的固定资产周转率较低，同时也低于行业均值，在 2010 年最高为 17，2018 年则降低为 4.3，这比行业均值少了 1.2。

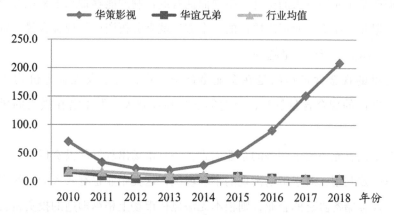

图 6-10 华策影视和华谊兄弟以及行业平均固定资产周转率情况

从总资产周转率（见图 6-11）来看，华策影视从 2013 年开始略高于行业均值，华谊兄弟则从 2013 年开始低于行业均值，2018 年华策影视 0.43 的总资产周转率是华谊兄弟 0.2 的两倍以上。由此可见，华谊兄弟庞大的资产规模，相对而言并没有带来更多的营业收入，资产运营效率欠佳。

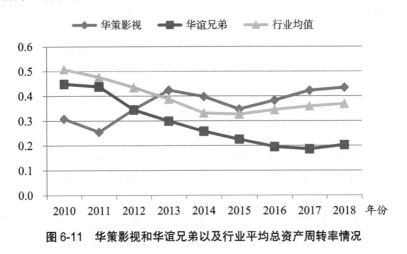

图 6-11　华策影视和华谊兄弟以及行业平均总资产周转率情况

6.1.4　现金含量分析

资产是企业因过去的交易、事项而拥有或控制的能够带来未来现金流量的资源，据此，评价企业资产质量的一个方法就是分析资产的现金含量。资产的现金含量越高，资产质量越好。

这里的现金含量指的是在企业全部资产中，现金及现金等价物所占的比重。资产的现金含量越高，企业的财务弹性越大，发生潜在损失的风险就越低。

对于拥有充裕现金储备的企业而言，一旦市场出现好的投资机会，企业就可迅速高效利用；对于市场出现的不利境况，这类企业也有较大的空间来从容应对。现金储备匮乏的企业，则根本无法抓住市场上稍纵即逝的投资机会，对于市场逆境更是无法应对。从表 6-4 可以看出，华策影视 2018 年年末资产总额中的现金含量高达 16.99%，可供出售的金融资产占比为 6.63%。华谊兄弟的现金含量在 2018 年年末为 14.32%，可供出售的金融资产占比高达 11.57%。我们应该说，两家公司都显示了较强的财务弹性，使企业可以有充足的资源拓展主业和利用其他投资机会，或者为应对到期刚性债务提供一定的保障。

2018 年华策影视的资产负债率约为 46%，有息负债率约为 19%。而华谊兄弟 2018 年的资产负债率约为 48%，有息负债率约为 31%。与二者货币资金占比 16.99% 和 14.32%（再考虑可供出售金融资产中按公允价值计量部分为 1% 左右）相比，二者均有"类存贷双高"的趋向。2018 年，在经济下行和去杠杆环境下，企业普遍资金紧张，轻资产的影视行业压力更明显。账面资金较多，可能与公司处置资产、引入战投、加大授信、储备债务偿还资金和准备项目开工建设有关系。

6.2 盈利质量分析

盈利质量的分析主要依据利润表中的数据来进行。所谓盈利质量没有权威定义，通常是指企业盈利的趋高性（尽可能高）、真实性（或可靠性）、持续性（或稳定性）和收现性（或获现性）。若盈利很少，或其大部分不是来自经营性业务而是政府补助收入，或者投资收益等其他一次性收入占比过大，又或者盈利并没有同步取得现金，而是以应收账款的形式体现等，这样盈利中就包含较大"水分"，盈利质量就低。一个良好的企业应该具有较高的盈利水平，没有确认水分，有现金流的保障，有较好的发展潜力。

6.2.1 利润表的整体审视

基于对盈利质量的评价，为了总体把握，我们还是先从利润表的整体结构审视开始，即从利润表自身结构的协调性来看盈利的质量特征。

1. 利润表列报变化

利润表（包括其他财务报表）的列报，经历了多次变化。

2006年2月，我国财政部发布了《企业会计准则第30号——财务报表列报》（财会〔2006〕3号）。2007年9月，国际会计准则理事会（IASB）发布了《国际会计准则第1号——财务报表列报》的修订版，首次引入"综合收益"概念并要求主体披露综合收益各项目及其所得税影响。为实现进一步趋同，我国财政部于2009年6月发布了《企业会计准则解释第3号》（财会〔2009〕8号），正式引入了"综合收益"和"其他综合收益"概念，进一步对利润表的列报内容与方式做出了适当调整，在利润表中增加了"其他综合收益"和"综合收益总额"项目。

2011年6月，国际会计准则理事会发布了《对〈国际会计准则第1号——财务报表列报〉的修改——其他综合收益项目的列报》，主要修订内容：一是将其他综合收益项目划分为"满足特定条件时后续将重分类计入损益的项目"和"不能重分类计入损益的项目"两类区别列报；二是当企业选择以税前为基础列报其他综合收益项目时，要求将相关税收影响在上述两类项目之间分配。

2014年1月，针对国际列报准则的新变化，我国财政部发布了《关于印发修订〈企业会计准则第30号——财务报表列报〉的通知》（财会〔2014〕7号），将《企业会计准则解释第3号》中有关综合收益的概念正式纳入会计准则正文，并进一步明确了"其他综合收益"与"综合收益总额"的定义；明确了"其他综合收益"与"综合收益总额"的报表列报方式；确定"综合收益总额"项目反映净利润和其他综合收益扣除所得税影响后的净额相加后的合计金额，"其他综合收益"应当以扣除相关所得税影响后的净额单独列示各项目，并且要划分为"以后会计期间不能重分类进损益的其他综合收益项目"和"以后会计期间在满足规定条件时将重分类进损益的其他综合收益项目"两类分别列报；在合并利润表综合收益总额项目之下单独列示归属于母公司所有者的综合收益总额和归属于少数股东的综合收益总额。

此后的2017年12月、2018年6月和2019年4月，财政部又相继发布了《关于修订印发一般企业财务报表格式的通知》（财会〔2017〕30号）、《关于修订印发2018年度一般企业财务报表格式的通知》（财会〔2018〕15号）、《关于修订印发2019年度一般企业财务报表格式的通知》（财会〔2019〕6号），利润表进一步变化，主要包括新增项目，如"资产处置收益""其他收益""持续经营净利润""终止经营净利润"等；拆分项目，如从"管理费用"项目中分拆"研发费用"项目，在"财务费用"项目下增加"利息费用"和"利息收入"明细项目；调整项目，如对"营业外收入"和"营业外支出"项目反映的内容进行了调整；对部分项目的先后顺序进行了调整，对部分项目进行了简化。

总体来看，根据《企业会计准则第30号——财务报表列报》和一系列通知要求，利润表的格式和构成较之前发生了很大的变化，从实质意义上而言，现行的利润表已经变成了综合收益表，其出发点是为满足不同会计信息使用者的要求，准则制定方采用折中的办法，采用了历史成本和公允价值的混合计量模式，将利润表扩展成为综合收益表。从形式上看，与之前的利润表格式和内容相比，新准则下的利润表更加"综合化"了。主要表现在：一是确立了会计报表确认思想的"资产负债观"，引入了综合收益等指标；二是着眼于企业日益综合化经营的发展趋势，不再区分主营业务和其他业务；三是考虑了投资人对股份公司特别是上市公司业绩评价的需要，引入了每股收益并区分了少数股东权益等。

最核心的还是综合收益观的引进，旨在适应多样化金融工具的应用出现，完善了传统利润表的不足，为财务报告使用者提供了高质量的财务信息。综合收益体现了会计报表确认思想上的"资产负债观"，只要能引起所有者权益变化（除所有者与企业交易外），都属于其核算范畴，突破了传统收益表的局限，把全部已确认但未实现的利得或损失纳入财务报表中，同时也突破了传统会计收益的实现原则，引入了公允价值的计量属性。根据准则的定义，综合收益是指企业在某一期间除与所有者以其所有者身份进行的交易之外的其他交易或事项所引起的所有者权益变动。其他综合收益是指企业根据其他会计准则规定未在当期损益中确认的各项利得和损失。

形象起见,我们可以在会计报表上将净资产项目大概归类(见图6-12),来理解资产负债观下的综合收益概念。

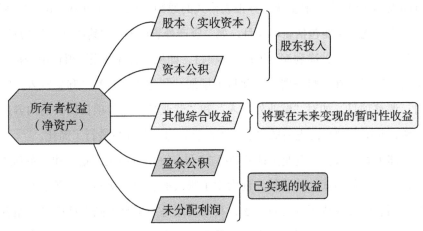

图6-12 其他综合收益与所有者权益的关系

由于原计入资本公积的其他综合收益,在相关资产终止确认时将被转出并计入当期损益(相当于企业利润或亏损的"蓄水池"),因此在有大额其他综合收益的企业中,其他综合收益一旦被释放出来,将对净利润产生巨大的影响。利润表全面引入综合收益的理念后,将限制企业管理层进行盈余管理、利润操纵的空间。

需要提示的是,从债权人的角度出发,现有的利润表太过复杂,好在具体的个体企业通常不会涉及太多的"新项目"。实务分析中可将空白行删除,以利于更加便捷地分析。

最新的利润表格式,大家可以参阅具体的准则和通知。下面仍以华策影视为例,展示其2018年度的利润表(合并格式)(见表6-6)。

2. 利润表整体评价内容

利润表采用的是多步式结构,我们可以从如下三个方面入手进行总体评价。

表 6-6　华策影视合并利润表（2018 年 1～12 月）

（单位：元）

项目	本期发生额	上期发生额
一、营业总收入	5 797 208 568.90	5 245 589 747.45
其中：营业收入	5 797 208 568.90	5 245 589 747.45
利息收入		
已赚保费		
手续费及佣金收入		
二、营业总成本	5 500 856 061.34	4 631 741 429.86
其中：营业成本	4 294 752 231.28	3 851 682 237.41
利息支出		
手续费及佣金支出		
退保金		
赔付支出净额		
提取保险合同准备金净额		
保单红利支出		
分保费用		
税金及附加	29 408 496.91	21 237 690.44
销售费用	517 354 117.68	327 573 570.86
管理费用	279 314 414.90	252 043 750.28
研发费用	25 164 226.78	30 193 310.58
财务费用	72 173 398.01	96 231 756.97
其中：利息费用	106 823 531.43	104 922 289.30
利息收入	20 863 766.58	19 060 106.12
资产减值损失	282 689 175.78	52 779 113.32
加：其他收益	74 409 678.94	56 532 293.25
投资收益（损失以"-"号填列）	10 430 618.56	32 587 130.37
其中：对联营企业和合营企业的投资收益	-23 800 899.01	-19 979 971.44
公允价值变动收益（损失以"-"号填列）	-208 433.16	-936 030.49
汇兑收益（损失以"-"号填列）		
资产处置收益（损失以"-"号填列）	232 945.88	264 080.67

（续）

项目	本期发生额	上期发生额
三、营业利润（亏损以"-"号填列）	381 217 317.78	702 295 791.39
加：营业外收入	8 063 506.58	5 867 232.52
减：营业外支出	2 883 884.89	4 225 987.94
四、利润总额（亏损总额以"-"号填列）	386 396 939.47	703 937 035.97
减：所得税费用	136 332 823.13	68 023 676.05
五、净利润（净亏损以"-"号填列）	250 064 116.34	635 913 359.92
（一）持续经营净利润（净亏损以"-"号填列）	250 064 116.34	635 913 359.92
（二）终止经营净利润（净亏损以"-"号填列）		
归属于母公司所有者的净利润	211 223 242.23	634 432 746.59
少数股东损益	38 840 874.11	1 480 613.33
六、其他综合收益的税后净额	-144 450 409.93	-87 687 978.72
归属母公司所有者的其他综合收益的税后净额	-144 450 409.93	-87 687 978.72
（一）不能重分类进损益的其他综合收益		
1. 重新计量设定受益计划变动额		
2. 权益法下不能转损益的其他综合收益		
（二）将重分类进损益的其他综合收益	-144 450 409.93	-87 687 978.72
1. 权益法下可转损益的其他综合收益	891 891.51	-6 453 748.29
2. 可供出售金融资产公允价值变动损益	-145 342 301.44	-81 234 230.43
3. 持有至到期投资重分类为可供出售金融资产损益		
4. 现金流量套期损益的有效部分		
5. 外币财务报表折算差额		
6. 其他		

(续)

项目	本期发生额	上期发生额
归属于少数股东的其他综合收益的税后净额		
七、综合收益总额	105 613 706.41	548 225 381.20
归属于母公司所有者的综合收益总额	66 772 832.30	546 744 767.87
归属于少数股东的综合收益总额	38 840 874.11	1 480 613.33
八、每股收益		
（一）基本每股收益	0.12	0.36
（二）稀释每股收益	0.12	0.36

（1）总体规模的绝对性。衡量一个企业绝对体量的核心指标就是营业收入，通过横纵向对比可以定位企业的规模和行业地位。特别是在经济下行期，对企业最直接的影响不是末行（bottom line），而是首行（top line）。作为利润表的首行项目，营业收入的重要性一点也不逊色于税后利润这一末行项目，因为营业收入的规模和成长性是评价企业财务业绩的关键所在。营业收入既是衡量企业核心市场竞争力的关键指标，也是评估其创造经营性现金流量的基础。在我国，收入规模还关乎企业的行业排名及其管理层的政治地位。因此，首先看营业收入的绝对规模。例如，华策影视2018年营业收入约58亿元，而行业平均水平约24亿元，公司在行业内排名第三，处于头部位置。

（2）收入利润的主导性。综合收益概念下，不再区分之前的主营业务与非主营业务，但营业利润的构成还是有必要加以区分，类似投资收益、公允价值收益、资产处置收益、其他收益等都可作为非经常性收益，可能波动性大、不可持续，通常并非由企业核心业务产生的营业利润，因其发生与经营业务无直接关系，或虽与经营业务相关，但出于其性质、金额或发生频率的原因，会对真实、公允地反映公司正常经营业务的盈利能力产生影响。从长远看，即使在某一特定时期，上述项目对利润的贡献较大，这种贡献也难以持久，也很难说明企业未来的盈利能力具有持续性。因此，要分析营业利润的最主要贡献者来源于哪里，主导性的收入来源是什么。在其他条件不变的情况下，营业利润中非经常性收益所占比重越小,盈利质量越高。另外,对于合并报表还应分析母公司营业收入占合并口径的比例,从理论上讲,内生性增长或并购增长,并无实质性的不同,并购只是安排在企业外部的投资而已。但内生性增长显然较并购增长含金量要高,前者更多源于公司核心能力的释放,后者多是收入的简单叠加。计算华策影视 2018 年的相关数据,来自核心业务的利润在营业利润中的占比达 78%,其他收入部分仅占 22%。但母公司报表显示营业收入仅为 4.5 亿元,仅仅占合并收入的 7.5%。母公司资产负债表显示,长期股权投资高达 25.5 亿元。合并资产负债表显示商誉为 13.2 亿元。公司 90% 以上的营业收入均源自合并公司的贡献,除了影响收入的稳定性外,巨额商誉的存在也为公司未来的业绩带来了隐患。

(3)整体经营的获利性。许多人包括信贷人员习惯拿到利润表后,首先去看最后一行(之前利润表的格式下),最后一行就是净利润。在解读利润表时,是第一行营业收入重要还是最后一行净利润重要,还真是一个见仁见智的问题。这导致美国有知名会计学教授曾幽默地建议准则制定机构干脆将利润表的顺序颠倒一下,将净利润列在第一行,省得人们费心地从第一行找到最后一行。此说虽有些笑谈,却也证明了净利润的重要性。因为企业经营的目的就是盈利,不能实现盈利的企业是无法存在于竞争性市场中的。所以,一个企业盈利质量高,一定是要实现盈利,且越高越好,多多益善。华策影视 2018 年实现净利润 2.5 亿元,在全行业平均亏损 3.3 亿元的情形下,应该说取得了不俗的业绩。但公司同时受其他综合收益 −1.44 亿元的影响,综合收益为 1.06 亿元。

6.2.2　收入质量分析

企业销售商品或提供劳务所获得的收入,是企业实现资本"惊险一跳"的源泉,也是企业最稳定、最可靠的现金流量来源,而获取现金才能维持企业资金链条的顺畅运转。因此,通过分析收入质量,可以探知企业通过业务经营创造现金的能力，进而对企业能否持续经营做出基本判断。

1. 持续稳定性

收入质量分析侧重于观察企业收入的持续稳定性，这里所谓的持续稳定性表现在收入水平是稳定的或收入增长趋势是稳定的，没有剧烈的上下波动。持续稳定的收入产生的盈利的质量较高，反之，盈利质量较低。

在分析评价收入的持续稳定性时，应关注以下几点。

（1）持续稳定的收入应主要来源于核心业务。

（2）持续稳定的收入应主要来源于经常性项目，而不是非经常性项目。

（3）持续稳定的收入应主要来源于非关联交易。

（4）持续稳定的收入应主要来源于内生性增长。

（5）持续稳定的收入不能是管理当局刻意安排的结果。

分析收入的持续稳定性，最有效的办法是编制趋势图表，这样能一目了然。编制方法是，以公司某一年度的营业收入为基数，将其后若干年度的相应数据除以基数年的收入数据，看连续若干年收入的成长性和波动性。成长性越高、波动性越低，质量越高。

对于指标出现波动情况如何判断是不是持续增长的问题，可以借鉴商标形状来比喻，"耐克型"符合持续增长的标准，而"李宁型"不符合。例如，出现2019年收入大于2018年收入、2018年收入小于2017年收入的情况：若2019年收入大于2017年收入，即"耐克型"（见图6-13），则可认定为持续增长；反之，为"李宁型"（见图6-14），则不能认定为持续增长。这一原则也适用于其他各类收益指标的判定。

图 6-13 "高—低—更高"之"耐克型"　　图 6-14 "高—低—次高"之"李宁型"

仍以华策影视和华谊兄弟的营业收入（合并口径）为例。其收入变动趋势如图 6-15 所示。

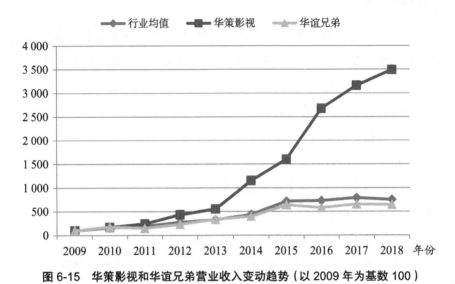

图 6-15　华策影视和华谊兄弟营业收入变动趋势（以 2009 年为基数 100）

图 6-15 清晰地表明，华策影视的营业收入 10 年来一直保持着持续稳定的增长态势，2014 年和 2016 年更是取得了急速增长。其 2018 年营业收入是 2009 年的 35 倍，2009～2018 年 9 年间复合增长率为 48%。华谊兄弟虽然总体上也保持持续的增长态势，但 2011 年和 2018 年取得了同比负增长的业绩，2018 年营业收入是 2009 年的 6.4 倍，2009～2018 年 9 年间复合增长率为 23%。华谊兄弟的增长性与稳定性远不如华策影视，且华策影视一直高于行业平均的增速，而华谊兄弟仅在 2010 年和 2013 年稍微领先于行业平均增速，其他年度都低于行业平均增速。但随着前几年影视行业面临总产能过剩、上游演员成本过高、税务政策调整、平台限价、现金流紧张等一系列问题，两家公司的营业收入增速近年呈逐渐放缓趋势。

在分析收入的波动性时，将特定公司的营业收入与宏观经济周期的波动结合在一起考察，还可判断公司抵御宏观经济周期波动的能力。在示例中，10 年来，华策影视的增速远远快于经济发展的增速，华谊兄弟的增速则慢于经济发展的增速，由此也可以看出，同为大娱乐、大消费行业的影视公司，两公司抵抗周期的能力截然不同。

在结合公司总资产规模观察时，华策影视2018年的总资产是2009年的约54倍，2009～2018年9年间的复合增长率为56%，增长速度快于年营业收入，一定程度上显示推动公司营业收入快速增长的主要因素是公司资产规模的扩张。华谊兄弟2018年的总资产是2009年的约11倍，2009～2018年9年间的复合增长率为30%，增长速度也快于年营业收入，一定程度上显示推动公司营业收入快速增长的主要因素也是公司资产规模的扩张。结合周转率来看，华谊兄弟0.2的总资产周转率相比华策影视0.3～0.4的水平，显示了其管理效率较低。

当然，进一步深入分析，评价企业的持续稳定性实际上也是在说企业的成长性问题。我们一般强调销售收入的持续稳定性，但在实际工作中，也不应排除企业资产规模扩大、利润增加、成本降低、技术进步等指标对企业成长性的描画，必要时应一并关注。

2. 销售净利率

对于收入质量的分析，还应关注一个指标，即销售净利率，该指标表示有多少销售收入最终转化为了净利润。企业在增加销售收入额的同时，必须相应地获得更多的净利润，才能使销售净利率保持不变或有所提高。

由于销售净利率=（净利润/销售收入）×100%=[（销售收入-总耗费）/销售收入]×100%=1-成本费用率，因此销售净利率往往还代表了企业经营者的经营管理水平，销售净利率低，也就是成本费用率高，说明企业管理当局未能创造足够的销售收入或未能控制好成本、费用，或二者皆有。

图6-16显示，华谊兄弟的销售净利率在2013年以后一直领先于行业平均水平，且在2014年度冲高到43.3%，此后逐年回落，2018年变为负数；华策影视2013年之前30%多的销售净利率高于行业平均水平和华谊兄弟，2014年21%的水平被华谊兄弟的43.3%超越，直到2018年公司获得正的净利润，而

大大高于华谊兄弟和行业平均水平。总体而言，近几年，整体行业销售净利率逐年下降，显示在销售收入增长的同时，成本费用开支增长更快，应该是公司快速发展带来制作费用增加，优质 IP 价格，节目模式价格，剧本费用，演职人员劳务报酬，场景、道具、租赁等费用不断上升，产品的销售费用和管理费用也相应增长，促使内容提供商制作成本不断上升。

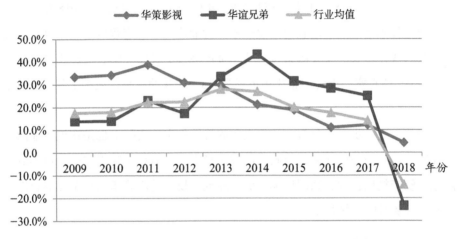

图 6-16　华策影视和华谊兄弟销售净利率变动趋势

6.2.3　利润质量分析

利润是企业创造价值的最主要来源，是衡量企业绩效的最主要指标之一。与收入分析的关注点和要求一样，利润质量的分析同样也侧重于观察利润的持续稳定性。在分析评价利润的持续稳定性时，同样也要关注来源于主营业务的利润、来源于经常性项目的利润、来源于非关联交易的利润、来源于公司自然增长而不是管理当局刻意管理甚至操纵的利润。同时，利润应是可实现的，能够给公司带来真实的现金流量增量，而非仅仅体现在账面上、纸上的富贵。因此我们可以有以下结论，营业利润比净利润更好地反映了盈利质量，应收账款的质量及其变动趋势与盈利质量也密切相关。

1. 持续稳定性

分析利润的持续稳定性，最有效的办法是编制趋势图表，看连续若干年的利润成长性和波动性。成长性越高、波动性越小，利润质量越高。

仍以华策影视和华谊兄弟 2009～2018 年的营业利润和净利润（合并口径）为例。其营业利润变动趋势和净利润变动趋势分别如图 6-17 和图 6-18 所示。

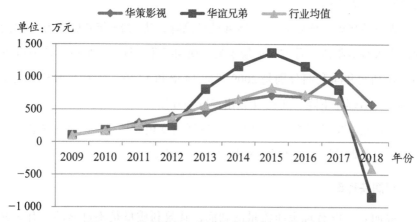

图 6-17　华策影视和华谊兄弟营业利润变动趋势

图 6-18　华策影视和华谊兄弟净利润变动趋势

图 6-17 和图 6-18 显示，在过去 10 年中，2009～2017 年华策影视的营业利润和净利润获得了平稳发展，虽然 2016 年同比负增长，但 2015～2017 年

的增长属于"耐克型"增长。然而2018年在行业整体滑铁卢的形势下，该公司打破了持续增长的态势，掉入"李宁型"增长区间。总体看，2017年是该公司的顶点。该公司2018年的营业利润是2009年的5.7倍，2009~2018年的复合增长率为21%，比起2009~2017年高峰时的复合增长率34%跌落不少。其2018年的净利润是2009年的4.5倍，年复合增长率为18%，但2009~2017年复合增长率为36%。

反观华谊兄弟，该公司在2015年达到高峰，从2016年开始滑入"李宁型"区间，步入衰退阶段，且波动远较华策影视和行业平均水平更巨。该公司2015年的营业利润和净利润分别是2009年的14倍和13倍，年复合增长率几乎均为54%。此后逐年下降，2018年则出现巨额亏损。

两相比较，华策影视在利润指标上发展速度相对稍缓，但持续增长，波动小；华谊兄弟则发展速度更快，但持续性差，波动大。

2. 利润获现率

一般而言，没有现金净流量的利润，其盈利质量是不可靠的。有研究表明，将近4/5的破产企业是盈利企业，它们倒闭并不是因为亏损，而是因为现金"贫血"。事实上，很多企业处于盈利状态，但是并不能保证其现金流量能应付债务的本息。另一种情况是不能保证其现金流量满足公司进一步投资增长的需要，而出现"盈利性破产"。这说明，企业不是靠利润生存的。只要企业资金链条不断裂，就应该没有破产之虞。利润与相应现金流量的匹配程度，或者说利润与现金流量之间的差异往往可以暴露出公司利润质量的高低。如果利润与现金流量之间的差额异常扩大，就可能预示着公司利润质量出现了问题。

利润获现率可以用经营性现金净流量与营业应得现金的比率来表示，其含义是在企业经营性活动中产生的应得现金中实际取得了多少现金。其计算公式是：

$$利润获现率 = 经营性现金净流量 \div (营业利润 + 非付现成本)$$

若做长时间的分析，也可以用经营性现金净流入与净利润相比较，因为理论上讲，一家公司的净利润长期来看应当与其经营活动所产生的现金净流入相等或相当。因为二者只是计量原则不同，它们之间之所以存在暂时性的差异，是因为在市场条件下信用结算和应计会计方法所引起的时间差。在这种情况下，其计算公式是：

$$利润获现率 = 经营性现金净流量 \div 净利润$$

如果该比率小于 1，就说明利润质量不够好。因为指标小于 1 说明经营现金净流量小于经营应得现金，它们的差额被投入到营运资金上，即应收账款增加、应付账款减少、存货增加等，使实际得到的经营现金减少。这说明一部分营业应得现金尚没有真实实现现金流入，而是停留在实物和债权形态，实物和债权的风险高于现金，因此未收现的利润质量低于已收现的利润。同时，这也说明营运资金增加了，反映公司为取得同样的利润占用了更多的营运资金，取得利润的代价增加了，同样的利润代表着较差的业绩。若是企业融资能力跟不上，企业就极易出现资金周转不灵的问题。

以华策影视和华谊兄弟 2009～2018 年度的利润获现率为例，图 6-19 显示，过去 10 年华策影视的经营性现金净流量有 5 年为正 5 年为负，也只有在经营性现金流量为正数的 2017 年和 2018 年，其数值超过了净利润，也就是利润获现率大于 1。其他年份则不尽如人意，特别是 2015 年和 2016 年，经营性现金净流量均为巨额负值且超过 6 亿元，当年的净利润则只有不足 5 亿元。10 年间，其净利润合计高达 30.87 亿元，但 10 年间经营活动创造的现金净流量是 –2.01 亿元。进一步分析，公司 2015 年和 2016 年现金流为巨额负数，可能是预收账款减少、存货和应收账款的占款增加等原因所致，2017 年和 2018 年情况大为好转，但总体看，其净利润现金含量还是不足。

再看华谊兄弟（见图 6-20），纵观其过去 10 年的经营性现金净流量也是有 5 年为正 5 年为负，但利润获现率没有一年能接近或超过 1 的水平，在 2016 年最高，也只达到 0.76。10 年间，其经营活动创造的现金净流量合计为 18.07 亿元，净利润为 46.78 亿元，经营性现金净流量仅占净利润的 38.6%。进一步挖掘，公司利润获现率低也可能与公司来源于投资收益的净收入较多有关，但无论如何，总体净利润现金含量不足都是事实。

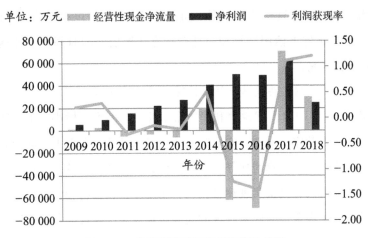

图 6-19　华策影视利润获现率变动趋势

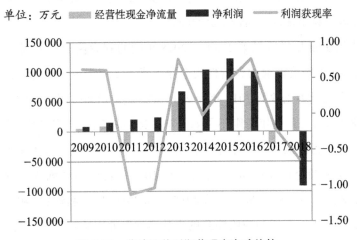

图 6-20　华谊兄弟利润获现率变动趋势

3. 销售赊账增长比率

销售赊账增长比率用于衡量企业应收账款增长率与销售收入增长率之间的关系。在权责发生制下采用赊销所确认的收入，如果不能很快转化为现金，势必降低盈利的质量，从而影响企业的流动性和正常的商业运作。高质量的盈利一定是在营业利润增长的同时，应收账款变动处于正常状况，如果应收账款的增长远远大于销售收入的增长,且出现账龄延长的情况,就很有可能是盈利质量下降的信号(甚至虚增营业收入和利润)。此外,如果应收账款的增加仅仅是由公司向销售商进行"渠道填充"引起的,那么这种向未来透支销售的情形也会降低盈利的质量。该指标的计算公式可表示为:

$$销售赊账增长比率 = 应收账款增长率 \div 销售收入增长率$$

在数据计算中,没有出现营业收入负增长而应收账款正增长的情况,负值代表着营业收入正增长而应收账款负增长,对企业而言是好现象。

数据显示,华策影视在多数年份应收账款都在以快于营业收入增长的速度攀升,仅仅在2016年和2018年有所改变;华谊兄弟在多数年份应收账款增长速度也快于营业收入增长速度,只是在2018年,在营业收入增速下降1.4%的情况下,应收账款增速下降了24.1%,应收账款管理成效显著。华策影视和华谊兄弟销售赊账增长比率如表6-7和图6-21所示。

表6-7 华策影视和华谊兄弟销售赊账增长比率

年份	2010	2011	2012	2013	2014	2015	2016	2017	2018
华策影视	-0.4	6.8	1.8	1.9	1.1	1.7	0.7	2.1	0.7
华谊兄弟	1.7	0.6	2.6	0.3	2.2	0.0	1.1	1.0	17.2
行业均值	0.6	2.2	2.9	0.4	1.7	0.3	-8.0	1.4	3.3

图6-21 华策影视和华谊兄弟销售赊账增长比率

6.2.4 毛利率

毛利率反映了企业产品销售的初始获利能力，是企业净利润的起点，没有足够高的毛利率便不能形成较大的盈利。所以用毛利率来衡量公司利润质量，可以直观地反映企业及其产品的盈利能力，毛利率越高，企业及其产品的盈利能力越强，企业及其产品价格抗冲击能力就越强。反之，则相反。

影响毛利率的因素有很多，直接因素主要有产品规模、产品成本和产品价格。产品规模取决于企业技术经济要求和市场竞争状况；产品成本取决于原材料价格和生产技术水平；产品价格取决于产品竞争力、区域供求关系、市场定价权等。间接看，毛利率还受到企业竞争战略、品牌效应、生命周期阶段等影响。因此，毛利率反映的是公司业务转化为利润的核心能力，直接反映公司竞争力的强弱。例如，贵州茅台（600519，SH）的毛利率水平始终维持在90%左右，就得益于公司超强的品牌效应和定价能力。

毛利率具有明显的行业特征。通常高科技行业的毛利率比普通产业的毛利率高；新兴产业的毛利率比传统产业、夕阳产业的毛利率高；轻资产公司的毛利率比重资产公司的毛利率高；相对于同类产品，新开发的产品毛利率比原有老产品的毛利率高；资源类行业由于资源的稀缺性，毛利率较高。毛利率的高低变化既与行业本身有关，又与经济环境相关，特别是对于周期性行业来说，其毛利率的变化更具有明显的周期性。

例如，以采掘业为代表的资源类行业对经济形势反应敏锐，价格变化明显，在经济回升时毛利率快速升高。例如，在2003年开始的经济上升周期中，采掘业的毛利率呈明显上升态势；2008年开始的国际金融危机打击了世界经济，采掘业毛利率也明显下降；2009年后随着经济的回升，其毛利率又大幅上升。以西藏矿业（000762.SZ）为例，2008年中报显示公司毛利率还保持在46%左右，但随着大宗商品价格的暴跌，2009年年初公司的毛利率跌至19%，但在2009年年末公司的毛利率又回到51%；此后一路下行，到2014年年末则不足9%；随着供给侧改革带来的新一轮反弹，到2017年又上升到37%。周期类的公司经常会这样，并且周而复始，随着大的经济环境起起落落，这时在运用毛利率指标时，一定要结合经济周期阶段综合考虑。

在实践中，需要注意的是，虽然我们说毛利率是企业净利润的起点，没有足够高的毛利率便不能形成较大的盈利。但是较大的毛利并不必然形成较大的净利润。这是因为毛利指的是营业收入与营业成本的差额，并没有计算相关费用以及税负等对业绩的影响。例如，金蝶国际（00268.hk）2009～2018 年 10 年间的毛利率几乎都维持在 80% 左右，净利润率则多在 15% 以下，个别年份为 6%～7%，甚至还出现亏损。毛利率高于 50% 的上市公司中有不少净利率低于 10%，甚至为负。这主要应该是公司发展战略影响的结果，公司一直在战略转型扩张冲刺，销售及研发费用居高不下，导致净利润率低下。

再以华策影视和华谊兄弟为例，2009～2018 年二者的毛利率如图 6-22 所示。

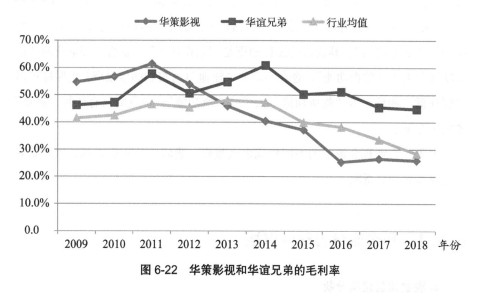

图 6-22 华策影视和华谊兄弟的毛利率

从图 6-22 中可以明显看出两家公司毛利率的差异，华谊兄弟的毛利率相对比较平稳，几乎都在 45% 以上，2014 年最高达到了 60.9%，但最近 5 年都在缓慢下滑。华策影视从 2009 年的 54.8% 增长到 2011 年最高点 61.5% 之后，则一路下滑，2018 年基本在 25% 的水平。以 2012～2013 年为分界线，之前华策影视的毛利率一直高于华谊兄弟，自 2013 年开始华谊兄弟的毛利率一直高于华策影视。2013 年之前，两家公司的毛利率均高于行业平均水平，从 2013 年开始，华策影视的毛利率一直低于行业平均水平，华谊兄弟则一直高于行业平均水平。

6.3 现金流量分析

现金流量的分析主要依据现金流量表中的数据进行。现行企业会计准则将现金流量分为经营活动产生的现金流量、投资活动产生的现金流量和筹资活动产生的现金流量三大类，要求企业采用直接法报告经营活动的现金流量，并在报表附注中将净利润调节为经营活动现金流量（即间接法）。可以做个比喻，若将企业的现金流量比作血液，那么经营活动发挥的是"造血功能"，投资活动发挥的是"放血功能"，筹资活动发挥的则是"输血功能"。显然，若企业的"造血功能"大于"放血功能"，企业不需要"输血"（直接和间接融资）也照样可以身强体健。相反，若"放血功能"大于"造血功能"，企业则只有依赖"输血"才能生存下去。

可见，企业现金流量的不同构成多么重要，我们还是从整体到具体开始对现金流量表的分析吧。

6.3.1 现金流量表整体审视

1. 现金流量结构分析

对现金流量表进行整体上的审视，主要是对现金流量的结构进行分析。所谓现金流量结构分析是指通过对同一时期内现金流量表中的不同项目的比较，分析企业现金流入的主要来源和现金流出的方向，并评价它们对企业的影响。

表 6-8 给出了不同现金流构成情况的一个概括性分析，依据现金流的正（以"+"表示）负（以"-"表示）情况分 8 类情况进行了说明。当然，这里所谓现金流的正负情况应当是指金额较大的情形，而现金流接近于 0 的情况会有所不同。

表 6-8 现金流构成分析

情形	经营现金流	投资现金流	融资现金流	原因分析
1	+	+	+	企业经营和投资收益状况良好，这时仍然进行融资，如果没有新的投资机会，会造成资金的浪费
2	+	+	-	企业经营和投资活动良性循环，融资活动虽然进入偿还期，但财务状况比较安全
3	+	-	+	企业经营状况良好，在内部经营稳定进行的前提下，通过筹集资金进行投资，往往处于扩张时期，应着重分析投资项目的盈利能力
4	+	-	-	企业经营状况良好。一方面在偿还以前的债务，另一方面又要继续投资，应关注经营状况的变化，防止经营状况恶化导致财务状况恶化
5	-	+	+	企业靠借钱维持生产经营的需要，财务状况可能恶化，应着重分析投资活动现金净流入是来自投资收益还是收回投资，如果是后者则形势非常严峻
6	-	+	-	经营活动已经发出危险信号，如果投资活动现金流入主要来自收回投资，则已经处于破产的边缘，需要高度警惕
7	-	-	+	企业靠借债维持日常经营和生产规模的扩大，财务状况很不稳定。如果是处于投入期的企业，一旦渡过难关，还可能有发展；如果是成长期或稳定期的企业，则非常危险
8	-	-	-	财务状况非常危急，必须及时扭转，这种情况往往发生在高速扩张时期，市场变化导致经营状况恶化，加上扩张时投入了大量资金，使企业陷入进退两难的境地

资料来源：肖星. 上市公司财务问题及其分析 [M]. 北京：中国计划出版社，2002：49-50.

表 6-9 和表 6-10 分别列示了 2009～2018 年华策影视和华谊兄弟两家公司的现金流量情况。

表 6-9　2009～2018 年华策影视现金流量情况（单位：万元）

年份	经营活动产生的现金流量净额	投资活动产生的现金流量净额	筹资活动产生的现金流量净额	现金及现金等价物净增加额	对应表 6-8 中的情形
2009	1 147.29	−196.91	3 113.88	4 064.25	3
2010	2 778.87	−2 246.88	89 522.32	90 054.31	3
2011	−4 933.54	−7 716.32	−6 941.60	−19 591.46	8
2012	−3 359.93	−7 902.44	−4 539.43	−15 801.79	8
2013	−5 978.00	−14 264.25	529.53	−19 712.72	7
2014	20 442.78	−95 374.71	93 184.95	18 253.03	3
2015	−61 930.71	−8 077.99	232 556.63	162 547.93	7
2016	−69 050.15	−128 564.87	122 298.06	−75 316.96	7
2017	70 632.19	−20 471.97	−31 631.80	18 528.41	4
2018	30 123.75	11 612.62	8 586.29	50 322.67	1

表 6-10　2009～2018 年华谊兄弟现金流量情况（单位：万元）

年份	经营活动产生的现金流量净额	投资活动产生的现金流量净额	筹资活动产生的现金流量净额	现金及现金等价物净增加额	对应表 6-8 中的情形
2009	5 214.05	−2 638.19	96 423.26	98 999.12	3
2010	9 135.54	−23 294.81	−8 260.81	−22 420.08	4
2011	−23 126.20	−31 617.81	23 210.00	−31 534.01	7
2012	−24 896.47	−39 730.24	75 655.14	11 028.43	7
2013	51 128.99	−41 967.82	40 425.84	49 587.00	3
2014	−2 102.55	23 191.25	−1 241.64	19 376.20	6
2015	52 696.31	−335 178.42	480 213.78	198 261.57	3
2016	75 914.43	−235 305.86	323 479.45	164 803.58	3
2017	−21 458.97	−44 171.31	−65 200.86	−127 194.94	8
2018	58 218.16	−25 232.25	−183 791.63	−153 527.83	4

从整体结构上看，华策影视和华谊兄弟采用的基本都是靠融资来弥补经营性现金流，进行大规模投资的模式，造血功能不足，放血速度很快，都在靠输血功能来维持。一则表明公司创现能力不足；二则表明融资渠道比较畅通，可以通过多方面筹集资金来进行投资；三则表明两家公司都处于对外扩张时期。若后期投资项目盈利能力有保证，就可以预期项目建成后会带来更充沛的经营性现金流量。若后期投资项目盈利能力没有保证，就可以预期后期现金流量将

会更加紧张。由于这两家公司都采用大规模对外并购的模式，未来巨大的商誉就成为悬在公司头上的达摩克利斯之剑。

华谊兄弟靠筹资输血，在经过 2015 和 2016 年两年 57 亿元的巨额投资后，公司 2017 年的现金流量处于极度危险的状态，2018 年又大规模还款，2019 年仍需要大规模融资来支撑企业发展。从现金流量角度看，华谊兄弟非常紧张，公司在大规模投资之后，必须狠抓项目建设和管理，若投资后期不能产生预期的效益，将面对巨大的还款压力和可持续发展的约束。

华策影视的情况只是到了 2017～2018 年才稍微转好，前期也是资金高度紧张，不仅每年都在对外投资（特别是 2014 年和 2016 年的投资规模基本都在 10 亿元量级），而且经营现金流还经常为负，同样公司也依赖于大规模的融资来支撑。未来投资项目的效益状况和再融资能力依旧是压在其身上的不能承受之重。

我期待，随着两家公司投入期的逐步结束和投资收益的实现，它们的现金流量情况能逐步得到改善。

2. 现金流量性质分析

对企业现金流量进行分析时，还有必要对三大类现金流量的性质形成一个科学的认识。经营活动现金流量与融资活动现金流量容易理解，这里主要强调一下投资活动现金流量。

我们知道，企业从募集资金成立开始，其生产经营活动的主要内容就是投资（所谓资金运用），由投资而形成各类不同的资产，由各项资产的运用产生收益。所以，投资是企业的一项常规业务。当然，投资又分为实业投资与金融资产投资，其中实业投资又根据企业采用的不同组织结构或方式，分为两种：一种是被放在企业主体内部的业务部门形成企业的固定资产等资产形式；另一种是被安排为一个独立法人的业务部门形成企业的对外长期投资。由是观之，依据不同的生产组织方式，企业投资行为导致的结果是：要么将被投资对象纳入原企业主体内部，作为各类资产而存在，要么使被投资对象形成一个独立的主体作为企业的长期投资而存在。可见，企业对生产的不同组织方式，导致了不同的资产存在形式，但该投资行为所涉及的具体行为或行为的最终目的（组织生产，赚取利润）则是完全一样的。

然而，按照现行会计报表的反映，两种实业投资形式在财务报表上有不同的归属：那些被作为企业内部一个部门的业务活动或部门所创造的收益成为企业的营业收入（与之相关的现金流量成为经营活动现金流量）；那些被作为独立法人的业务活动或部门所创造的收益则成为投资收益（与之相关的现金流量成为投资活动现金流量）。当然，这种不同的组织结构或生产组织方式导致的不同财务结果，仅仅是财务会计制度的规定人为造成的分类上的区别，本质上并没有实质差异。

当然，从与企业原核心业务的匹配性以及协同性出发，投资又分为企业自己注册公司开始投资建设与直接并购两大类，后者由于并购的价格问题、与原有业务的整合问题等方面存在潜在的风险，与前者还是存在一定差异，特别是有些上市公司为了单纯做大利润而高价并购的情形，还是需要警惕。

6.3.2　经营性现金流量分析

在三方面的现金流量中，经营活动现金流量在评价企业获取现金能力方面尤为关键。企业虽然可以通过变卖资产或借债来维持或弥补现金的不足，但这都是暂时性的。从长远看，企业必须能够通过自身的经营产生现金，否则越来越多的债务负担将使企业的财务状况陷入恶性循环。同时，经营活动是企业经济活动的主体，而且具有可再生性，信贷人员可借助经营活动现金流量来考察企业支付能力的稳定程度。因此，经营活动现金流量是现金流量表分析的重点。

影响经营活动现金流量变化的主要原因在于以下几个方面。⊖

1. 行业特点

不同的行业，由于商业惯例不同，现金流量的模式也不同。有的行业采用预收账款方式销售，有的采用赊销方式销售，有的则采用现销的方式销售。显然，不同的销售模式会导致不同的经营活动现金流量模式。

⊖ 参阅张新民，钱爱民. 财务报表分析 [M]. 北京：中国人民大学出版社，2008：174-175.

2. 发展阶段

处于不同发展阶段的企业，其经营活动现金流量的态势也不相同。在企业发展的初级阶段或投入阶段，为了迅速占领市场，扩大影响力，企业往往会加大现金投入；反之，在处于成熟的发展阶段，市场竞争优势明显的企业，其现金流量态势会明显改善。

3. 营销策略

即使在同一个行业内，由于企业间的竞争优势各不相同，在市场中的营销策略也会有所差异。竞争优势明显、产品供不应求的企业，往往采用预收货款的方式；销售困难、在市场中处于暂时竞争劣势的企业往往会加大赊销的力度。

4. 收付异常

在多数情况下，影响企业经营活动产生现金流量的主要因素是其常规的收付过程的控制情况。在企业由于种种原因收款或付款异常的时候，其经营活动产生的净现金流量也会发生显著的变化。

5. 关联交易

关联交易既可能对交易的盈亏进行操纵，也可能对现金流的流向进行操纵。以关联交易为主的企业，其经营活动现金流量正常与否，更多地取决于关联企业之间的现金流量控制。

6. 异常运作

在企业的经营资金被关联方占用的情况下，常规的经营活动的现金流量再努力，也难以抵挡关联方的巨额占用对经营活动现金流量的冲击。

我们可以通过分析收入现金比和经营现金利润覆盖率这两个指标来对经营活动现金流量进行分析。

经营现金利润覆盖率就是利润获现率，前文已述及。

收入现金比的计算公式为：

$$收入现金比 = 销售商品和提供劳务收到的现金 \div 营业收入$$

收入现金比衡量的是企业在销售商品或提供劳务的过程中以现金收到的收入占比多少,对于适用税率为 13% 的增值税的一般纳税人来说,如果销售商品的收入全部是现金,那么该比率为 1.13。由于很多时候公司并不完全是现金交易,还存在赊销形式,所以会形成应收账款,收入现金比率往往小于 1.13,但该比率在 1 左右相对合理,长期低于 0.8 一般认为企业缺乏竞争优势,产品缺乏竞争力或者采用了激进的销售策略导致回款乏力,当然具体判断时需要结合所分析企业的具体适用税率。例如,华策影视 2018 年适用的增值税率分别为 3%、5%、6%、10%、11%。

以华策影视和华谊兄弟为例。总体看,华谊兄弟在收入现金比指标上的表现要强于华策影视,10 年中有 6 年大于 1,除了 2012 年最低为 0.71 外,其他年份也都在 0.9 以上;华策影视只有 2017 年超过 1,其他年份均为 0.7~0.9(见图 6-23)。

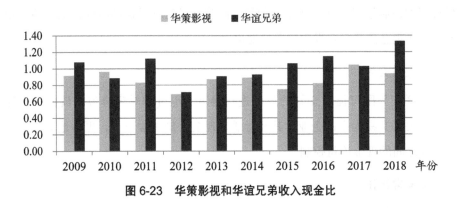

图 6-23　华策影视和华谊兄弟收入现金比

6.3.3　自由现金流量分析

经营性现金流量虽然能够揭示企业"造血功能"的强弱,但即使是正值的经营性现金流量,也未必代表企业可以将其全部用于还本付息或支付股利。衡量企业还本付息和支付股利能力的最重要指标是自由现金流量。

关于自由现金流量的定义和算法并没有公认一致的标准。从公司的生产与发展角度看，一般倾向于认为，自由现金流量就是企业产生的在满足了扩大生产需要之后剩余的现金流量。在该定义下，自由现金流量在性质上是指企业在维持现有经营规模和适度增长的前提下，能够自由处置（包括还本付息和支付股利）的经营性现金净流量，或者说是在不危及公司生存与发展的前提下可分配给股东和债权人的最大现金额。在数额上，自由现金流量等于经营活动产生的现金净流量减去维持和扩大经营规模的资本性支出。自由现金流量主要用于衡量企业还本付息和支付现金股利的能力，也是衡量公司财务弹性的指标。

没有一个完美的公式来计算自由现金流量，本书采用最简单的计算公式：

自由现金流量＝经营活动现金净流量－投资活动现金净流出

表 6-11 显示，华策影视和华谊兄弟两家公司多数年份都不能创造出自由现金流量，都需要借债运营，缺乏财务弹性，维持正常的运营都存在巨大的资金缺口。两家公司在刚刚上市募集了大量权益资金时，状况还可以，随后就都进入了烧钱阶段。华策影视直到近几年才有所好转，10 年间合计产生自由现金流量总额约为 −29 亿元。华谊兄弟则在 2013 年和 2014 年依托经营和回收投资产生了部分自由现金流量，然后大规模消耗巨额的现金流量，直到 2018 年才由于经营现金流量的改善和投资活动的减少创造了部分自由现金流量，10 年间合计产生的自由现金流量总额约为 −57.5 亿元。这都靠公司在资本市场进行直接融资和银行借款来维持。

表 6-11　华策影视和华谊兄弟自由现金流量　（单位：万元）

年份	华策影视自由现金流量	华谊兄弟自由现金流量
2009	950.4	2 575.86
2010	532.0	−14 159.27
2011	−12 649.9	−54 744.01
2012	−11 262.4	−64 626.71
2013	−20 242.3	9 161.17
2014	−74 931.9	21 088.70
2015	−70 008.7	−282 482.11
2016	−197 615.0	−159 391.43
2017	50 160.2	−65 630.28
2018	41 736.4	32 985.91

6.4 偿债能力分析

银行作为债权人,关心的是企业能不能按期还款。企业偿债能力,静态地讲,就是用企业资产清偿企业债务的能力;动态地讲,就是用企业资产和经营过程创造的现金流偿还债务的能力。因此,从本质上说,企业是靠资产创造的收入或资产本身的变现偿还债务的。具体偿还债务通常要用现金,所以从债权人角度看,分析企业偿债能力具体要看资产和现金流,并兼顾收入和利润,企业的债务要与这四个因素相匹配。因此单纯就企业债务规模本身大小论及企业的偿债能力大小是没有逻辑的,必须结合二者的关系来说,所以衡量企业偿债能力大小的指标基本都是相对的比率指标。当然,企业负债自身的结构或资本结构对偿债能力也有一定影响。如此,衡量企业偿债能力的指标体系如表6-12所示。

表 6-12 债务偿还能力的衡量

项目	衡量指标
债务规模与资产的匹配性	流动比率、速动比率、现金比率、有形净值债务率、有效资产比率、资产负债率
债务规模与收入的匹配性	收入债务比
债务规模与利润的匹配性	利息保障倍数
债务规模与现金的匹配性	经营现金流动比率、经营现金付息比率、自由现金流比率
债务结构的内在匹配性	产权比率、长期负债比率

表 6-12 显示,衡量企业的偿债能力,涉及三张主要报表中的数据,因此需要进行综合分析。通常,偿债能力分析包括短期偿债能力分析和长期偿债能力分析两个方面,二者既有区别又有联系(见表 6-13)。有些指标对揭示长短期偿债能力都有意义,本书下面的划分也是一个粗略的或常规的分法。

表 6-13 短期偿债能力和长期偿债能力的区别与联系

	短期偿债能力	长期偿债能力
区别	反映的是企业保证短期债务（一般在一年或一个营业周期以内）有效偿付的能力	反映的是企业保证未来到期债务（一般在一年或一个营业周期以上）有效偿付的能力
	偿还债务一般是企业的流动性支出，具有较大波动性	偿还债务一般是企业的固定性支出，在企业资本结构和盈利水平不发生显著变化的情况下，长期偿债能力表现出相对稳定的特征
	偿还债务的物质保证是企业的流动资产，受流动资产质与量的影响	偿还债务的物质保证是企业的盈利能力和资本结构，受盈利质量和资本结构合理性的影响
联系	长短期债务的划分在一定程度上只是一种静态的划分，二者可以相互转化。随着时间的推移，长期债务会变成短期债务，部分短期债务又可被长期占用。企业长短期债务结构要合理，避免集中支付和过度支付 长短期债务偿还能力是相辅相成的。整体来看，企业偿债能力都建立在企业盈利能力的基础上，盈利质量差的企业的偿债能力迟早会出现问题 长短期偿债能力都具有保证债务及时有效偿还的共同特点，为增加企业的经营杠杆、扩大效益，企业有一个合理的承受债务的规模，太高容易造成偿还困难，太低会导致资金运用效率低下，二者都具有自身合理的规模限制	

6.4.1 短期偿债能力分析

短期债权人关心的是公司是否有足够的现金或其他能在短期内变现的资产，以支付各种即将到期的债务。反映公司短期偿债能力的指标主要包括流动比率、速动比率、现金比率、经营现金流动比率、有效资产比率等。

1. 流动比率

偿还到期债务的能力，主要取决于有多少可以动用的流动资产，流动资产越多，流动负债越少，则短期偿债能力越强。流动资产与流动负债之比就是流动比率。如果某公司的流动比率逐年增加，则说明其短期偿债能力趋于改善和增强；反之，则说明其短期偿债能力趋于降低，经营风险在加大。由于流动资产中的存货和待摊费用的变现能力差，因此流动比率至少应大于 1。但是，流动比率的值并非越大越好，流动比率过大，说明企业有过多的资金滞留在流动资产上，而流动资产的盈利水平一般都较差，因此流动比率一般在 2 左右较好。当然，由于行业特点不同，不同行业流动比率的合理区间存在差异。

流动资产不除以流动负债，而是减去后者，余额就是营运资金，用营运资金也可以表明偿债风险的大小。

2. 速动比率

速动资产一般是指流动资产总额扣除存货后的余额，主要包括货币资金、短期投资、应收票据、应收账款等可快速变现的资产。速动比率就是速动资产与流动负债的比率，可作为流动比率的一个重要辅助指标。由于存货在流动资产中变现速度最慢，可能含有已损失报废但还未做处理的存货，部分可能已做抵押，可能存在已发生减值但未做处理的存货等原因，在不希望企业用变卖存货的办法还债，以及排除使人产生种种误解的情况下，把存货从流动资产总额中扣除后反映的短期偿债能力更加令人信服。速动比率的合理区间也视行业的不同而有所差异，在理想的状态下，速动比率值应为 1，即速动资产可以偿还流动债务。但有的行业，比如商业零售企业，由于一方面都是现金销售，另一方面可能占用大量供应商货款，因此速动比率经常低于 1 也很正常。

3. 现金比率

现金比率一般也叫超速动比率或保守速动比率，就是在速动比率的计算基础上再扣除应收账款，原因是应收账款可能存在坏账损失，到期又不一定能够收回现金。所以，现金比率最能反映企业直接偿付流动负债的能力，可以衡量企业的随时偿付能力，是最稳妥的衡量标准。也有人在计算该指标时，采用货币资金和持有的有价证券（指易于变为现金的有价证券）之和作为计算公式中的分子。现金比率虽然能反映企业的直接支付能力，但在一般情况下，企业不可能也没必要保留过多现金类资产。如果这一比率过高，就意味着企业筹集的流动负债未能得到合理运用，而经常以获利能力低的现金类资产保持着。通常要求现金比率为 20% 左右。当然在实际工作中，企业储备的现金资产并非都用来偿还债务，有些现金被限制用途而不能随便动用，现金比率反映的直接偿还能力也存在风险和不确定性。

4. 经营现金流动比率

经营现金流动比率是经营活动净现金流量与流动负债的比率。该指标反映了经营现金流量可以支付流动负债的程度。这个指标也是债权人非常关心的指标，它反映企业用生产经营活动产生的现金偿还短期债务的能力，是衡量企业短期偿债能力的动态指标。其值越大，表明企业的短期偿债能力越强；反之，则表示企业短期偿债能力较弱。

5. 有效资产比率

有效资产比率是指有效资产对刚性负债的覆盖度。"有效资产"是银行在实践中逐步创建的称呼和用法，目的主要是判断一个企业有多少容易变现和抵债的优质资产，来覆盖当前有息负债。一般地，有效资产是指价值确定、流动性良好的资产，如房地产、上市公司股权，流通性良好的非上市公司股权，硬通货存货，应收银行承兑汇票，付款方实力雄厚、回款日期明确的应收账款等。在实际应用时，还可以对有效资产按照市值进行重新估值，与有息负债或刚性负债敞口相比较，覆盖倍数越高，银行的授信越安全。这个分类还提示我们去挖掘企业的其他可能不在报表里的优质资产。所以这个指标不容易从企业的报表中轻易得出，在具体做授信调查时，可在尽调过程中结合企业实际情况做出评估，并予以计算。

这个指标一般不适用于对合并报表的分析，仅适用于母公司或单一公司的授信分析。因为合并主体不是法律实体，或者说，合并报表反映的企业是不存在的，从这个意义上说，银行贷款给谁就要看谁的报表。集团母公司违约时，银行只能追索其自身的资产（当然包括对子公司的长期股权投资），但一般不能直接处置子公司的具体资产，即使流动性很强的资产也不行。所以，这里所谓的有效资产，分析的背后逻辑其实相当于给企业做死亡测试，看授信主体如若不行了，有哪些可以处置变现或抵债的有效资产。这是使用这个指标时应该注意的。使用这个指标也体现了银行不同于其他外部信息使用者的一个特点，某种意义上也是银行的优势，可通过调查予以辨识和计算，而只依据公开公布的财务报表做简单计算一般都不准确。

6. 影响短期偿债能力的特别项目

除了前述指标外，还有一些特别项目对企业的短期偿债能力有影响，分析时应该注意。

增强短期偿债能力的项目：可随时动用的银行授信额度；准备很快变现的长期资产；企业良好的偿债声誉；强势企业可适当延长占用供应商货款等。存在这些项目，说明企业实际的短期偿债能力强于前述指标表现出的偿债能力。

削弱短期偿债能力的项目：未做记录的或有负债；对外承担担保责任；经营性租赁等。尽管这些项目最终不一定发生，但一旦发生就会导致企业的负债增加，引起支付能力下降。

根据华策影视和华谊兄弟 2009～2018 年的相关财务数据，计算其短期偿债能力指标，如表 6-14 所示。

表 6-14　华策影视和华谊兄弟短期偿债能力指标

年份	2009	2010	2011	2012	2013	2014	2015	2016	2017	2018
华策影视										
流动比率	4.02	51.07	7.84	6.23	6.46	2.56	3.40	2.60	1.80	1.75
速动比率	3.19	47.62	7.03	5.06	4.63	1.74	2.55	1.92	1.28	1.35
现金比率	2.36	46.04	6.15	3.61	2.65	0.77	1.47	0.84	0.50	0.58
经营现金流动比率	0.19	1.20	-0.30	-0.14	-0.22	0.17	-0.34	-0.26	0.14	0.05
华谊兄弟										
流动比率	7.32	3.68	2.52	1.72	1.51	1.80	1.23	1.47	1.71	1.04
速动比率	6.08	3.18	1.80	1.29	1.26	1.52	1.11	1.35	1.50	0.87
现金比率	5.22	2.16	1.26	0.67	0.74	0.97	0.83	1.10	1.16	0.69
经营现金流动比率	0.23	0.20	-0.31	-0.15	0.23	-0.01	0.09	0.13	-0.04	0.08

从两公司的短期偿债能力指标看，首先看出在公司上市当年，大量的权益

融资加上流动负债很少,导致公司各项比率奇高。华策影视上市的 2010 年,其流动比率高达 51.07,速动比率高达 47.62,现金比率高达 46.04,经营现金流动比率为 1.20。华谊兄弟在上市的 2009 年表现出了类似特征。此后,指标一路下滑,并维持在较低水平,特别是两家公司在经营现金流动比率指标上,有几年均为负值,但好在对应年度流动资产、速动资产、现金资产还维持在相当水平,不至于严重影响企业的短期偿债能力。2018 年,经营现金流动比率基本接近于零,现金比率都在 0.6 左右,在速动比率和流动比率上华策影视比华谊兄弟略强,但考虑到公司的存货难以在短期内变现,两家公司在短期偿债能力上应该说都是压力巨大,需要尽快改善经营现金流,必要时处置投资,加大再融资才能确保公司无恙。

6.4.2 长期偿债能力分析

长期债权人更关心公司的盈利能力。长期看,公司的收入和利润水平决定了企业的现金获取能力,也决定了企业的偿债能力。反映公司长期偿债能力的指标主要包括资产负债率、有形净值债务率、利息保障倍数、收入债务比、自由现金流比率、经营现金付息比率、长期负债比率、产权比率等。

1. 资产负债率

资产负债率是负债总额和资产总额的比值,表明债权人所提供的资金占企业全部资产的比重,揭示企业出资者对债权人债务的保障程度,因此该指标是分析企业长期偿债能力的重要指标。负债对企业而言是杠杆,企业可以以较少的自有资本投资放大盈利或亏损。债权人最关心债权的安全性,即能否按期收回本息。若股东提供的资本占总资本的比例很低,则表明债权人的资金比例较高,大部分风险会转由债权人承担,一旦资产负债率超过 1,则说明企业资不抵债,有濒临倒闭的危险,债权人将遭受损失。故债权人一般认为这个比率越低越好。

2. 有形净值债务率

有形净值债务率是企业负债总额与有形净资产的比率。有形净值是所有者权益减去无形资产后的净值,即所有者具有所有权的有形资产净值。该指标实质上是产权比率的延伸,只是更为谨慎、保守地反映企业债权人受股东权益的保障程度,因为扣除了一般不能用于偿债的无形资产。有形净值债务率用于揭示企业的长期偿债能力,表明债权人在企业破产时的被保护程度。指标越大风险越高,指标越小企业长期偿债能力越强。

3. 利息保障倍数

利息保障倍数又称已获利息倍数,是指企业生产经营所获得的息税前利润与利息费用的比率,用于反映企业经营活动承担利息支出的能力。企业生产经营所获得的息税前利润对于利息费用的倍数越多,说明企业支付利息费用的能力越强。因此,债权人要分析利息保障倍数指标,来衡量债权的安全程度。

息税前利润是一个很重要的概念,在数额上等于利润总额(净利润+所得税)与利息费用之和,也有人称之为经营收益。引入这一概念的重要性在于:一是该指标能够更加准确地反映和比较不同负债及权益结构的企业的生产经营活动成果,因为该指标对生产经营活动的盈利计算剔除了利息支出这一与企业筹资方式有关,而与企业经营活动效益不直接相关的因素的影响;二是由于从实现利润中同时剔除了上缴所得税的数额,因而该指标同净利润指标相比,能够更准确地反映出不同税负企业的经营活动收益。该指标把利息支出从日常生产经营活动支出中分离出来,突出反映了企业金融活动的资金成本。

因企业所处的行业不同,利息保障倍数有不同的标准界限。一般公认的利息保障倍数界限为3或300%。

利息保障倍数的一个缺陷是,仅仅考虑利息的因素,而实际信贷工作中,要求企业还本付息经常是同步进行的,而且偿还额可能小于收入大于现金。基于此,也有人主张用企业的经营活动现金流量与本息支付合计数相比较计算所谓的"本息保障倍数"。

4. 收入债务比

收入债务比是指营业收入和企业付息债务的比例,刻画营业收入对刚性负债的覆盖和保障程度。一般认为指标大于1比较安全。也就是说,一般一个企业的总的有息负债不应超过企业的营业收入。长期看,这样的债务相对安全。

这里着重再强调和解释一下刚性负债的概念。刚性负债是在实践中提出的一个没有权威解释和唯一定义的概念,一般是指企业负有法律给付义务且有资金占用成本的有息债务。用列举法解释,一般包括短期借款、长期借款、应付债券、长期应付款(应付租赁费),在特殊情况下,还可以包括以名股实债方式接受的投资、永续债等。实务中的应用应该说是五花八门,有的会将应付票据列入,也有的会将现金及现金等价物减去,计算所谓的"净负债"作为刚性负债。本书不打算深究这些不同含义的刚性负债的各自适用性和使用者的目的,本书仅将刚性负债视作有息负债,两个概念混用。

5. 自由现金流比率

自由现金流比率衡量的是企业的自由现金流量对刚性负债的覆盖度。在正常情况下,企业用于还债的资金应该是企业的自由现金流量。自由现金流量在性质上是指企业在维持现有经营规模和适度增长的前提下,能够自由处置(包括还本付息和支付股利)的经营性现金净流量,或者说是在不危及公司生存与发展的前提下可分配给股东和债权人的最大现金额。企业产生的在满足了扩大生产需要之后剩余的现金流量,才能用于还债,这是比较良性的。由于自由现金流量的定义和算法没有公认一致的标准,在实际应用时,可根据掌握的具体数据的详细程度,具体定义和计算。本书采用最简单的计算公式:

自由现金流比率 =(经营活动现金净流量 - 投资活动现金净流出)÷ 有息债务

6. 经营现金付息比率

经营现金付息比率是指企业经营活动产生的现金净流量与支付利息的比例。信贷的一条法则也是永远不能突破的一条底线,是不能不支付利息或者不能连利息都支付不了(笔者在信贷实务中经常调侃,最好的贷款就是永远都能支付利息,永远都不必还本的贷款,既保证了本金的安全又赚得了利息收入,节省了贷款收回来必须再贷出去的时间和成本）。从现金流的角度看，企业的经营活动和投资活动产生的现金净流量至少必须足够支付利息，否则就是庞氏融资，即借款人如果不能借入更多的债务以偿还存量债务本息，就会马上违约。在一般情况下，除了流动性强变现速度快的金融资产投资，其他长期股权类投资的收益并不稳定，计算此指标更多地采用经营活动产生的现金净流量，并计算其对利息的保障程度。

7. 长期负债比率

长期负债比率是指企业的长期负债与负债总额之间的比例，用以反映企业负债中长期负债的份额。该比率的高低可以揭示出企业借入资本成本的高低，同时也可以反映企业筹借长期负债资金的能力。相对而言，长期负债具有期限长、成本高、风险性低、稳定性强的特点。在资金需求量一定的情况下，提高长期负债率意味着企业对短期借入资金依赖度的降低，从而可以减轻企业的当期债务偿还压力。

8. 产权比率

产权比率是负债总额与所有者权益之间的比例。它反映由债权人提供的资本与所有者提供的资本之间的相对关系，反映企业基本财务结构是否稳定，也揭示企业所有者权益对债权人权益的保障程度。这一比率越低，表明企业的长期偿债能力越强，债权人权益的保障程度越高，承担的风险越小。在这种情况下，债权人就愿意向企业增加借款。一般认为，企业的产权比率保持在 1 或 100% 左右比较合适。由于资产与负债和所有者权益之间的关系，产权比率也可以看作资产负债率的补充分析指标。

9. 影响长期偿债能力的特别项目

与应注意一些影响企业短期偿债能力的特别项目一样，在分析时也应注意影响企业长期偿债能力的特别项目。

增强长期偿债能力的项目：企业持有资产发生增值，但囿于会计核算的历史成本原则，账面反映的仍是历史成本；有未入账的资产存在，特别是无形资产等。若存在这些项目，则说明企业实际的长期偿债能力强于前述指标表现出的偿债能力。

削弱长期偿债能力的项目：企业持有资产发生减值但未足额计提减值准备；融资租赁以经营租赁方式处理；存在未来可能执行的购货、担保、回购、对赌等承诺事项或合同；未来可能实施的员工激励计划；或有负债等。这些的项目的存在，都可能导致企业偿债能力下降。

根据华策影视和华谊兄弟 2009～2018 年的相关财务数据，计算其长期偿债能力指标，如表 6-15 所示。

从表 6-15 中可以看出，华策影视的长期偿债能力各项指标呈现出如下特点：整体负债率不高，资产负债率最高仅为 45.62%，产权比率小于 1；负债结构不好，基本都是短期负债，长期负债比率在 2016 年达到 30.31%，2018 年又降至 3.41%；利息保障倍数和经营现金付息比率尚可，也就是说企业经营保障利息没问题，但自由现金流严重不足，偿还刚性负债本金有压力。

华谊兄弟的长期偿债能力各项指标呈现出如下特点：整体负债率不高，资产负债率历史最高为 50.38%，2018 年为 48.01%，产权比率小于 1；负债结构一度还可以，但 2018 年长期负债比率又降到 18.03%；利息保障倍数一直不错，但有三年亏损导致当年的指标成为负值；从对刚性负债的保障程度看，收入债务比近几年一直偏低，最近三年降低到 1 之下，企业营业收入总体只能覆盖百分之六七十的刚性负债，加之企业投资资金一直在流出，导致自由现金流严重不足，2015～2017 年为负数，2018 年也仅仅覆盖刚性债务的 6%；经营性活动产生的现金流量净额基本每隔一年就是负值，导致即使用经营性现金流偿还利息，这些年来也是时好时坏，不稳定，偿还刚性负债本金甚至利息，都要靠外部融资解决，究其原因可能是企业近几年对外投资巨大，但效益尚未显现，加之核心业务竞争激烈，造成收入波动大，10 年来经营性现金流量净额合计才 18 亿元。

表 6-15 华策影视和华谊兄弟长期偿债能力指标

年份	2009	2010	2011	2012	2013	2014	2015	2016	2017	2018
华策影视										
资产负债率（%）	24.52	1.91	11.21	13.69	13.55	32.71	26.89	37.33	44.12	45.62
有形净值债务率（%）	32.49	1.95	13.71	17.02	16.77	76.91	46.48	74.95	97.47	103.47
利息保障倍数	44.35	−31.21	−9.14	−15.67	−35.03	40.88	13.46	9.90	8.32	4.62
收入债务比	9.22	—	—	—	—	2.77	2.42	1.88	2.53	2.38
自由现金流比率	0.53	—	—	—	—	−1.08	−0.64	−0.83	0.24	0.17
经营现金付息比率	6.75	−6.91	2.37	1.91	6.07	15.61	−12.39	−11.00	7.34	2.82
长期负债比率（%）	0.00	0.00	0.00	0.00	4.53	26.31	17.64	30.31	7.08	3.41
产权比率	0.32	0.02	0.13	0.16	0.16	0.49	0.37	0.60	0.79	0.84
华谊兄弟										
资产负债率（%）	13.25	22.34	30.68	48.65	45.12	42.15	40.03	50.38	47.64	48.01
有形净值债务率（%）	15.27	30.25	46.92	96.23	90.30	100.45	100.99	161.15	128.85	118.97
利息保障倍数	12.04	−14.53	−33.14	6.25	13.22	13.94	11.51	5.59	4.71	−1.23
收入债务比	120.83	—	—	1.55	1.72	1.34	1.35	0.63	0.67	0.73
自由现金流比率	5.15	—	—	−0.72	0.08	0.12	−0.98	−0.29	−0.11	0.06
经营现金付息比率	4.99	−7.45	28.89	−4.07	6.96	−0.21	3.70	2.70	−0.74	1.62
长期负债比率（%）	0.00	0.00	0.00	19.50	31.06	29.61	16.77	40.63	47.48	18.03
产权比率	0.15	0.29	0.44	0.95	0.82	0.73	0.67	1.02	0.91	0.92

注：1. 计算有形净资产时，采用"所有者权益——无形资产——开发支出——商誉"的口径。

2. 刚性负债采用"短期借款＋一年内到期的长期借款＋长期借款＋应付债券＋长期应付款"的口径。

3. 自由现金流采用"经营性活动现金净流量——投资性活动现金净流出"的口径。

6.5 简要小结

本章主要围绕企业财务报表分析的三大逻辑切入点,对资产质量、盈利质量、现金流量进行了分析,并就企业负债与资产、收入、利润和现金流的匹配情形,分析了企业的长短期偿债能力。分析中,我们以华策影视和华谊兄弟两家影视公司为例做了具体说明。为了形成一个总体印象和结论,现在综合四个方面的内容,结合第 4 章中的影视行业背景,对两个案例公司的分析结果做一个简要总结。

6.5.1 关于华策影视

华策影视主要从事影视剧投资、制作、发行等业务,在 2010 年 10 月 26 日于深交所创业板上市,公司创始人为傅梅城及杭州大策投资,其中杭州大策投资为董事长傅梅城的控股公司,目前实际控制人为傅梅城、赵依芳夫妇,傅梅城先生任公司董事长,赵依芳女士任总经理,公司控制权稳定,多年来未曾变更。

受益于中国文化娱乐产业的发展,公司上市以来业务持续扩张,收入不断提高,2018 年收入达约 58 亿元,就收入规模而论,华策影视 2018 年约 58 亿元的营业收入在行业内排名第三,处于头部位置,影视行业龙头地位名副其实。

公司 2018 年的营业收入是 2009 年的 35 倍,年复合增长率为 48%,并且一直高于行业平均的增长速度。公司主要收入为剧集的销售业务,2018 年销售收入占比为 77.6%,其余占比较大的业务为电影销售(6.84%)、综艺(6.61%)、经纪业务(4.59%),另外公司有少量海外业务,主要为影视剧出海收入,2018 年实现海外收入 0.92 亿元。但母公司报表显示营业收入仅为 4.5 亿元,仅仅占合并收入的 7.5%。母公司资产负债表显示,长期股权投资高达 25.5 亿元。合并资产负债表显示商誉 13.2 亿元。公司 90% 以上的营业收入均源自合并公司的贡献,除了影响收入的稳定性外,巨额商誉的存在也为公司的未来业绩带来了隐患。

伴随着企业收入的快速增长,总资产以更快的速度扩张。2018 年,总资产规模达到 129 亿元，是 2009 年的 54 倍，年复合增长率为 56%，其增长速度快于年营业收入，在一定程度上显示推动公司营业收入快速增长的主要因素是公司资产规模的扩张。同时，随着前几年影视行业面临总产能过剩、上游演员成本过高、税务政策调整、平台限价、现金流紧张等一系列问题，公司销售影视剧规模缩小，收入增速逐渐放缓，2019 年前三季度公司实现收入 13.10 亿元，同比下降 63.4%。

受影视行业独特的生产制作、销售模式影响，其报表应呈现出典型的"两高一低轻资产"的行业特色，即"高应收账款＋高存货＋低固定资产＋高流动资产占比"。2018 年年末数据显示，应收账款（含应收票据）占总资产的比例高达 33.59%；存货占比高达 17.64%；固定资产占比仅为 0.19%；全部流动资产的占比则高达 77.01%。受此影响，在流动资产貌似比较充裕的印象下，公司财务结构也看似稳健，但是若剔除存货和流动资产，公司现金比率 2017 年、2018 年仅为 0.5 多，加之经营性现金净流量不足，短期偿债压力巨大。

受存货和应收账款影响，公司资产管理效率不高，应收账款周转率逐年降低，从 2010 年的 5.2 次降低到 2018 年 1.3 次，应收账款占用资金情况逐年加重，从 2013 年开始低于行业均值，并与行业均值差距越来越大。存货周转率到 2018 年下滑到 2.2 次，也低于行业均值。因为固定资产绝对金额和相对占比很低，固定资产周转率表现一骑绝尘。从总资产周转率来看，华策影视从 2013 年开始略高于行业均值，但 2018 年也仅仅为 0.43 次，相对而言，庞大的资产规模并没有带来更多的营业收入，资产运营效率欠佳。

在公司销售收入增长的同时，成本费用开支增长更快，制作费用，优质 IP 价格，节目模式价格，剧本费用，演职人员劳务报酬，场景、道具、租赁等费用不断上升，产品的销售费用和管理费用也相应增长，促使内容提供商制作成本不断上升。受行业竞争加剧影响，公司毛利率、销售净利率持续走低，毛利率从 2009 年的 54.8% 增长到 2011 年最高点 61.5% 之后，一路下滑，2018 年基本在 25% 的水平。销售净利率从最高时约 40% 下降到 2018 年 4% 左右。公司 2018 年实现净利润 2.5 亿元，在全行业平均亏损 3.3 亿元的情形下，应该说取得了不俗的业绩。但公司同时也受其他综合收益 –1.44 亿元的影响，综合收益仅为 1.06 亿元。

另一个与收入增长不匹配的现象是，公司的应收账款增速更快，经营性现金流不足。在多数年份应收账款都在以快于营业收入增长速度的速度攀升，仅仅在 2016 年和 2018 年有所改观。这也导致公司在过去 10 年间经营性现金流量表现欠佳，一半年度为负数，特别是 2015～2016 年，经营净现金均为巨额负值且超过 6 亿元，当年的净利润只有不足 5 亿元。2017 和 2018 年公司做出努力，经营性现金流量转正，且其数值超过净利润。10 年间净利润合计高达 30.87 亿元，经营活动创造的净现金合计却是 –2.01 亿元。

在经营活动几乎没有创造净现金流入的情况下，公司不仅每年都在对外投资，特别是 2014 年和 2016 年的投资规模基本都在 10 亿元量级，因此只能依赖于大规模的融资来支撑，2013 年之前公司几乎没有任何借款，自 2014 年起随投资加大，借款逐年增加，2018 年银行借款余额达 21 亿元以上，且以短期借款为主。这种靠融资来弥补经营性现金流，进行大规模投资的模式，造血功能不足，放血速度很快，在靠输血功能来维持。一则表明公司创现能力不足；二则表明融资渠道比较畅通，可以通过多方面筹集资金来进行投资；三则表明公司处于对外扩张时期。若后期投资项目盈利能力有保证，则可以预期项目建成后会带来更充沛的经营性现金流量。但若后期投资项目盈利能力没有保证，则可以预期后期现金流量将会更加紧张。由于公司采用大规模对外并购的模式，未来巨大的商誉（2018 年年末高达 13.2 亿元）就成为悬在公司头上的达摩克利斯之剑。

在这样的经营形势下，虽然华策影视整体负债率不高，资产负债率最高仅 45.62%，产权比率小于 1，但负债结构不好，基本都是短期负债，长期负债比率在 2016 年达到 30.31%，2018 年又降至 3.41%，以目前的经营效果保障偿付银行的利息没问题，但自由现金流严重不足，偿还刚性负债本金则有压力，特别是 2018 年经营现金流动比率基本接近于零，现金比率在 60% 左右，考虑到公司的存货难以短期变现，短期偿债水平应该说压力巨大，需要尽快改善经营现金流，必要时处置投资，加大再融资才能确保公司无恙。

作为授信银行而言，目前约 20 亿元的刚性短期债务，风险较大但总体可控。公司现金流紧张是客观的，但作为一家上市公司，公司的再融资渠道还算顺畅，公司在积极筹谋定向增发、可转债等。另外，公司市值过百亿元为股东增加了质押融资的可能。截至 2019 年 10 月 10 日，公司控股股东及实际控制人累计质押股份数占其持股总数的比例为 61.38%。

根据公司 2019 年公司业绩预告，公司将计提商誉减值准备约 8.4 亿元，计提长期股权投资减值准备约 1.8 亿元，计提存货减值准备约 1.3 亿元，总计减值约 11.5 亿元，2019 年将亏损 12.90 亿～12.95 亿元，去掉减值影响亏损 1.4 亿～1.45 亿元，公司解释亏损主要是 2019 年度内公司持续去库存导致销售规模缩小所致。如此解释多有牵强，去库存与商誉减值有多大关系呢？毋宁说，这是在为过去激进的投资埋单。公司预期随着项目立项数逐渐增加，渠道合作模式逐渐成熟并趋于多样化，2020 年现金流将恢复正常，业绩有望企稳回升，开始新的业务周期。

期待公司在行业调整趋势下，继续拓展下游可选择渠道，建立更加稳固的视频平台商业模式，实现更高比例的定制剧、预售剧，扩大销售，提升毛利率；同时，在 2019 年部分实现"洗大澡"的情况下，适当压缩投资，聚焦战略，以改善现金流量为目标，打造稳健经营的发展格局。

以上小结仅仅是针对公开披露信息的分析结果，也许与公司实际情况存在较大出入。若为授信银行则可进行深入的调查，以更加真实地还原企业的经营实质。

6.5.2 关于华谊兄弟

华谊兄弟最早可追溯到 1994 年，它最初是广告公司。1998 年，它投资冯小刚导演的影片《没完没了》、陈凯歌导演的《荆轲刺秦王》和姜文导演的影片《鬼子来了》正式进入电影行业，并逐步开始了自己全方位、多领域的扩张之旅，开始在电影电视、艺人经纪、音乐唱片、娱乐营销等领域全面发力，并于

2005年正式成立华谊兄弟传媒集团。2006～2008年，国产电影排名前10的票房收入约有1/6被华谊收入囊中，票房收入仅次于中影集团，它握有几十个大牌明星的经纪约，有媒体称之掌握了中国娱乐圈的半壁江山。2009年10月30日，华谊兄弟在创业板上市，号称中国娱乐第一股。上市前公司经历过多轮融资，马云还是一个重要股东。可以说，华谊兄弟是含着金钥匙在中国资本市场出生的。

此后，华谊兄弟经历了旗下多位明星自立门户和经纪人的离开，以及个别投拍电影的失败，股价也大幅波动。上市后两年，2011年的销售收入负增长。为了摆脱对单个导演和明星的依赖，华谊兄弟开始探索多样化的发展路线。2013年前后，它决定"去电影单一化"，摆脱对电影的依赖，同时发展互联网、实景娱乐、投资等业务，增加收入来源。这一战略转变后，公司多元化投资开始大增，包括做实景娱乐等项目造成房地产等固定资产大幅度增加。同时，一个副作用是公司的电影事业急转直下，2014年华谊兄弟的电影发行份额仅有2%。2015年的情况依旧没有根本好转。几年来，其利润基本靠掌趣科技股份2013年解禁后的持续套现来补充。在去电影化战略受挫两年之后，2015年年底，华谊兄弟宣布重新聚焦电影，相继以7.56亿元和10.5亿元的高价收购了浙江东阳浩瀚娱乐有限公司70%的股权和浙江东阳美拉传媒有限公司70%的股权。这两家公司作为"明星公司"和"导演公司"账面净资产基本约等于0，根据披露，交易作价依据是原股东承诺业绩，这或许是公司为与明星和导演捆绑合作的无奈之举，但是这轮"市净率"变成"市梦率"的操作，在资本市场引起的争议至今依旧挥之不去，巨额的商誉也就寄存在公司的账上。随着重新聚焦电影战略的实施，华谊兄弟的电影业务似乎渐有起色。2017年全年营收达39.5亿元，同比增长了12.6%，比2015年增加了0.7亿元，实现了"耐克型"翻转，其中影视娱乐板块实现主营业务收入33.7亿元，较上年同期上升31.7%，营业收入占比由73%提升到85%。

然而，2018年，中国的影视行业经历了一系列规范、调整和优化，公司的营业收入同比下降1.4%，其中，影视娱乐板块营业收入较上年同期增加

8.39%，品牌授权及实景娱乐板块营业收入较上年同期下降42.15%，互联网娱乐板块营业收入较上年同期减少82.85%。投资收益由上年的7.7亿元下降为2.1亿元。2018年商誉减值9.73亿元。净利润由2017年的逾9亿元变为了2018年亏损逾9亿元，录得了上市后第一个亏损年。

2020年1月23日，华谊兄弟发布2019年年度业绩预告，全年预计归属于上市公司股东的净利润亏损39.6亿元，连续第二年亏损。

笔者写作该部分时，由于公司2019年度报告没有披露，所以只分析到了2018年，个别指标截至2019年9月末。根据上述公司发展的背景和脉络，各指标分析的含义和表现也就更加清晰了。数据显示：

从资产质量分析结果看，华谊兄弟整体财务结构恶化，2018年年末还属稳健型结构的财务结构到2019年第三季度末已经演变为风险型结构了。其他影视公司典型的"两高一低轻资产"的行业特色，随着公司发展战略的调整也渐行渐远。2018年年末华谊兄弟的应收账款占总资产的比例仅为6.91%；存货占比6.66%；固定资产占比则高达5.11%；全部流动资产的占比则仅为40.84%。同时其长期股权投资的占比高达27.70%，比华策影视的3.65%高了约24个百分点。近几年华谊兄弟在经营战略上采取了影视娱乐、品牌授权及实景娱乐、互联网娱乐、产业投资四大板块齐头并进的经营战略，相应的长期投资和固定资产快速增加，体质开始"重型化"。总资产在10年间迅速增长，2018年是2009年的约11倍，年复合增长率达到30%，但负债规模则增长了38倍，年复合增长率高达50%，资产增长主要靠负债的拉动。与此同时，营业收入年复合增长率仅仅为23%，由此拖累了公司效率。从资产周转率看，应收账款周转率、存货周转率、固定资产周转率均低于行业均值，2018年的总资产周转率仅为0.2次，公司资产运营效率欠佳。2018年的资产负债率为48.01%，有息负债率为31%，资产总额中的现金含量为14.32%，可供出售的金融资产占比高达11.57%，应该说具备一定的财务弹性，还是能为应对即将到期的债务起到相当的保证作用。

从盈利质量相关指标来看，华谊兄弟2018年营业收入为39亿元，远低于华策影视的58亿,虽然比行业平均水平高,但称之为头部公司多少已有点牵强了。长期看,其营业收入虽然总体上也保持持续的增长态势,但2011年和2018录得了同比负增长的业绩,2009～2018年间仅在2010年和2013年稍微领先于行业平均增速,其他年度都低于行业平均增速。可能是企业投资的其他板块的经济效应还没有显现,加之影视剧面临总产能过剩、上游演员成本过高、税务政策调整、平台限价、现金流紧张等一系列问题,造成了营业收入增速近年呈逐渐放缓趋势。从销售净利率来看,华谊兄弟虽然在2013年以后一直领先于行业平均水平,且在2014年度冲高到43.3%,但总体而言,受成本费用开支增长影响,近几年呈现逐年下降的趋势。从营业利润和净利润的表现看,公司在2015年达到高峰,从2016年开始滑入"李宁型"区间,步入衰退阶段,且波动远大于华策影视和行业平均水平。公司在2015年营业利润和净利润分别是2009年的14倍和13倍,年复合增长几乎均为54%。此后,逐年下降,2018年则录得巨额亏损,体现出波动巨大的特点。对公司而言,除了电影相对电视剧可能面临更大的不确定性和波动性外,这一结果还可能来源于公司的并购行为,公司的营业收入绝大部分来源于子公司,2006年母公司收入占比100%,2016年母公司收入占比直降到10%,到了2018年,母公司的营业收入仅为0.53亿元,只占合并总收入的1.36%,真可谓成也并购败也并购。

  与收入的巨大波动相比,公司的收入质量一直不甚理想,对比企业应收账款增长率与销售收入增长率,在多数年份应收账款增长速度快于营业收入增长速度。这也导致经营性现金流受到影响。纵观过去10年的经营性净现金流,有5年为正5年为负,但净现金与净利润的比值,没有一年接近或超过1的水平,最高的2016年也只达到0.76。10年间经营活动创造的净现金合计为18.07亿元,但是10年来净利润为46.78亿元,净现金仅有净利润的38.6%。进一步挖掘,公司利润获现率低也可能与公司来源于投资收益的净收入较多有关系,但无论如何,总体净利润现金含量不足都是不争的事实。从毛利率看,多年来相对比较平稳,都在45%以上,最高2014年曾达到了60.9%,但最近5年在缓慢下滑。

从现金流量来看，整体上公司依然采用靠融资来弥补经营性现金流，进行大规模投资的模式，造血功能不足。在经过 2015 和 2016 年两年 57 亿元的巨额投资后，公司 2017 年的现金流量处于极度危险的状态，2018 年又大规模还款，2019 年仍需要大规模融资来支撑企业发展。从现金流角度看，华谊兄弟非常紧张，公司在大规模投资之后，必须狠抓项目建设和管理，若投资后期不能产生预期的效益，将面对巨大的还款压力和可持续发展约束。从自由现金流量更能看出问题所在，公司在刚刚上市募集了大量权益资金时，状况还可以，随后进入烧钱阶段。10 年间合计产生的自由现金流总额约为 –57.5 亿元。这都靠公司在资本市场进行直接融资和银行借款来维持。

以上特点无疑都能反映在企业偿债能力指标上，可以说公司资产和现金流、收入和利润与企业的债务规模在匹配性上存在较大问题。公司总负债最近 10 年来以年复合增长率达 50% 的速度一直在扩张，2016 年年末最高达到 100 亿元，2018 年降低到 89 亿元。其中刚性负债规模 2017 年最高达到 59 亿元，2018 年为 54 亿元。按说公司整体资产负债率历史最高才 50%，2018 年为 48%，但结合公司经营现金流、销售获现率和自由现金流等情况，还款压力着实巨大。从对刚性负债的保障程度看，收入债务比近几年一直偏低，最近三年降低到 1 之下，企业营业收入总体只能覆盖百分之六七十的刚性负债，加之企业投资资金一直在流出，导致自由现金流严重不足，2015～2017 年为负数，2018 年也仅仅覆盖刚性债务的 6%；经营性活动产生的现金流量净额基本每隔一年就是负值，导致即使用经营性现金流偿还利息也不稳定，10 年来经营性现金流量净额合计才 18 亿元，偿还刚性负债本金甚至利息，都需要靠外部融资解决，难怪外界对公司能否如期兑付 2018～2019 年几十亿元规模的到期债券格外担忧（如 16 华谊兄弟 MTN001 的收益率一度高达 20% 以上），详细检视就会发现公司为了解决流动性问题，确实使出了"洪荒之力"，与阿里、腾讯合作筹资，向银行信托借款，质押、担保、拍卖和票房未来收益抵押都用上了，还款压力之大无须言表。

在第 7 章，我用阿尔特曼（Altman）的 Z 评分模型，对华谊兄弟进行了预测评价。模型显示，在 2016 年以前公司处于安全区，发生财务危机的可能性较小；2017 年则处于灰色过渡区；2018 年往后则进入危险区，存在很高的财务风险。进一步深入数据观察，华谊兄弟之所以 2018 年之后财务状况大幅度恶化，主要是因为流动性和资产的创利能力大幅下滑，这是公司下一步改善经营的着力点，也是我们观察企业能否尽快实现财务复苏的晴雨表。

已经连续两年亏损，2020 年将是华谊兄弟的生死存亡时刻。愿华谊兄弟经营现金流快速改善，投资项目顺利实现愿景，再融资渠道保持畅通，期待公司转型发展成功，市场呼唤王者归来！

6.6 指标分析中常见的陷阱及规避

6.6.1 指标分析必须中规中矩

不少信贷人员会认为，财务分析是一门技术性、科学性非常强的工作，必须严格按照公认的指标、公式去计算。其实，正如本书前面提到的那样，我们认为，权变是财务分析的灵魂。财务指标的分析有原则而没有定式。在评价企业的资产质量、盈利质量、现金流量和偿债能力时，本书所列举的指标仅仅是常用的一些，分析者完全可以再添加若干个，甚至自行创造若干个指标出来。也就是说，财务分析指标可以随意构造，有意义即可。例如，对于资产质量和盈利质量的分析，若是针对发电企业来说，增加一个"装机容量"，并将其与投资、资产规模、营业收入等相比较，就很有意义。另外，有时多个指标之间似乎是矛盾的，分析时必须结合企业的实际情况、行业情况等综合判断，这时经验和艺术性似乎更加重要。又如，本章各项指标的计算或结果表达，就采用了不同的形式，如同样的比率指标，有的采用了数值型方式，有的则采用了百分比的方式；有的指标在具体计算时，考虑到数据的可得性或操作性方便，或者做了较简化的处理，或者进行了更详细的表达，这样做也是有意提醒财务分析人员，完全可以"自由发挥"，而不必去追求所谓的定式。当然，在这样去创造的时候，要注意与分析对象公司可比的同类公司或行业相关指标或数据的可得性问题，以便进行对比。

6.6.2 分析指标越多越好

实践中，不少信贷人员认为，对企业财务进行分析时，罗列的指标越多越好，其实不然。在任何评价中，对指标的众多要求中有一条便是独立性原则，即评价指标之间最好是相互独立的，若相关性太高，那么其包含的信息量并不会随着指标的增加而相应增加，徒增指标的复杂性和评价成本。例如，"流动比率"和"运营资金"的计算都是流动资产和流动负债的比较，只是一个除，一个减，二者是高度相关的，很多时候你列出两个指标并不能超出一个指标的信息含量。方便或适合用哪个，选其中一个便可。又如，"资产负债率""产权比率"和"权益乘数"的计算，都是利用会计的恒等式"资产＝负债＋所有者权益"中的两个进行的，这三个指标实际含有的信息是一样的，这就要求我们在具体分析时，采用那个更能或更便于直接说明问题的指标。这也是在进行财务分析时贯彻"奥卡姆剃刀"⊖原则的要求，即不管指标有多少个，在具体选择

⊖ 英国唯名论哲学家、逻辑学家威廉（William，1284—1347）提出过一句享有盛名的格言，这句格言只有八个字："如无必要，勿增实体"（Entities should not be multiplied unnecessarily）。其含义是：只承认一个个确实存在的东西，凡干扰这一具体存在的空洞的普遍性概念都是无用的累赘和废话，应当一律取消。这一似乎偏激独断的思维方式，被称为"奥卡姆剃刀"（Occam's Razor）。威廉挥舞这个剃刀的本意，是说明上帝的存在不能通过理性推导而得。后来"奥卡姆剃刀"也被当作科学研究和理性思维的一条原则。对于科学家来说，这一原理最常见的形式可以表述为：当你有两个处于竞争地位的理论能得出同样的结论，那么简单的那个更好。在实务中，人们也常常在引用"奥卡姆剃刀"时采用如下多种形式：①如果你有两个原理，它们都能解释观测到的事实，那么你应该使用简单的那个，直到发现更多的证据；②对于现象最简单的解释往往比较复杂的解释更正确；③如果你有两个类似的解决方案，选择最简单的；④需要最少假设的解释最有可能是正确的。当然，"万事万物应该尽量简单，而不是更简单"。有关"奥卡姆剃刀"的详细说明可参阅鲍勃·瑞安，等．财务与会计研究：方法与方法论 [M]．阎达五，等译．北京：机械工业出版社，2004：176-178.

时，都要在能说明或解决问题的前提下，尽量保持简单，而不能"摆花架子"，将简单问题复杂化。

6.6.3 分析结果是唯一的

对同一个企业、同一时期的报表进行分析，基于同样的分析目的，不同的信贷人员是否应该或必然得出唯一的结果？理论上似乎是，但实践的答案是否定的。一方面，虽然企业的经济行为是一定的，但由于会计系统的缺陷，在"投射"到财务报告中将不可避免地发生误差，更不要说企业出于某些目的还可能对财务数据进行不当管理；另一方面，各项指标的表面含义可能并不指向同一个方向，甚至是相互矛盾的；此外，不同的分析人员对公司的背景信息掌握还存有差异，经验和艺术性有多少和高低之分，这样对同样的对象解读的结论可能是不尽相同的，有些时候出现相反的结论也并不奇怪。这或许也是实践中对不同信贷事项产生争议的来源之一。正如专家所称"不论评价标准多么恰当，争议总是不可避免的"（Ittner，2000）。怎么办？多思考、多比较、多怀疑、多方位求证或许是唯一的解决办法。

6.6.4 指标所指方向总是对的

这里所谓的指标所指方向，是指指标对债权人的单向度含义，比如有信贷人员会认为资产负债率越低越好，流动（速动）比率越高越好，因为这样代表了更强的债权保障和支付能力；又如，很多人会认为企业费用下降就是企业管理能力提高的表现等。诸如此类的判断都存在一定误差。我们姑且假定这些指标计算所依据的数据是完全没有问题的，反映企业偿债能力的指标过度指向债权人，就会偏离企业的自身利益，如保持过高的偿债能力，就必然会影响企业的杠杆效益，导致企业资金的闲置和浪费，而这反过来也会限制企业偿债能力的进一步提高，长远来看，未必有利于债权人的利益保障，毕竟企业更好的发展才是对债权人利益的最好保护。反映企业管理效率的指标,若过分强调费用率的下降,可能反过来会影响企业"大投入大产出",最终得不偿失。其实,还是要坚持财务指标分析的权变思想,任何时候都要坚持辩证法。

6.6.5　授信以企业合并报表分析为主

公司授信客户,现在越来越多的是企业集团了。在对集团公司授信时,实务中许多人习惯仅对合并报表进行财务分析,而母公司报表附在后边,基本没有对之进行分析。实际上集团公司就是母公司,但一般而言,母公司作为集团管理总部往往没有实体性经营或经营规模较小,其作为融资主体与其自身财务能力很难匹配,因此集团母公司的偿债能力更多地取决于长期投资的资产质量、变现能力及市场价值。如我们本章中分析的华策影视合并报表,公司 2018 年的刚性负债 21 亿元,实际上再具体分析,都是以母公司作为借款主体,但查看母公司利润表,2018 年母公司的营业收入仅仅 4.5 亿元,净利润 1.36 亿元,综合收益总额才 0.94 亿元,经营活动净现金流量 −3.1 亿元,当年借款 25.1 亿元。企业大概率采用了集团母公司"统借统还"的管理模式。第一还款来源怎么算账都算不过来,或者授信银行正是以合并报表为基础评价的,同时考虑了股东的股票质押,或者是由核心子公司或用款子公司进行了担保,但这都已经是第二还款来源了。银行信贷人员要清楚,某种意义上我们可以按照类投行性质去续做业务,将第一还款来源主要依托于企业的再融资,或者干脆将第二还款来源作为第一还款来源,但还是要区分这两类不同性质的主体,合并报表反映的是会计主体,集团母公司才是法律主体,合并报表反映的企业是不存在的。在贷款过程中要坚持贷款给谁就看谁的报表的原则,同时也要分析合并报表,摸清整个集团的实力,科学谋划授信方案,抓核心资产和现金流,以有效

控制信贷风险。⊖

6.6.6 分析出结果就结束了

对财务报表进行分析,得出了结果,是否就意味着分析的结束呢?当然不是。对任何分析人员(包括信贷人员)而言,对企业财务报表进行分析、评估贷款风险时,不能仅停留在表面现象上,更要透过现象看本质,重点根据计算的指标,进行更加透彻的考察,去发掘导致指标呈现某种结果或发生变化的背后原因。要通过分析结果,挖掘、理解背后的经济事项,同时以更加了解的经济事项修正和理解财务指标。所以应该说,财务分析在某种意义上也是一个螺旋式上升的过程:认知、分析、决策,再认知、再分析、再决策……依次递进、相互交叉。

⊖ 对集团公司发放贷款,在子公司同时存在债务的情况下,很可能会导致银行成为次级债权人的情况出现。实务中,除了可采用由子公司向上担保、母公司委托贷款给子公司用款等方式抵消或弱化集团组织架构导致的结构性次级属性之外,区分集团公司的不同属性和决定采用哪种财务报表进行偿债能力分析显得尤为重要。一般而言,可将集团公司分为实业控股公司和投资控股公司两大类,前者主要通过全资或绝对控股的子公司经营具体业务,这类集团公司内部通常高度整合,一个关键子公司违约,很可能触发一连串违约事件,以致影响母公司。对于实业控股公司的信用分析大多关注和分析其合并财务报表。而投资控股公司的子公司多是小比例持股的上市公司,母公司经由这类子公司开展业务,或只是作为财务投资者。评价这类公司的偿债能力,适宜直接分析母公司的财务报表。当然,居间情形下则通常要同时对母公司财务报表与合并报表进行分析。进一步可参见布莱·甘吉林,约翰·比拉尔代洛.公司信用分析基础[M].北京当代金融培训有限公司,译.上海:上海财经大学出版社,2014:138-147.

第 7 章

前 景 预 测

信贷人员进行的企业财务分析是功利性质的，或者说是以决策有用观为导向的，但任何决策都是面向未来的，财务报表提供的信息只是过去的历史数据，因此对未来进行前瞻性预测分析，是实现信贷人员分析目的的关键步骤。通过对企业的发展前景进行预测，特别是对企业现金流进行预测分析，是信贷人员判断贷款回收可能性的必要前提。

在经过了前期的战略分析、会计调整和指标分析，进而对企业当期财务信息进行掌握后，对其进行综合审视，就可为企业未来的财务信息提供预测基础。正是在此意义上，所谓前景分析，也就是将企业战略分析、会计调整和指标分析得出的结论综合起来的一种方法。

企业的前景预测包括定性分析预测和定量分析预测两类内容，同时定性分析预测的结果也是定量分析预测的前提和假设。

7.1 前景的定性分析预测

本书第4章,从信贷风险管理目的下财务分析的角度出发,对企业经营所处的宏观经济环境、行业特点与趋势、价值驱动因素、竞争优势和经营战略进行了较为系统的分析。如果说,之前的分析是为正确理解和预测企业当期的财务信息提供背景和基础,那么在掌握当期财务信息后,再次对上述因素进行分析预测,则是为企业未来的财务信息提供预测基础。正是在此意义上,信贷人员应该重点就上述各因素对企业财务状况的影响和预判进行一个较为明确的概括说明。

7.1.1 未来宏观环境分析

基于当前的发展情势,应对企业未来一段时期内的经营环境进行概述分析,包括国内外经济、金融形势,经济周期的阶段性判断,宏观调控政策的变化等。这些因素对企业信用质量的影响都十分重要。对于可预见将来存在重大正面或负面宏观影响因素的企业,即使目前运营较差或良好,也可能只是暂时的现象,随着宏观因素发挥作用,企业的盈利趋势将向反方向发展。

7.1.2 行业景气度分析

这主要是对国家产业政策调整、行业发展规划、行业周期性、行业市场结构、区域产业政策、行业成长性等进行判断。虽说只有不景气的企业,没有不景气的行业,但一个行业的发展潜力和发展态势良好的话,企业更容易取得成功,也就更容易取得不断增长的销售、利润和资产规模,也才越有可能加速发展或稳步扩张。相反,对于夕阳行业,除非是行业内的龙头企业,否则其获利能力可能无法保证其债务偿还。

7.1.3　企业战略分析

要结合企业发展战略、竞争优劣势、价值驱动因素和企业内在资源的分析，形成企业销售规模及其增长、毛利率大小、成本费用结构、盈利长期趋势等的基本判断。同时，将企业当前的销售、成本、利润、资产规模等与行业平均水平或主要竞争对手相比较，了解其行业地位的变化及其未来市场份额的可能变化，对企业的未来发展奠定一个比较乐观或是悲观的预期定位。

7.1.4　未来收益与现金流趋势分析

在对上述三方面进行预期分析的基础上，可进一步形成对企业在产业链上的控制力的基本判断，依据企业产供销的形势，参照当前企业的收益和现金流水平，可形成对企业未来收益的大小和稳定性以及未来现金流的基本预计，从而可对其作为偿还企业已有短期和长期债务的基础是否安全稳定得出定性判断，并对企业的再融资或额外举债的潜力或支撑能力得出大体的概算空间。

7.2　现金流预测

实务中，可以通过编制预测性财务报表或进行现金流预测，对上述前景分析予以定量化总结。事实上，也确实有许多人习惯于将编制预测性财务报表作为前景分析的常用方法。从理论上讲，对企业未来期间损益、资产负债情况和现金流情况进行全面预测，是预测企业未来业绩的最好方法。这种全面预测的好处是，可以避免分析人员做出不切合实际的绝对假设。例如，分析人员要预测未来3年内的销售增长和收益，如果没有考虑这种增长所需的营运资本和长期资本及其融资情况，那么这种预测很可能对资产周转率、财务杠杆等做出不合理的假设。

由于只有对关乎企业经营成果、财务状况、现金流量的若干关键性驱动因素做出内在逻辑一致性的合理假设，才能做出较为科学的前景预测，因此可以顺理成章地得出全面的预测性财务报表。实务中，甚至有人按照类似企业编制预算的方法逐年编制企业的预测性财务报表。

对于信贷人员而言，我认为，尽管编制出一套全面的预测性财务报表没有什么坏处，但不免有些"浪费精力"。着眼于分析的核心目的（即判断未来期间企业是否有足够的现金流以偿还债务），进行现金流预测在多数情况下已经能够满足前景分析的目的。

此外，流动资金贷款作为一种季节性贷款，由于其还款期限短，企业财务状况变动不是很大，且企业可有多种手段协调短期贷款的偿还，本书不做探讨，而主要将精力投放在中长期贷款的分析上。

7.2.1 作为偿还中长期贷款的现金来源

众所周知，企业的现金来源有多种，这从现金流量表及其附表中可以清晰地看出，如销售收入、税费的减少、销售成本与费用的减少、资产使用效率的提高、应付款项的延付、投资回收及投资收益、固定资产处置、吸收股本投资、取得借款等。虽然上述任何来源的现金都可用于偿还贷款，但并非所有来源都是银行可以依赖的。特别对于银行的中长期贷款而言，其偿还的现金质量各不相同，用作偿还银行中长期贷款的现金来源，必须具备以下四个特征。

1. 可预测性

银行不能指望企业用那些或有的现金来还贷，任何信贷决策必须基于对还款来源的现金的可靠预期，那些未来可能存在的现金是不能作为偿还来源的。也就是说，在整个贷款期内，用于还款的现金在时间上和金额上都必须是能够合理预期和预测的。

2. 可持续性

银行不能指望企业用那些不能反复生成的现金来还贷，任何信贷决策必须基于偿还贷款的现金的可持续性。一次性的现金流，尽管从其他方面看有其价值，但若作为还款来源，其质量远不如那些持续或反复发生的现金流。

3. 安全边际

不同的现金来源对银行的贷款安全性具有不同的边际保护影响，那些能够加强对银行保护的现金流，比那些侵蚀保护边际的现金流质量更高，因为前者有助于降低借款人违约时的损失。

4. 管理水平

不同来源的现金可反映出公司不同的管理水平，那些由良好的公司治理机制和内部管理产生的现金流质量更高，因为其证明了企业创造价值和利润的管理能力。

结合企业不同的现金来源和相对质量，可总结如下（见表7-1）。

表7-1 不同现金来源的相对质量

	可预测性	可持续性	安全边际	管理水平
销售收入	中	高	高	高
销售成本与费用的减少	低	低	高	高
吸收股本投资	低	低	高	高
资产使用效率的提高	低	低	中	高
税费减少	低	低	中	不确定
投资回收及投资收益	低	低	低	不确定
固定资产处置	低	低	低	不确定
应付款项的延付	低	低	低	不确定
取得借款	低	低	低	不确定

资料来源：IFC中国项目开发中心.信贷分析与公司贷款[M].北京：外文出版社，2010：216. 略有改动。

表7-1表明，用于企业还款的唯一可靠的、可持续的、有保护边际作用并反映出良好的管理能力的潜在未来现金来源，就是销售收入。当然企业要维持经营并创造销售收入，必须支付相应的成本费用，而且成本费用控制越有效，利润越高。因此，来自利润的现金，也就是来自营业利润（对应于第6章我们

调整后的利润表中的营业利润）的现金流，就成了质量最高的潜在还款来源。其他方面的现金来源，则在适宜用作偿还银行中长期贷款应具备的四方面特征上，存在不同程度的缺陷。

因此，在评估和预测企业的中长期还款能力时，要谨记，来自营业利润的现金流才是我们唯一要考虑的因素。

7.2.2 现金流预测的框架模型

1. 模型结构

当然，企业即使创造出了营业利润和相应的现金流，也不能够全部用于还贷。因为企业为创造这些利润还将发生现金支付需求，如支持销售增长的额外营运资金和固定资产投资，以及既有债务的清偿和支付，甚至必要的股利支付等。只有在对企业的预期现金流收入和支出加以比较，我们才能估计企业是否有以及有多少现金可用于偿还"新增债务"。

估算新增中长期贷款的偿还能力的现金流预测框架模型的结构如图 7-1 所示。

```
净利润
+/− 调整成为正常化的营业净利润
 +  折旧与摊销费用
 −  营运资金的增加
 −  资本性支出
 −  股利
 −  当期应支付的现有长期债务
 =  可用于偿还新增债务的现金
```

图 7-1　现金流预测模型框架的结构

2. 模型说明

（1）将企业账面上的历史净利润调整为正常化的营业净利润。任何非经常性发生的或非重复发生的收入或费用对企业净利润的影响都应排除，以显示企业在正常状态下实现的净利润水平，从而预测未来的现金流。具体是把非经常性收益减去，加回非经常性成本，从而得出正常化营业净利润，也就是扣除非经常性损益后的净利润。

一般而言，非经常性损益是指与公司正常经营业务无直接关系，以及虽与正常经营业务相关，但由于其性质特殊和偶发性，影响报表使用人对公司经营业绩和盈利能力做出正常判断的各项交易和事项产生的损益。具体内容通常包括：①非流动性资产处置损益，包括已计提资产减值准备的冲销部分；②越权审批，或无正式批准文件，或偶发性的税收返还、减免；③计入当期损益的政府补助，但与公司正常经营业务密切相关，符合国家政策规定、按照一定标准定额或定量持续享受的政府补助除外；④计入当期损益的对非金融企业收取的资金占用费；⑤企业取得子公司、联营企业及合营企业的投资成本小于取得投资时应享有被投资单位可辨认净资产公允价值产生的收益；⑥非货币性资产交换损益；⑦委托他人投资或管理资产的损益；⑧因不可抗力因素，如遭受自然灾害而计提的各项资产减值准备；⑨债务重组损益；⑩企业重组费用，如安置职工的支出、整合费用等；⑪交易价格显失公允的交易产生的超过公允价值部分的损益；⑫同一控制下企业合并产生的子公司期初至合并日的当期净损益；⑬与公司正常经营业务无关的或有事项产生的损益；⑭除同公司正常经营业务相关的有效套期保值业务外，持有交易性金融资产、交易性金融负债产生的公允价值变动损益，以及处置交易性金融资产、交易性金融负债和可供出售金融资产取得的投资收益；⑮单独进行减值测试的应收款项减值准备转回；⑯对外委托贷款取得的损益；⑰采用公允价值模式进行后续计量的投资性房地产公允价值变动产生的损益；⑱根据税收、会计等法律、法规的要求对当期损益进行一次性调整所造成的当期损益影响；⑲受托经营取得的托管费收入；⑳除上述各项之外的其他营业外收入和支出；㉑其他符合非经常性损益定义的损益项目。

当然，在实际业务中，一般企业不会出现如此多的非经常性损益项目，而且个别项目可能金额很少，实务中可以简化处理。

（2）加回折旧与摊销费用，目的是把净利润调整到接近企业收到的现金值。

（3）在预测中，通常我们并不把短期债务的偿付义务纳入对现金的即时需求之中，因为我们预期短期债务会随时续做。所以在上述模型中，短期债务既不作为现金来源，也不作为现金的使用。

（4）在现有的长期债务中，除了银行的长期借款外，还可能有对租赁公司的融资租赁租金。特别要注意，部分企业以经营租赁方式开展的实质为融资租赁的业务，实质上也构成了企业的长期债务。

（5）模型显示的清偿新增长期债务的现金流，都是企业在正常经营情况下的现金流。这些正常现金流不仅要清偿新增贷款，还要用来满足营运资金的增长、资本性支出和股利的支付，这些支出都是企业在持续意义上增长、竞争和取得成功所必需的。因此，也只有在这些支出得到满足的情况下，上述模型才去估算用来偿还新增贷款的现金。

7.2.3 现金流预测的起点和假设

预计未来期间的某一特定数额（如销售收入等）将成为怎样一种状态，必须依据一个初始的判断基准。一般认为存在三个起点：一是最近一年的财务数据；二是考虑近期趋势进行调整后的最近一年的财务数据；三是过去几年的平均财务数据。显然，对企业现金流的预测是基于企业的历史财务数据的。如果我们对企业的未来缺少具体信息，我们就只能假设企业的销售和收益维持在现有水平上，再根据最近几年的总体发展趋势对数据进行适当调整。但通常，由于信贷人员对企业的未来并非一无所知，特别在完成对企业的战略分析、会计调整和指标分析之后，他们对企业的未来已有所感知，所以调整后的最近财务数据相比单纯用最近一年的数据或最近几年的平均数据更适合做预测的起点。

由于设定起点是为了支撑起具体的预测分析，因此我们还有必要适当了解某些关键财务数据在所有企业中的"通常表现"，即了解各种财务数据一般是如何变化的以及究竟是什么因素导致企业偏离了平均水平,这样做可以避免我们的预测从起点就开始"跑偏"。

在现金流的预测中,最重要的假设条件是销售收入。因为大部分其他的假设条件以及预测结果都直接和间接地与未来销售的增长或下降有关。实际上,有不少人对预测性财务报表的编制采用的就是销售收入比例法,对其他报表要素的预测都以销售收入的比例为基础。因此,对于销售收入的预测,需要仔细斟酌。

尽管销售收入的预测应该从产品产量、价格入手,产量的增长得益于产能扩张和收购兼并,价格的变化服从行业景气周期(供求)与公司的定价策略。但从整体趋势看,收入增长速度受到行业平均水平的制约。在较长的时期内,行业内各类公司收入增长速度趋同,也就是说销售增长率趋向于统计学中的"均值回归"(reversion to the mean)。对于销售增长率超过平均水平或低于平均水平的企业来说,其销售增长率在3~10年的时间内会逐步趋于"正常水平"。

依据美国的一项权威研究,美国企业的销售增长率为7%~9%。图7-2显示了美国1979~1998年全部非金融上市公司的销售增长率的变化情况。根据初始年份的销售增长率情况对所有企业进行排名,并分成5个组合,组合1中的企业是1979年销售增长率排在前20%的企业,组合2中的企业是依次排列下来的20%的企业,组合5中的企业是销售增长率最低的20%的企业。从1979年开始,在随后的9年中,对5个组合中的企业的销售增长率做跟踪调查。随后,分别以1984年和1989年为基年反复做了同样的实验。对3次实验的结果进行平均,每一个组合从第1年到第10年的最终销售增长率如图7-2所示。

图7-2表明,最初销售增长率最高的一组企业(超过50%)在3年内下降到约6%,并在随后的7年内从未超过13%;起初销售增长率最低的那些企业,到第5年达到约8%,而且其后从未低于5%。无论起初企业处于哪个组合,在5年时间内5个组合的增长率都恢复到7%~9%的"正常水平"。

以上研究的作者后来又利用1988~2005年的Compustat数据中所有上市

交易的非金融公司的相关数据再次进行了验证,其长期趋势仍然符合以上"均值回归"规律,从第 6 年到第 10 年,企业的平均销售增长率为 7.5%。[一]

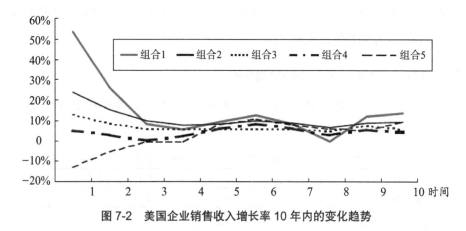

图 7-2 美国企业销售收入增长率 10 年内的变化趋势

资料来源:Krishna G Palepu,Paul M Healy,Victor L Bernard. Business Analysis & Valuation:Using Financial Statements:Text & Cases[M].2nd ed. Georgetown:South-Western College Publishing,2000.

可以看到,随着行业和公司的成熟,其销售增长率会因需求饱和与行业内部竞争而趋缓。因此,即使公司目前的销售增长率水平很高,但若就此假定当前的水平会无限期保持下去,一般是不切实际和不现实的。当然,具体到某家公司的销售增长率恢复到平均水平的速度则取决于其所在行业的特点以及该公司在行业中的竞争地位。

预测的其他必要条件,如企业的营业净利润率、资产周转率等通常较为稳定,主要原因在于它们在很大程度上是行业技术的函数。但由于企业所采取的整体战略不同,不同的企业可能表现出较大差异。预测这些数据的合理出发点,不仅要考虑最近的数据,还应考虑其是否与正常水平存在较大差异。当然,在缺少详细信息的情况下,我们可以预期在一段时间内相关指标将保持相对不变。

[一] 参见 Krishna G Palepu,Paul M Healy.Business Analysis and Valuation:Text And Cases[M]. 4th ed. Georgetown:South-Western College Publishing,2007.

在具体执行预测的过程中，我们将合理运用以上会计数据的变化模式。但重要的是要记住，一般性的变化模式不会适用于所有企业。企业财务分析的技巧就在于不仅要知道"常规"模式和水平是什么，更要善于找到那些不按常规模式运作的企业的具体证据和支撑。

⊙ **案例 7-1　销售收入增长率的预测分析**

某企业 2015～2019 年的销售增长率如表 7-2 所示，那预期 2020～2022 年的销售增长率为多少比较合适？

表 7-2　某企业销售增长率的历史数据与趋势预测

年份	2015	2016	2017	2018	2019	2020	2021	2022
销售收入增长率（%）	12	10	16	12	18	?	?	?

信贷人员了解到，该企业是一家管理规范且处于成熟行业中的企业，该行业没有明显的周期性，最近 10 年来，GDP 的增长率基本保持在 8% 及以上的水平。假定没有其他更具体的指导性信息，我们可以看到：①企业销售增长率水平一直高于所在地区的宏观经济水平；②最近 5 年的平均销售增长率约为 14%；③从 5 年来的历史数据看，是快慢相间，一年慢，一年快，似乎没有明显的规律；④从 2015～2019 年共 5 年的趋势看，似乎有逐年走强的趋势，唯独 2018 年似乎多少受到金融危机的影响，有所下滑，未来似乎比较乐观。

根据数据预测的基本原则，经过调整的最近一期数据更具合理性。如果没有任何预期发生变化的理由，那么预测最近一期的数据保持当前的水平就是合理的。在本例中，最近一期的销售增长率为 18%，那么在缺少能够证明和符合逻辑的预期变化的情况下，把 2020 年的销售增长率也假设为 18%，可能也是合理的。考虑到 18% 毕竟是最近 5 年来的历史峰值，而其他各年存在上下波动，所以更合理的做法是适当降低预期的水平但使其高于平均水平，比如 16%。综合考虑上述各因素，看来将 16% 作为基础假设条件应当是合理和审慎的。再考虑到对未来信息的缺失以及企业资产管理水平成熟稳定而难以大幅提高的情况，2021 年和 2022 年均采用 16% 的水平也是理性的。

⊙ **案例 7-2　营业净利润率的预测分析**

某企业 2015～2019 年的营业利润率如表 7-3 所示，那预期 2020～2022 年的营业净利润率为多少比较合适？

表 7-3　某企业营业净利润率的历史数据与趋势预测

年份	2015	2016	2017	2018	2019	2020	2021	2022
营业净利润率（%）	11	10	14	11	12	?	?	?

以上营业净利润率是信贷人员对案例 7-1 中的企业相关数据进行调整后得到的正常化的净利润率。观察相关数据，可以发现：①企业营业净利润率波动幅度较小，相对稳定；②利润率与销售收入存在着较为稳定的关联关系，即 5 年来保持着与销售收入同样的波动趋向，一年低，一年高，高低相间，这可能与企业的规模经济或经营杠杆有关；③企业所在行业虽然受经济周期影响不大，但企业利润率似乎也受到 2008 年金融危机的影响，2018 年在 2017 年的基础上下跌了 3 个百分点，但从 2019 年开始似乎逐步好转。

由于对无特别明显的周期性的企业来说，最近的历史数据一般比更远期的数据更具未来指示意义。我们可以假设 2020 年企业的营业净利润率为 12%，这应当是谨慎和合理的。

7.2.4　情景分析和敏感性分析

与企业现金流预测伴随的技术要求还有两项关键要素：一是要对企业的未来现金流预测一个合理的可能范围，该范围区间将由不同的情景来表达；二是要检验企业的未来现金流相对关键变量的敏感性。这两项要素，通过情景分析和敏感性分析来实现。

由于未来是不确定的，预测模型对未来现金流的预测是建立在一系列假设的基础上的，而这些假设在预测期内无论如何谨慎或合理地给出，也未必符合企业未来的实际状况。因此，人们不可能确切地对未来可能影响企业的经济和商业因素加以预测。但情景分析和敏感性分析能够为信贷人员提供一个可能最好的分析框架,用以评价借款人在未来各种可能条件下的现金偿债能力。

1. 情景分析

情景分析通过考虑各种可能发生的结果及其影响,可以帮助决策者做出更明智的选择。对信贷人员而言,其意义不在于准确地预测现金流的未来状态,而是对不同趋势条件下可能出现的不同现金流状态进行考察、分析和比较,从而对企业的偿债能力做出更科学的预测,并对可能出现的最坏情景做出提前应对。

在对企业可用于偿还新增债务的现金流进行预测时,应围绕影响未来现金流的关键要素如销售收入、利润率、资产使用效率等,制定合理的假设条件范围,并生成不同的结果。在多数情况下,有必要制定三种不同的情景。

(1) 基础情景,即最有可能出现的情形。对信贷人员而言,基础情景的假设应是偏保守的审慎估计。

(2) 最坏情景,即关键影响因素出现最坏水平时的情形。需要注意的是,所谓的最坏,相关假设也应当是现实的,是信贷人员认为在正常经营和商业环境下可能发生的最坏情形。这与银行人士熟悉的压力测试是不同的,因为压力测试用于当极不可能发生的事件发生时,评估小概率事件对企业可能产生的影响。

(3) 最好情景,即关键影响因素在现实的、最好的假设条件成为事实时的情形。信贷人员需要注意的是,最好情景下的现金流不一定是最充沛的现金流,在有些情况下,企业的销售增长率很高,反而会消耗企业的经营现金流,可能导致用于清偿长期债务的现金流的减少。

在实际工作中,从最坏到基础,再到最好,不同情景的假设范围虽然没有现成的标准,且其确定需要分析人员的知识和经验的"艺术"构造,但可资参考的一个原则是借鉴会计上对或有事项发生"可能性"的说明。

美国会计准则委员会第5号准则公告将可能性程度分为三个档次:很可能

(probable)、有可能（possible）和极小可能（remote），但并未说明具体概率分别是多少；《国际会计准则第 37 号：准备、或有负债和或有资产》也未对可能性层次和概率进行明确说明；加拿大特许会计师协会经研究认为，可能性基本可以分为四个层次，用概率表示如下："可合理确定"（reasonable certain）对应 95%～100%，"很可能"对应 50%～95%，"有可能"对应 5%～50%，"极小可能"对应 0～5%。我国企业会计准则对可能性程度的划分基本上借鉴加拿大特许会计师协会的研究成果，将可能性划分为基本确定、很可能、可能、极小可能，概率区间与加拿大的一样。

鉴于此，信贷人员对最坏和最好情景的假设标准应取"合理确定"的标准，即要有大约 95% 的可能性或概率出现。反过来说，在选择假设条件时，应该能做到，最好情景下最终有大约 5% 的可能性是实际情况比最好还要好，最坏情景下最终有大约 5% 的可能性实际情况比最差还要差。

2. 敏感性分析

与情景分析的多因素变化同时检验不同，敏感性分析是一种单因素分析，也就是对单一假设条件的变化所产生的影响进行分析。其意义在于从众多不确定性因素中找出对企业未来现金流有重要影响的敏感性因素，并分析、测算其对企业偿债能力的影响程度，进而判断银行贷款的承受风险能力。具体看，信贷人员进行敏感性分析可实现以下目的。

（1）确定某一假设条件发生变化时，会对企业现金流产生多大影响，从而找出最为关键的假设条件，该条件背后的支持要素代表了更大的风险来源。

（2）弄清某一假设条件发生多大程度的变化时，才会导致企业没有足够的现金流来满足拟新增贷款的还款义务。

（3）针对特定的、小概率事件对还款能力的影响做压力测试。

7.2.5 一个预测示例[一]

1. 历史数据

假设 ABC 公司是一家成功的、中等规模的、管理良好的洗洁用品生产企业，其产品以含有环保成分为特色，多项产品享受专利保护。其历史财务数据以下列简要利润表（见表 7-4）和资产负债表（见表 7-5）的形式列示。

表 7-4　ABC 公司利润表

项目	第 1 年	第 2 年	第 3 年	第 4 年	第 5 年
销售收入	3 521	3 854	4 262	4 785	5 244
销售成本	1 567	1 727	1 926	2 158	2 360
毛利润	1 954	2 127	2 336	2 627	2 884
营业费用（销售、管理、财务费用等）	1 649	1 765	1 995	2 242	2 454
营业利润	305	362	341	385	430
投资收益	9	10	15	21	28
非经常性收益／（损失）	13	(39)	11	(4)	0
税前利润	327	333	367	402	458
所得税	107	110	134	141	158
净利润	221	223	232	261	300
附注：					
折旧费用	128	185	202	224	253
摊销费用	10	11	12	13	14
股利	45	50	52	59	67
资本性支出	202	231	269	315	330

[一] 本示例参见：IFC 中国项目开发中心．信贷分析与公司贷款 [M]．北京：外文出版社，2010：227-240．内容有改编。

表 7-5　ABC 公司资产负债表

项目	第 1 年	第 2 年	第 3 年	第 4 年	第 5 年
资产					
现金及其等价物	68	76	85	94	100
应收账款	514	553	626	715	780
存货	270	292	310	340	381
其他流动资产	94	119	126	140	151
流动资产合计	946	1 040	1 147	1 289	1 412
固定资产原值	1 489	1 618	1 831	2 049	2 269
减：累计折旧	865	948	1 094	1 221	1 364
固定资产净值	624	670	737	828	905
无形资产	175	189	204	222	245
其他长期资产	787	971	1 099	1 211	1 307
非流动资产合计	1 586	1 830	2 040	2 261	2 457
总资产	2 532	2 870	3 187	3 550	3 869
负债					
应付账款	200	206	212	255	288
短期借款	160	194	210	222	245
一年内到期的长期借款	51	49	56	59	62
其他流动负债	426	476	534	610	654
流动负债合计	837	925	1 012	1 146	1 249
长期借款	512	540	604	645	678
其他长期负债	304	373	425	467	510
长期负债合计	816	913	1 029	1 112	1 188
总负债	1 653	1 838	2 041	2 258	2 437
所有者权益					
实收资本	334	399	531	695	767
留存收益	1 021	1 194	1 374	1 576	1 810
其他[①]	（476）	（561）	（759）	（979）	（1 145）
所有者权益总计	879	1 032	1 146	1 292	1 432

注：①主要是库存股份。

假定目前正处于第 6 年年初，ABC 公司正在申请一笔金额为 250 的长期贷款，用来购买新设备，这将使得第 6 年的资本性支出达到 400 左右。某银行信贷人员基于对上述报表的分析和对企业的调查了解，得到的初步看法如下。

（1）考虑到借款人的特定设备需求，而且总体风险较低，ABC 公司应能够在 5 年内偿还 250 的新增借款。

（2）为了降低风险，拟采用每半年一次等额还款的方式，每期还款本金 25。

（3）在第 6 年年中提款，第 1 笔还款发生在第 6 年年底。这样，还款结构是：第 6 年偿还 25，第 7～10 年每年偿还两次共计 50，第 11 年年中偿还最后的 25。

这样，信贷人员对借款人的还款能力的预测，将从当前的第 6 年开始，一直到第 11 年年中为止。

2. 基础情景分析

具体预测中的假设条件做如下研判（基础情景）。

（1）销售收入和净利润率的预测。销售增长率是进行财务预测的关键假设条件，因此信贷人员与 ABC 公司管理层就公司产品的市场前景做了讨论，并向行业专家进行了咨询。可以达成的一个基本共识是，公司产品已经开始引起人们越来越高的兴趣，因为越来越多的消费者已经意识到环境问题及环保的重要性。公司的历史销售率一直相对稳定，并在第 4 年达到了一个小高峰。这种稳定的增长形态，有助于降低向该公司贷款的风险，银行应在设置预测条件和设定授信限额时加以考虑。第 5 年的销售增长率为 9.6%，而信贷人员认为第 6 年的增长率可能会稍高一些，但大概达不到第 3 年、第 4 年的水平，因此将其设定为 10%。此外，信贷人员通过对企业及其所在行业与经营环境的分析，认为公司未来几年的销售增长率没有理由在第 7～11 年改变。

ABC 公司正常化的净利润率也保持了相当稳定的态势。在经历了第 1～2 年的较高历史水平后，净利润率在第 3 年有所下降，然后在第 3～5 年又呈现稳定增长的趋势。信贷人员综合考虑了竞争环境和其他影响盈利能力的因素后，认为没有理由让未来的净利润率有别于当前水平，所以使用第5年的5.7%作为预测的假设条件。

（2）折旧与摊销预测。折旧费用受公司固定资产规模和折旧政策的影响。以"折旧费用/期初固定资产原值"衡量，ABC公司的这一指标一直稳定在12.2%～12.5%，信贷人员选择了第5年的12.3%作为预测第6～11年的合理假设条件。依据此指标的约束，在预测出固定资产总值的前提下，可以推导出预测年度的折旧费用。

在摊销费用一项上，ABC公司的历史财务数据显示出了明显趋势，信贷人员因此沿用了这一趋势，在每年的摊销费用上加1。该项数值在现金流中微不足道，所以不必投入太多分析精力。

（3）营运资金预测。营运资金的预测主要基于其与销售收入的关系，通过"营运资金/销售收入"指标，可对未来营运资金的年度增减以及相应的现金使用和现金来源进行预测。该指标主要受公司资产效率变化、流动资产和流动负债结构变化两个因素的影响，而这些因素的共同作用可能导致"营运资金/销售收入"指标在历史年度中呈现不稳定状态。因此，预测的假设条件应当基于最近的历史水平、导致该水平的趋势以及信贷人员对企业营运循环的变化预期等。信贷人员对该指标的预期，应能够反映出公司在应收账款、存货和应付账款管理效率方面的主要变化。在该比率的可能性区间，数值越高越保守，因为这意味着在效率下降的年度里，会存在更大的营运资金需求，以及更少的可用现金流。这一假设条件也常常是敏感性分析的重点。

信贷人员注意到，对ABC公司而言，该比率在历史上保持了较高的稳定性，一直处于5.7%～6.1%，因而选择了第5年的5.9%作为预测第6～11年的合理假设条件。

（4）固定资产与资本性支出预测。对企业资本性支出的预测最有效的办法是：①评估企业为支持销售增长和解决产能局限，而替换现有固定资产或对其扩张的可能需求；②基于这种认识，与管理层讨论企业的资本性支出计划。特别是，企业管理层应当能够提供企业拟申请贷款期限内（或至少2～3年）的资本性投资的预计时间和金额等有用信息。管理层提供的这些信息，应当与企业在成长时所发生的，以及为保持企业在市场及行业内的竞争地位所需的技术要求相一致，还应与银行对其现有固定资产的使用年龄、状况和生产力的观察保持一致。

因此，在具体预测中应重点关注公司计划的"资本性支出"，并参考依据"销售增长率"和"净固定资产/销售收入""固定资产处置/期初固定资产原值"比率指标做出的预测数。

"净固定资产/销售收入"用于预测支持预期销售水平所需的未来固定资产水平。这一比率在有些企业是稳定的，而在另一些企业可能是波动的或呈"阶梯状"的。信贷人员在设置这一假设条件时，应与企业历史模式保持一致。对ABC公司而言，历史数据显示，这一比率从第1年的17.7%，微幅下降到最后3年的17.3%。第1年或之前的水平高于正常水平，可能是产生这一现象的原因。对信贷人员来说，17.3%似乎是一个不错的假设水平。

"固定资产处置/期初固定资产原值"用于预测企业在固定资产原值中将要淘汰的，并将从资产负债表中去掉的固定资产金额。这一数据也是进行其他有关固定资产计算的必要因素。若淘汰的固定资产已经做了全额折旧处理，那么它们就不会成为固定资产净值的一部分或对其产生影响了。出于预测考虑，信贷人员假定每年被淘汰的固定资产都已完成了全额折旧。观察ABC公司这一比率的历史水平，尽管存在一定程度的波动性，但这对中小企业而言是很正常的。该数值在最近两年显示出了一定的稳定性，第4年为5.3%，第5年为5.4%。信贷人员没有理由对当前水平加以调整，因此直接使用5.4%作为预测参数。

在与公司管理层沟通后，信贷人员确信，ABC公司在第6年年中将发生明确的资本性支出400。因此，从第7年开始直到第11年的资本性投资，将基于正常的固定资产替换和增长需求来完成。于是，信贷人员决定按照销售增长率和固定资产使用效率进行预测，使其符合预期的销售增长率和使用效率。至于第6年，由于采用400的数据，据此推算出该年度的"净固定资产/销售收入"

比率为 17.8%，信贷人员认为这一比率也是符合预期的，与第 1 年的历史数据水平接近。

（5）股利预测。通常，在预测中"股利/净利润"比率应反映公司最近的历史水平以及预期的变化。ABC 公司的股利支付率在历史上相当稳定，所以信贷人员使用了当年的比率 22.2% 作为预测的假设条件。

（6）当期应支付的现有长期债务。信贷人员查阅了企业财务报表附注、相关合同文本，并与企业管理层进行了探讨，逐年确定了预测年度的当期应支付的长期债务，包括租赁义务。

（7）基础情景预测结果。根据以上各项假设条件，按照估算新增中长期贷款偿还能力的现金流预测框架模型（见图 7-1），预测从第 6 年到第 11 年各年度 ABC 公司可用于偿还新增长期债务的现金分别为：56、130、118、134、153、174。在基础情景下，年度现金额从第 6 年的 56，蹿升至第 7 年的 130，这主要是第 7 年的预期资本性支出的减少所致。随着资本性支出恢复到正常水平，第 8 年的可用现金又略降为 118，并继续增长至第 11 年的 174。基础情景的分析结果表明，对于拟议中的 5 年期规模为 250 分期还款的"拟新增长期贷款"而言，企业的现金流完全能够覆盖。

表 7-6 是具体的预测计算分析表。

3. 情景分析和敏感性分析

至此，我们对基础情景进行了分析，接下来的工作是需要对最好情景和最坏情景依次进行同样的分析。计算过程一模一样。此例中，信贷人员将通过调整 ABC 公司的销售增长率和净利润率这两项假设条件，来展开情景分析。信贷人员确定的假设条件变动范围如表 7-7 所示，相对于基础情景中销售增长率和净利润率分别为 10% 和 5.7% 而言，信贷人员确定了最好情景的两项假设条件分别为 12% 和 6.1%，最坏情景的两项假设条件分别为 9% 和 5.1%。

表 7-6 ABC公司未来现金流基础情景预测计算分析表

情景：基础情景	历史年度：第1~5年					预测年度：第6~11年					
	第1年	第2年	第3年	第4年	第5年	第6年	第7年	第8年	第9年	第10年	第11年
1. 净利润	221	223	232	261	300	329	362	398	438	481	530
2. 对净利润做正常化调整	(13)	39	(11)	4	0						
3. 折旧和摊销费用	138	196	214	237	267	294	329	361	399	441	487
4. 营运资金（增加）/减少	NA	(32)	(27)	(11)	(37)	(32)	(34)	(37)	(41)	(45)	(50)
5. （资本性支出）	(202)	(231)	(269)	(315)	(330)	(400)	(385)	(453)	(502)	(555)	(613)
6. （股利）	(45)	(50)	(52)	(59)	(67)	(73)	(80)	(88)	(97)	(107)	(118)
7. （当期应支付的现有长期债务）	NA	(51)	(49)	(56)	(59)	(62)	(62)	(62)	(62)	(62)	(62)
8. 可用于偿还新增债务的现金	NA	94	38	61	74	56	130	118	134	153	174
注释/假设条件											
9. 销售收入	3 521	3 854	4 262	4 785	5 244	5 768	6 345	6 980	7 678	8 446	9 290
10. 销售增长率（%）	NA	9.5	10.6	12.3	9.6	10.0	10.0	10.0	10.0	10.0	10.0
11. 正常化净利润率（%）	5.9	6.8	5.2	5.5	5.7	5.7	5.7	5.7	5.7	5.7	5.7
12. 正常化净利润	208	262	221	265	300	329	362	398	438	481	530
13. 折旧费用	128	185	202	224	253	279	313	344	381	422	467
14. 折旧费用/期初固定资产原值（%）	NA	12.4	12.5	12.2	12.3	12.3	12.3	12.3	12.3	12.3	12.3

	10	11	12	13	14	15	16	17	18	19
15. 摊销费用										19
16. 折旧和摊销费用	138	196	214	237	267	294	329	361	399	441	487
17. 营运资金/销售收入 (%)	5.7	6.0	6.1	5.7	5.9	5.9	5.9	5.9	5.9	5.9
18. 营运资金①	201	233	260	271	308	340	374	412	453	498	548
19. 营运资金（增加）/减少	NA	（32）	（27）	（11）	（37）	（32）	（34）	（37）	（41）	（45)	(50)
20. 期初固定资产原值	NA	1 489	1 618	1 831	2 049	2 269	2 546	2 794	3 096	3 431
21. + 资本性支出	NA	231	269	315	330	400	385	453	502	555	613
22. - 固定资产处置	NA	102	56	97	110	123	138	151	167	185	205
23. = 期末固定资产原值	1 489	1 618	1 831	2 049	2 269	2 546	2 794	3 096	3 431	3 801	4 208
24. 期初固定资产净值	NA	624	670	737	828	905	1 026	1 098	1 207	1 328	1 461
25. + 资本性支出	NA	231	269	315	330	400	385	453	502	555	613
26. - 折旧费用	NA	185	202	224	253	279	313	344	381	422	467
27. - 固定资产处置（预测值=0)	NA	0	0	0	0	0	0	0	0	0	0
28. = 期末固定资产净值（根据33）	624	670	737	828		998	1 026	1 098	1 207	1 328	1 461	1 607
29. 期末固定资产净值（根据32）							1 098	1 207	1 328	1 461	1 607

（续）

情景：基础情景	历史年度：第1~5年					预测年度：第6~11年					
	第1年	第2年	第3年	第4年	第5年	第6年	第7年	第8年	第9年	第10年	第11年
30. 固定资产净值/销售收入（%）	17.7	17.4	17.3	17.3	17.3	17.3	17.3	17.3	17.3	17.3	17.3
31. 固定资产处置/期初固定资产原值	NA	6.9	3.5	5.3	5.4	5.4	5.4	5.4	5.4	5.4	5.4
32. 资本性支出						400	385	453	502	555	613
33. 参考：根据10和30预测的32						372	385	453	502	555	613
34. 参考：根据32预测的30（%）	17.7	17.4	17.3	17.3	17.3	17.8	17.3	17.3	17.3	17.3	17.3
35. 股利/正常化净利润（%）	21.6	19.1	23.5	22.4	22.2	22.2	22.2	22.2	22.2	22.2	22.2
36. 股利	45	50	52	59	67	73	80	88	97	107	118
37. 当期应支付的现有长期债务	NA	(51)	(49)	(56)	(59)	(62)	(62)	(62)	(62)	(62)	(62)

注：营运资金可以有两种算法：一种是使用基本的营运资金定义未计算，即用流动资产减去流动负债；一种是使用全球评级机构（如标准普尔公司）的计算方法，在计算营运资金时，将"现金"、"可变现有价证券"及"短期债务"排除在外。本例采用了第二种算法，如第1年的营运资金计算如下：流动资产=（946-68）=878；流动负债=（837-160）=677；营运资金=（878-677）=201。

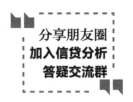

亲爱的读者！

感谢阅读《财务报表阅读与信贷分析实务》。

本书作者崔宏是商业银行资深信贷专家，大量案例带你驾驭信贷实务。好东西，一定要与朋友分享。赶快拿出手机，拍下本书的①封面，②喜欢的书中内容，拍出四张图发到朋友圈，并发截图给工作人员，就可加入**信贷分析答疑交流群**！

工作人员微信号：huh66huh 昵称：胡小乐；3个工作日内处理，请不要着急。

加好友时备注：信贷分析

扫码添加微信

表 7-7 ABC 公司核销售增长率假设条件

预测年份		第 6 年	第 7 年	第 8 年	第 9 年	第 10 年	第 11 年
销售增长率（%）	最好情景	12.0	12.0	12.0	12.0	12.0	12.0
	基础情景	10.0	10.0	10.0	10.0	10.0	10.0
	最坏情景	9.0	9.0	9.0	9.0	9.0	9.0
净利润率（%）	最好情景	6.1	6.1	6.1	6.1	6.1	6.1
	基础情景	5.7	5.7	5.7	5.7	5.7	5.7
	最坏情景	5.1	5.1	5.1	5.1	5.1	5.1

在完成基础情景分析后，信贷人员需要把最好情景和最坏情景下的销售增长率和净利润率假设条件分别代入与表 7-6 一样的预测分析表中，进行类似计算即可。其他条件保持不变，但资本性支出除外，也就是说只需对基础情景中的三个变量进行修改。本书此处省略最好情景与最坏情景分析计算表（最终结果如表 7-8 所示）。

由结果可见，与基础情景相比，由于来自利润的现金发生了减少，最坏情景下可用于偿还新增长期债务的现金有所减少，但仍能满足"拟议中的长期贷款 250"的偿还要求。值得注意的是，最坏情景下销售增长率的下降，会减少对资产的投资需求，这在一定程度上抵消了来自利润的现金减少。

通过情景分析，我们完成了对来自利润的现金流的各项合理假设条件的范围的检验，并认为结果令人满意。但我们仍需知道，假如 ABC 公司的资产效率发生了变化，将对现金流产生什么样的影响？这里的资产效率是由"营运资金/销售收入"和"固定资产净值/销售收入"来衡量的。在三种情景分析中，这两项指标一直保持着固定的水平。更低的资产效率，意味着需要更多的现金投入支持资产的增长，这样就会降低"可用于偿还新增债务的现金"的数量。信贷人员可以通过调高这两项比率、降低资产使用效率，来进行敏感性分析。不妨假定调高后的比率与企业过去五年内的较高历史水平相当。这一敏感性分析的结果表明，ABC 公司仍有足够的现金可用于偿还新增债务。

表 7-8 ABC 公司未来现金流预测结果汇总表

可用于偿还新增债务的现金	预测第 1 年	预测第 2 年	预测第 3 年	预测第 4 年	预测第 5 年	预测第 6 年
最坏情景						
可用现金估算	30	119	95	107	123	138
新授信的分期还款额	25	50	50	50	50	25
盈余/（不足）	5	69	45	57	73	113
基础情景						
可用现金估算	56	130	118	134	153	174
新授信的分期还款额	25	50	50	50	50	25
盈余/（不足）	31	80	68	84	103	149
最好情景						
可用现金估算	72	113	122	142	166	191
新授信的分期还款额	25	50	50	50	50	25
盈余/（不足）	47	63	72	92	116	166
敏感性分析之一						
因素：较低的资产效率						
可用现金估算	44	116	115	132	151	169
新授信的分期还款额	25	50	50	50	50	25
盈余/（不足）	19	66	65	82	101	144
敏感性分析之二						
因素：更高的销售增长率						
可用现金估算	35	52	68	85	105	128
新授信的分期还款额	25	50	50	50	50	25
盈余/（不足）	10	2	18	35	55	103

此外，我们还想检验另一项可能导致较高现金需求的因素：持续的高水平的销售增长率。如果在一定时间内，企业的销售增长水平大大超过了企业内部现金来源能维持的水平（即把来自留存利润的现金投资于资产增长，以维持更高水平的生产和销售，并用于满足股利支付预期），那么企业的经营将会消耗更多现金，并导致可用现金减少，甚至变为零。因此，最好情景下"可用于偿还新增债务的现金"水平低于基础情景也就不足为奇了，因为后者使用了较低的销售增长率假设。为此，信贷人员将销售增长率调整为 15%，这一比率虽然高

于过去五年中的 12.3% 的最高水平，但考虑到较强的行业前景，这仍属于合理预期。分析结果显示，ABC 公司每年仍然有足够的"可用于偿还新增债务的现金"，不过在第 7 年，就几乎没有什么"保护边际"了。此外，最好情景下的"可用于偿还新增债务的现金"，比基础情景下的更低，这表明 15% 的增长率导致了公司在经营、固定资产投入和股利支付等方面使用了更多的经营活动创造的现金。

表 7-8 对情景分析和敏感性分析的结果进行了汇总。

汇总结果显示，ABC 公司能够在信贷人员所检验的任何条件下按计划还款。其中有两年，其预期的可用现金额非常接近新信贷还款额：最坏情景下的预测第 1 年和高销售增长率敏感性分析的预测第 2 年。前者的部分原因是较高的资本性支出；后者的原因则是，该年度是第一个全额分期还款年份（两期金额共 50），以及为支持较高的销售增长率而发生了较高的资产投资。

4. "盈亏平衡"假设水平分析

在完成了上述分析之后，我们可能还想做最后一项敏感性分析，即基于正在考虑的新增长期贷款的每年还款额，我们想知道，在基础情景下，"正常化净利润率"或其他假设变量达到何种程度时，会导致"可用于偿还新增债务的现金"达到"盈亏平衡"的水平，其衡量标准是，在接下来的六年中的任何一年，该金额能满足还款义务的最低水平是多少。该项敏感性分析的具体做法是，信贷人员在基础情景预测分析计算表中，连续改变"正常化净利润率"至更低水平，直到计算后预测的"可用于偿还新增债务的现金"非常接近于还款义务为止。就本例 ABC 公司的基础情景而言，当"正常化利润率"降至 5.0% 时，会形成这一"盈亏平衡点"，该比率要显著低于正常的历史年度。这一做法为检验客户还贷现金流的风险，提供了一个有益的分析角度。就本例而言，其风险水平看上去相对较低。

5. 预测结果的应用

上述预测的结果虽然不一定很精确，最终预测的偿债能力水平，却是信贷决策中的重要参考因素。

信贷人员应当把预测结果用于确定企业能够游刃有余地偿还预期债务。如果基础情景的预测显示，企业持续存在现金不足的情况，则表明其偿债风险很高，因此有必要对贷款结构进行修改以降低风险，或者干脆不予新增授信。

通过情景分析和敏感性分析，我们还能发现，企业未来的现金流将面临某几种潜在条件的冲击，而且我们有理由相信这种条件有可能发生。这也表明，企业的还款风险较高，不宜发放贷款或者应在对贷款结构和条件进行严格设计的基础上，严格控制授信风险。

若基础情景下的现金盈余始终是勉勉强强的，那么就意味着银行在定价时应充分考虑贷款违约概率和违约损失率，使收益覆盖风险，而且在贷款设计方面应强化风险控制和对银行资产安全的考虑。

即使基础情景下的现金盈余和保护边际看上去比较充足，但其他情景分析或敏感性分析结果若显示，在某种可能发生的条件下，企业偿还新增贷款的能力会明显不足，那么银行也应对贷款金额和其他结构因素进行重新考虑或修改，以便形成贷款的安全保护。

此外，支持预测方法有效性和预测结果实用性的一个重要前提是，借款人必须把贷款用于支持生产经营上。如上例中，ABC 公司确实把 250 的贷款投资于机器设备，以创造收入、提升企业效率和竞争力，则预测的方法是有效的，结果也是有意义的。反之，若企业把这笔贷款用于投机或管理层在职消费，则这 250 的贷款将无从产生相应的利润和现金流。

需要特别提醒注意的是，对预测结果不能错误利用。一个典型的错误做法是：把对企业现金流的估测，作为确定贷款金额的唯一依据，即把预测出的未来一段时期内的现金总和作为授信规模的确定依据。如上例基础情景下，未来6年包括了拟授信的持续存在期间（5年），总共的可用现金估算总额为765，假使取整数为750，并将其作为授信规模，这将是一个十足的糟糕决定！原则如下：

（1）银行无从知晓企业将如何使用多余的 500（750-250）信贷资金。即使银行对企业管理层的经营能力非常信任，ABC 公司的管理层仍有可能将这 500 "额外"现金用于其他非生产性投资，而这些投资可能无从获得收益或承受更高的风险，而这显然将提高还贷风险。

（2）企业可能会在不动用自有资金的情况下用多余的 500 现金进行其他投资。这样的话，银行的信贷资金只取得债权风险收益，却承担了本应由企业股东承担的"股权"风险。企业财务杠杆做到了最大化，但银行承受了不该承受的风险。

（3）如此拟定授信金额将导致企业现金盈余为零。这将使贷款失去安全边际的保护，再考虑到前两条原因，这样的风险水平是银行根本无法接受的。

7.3 基于模型的企业财务困境预测

财务困境又称财务危机，最严重的财务困境是企业破产。企业因财务困境而破产实际上是一种违约行为，所以财务困境又可称为违约风险。由于企业陷入财务困境是一个逐步的过程，通常都是由财务状况正常到逐步恶化，最终导致财务困境或破产。因此，企业的财务困境不但具有先兆，而且也应该是可预测的。

定性预测分析和现金流预测不仅过程复杂且成本较高，对分析人员的技术与艺术要求也高。因此在实务中，有人试图使用统计模型的方法来构建企业财务困境模型，并取得了一些成果。虽然机械的财务困境模型不能取代全面的分析所需的艰巨工作，但是对这些模型的研究和应用有助于分析人员对全面分析结果进行印证，且成本低，对分析人员的技术和艺术要求低，对于评价银行贷款的安全性还是具有一定应用价值的。

根据统计方法选取的指标是单变量还是多变量，财务困境模型可分为单变量模型和多变量模型。

7.3.1 单变量模型

单变量模型是指使用单一财务变量对企业财务困境进行预警的模型。最早的财务预警分析研究开始于 20 世纪 30 年代。由于当时缺乏先进的统计和计算工具，因此主要的研究方法是对失败企业和正常企业的一系列财务比率进行经验分析和比较。

1932 年，菲茨帕特里克（Fitzpatrick）以 19 家公司为样本，运用单个财务比率将样本划分为破产和非破产两组进行研究，结果发现，出现财务困境的公司的财务比率和正常公司相比有着显著的不同，在所有指标中判别能力最高的是"净利润/股东权益"和"股东权益/负债"这两个指标，并指出财务比率对企业未来具有猜测作用。

20 世纪 60 年代初期，有关财务困境的研究开始进入系统化阶段。典型的研究成果是比弗（Beaver）提出的单变量财务预警模型。1966 年，比弗利用单一的财务比率来预测企业的财务困境，他通过对 1954～1964 年 79 家失败企业和对应的 79 家成功企业的 29 个财务比率进行研究，发现破产企业在破产前 5 年就有比率报警，且这些比率会迅速恶化，尤其以最后一年情况为最。在排除行业因素和公司资产规模因素的前提下，可以有效预测财务失败的三个比率依次为：

$$债务保障率 = 现金流量 \div 债务总额$$
$$资产负债率 = 负债总额 \div 资产总额$$
$$资产收益率 = 净收益 \div 资产总额$$

其中，债务保障率能够最好地判定企业的财务状况，即使在 5 年前，其正确区分破产企业与非破产企业的比率也接近 80%。

单变量模型的最大优势是，只针对单个财务比率按其对财务危机的影响分先后顺序进行分析考察，观察企业的发展变化趋势，据此来判定企业的财务状况，模型有助于找出与破产相关的因素，且取值简单，不需要进行复杂的计算。

但其不足之处也非常明显：由于不同的财务比率的预测能力经常有较大的差距，会导致相同的财务状况却得出不同的财务反映，造成误判，同时在较长的一段时期内进行的单变量比率分析可能说明企业正处于困境或未来可能出现困境，但无法具体证明企业可能破产及破产的时间。另外，多个比率结合在一起运用时各比率的相对重要性不明确，如一家企业拥有高流动比率和高资产负债率，另一家企业拥有低流动比率和低资产负债率，依托单变量模型我们无法区分哪家公司破产的概率更高。

7.3.2 多变量模型

单变量模型的缺陷促使研究者开始转向开发多变量模型。多变量模型就是指使用多个变量组成的鉴别函数来预测企业财务失败的模型。目前经典的多变量模型主要是阿尔特曼的 Z 评分模型和奥尔森（Ohlson）的 logit 模型。

1. 阿尔特曼的 Z 评分模型

阿尔特曼是第一个使用多元线性判别分析法研究企业失败预警的人。1968年，他选取了 1946～1965 年间的 33 家破产的公司和 33 家正常经营的公司，使用了 22 个财务比率（涵盖流动性、盈利、杠杆、偿债、运营五方面的比率）来分析公司潜在的失败危机。他利用逐步多元判别分析法逐步粹取 5 种最具共同预测能力的财务比率，建立起了一个类似回归方程式的鉴别函数——Z 评分模型。该模型通过 5 个变量（5 种财务比率）将反映企业偿债能力的指标、获利能力指标和营运能力指标有机联系起来，综合分析预测企业财务失败或破产的可能性。

（1）**基本模型**。表达式如下：

$$Z = 0.012X_1 + 0.014X_2 + 0.033X_3 + 0.006X_4 + 0.999X_5$$

式中：Z 为判别函数值；

X_1 = 营运资本 ÷ 总资产；

X_2 = 留存收益 ÷ 总资产；

X_3 = 息税前利润 ÷ 总资产；

X_4 = 权益市场价值 ÷ 总负债账面价值；

X_5 = 销售收入 ÷ 总资产。

特别要注意的是，在阿尔特曼的原始模型中，前 4 个变量必须用百分比的绝对值，如留存收益 ÷ 总资产 =0.1=10%，在代入模型时的数据应是 10；最后一个变量则采用百分比数，如销售收入 ÷ 总资产 =1.5=150%，代入模型时的数据则是 1.5。

为规避上述麻烦，后来人们（包括阿尔特曼本人）逐渐采用如下的统一形式：

$$Z = 1.2X_1 + 1.4X_2 + 3.3X_3 + 0.6X_4 + 1.0X_5$$

在应用模型时，一般地，Z 值越低，表明企业越有可能发生破产。阿尔特曼提出了判断企业破产的临界值：

若 $Z \geqslant 2.99$，则表明企业处于安全区，财务状况良好，发生破产的可能性较小。

若 $Z \leqslant 1.81$，则表明企业处于遇险区，存在很大的破产危险。

若 Z 值处于二者之间，则表明企业处于灰色区，需要审慎考虑。

阿尔特曼将该模型用于样本公司破产前一年的财务比率的测算，准确率高达 95%。破产前第二年的预测准确率为 83%。

后来，阿尔特曼分别对 1969～1975 年的 86 家破产公司、1976～1995 年的 110 家破产公司、1997～1999 年的 120 家破产公司进行了后续研究，发现 Z 评分模型具有较高的稳定有效性，以 2.675 作为破产临界值，模型对破产公司的正确预测率高达 82%～94%。

（2）**修订模型**。对于非上市公司，由于无法获得市场价值，1993 年阿尔特曼提出以股权的账面价值替代 X_4 中的市场价值，并重新估计了模型系数，提出了适用于非上市公司的修订的 Z 评分模型：

$$Z' = 0.717X_1 + 0.847X_2 + 3.107X_3 + 0.420X_4 + 0.998X_5$$

模型对破产公司的预测准确率也高达 91%。此时，判别企业破产的临界值是：

若 $Z' \geqslant 2.90$，则表明企业的财务状况良好，发生破产的可能性较小，处于安全区。

若 $Z' \leqslant 1.23$，则表明企业存在很大的破产危险，处于遇险区。

如果 Z' 值处于 $1.23 \sim 2.90$，则表明企业处于极不稳定状态，处于灰色区。

由于 Z 评分模型简便、成本低、效果佳，故其已经实现商业化，广泛应用于各国商业银行，取得了巨大的经济效益。

2. 奥尔森的 logit 模型

logit 分析法是一种非线性分类的统计方法，它与判别分析法最大的区别是前者不要求正态分布或等方差，其模型采用 logistic 函数：

$$P = 1/(1+e^{-y})$$

式中，P 为公司发生财务危机的概率；y 为线性函数的因变量，其表达式是：

$$y = a + b_1 X_1 + b_2 X_2 + \cdots + b_n X_n$$

1980 年，奥尔森用 1970～1976 年间的 105 家破产公司及 2058 家正常公司为研究对象（样本为工业上市公司，不包括公用、交通和金融服务公司），采用 9 个财务变量，利用 logit 模型建立了财务预警模型。

模型 1：用于预测随后一年内破产公司

$$y_1 = -1.32 - 0.407 X_1 + 6.03 X_2 - 1.43 X_3 + 0.0757 X_4$$
$$-2.37 X_5 - 1.83 X_6 - 0.521 X_7 + 0.285 D_1 - 1.72 D_2$$

该模型的拟合优度为 0.8388，以 0.5 为破产分界点的正确预测比例为 96.12%。

模型 2：用于预测随后第二年破产公司

$$y_2 = 1.84 - 0.519 X_1 + 4.76 X_2 - 1.71 X_3 - 0.297 X_4$$
$$-2.74 X_5 - 2.18 X_6 + 0.4218 X_7 - 0.780 D_1 - 1.98 D_2$$

该模型的拟合优度为 0.7970，以 0.5 为破产分界点的正确预测比例为 95.55%。

模型 3：用于预测随后第一年或第二年破产公司

$$y_3 = 1.13 - 0.478 X_1 + 5.29 X_2 - 0.990 X_3 + 0.062 X_4$$
$$-4.62 X_5 - 2.25 X_6 + 0.212 X_7 - 0.521 D_1 - 1.91 D_2$$

该模型的拟合优度为 0.719，以 0.5 为破产分界点的正确预测比例为 92.84%。

式中：X_1 代表公司的规模，是用物价指数调整后的总资产的自然对数；

X_2 代表资本结构，计算公式是总负债/总资产；

X_3 代表短期流动性，计算公式是营运资金/总资产；

X_4 代表短期流动性，计算公式是流动负债/流动资产；

X_5 代表盈利能力，计算公式是净利润/总资产；

X_6 代表盈利能力与债务保障，计算公式是经营活动现金流/总负债；

X_7 代表净收益变动率，计算公式是 $(NI_t - NI_{t-1})/(|NI_t| + |NI_{t-1}|)$；

D_1 为虚拟变量，当企业总负债超过总资产时为 1，否则为 0；

D_2 为虚拟变量，当企业破产前两年的净利润为负值时为 1，否则为 0。

模型显示，有四类指标对企业破产具有显著影响：规模（X_1）、资本结构（X_2）、盈利能力（X_5 和/或 X_6）、短期流动性（X_3 或 X_3 与 X_4 一起）。

以 3.8% 为破产分界点，奥尔森的 logit 模型 1 可以以 87.6% 的准确率区分破产公司样本，以 82.6% 的准确率区分非破产公司。

与单变量模型相比，多变量模型通过将多个反映企业偿债能力、获利能力以及营运能力的财务指标有机联系起来，进行综合分析之后预测企业风险，较之单变量预警模型更为科学。但多变量模型预测的准确性主要取决于权数选取的合理性，由于各个模型的权数一般来自经验数据或是由历史数据的回归分析所得，因此统计结论受到样本选择的限制。

⊙ 案例 7-3　阿尔特曼的 Z 评分模型在风险预警中的应用

企业陷入财务困境是一个逐步的过程，因此企业的财务困境不但具有先兆，而且可提前预测。对企业而言，通过主动应用模型预测功能，可以做到早发现、早干预，进而使用企业财务复苏的管理工具。对商业银行而言，在贷前、贷中、贷后管理过程中，都需要对企业可能的财务困境进行预判和跟踪分析，以有效应对客户可能的违约行为。

以下我们应用阿尔特曼的 Z 评分模型，以华谊兄弟（300027）为例，说明模型在完善预警体系中的作用。

第一步，确定使用适用于上市公司的基本模型（见表 7-9）。

表 7-9　适用于上市公司的 Z 评分模型

因素	定义	权重
X_1	营运资本 ÷ 总资产	1.200
X_2	留存收益 ÷ 总资产	1.400
X_3	息税前利润 ÷ 总资产	3.300
X_4	权益市场价值 ÷ 总负债账面价值	0.600
X_5	销售收入 ÷ 总资产	0.999

第二步，收集目标公司的历年相关财务数据（见表 7-10）。

第三步，计算模型中各因素（财务比率）的值（见表 7-11）。

第四步，根据模型计算历年的 Z 值，结果如图 7-3 所示。

根据模型的判定标准，若 $Z \geqslant 2.99$，则表明企业处于安全区；若 $Z \leqslant 1.81$，则表明企业处于遇险区；若 Z 值处于二者之间，则表明企业处于灰色区。

图 7-3 清晰地表明，华谊兄弟在 2016 年以前处于安全区，财务状况良好，发生财务危机的可能性较小；2017 年则处于灰色区；2018 年往后则进入遇险区，存在很大的财务危险。进一步深入观察数据，华谊兄弟之所以 2018 年之后财务状况大幅度恶化，主要是因为 X_1 和 X_3 出现了问题，也就是流动性和资产的创利能力大幅下滑，这是公司下一步改善经营的着力点，也是银行观察企业能否尽快实现财务复苏的晴雨表。

显然，作为外部投资者（包括放贷银行）应从 2016 年起保持警惕。当然，从模型的精度或者警示指导意义而言，我们可以增加分析的颗粒度，按季度数据逐季计算 Z 值，甚至按月度计算 Z 值，从而提高预警价值。

表 7-10 华谊兄弟 2009 年至 2019 年第三季度相关财务数据

(单位：万元)

	2009-12-31	2010-12-31	2011-12-31	2012-12-31	2013-12-31	2014-12-31	2015-12-31	2016-12-31	2017-12-31	2018-12-31	2019-09-30
流动资产	165 972.65	166 161.44	190 228.09	279 386.95	339 314.81	524 957.05	732 289.41	874 740.71	864 621.11	753 278.97	579 994.25
流动负债	22 663.58	45 157.93	75 580.95	162 068.69	224 332.70	291 306.79	596 205.54	593 837.82	504 358.94	725 660.23	599 876.30
总资产	171 053.93	202 182.47	246 375.74	413 794.47	721 235.05	981 864.16	1 789 397.93	1 985 263.11	2 015 466.27	1 843 969.50	1 662 364.33
总负债	22 663.58	45 157.93	75 580.95	201 321.45	325 389.47	413 852.10	716 377.01	1 000 221.82	960 237.63	885 289.32	773 743.42
盈余公积金	1 260.81	3 179.55	3 954.46	6 794.65	13 650.84	24 744.82	29 692.36	40 434.05	44 869.45	44 869.45	44 869.45
未分配利润	12 555.69	20 517.49	33 312.43	45 842.89	96 445.61	183 612.66	263 857.53	320 011.99	390 084.48	272 460.32	211 664.32
营业收入	60 413.77	107 171.40	89 238.34	138 640.16	201 396.38	238 902.28	387 356.51	350 345.73	394 627.61	389 083.77	161 660.23
财务费用	1 045.69	−1 226.00	−800.55	6 112.84	7 346.72	9 882.80	14 235.89	28 083.63	29 010.79	32 888.42	22 912.25
利润总额	11 540.34	19 034.01	27 330.69	32 098.46	89 776.54	127 910.23	149 642.96	128 776.45	107 528.97	−80 052.77	−70 022.50
股票市值	931 224.00	985 488.00	956 188.80	861 840.00	3 365 107.20	3 275 671.64	5 772 880.69	3 064 255.04	2 422 143.65	1 310 834.32	1 377 913.26

注：股票市值根据期末股票收盘价与总股本计算。

表 7-11 华谊兄弟 2009 年至 2019 年第三季度模型因素（财务比率）值

因素	2009-12-31	2010-12-31	2011-12-31	2012-12-31	2013-12-31	2014-12-31	2015-12-31	2016-12-31	2017-12-31	2018-12-31	2019-09-30
X_1	0.838	0.598	0.465	0.284	0.159	0.238	0.076	0.141	0.179	0.015	−0.012
X_2	0.081	0.117	0.151	0.127	0.153	0.212	0.164	0.182	0.216	0.172	0.154
X_3	0.074	0.088	0.108	0.092	0.135	0.140	0.092	0.079	0.068	−0.026	−0.028
X_4	41.089	21.823	12.651	4.281	10.342	7.915	8.058	3.064	2.522	1.481	1.781
X_5	0.353	0.530	0.362	0.335	0.279	0.243	0.216	0.176	0.196	0.211	0.097

注：留存收益根据盈余公积金和未分配利润计算，利息支付取财务费用数值。

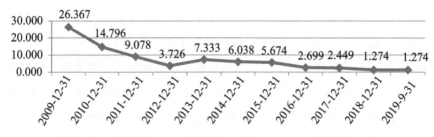

图 7-3　华谊兄弟 2009 年至 2019 年第三季度 Z 值的变化趋势

7.4　前景预测中常见的陷阱及规避

7.4.1　前景预测就是对企业未来发展的概括说明

实务中，不少信贷人员对企业的前景预测仅仅以几句简短的语言笼统说明，如"企业发展前景良好"等。在笔者拿到的一份某银行省分行的"优秀评审报告"中，基本没有关于拟授信企业的前景预测，只是在"主要风险点及风险防范措施分析"章节中，就企业的生产经营和财务现状指出了企业经营面临的一些问题，随即得出结论说"企业未来发展前景堪忧"，而没有对企业的未来偿债能力做任何具体测试和风险度预估。虽然说前景预测本身就是对企业战略、会计和财务进行综合分析的一种方法，但一定要揭示企业发展前景好或坏趋势下的偿债能力强弱，才能更好地设定授信限额或贷款结构，而不是简单地依据企业发展前景的好与坏，简单地做出贷或不贷的决策。

7.4.2　前景预测就是编制企业预测性财务报表

或许是受企业编制预算及进行盈利预测的影响，一说到预测，不少人就想到编制全套的预测性财务报表。诚然，预测企业未来业绩的最好方法就是进行全面预测，不仅要预测现金流量，还要进行收益预测和资产负债表预测。全面预测的方法非常有用，即使是在人们只对业绩的一个方面感兴趣的情况下，也同样如此，这样做的好处是可以最大限度地避免假设之间的矛盾。但是，正如本书已经强调过的那样，对于信贷人员而言，尽管编制出一套全面的预测性财务报表没有什么坏处，但不免有些"浪费精力"。着眼于分析的核心目的（即判断未来期间企业是否有足够的现金流偿还债务），进行现金流预测在多数情况下已经能够满足前景分析的主要目的，而且即使需要编制全套预测性财务报表，也应是简式报表，而不能是详细报表，若是，则真的就像是在编制企业预算，过多的细节与银行的决策无关。

7.4.3 未来是不确定的，不预测也罢

实务中还存在一种倾向，就是一些信贷人员认为市场瞬息万变，未来不确定因素太多，预测本来就是一种"猜测"，不准确是常态，预测准确是运气。由于涉及太多的主观判断，通常会面临不同人员的不同意见，甚至引起不必要的争论，不预测也罢。由于未来是不确定的，对前景预测势必建立在一系列假设的基础上，从这个意义上讲，财务预测本身就一半是"科学"，一半是"艺术"。对不同预期进行讨论和争论本身就是通向"真理"的途径，这是正常和预料之中的事，也是应当加以鼓励的事，这有助于我们重新考虑相关的假设条件，以提高预测的质量。何况在情景分析的技术中，通过情景分析和敏感性分析，能够为信贷人员提供一个较好的分析框架，用以评价借款人在未来可能条件下的偿债能力。因此，那种"不预测也罢"的说法，与其说是对前景预测的否定，不如说是对增加工作量的一种抗拒情绪反应。

7.4.4 对预测模型奉行拿来主义

本书在基于模型的企业财务困境预测部分，介绍了在实务界和学术界中取得一致公认的几个预测模型，虽然信贷人员可以尝试将之运用到实际工作之

中，但也不应简单地奉行拿来主义。由于模型的时间（都是样本公司早期的数据）、空间（样本公司都来源于国外）导致的企业经营环境差异，破产的影响因素或许存在某些系统性差异，本书介绍的模型更多的是提供可资借鉴的思路。国内在针对上市公司财务困境预测的模型方面没有取得明显的权威成果，拿来同样并不完全适合。实务中，各商业银行应结合巴塞尔协议的实施，自己建立企业财务困境预测或违约模型，当更为准确。但在没有实现"自主研发"的前提下，不妨先行借鉴已有模型，作为对其他定性与定量预测的辅助性说明。

下 篇

延伸与拓展

第 8 章

巨亏企业续授信的故事

本案例旨在说明会计信息或财务分析结果在授信决策中的作用与局限，或者说如何灵活应用它们。在这里，我选择了一个真实案例，是商业银行的一笔续授信业务。为了叙述方便，我在论述时对部分原始资料做了适当更改，并加入了部分公开披露信息，但丝毫不影响对业务的原始判断。今天讨论这个案例，带有回顾性质，但我们应将视角还原至当时，在当时的境况下，看如何决策，避免后知后觉，做事后诸葛亮。

案例的主题是：如果一个企业平均年销售收入为 30 亿元左右，2016 年盈利 7 亿元，2017 年亏损 10 亿元，2018 年亏损 20 亿元，银行发放给这样的企业的贷款安全吗？存量授信是否应该收回？剩余额度还能继续投放吗？本案例主要讲述银行于 2017～2019 年对这样的客户如何做出授信决策。

8.1 故事背景

8.1.1 故事发展脉络

故事的主角是某商业银行（以下简称 A 银行）和内蒙古圣牧高科牧业有限公司（以下称为圣牧高科、内蒙古圣牧、申请人）。

根据圣牧高科公司网站介绍：2009 年 10 月，圣牧高科在呼和浩特市金山开发区注册成立，由蒙牛前执行董事姚同山创办。2011 年 7 月，内蒙古圣牧高科奶业有限公司在巴彦淖尔市磴口县成立，将业务进一步拓展到自有液态奶品牌。2014 年 7 月，圣牧高科在香港地区成功上市（中国圣牧，01432.HK），成为内蒙古自治区继伊利、蒙牛之后第三家上市乳品公司（当然在香港地区上市也是搭建了境外结构，并对境内业务进行了一系列整合。2013 年 12 月，中国圣牧在开曼群岛注册成立，此后，经过一系列资本运作，圣牧高科成为中国圣牧全资子公司）。中国圣牧以沙漠全程有机产业体系为特色，公司的业务包括奶牛养殖业务及液态奶业务。

2016 年，邵根伙（上市公司大北农（002385）的董事长兼总裁）控股的农友有限公司（Nong You Co., Ltd.）受让中国圣牧原第一大股东 World Shining 公司部分股份，股权交易后 World Shining 公司解散，自然人股东转为中国圣牧的直接股东，持股比例均低于 5%，且解除一致行动协议。农友有限公司持有中国圣牧股权达到 20.48%，成为第一大股东。图 8-1 为内蒙古圣牧的股权结构图。

2016 年 10 月，伊利股份发布定增公告称，拟斥资 46 亿元收购国内有机奶龙头企业中国圣牧 37% 的股权。2017 年 4 月，伊利股份发布公告称，由于股份买卖协议中的先决条件未全部达成，终止收购。媒体猜测中国圣牧出售股份是为了能够与行业龙头进一步捆绑，为上下游的拓展寻找资金和渠道靠山。

2017 年 6 月 29 日，姚同山辞任董事长之职，邵根伙任董事长。辞职后，姚同山继续在中国圣牧任职，担任执行董事及中国圣牧首席执行官。

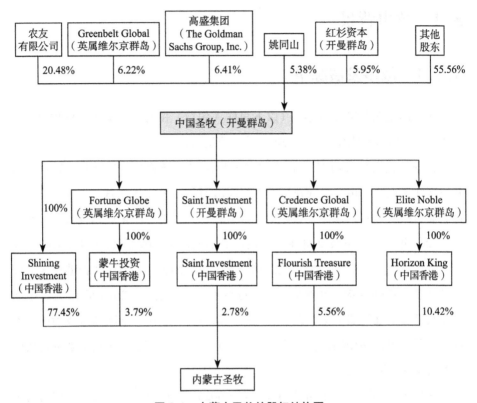

图 8-1 内蒙古圣牧的股权结构图

公司财报数据显示，中国圣牧 2016 年营业收入最高达到近 35 亿元，净利润在 2015 年最高，达到 8 亿元。此后，公司业绩开始放缓。2016 年，营收同比增长 11.87%，净利润首次出现下跌，同比下降 15%。

受奶价下降、生物资产减值、应收账款减值拨备、自有液态奶品牌销量大幅下滑等影响，现场尽调时，2017 年 1～6 月实现销售收入 11.5 亿元，较 2016 年同期下降 28.7%，归母净利润为 0.06 亿元，较 2016 年同期大幅度下滑。中国圣牧 2012 年至 2017 年 6 月的经营业绩如图 8-2 所示。

图 8-2 中国圣牧 2012 年至 2017 年 6 月的经营业绩

8.1.2 行业背景简要分析

随着国民经济快速发展,中国居民收入不断提高,消费结构不断升级,居民的膳食结构不断改善,乳制品行业市场会不断扩大并趋于成熟,中国将成为世界上乳制品消费最多的潜在市场,同时也将刺激中国乳制品产量逐步提高。2008 年之前,我国乳制品行业高速发展,乳制品产量年均复合增速均保持在 10% 以上。三聚氰胺事件之后,国产乳制品企业形象恶化。2009 年,工信部联合发改委共同推出乳制品工业产业新政,提升奶源标准,加强生产监管。乳制品行业壁垒逐渐抬高,企业也逐步将焦点转移到产品质量上,行业整体增速因此明显放缓。我国乳制品 2010～2016 年的产量趋势如图 8-3 所示。

图 8-3 我国乳制品 2010～2016 年的产量趋势

随着国家对乳制品加工业市场准入的严格限制以及对现有乳制品加工企

业的整顿，我国乳品行业的市场集中度有所提高，市场份额开始转向品牌知名度高、实力强、规模效益显著的大企业。特别是一些大型乳品企业通过资产重组、兼并收购等方式，扩大了规模，加强了对奶源以及销售渠道的控制。我国乳制品行业呈现出一个全国性大企业竞争激烈，地方性中小企业填补空缺，国际乳业巨头间接参与的竞争格局。在市场资本的推动下，行业集中度不断提高，竞争日渐加剧，产业已经进入阶段性成熟期。伊利、蒙牛凭借品牌、渠道、奶源、产品全方位的优势，主攻流通渠道，营收增速高于行业，市占率逐步提升。

乳制品行业的产业链较长，上游原奶生产是产业链的核心，即牧场，主要为饲草种植和奶牛养殖，目前主要存在自有牧场及合作牧场两种模式；下游则包括乳制品加工及销售。目前全产业链处于升级阶段，上游主要是原奶生产核心部门牧场的规模化、高科技化、高效化，下游主要是通过对原奶进行不同的加工、处理拓宽产品品类，并不断升级工艺，提升产品质量。未来，乳制品企业单靠某一环节的优势已经很难在竞争和发展中胜出，在消费升级、规模化养殖和行业加速优胜劣汰的背景下，乳制品行业已进入了奶源、产品和渠道的全产业链竞争时期。在上游，规模化和自有奶源比例，以及企业的奶源布局和采购成本情况成为乳制品企业在竞争中胜出的关键。在中游，产品结构升级和品类开拓能力是重点。在下游，优势区域内的深耕细作和在三四线城市的下沉情况决定了企业的可持续发展前景。

圣牧高科有机奶生产基地位于内蒙古巴彦淖尔市乌兰布和沙漠地区，它以该地区原有的自然条件为基础，构建了一个封闭自循环的生态养殖加工基地，有利于保障原奶质量。同时，它拥有完整的有机奶产业链，是国内最大的有机奶生产企业。圣牧高科自有品牌的有机液态奶上市几年来，在消费者心中形成了一定的认知度，树立了良好的品牌形象，但目前仍面临来自龙头企业较大的市场竞争压力。为适应大中城市的消费升级需求，行业龙头企业纷纷推出高端液态奶产品。蒙牛的特仑苏牛奶、伊利的金典牛奶、光明的莫斯利安常温酸奶等产品均取得了较好的销售业绩，高端液态奶市场的竞争逐渐加剧。

8.2 续授信业务审批

圣牧高科自2012年开始与A银行开展业务合作,至2017年与A银行已有5年的良好合作关系,上次续授信审批日为2016年11月4日,授信金额为3亿元,信用方式,期限1年。企业提用2.8亿元,稳定存款余额为5000万元,年日均存款余额约为7000万元,对A银行贡献度较高。

2017年9月,经营机构上报圣牧高科的续授信材料。当时的尽调和评审报告主要内容是:继续建议给予内蒙古圣牧高科牧业有限公司3亿元人民币综合授信(含原有授信),信用方式,期限1年。

以下内容摘自调查和评审报告。

一、本次授信较上次授信发生的变化

股权变动:中国圣牧第一大股东由World Shining变为Nong You Co., Ltd.,持有中国圣牧20.48%的股权。

高管变动:原董事长姚同山辞任董事长职务,邵根伙担任董事长(Nong You Co., Ltd.的实际控制人,也是大北农的第一大股东)。

融资情况变化:融资余额较2016年增加6亿元左右(银行间接融资减少4亿元,公司债增加6亿元,超短融增加4亿元),截至调查时点融资余额为33.6亿元,占资产总额的32%。

公司发债融资规模为20亿元。债务融资工具明细如表8-1所示。

表8-1 公司存量债务融资工具情况

债务融资工具	承销商	发行日	规模(亿元)	期限
公司债	G证券有限责任公司	2015年12月28日	10	3+2年
公司债	G证券有限责任公司	2016年6月2日	6	3+2年
超短融	C银行、E银行	2017年6月22日	4	270天

公司银行借款明细如表8-2所示(截至2017年6月末)。

表 8-2 公司银行借款情况　　　　　　（单位：万元）

融资银行	授信额度	提用额度		
		总额	本部	子公司
B 银行	104 500	45 750.000 0	25 950.000 0	19 800
C 银行	24 000	3 800.000 0	0.000 0	3 800
A 银行	30 000	29 663.191 0	12 673.191 0	16 990
D 银行	68 950	7 700.000 0	0.000 0	7 700
E 银行	40 000	29 136.734 2	14 216.734 2	14 920
F 银行	20 000	20 000.000 0	20 000.000 0	0
合计	287 450	136 049.925 2	72 839.925 2	63 210

授信期内，新介入银行有 F 银行 20 000 万元；L 银行、M 银行、N 银行、P 银行授信到期未续做，原因是申请人为调整债务结构，以直接融资替换部分合作基础较差的银行授信，故上述银行的业务未续做；存量银行继续增大授信额度：B 银行由 10 亿元增至 10.45 亿元（新增部分为对子公司授信额度 4500 万元），D 银行由 6 亿元增至 6.895 亿元（新增部分为对申请人子公司项目贷款）；企业授信额度由 29.07 亿元减至 28.75 亿元；集团授信余额由 16.46 亿元减至 13.6 亿元。

二、企业经营与财务状况

截至 2017 年 6 月末，公司运营的牧场数量为 35 座，其中有机牧场 23 座，非有机牧场 12 座。奶牛存栏数量为 13.4 万头，同比增加 1.2 万头。其中，有机奶牛存栏数量为 10.2 万头，同比增加 1.82 万头。上半年，其生产 22.22 万吨有机原奶和 8.22 万吨非有机原奶。同比有机原奶多产 2 万吨，非有机原奶少产 0.8 万吨。自有原料供应生产的有机液态奶产品由 2016 年同期的 10.9 万吨下降为 9.33 万吨。

2016 年申请人全年实现销售收入 35.03 亿元，较 2015 年增长 10%，实现净利润 9.6058 亿元，较 2015 年下降 1.4283 亿元，盈利能力有所下降，主要为原奶价格下降所致；2017 年 1～6 月实现销售收入 11.5 亿元，较 2016 年同期下降 28.7%，实现归母净利润 0.06 亿元，较 2016 年同期的 4.02 亿元下降 98.5%。

授信期内资产总额由93亿元增加至106亿元，主要为净资产增加了13亿元，负债规模保持不变，资产负债率进一步下降，2016年年末资产负债率为42%，2017年6月30日继续保持42%的水平。其他资产负债表科目有较大变化的，如应收账款、存货、固定资产、生产性生物资产、短期借款、应付账款、其他应付款等，经过调查都得到了合理解释。总体看，最近三年及一期，公司总资产增长较快，但公司应收账款周转率和存货周转率逐年下降，显示公司资产管理效率有所下降。最近三年及一期，公司资产负债率分别为42%、48%、41%和42%，一直维持在适中偏低的水平上。流动比率和速动比率显示流动资产对流动负债的保障程度较高。

2017年第二季度销售收入下降，现场调查了解到，以往申请人"圣牧"牌液态奶多以打折促销手段销售，2017年采取稳定价格的销售策略，导致液态奶销售收入较上年同期出现明显下滑。有机原奶销售部分，售价下降，导致申请人有机原奶销售收入下降。非有机原奶销售部分，申请人非有机奶奶牛头数减少，产量下降，同时非有机原奶销售均价下降，导致申请人非有机原奶销售收入下降。总体来看，申请人2014～2016年发展态势良好，但进入2017年后，由于奶源价格的下跌，以及液态奶销售策略的调整，申请人经营收入出现下滑，尤其是液态奶板块销售收入出现明显下降。在目前的行业背景下，收入波动属正常情况。收入经过核实基本可以确认。

经过与同行业其他相近规模的企业相比发现，圣牧高科整体盈利能力是最强的。导致圣牧高科整体盈利能力强于同行业企业的原因为：①尽管总体毛利率从2016年中期的47.8%降低到2017年中期的43.4%，但圣牧高科液态奶毛利率最高，比A公司和C公司高15～20个百分点，有机原奶毛利率比A公司原奶毛利率高出15个百分点；②圣牧高科附加值较高的液态奶收入占销售收入的60%，有机原奶收入占比为20%。B公司仅生产销售原奶，A公司以原奶的生产销售为主，液态奶收入占比仅为30%。

申请人2015年、2016年经营活动现金流量净额分别为9.2亿元、9.5亿元，财务费用分别为0.9亿元、1.4亿元，现金流量利息保障倍数分别为10.2、6.8，经营现金流净额能够覆盖债务利息费用。保守预测，假定未来3年经营活动现金流量净额保持不变，利息费用按每年50%的增长率增长，则未来3年现金流量利息保障倍数为4.3、3.0、2.0，申请人现金流能够支付债务利息。

三、调查意见

授信申请人的主要优势：①申请人养殖规模迅速扩大，在行业中规模优势明显；②申请人的主要产品为有机奶，产品在定价方面也具有一定优势，盈利能力较强；③申请人已成功转型，形成完整的产业链，抗风险能力进一步加强；④单一客户风险逐步降低，随着申请人液态奶生产规模逐渐扩大，对蒙牛的原奶销售收入占公司全部原奶销售收入的比例逐年下降，由2012年的97.15%下降到目前的60%左右；⑤各家金融机构给予支持力度较大，2016年11月成功注册超短融17亿元，分次发行，近期已发行4亿元，整体看流动性风险相对较低。

授信申请人的主要劣势：乳制品行业竞争激烈，在原奶价格持续下跌的背景下，申请人高价销售的可持续性有待观察。

最终的调查意见：同意给予内蒙古圣牧高科牧业有限公司3亿元人民币综合授信（含原有授信），信用方式，期限1年，品种为流动资金贷款、商票保贴、商业承兑兑付、银行承兑汇票、电子银行承兑汇票、国际国内信用证、保理、保函、理财直接融资、银行账户直投、商业承兑汇票保贴函，流动资金贷款、商票贴现执行分行利率政策，开立银行承兑汇票保证金比例30%，其他业务执行我行规定。我行授信限用于饲料、牧草等原材料采购，严禁挪用于项目建设、股权投资等，要求：①本部可全额使用，信用方式；②本部额度提用不足时，额度可由子公司使用，具体额度分配为，内蒙古圣牧高科奶业有限公司额度20 000万元、内蒙古圣牧控股有限公司额度10 000万元、巴彦淖尔市圣牧高科生态草业有限公司额度2000万元，子公司使用额度时，由内蒙古圣牧高科牧业有限公司提供连带责任保证担保；③加强贷后检查，重点关注申请人应收账款回收情况，关注突发性食品安全和奶牛卫生防疫情况，关注目前原奶过剩及原奶价格低位运行对申请人未来经营的影响。

四、总行最终审批意见

2017年11月10日，总行终审批复同意。但因其液态奶板块经营情况不佳及乳业整体环境下行等因素影响，综合授信降为2.5亿元，担保方式也由信用变更为创始人姚同山（调查了解，姚同山作为首席执行官，仍负责公司实际经营）提供个人担保。

8.3 授信提用变故

续授信获得总行审批后，2017年12月中国圣牧发布公告，公司创始人姚同山辞任首席执行官，改由大股东、圣牧董事长邵根伙兼任代理首席执行官，姚同山则继续担任公司执行董事。

2018年3月办理授信启用时，A银行分行为保证信贷资产安全，追加了公司实际控制人邵根伙的无限连带责任保证担保。2018年3月23日下午，经营机构按照行内规章制度履行放款审批手续，为申请人提用授信8000万元。

贷款刚刚打入企业监管账户还不到1个小时，申请人在交易所公开发布了《盈利警告》：预期截至2017年12月31日，集团将录得母公司拥有人应占亏损额约人民币10亿元（2016年同期为6.8亿元）。

在盈利预警中，中国圣牧将亏损原因归结为三个：①基于谨慎原则，结合有关个别应收账款的可收回性和客户信誉，计提应收账款减值拨备约6.5亿元；②集团为应对原奶市场需求疲软而控制奶牛数量，加之原奶价格普遍下降，生物资产公平值减销售费用的变动产生重大亏损约6亿元；③2017年面对乳制品激烈的市场竞争，集团调整市场策略，自有品牌液态奶的销量和售价相对于上年均降幅较大，同时原奶的平均价格相对上年降幅也较大。

至此，申请人出现重大风险信号。总行监控部门立即发来警示函，要求关注风险，必要时采取措施收回贷款（此前还有存量4000万元贷款未到期）。

对 A 银行分行而言，这下难办了。贷款刚刚放下，企业要求提用，而总行的要求更是需要高度重视。此时贷款允许企业划走使用，后期若真出风险，责任太大了。

为此，分行迅速采取行动，通知放款中心、运营管理部，暂停放款程序，冻结监管账户；约谈申请人原实际控制人姚同山、现实际控制人邵根伙，了解具体情况，经营机构负责人、主办客户经理和贷后风险管理相关人员启动调查程序，前往申请人集团本部，进行现场尽调。

2018 年 3 月 29 日调查结束。分行决定允许企业提用已发放贷款。为此分行向总行提交了说明，大概意思是信用风险可控，出了问题责任全由分行承担。

分行敢做出这样的论断，也是基于调查了解的情况，而没有被企业账面巨额的亏损吓倒。主要分析理由和依据摘录如下。

一、亏损原因分析

2014～2016 年，申请人累计计提坏账准备 0.87 亿元，2017 年计提坏账准备 6.57 亿元。通过与现实际控制人邵根伙、原实际控制人姚同山座谈了解到，随着邵根伙的入主，申请人出于谨慎经营考虑，进行了更为严格的坏账准备计提。在生物资产计提方面，由于原奶市场需求相对疲软，奶价处于低位（2017 年第四季度有所反弹），申请人控制奶牛数量，调节牛群结构，计提生物资产公允价值减值 5.95 亿元，也是行业大势所趋。查询 2017 年港股上市企业业绩预告，根据奶牛养殖规模不同，生产性生物资产均存在不同程度减值（中国圣牧 -5.95 亿元、现代牧业 -8.68 亿元）。经分行分析，新旧实际控制人交替，出于谨慎原则，计提减值准备，属于资本市场的惯常做法。

二、经营情况分析

1. 牧场规模

申请人 2017 年共有 35 座牧场，均为自有牧场，其中呼和浩特市有 12 座牧场，主要从事非有机原奶生产；巴彦淖尔市有 23 座牧场，从事有机原奶生产。公司呼和浩特市非有机奶牛存栏情况如表8-3所示。

表8-3 公司呼和浩特市非有机奶牛存栏情况

	2014年	2015年	2016年	2017年
奶牛存栏量（头）	38 483	38 552	34 514	29 892
其中：泌乳牛	21 031	23 996	20 606	19 025
青年牛及犊牛	17 452	14 556	13 908	10 867
泌乳牛所占比重（%）	54.65	62.24	59.70	63.65

公司巴彦淖尔市有机奶牛存栏情况如表8-4所示。

表8-4 公司巴彦淖尔市有机奶牛存栏情况

	2014年	2015年	2016年	2017年
奶牛存栏量（头）	64 769	72 843	94 815	102 125
其中：泌乳牛	34 001	42 794	49 281	53 934
青年牛及犊牛	30 768	30 049	45 534	48 191
泌乳牛所占比重（%）	52.50	58.75	51.98	52.81

2014~2017年，申请人拥有的奶牛数量分别为10.32万头、11.14万头、12.93万头、13.20万头，奶牛数量保持稳步增长态势。增长的主要原因为申请人扩大有机奶牛规模，从2014年的6.48万头，增长到2017年的10.21万头。非有机奶牛头数从2014年的3.85万头，减少到2017年的2.99万头，符合申请人有机奶的发展战略。经现场访谈了解到，2017年由于整个奶制品行业仍处于低迷状态，申请人会维持现有养殖规模，不会轻易扩大产能。

2. 收入情况

（1）原奶板块分析。

申请人主要有三个业务板块，即非有机原奶生产销售、有机原奶生产销售、液态奶生产销售，其中原奶主要对外销售给伊利、蒙牛两大乳业巨头（2016年合计占比为98.74%，2017年合计占比为97.86%）。申请人2014年原奶销售收入13.93亿元，2015年14.45亿元，2016年13.61亿元，2017年12.79亿元（见表8-5）。虽然随着申请人奶牛数量的逐年增长，原奶销售量也同比增长，但由于原奶价格持续走低，量价冲抵，近三年申请人原奶销售收入维持在 13 亿元左右，整体判断申请人原奶板块收入较为稳定，能够为申请人提供持续稳定的现金流。

表 8-5　公司各业务板块营业收入情况

	2014 年		2015 年		2016 年		2017 年	
	金额（亿元）	占比（%）	金额（亿元）	占比（%）	金额（亿元）	占比（%）	金额（亿元）	占比（%）
非有机原奶销售收入	6.61	30.74	7.32	23.06	5.76	16.44	4.64	16.22
有机原奶销售收入	7.32	34.05	7.13	22.46	7.85	22.40	8.15	28.49
液态奶销售收入	7.39	34.37	16.56	52.15	21.06	60.10	14.28	49.91
主营业务收入	21.32	99.16	31.01	97.67	34.67	98.94	27.07	94.62
其他业务收入	0.18	0.84	0.74	2.33	0.37	1.06	1.54	5.38
营业收入	21.50	100.00	31.75	100.00	35.04	100.00	28.61	100.00

需要说明的是，现场尽调发现，申请人存在原奶喷粉现象，说明在乳制品市场整体低迷，申请人有机液态奶战略未达预期的背景下，原奶销售承压。

（2）液态奶板块分析。

2014 年 7 月，申请人成功登陆港股，为了摆脱原奶业务板块对伊利、蒙牛的过度依赖，申请人主打"有机"概念，发力液态奶市场。其液态奶历年销售情况如表 8-6 所示。

表 8-6　公司液态奶历年销售情况

	2014 年	2015 年	2016 年	2017 年
销量（万吨）	5.08	14.53	18.24	14.72
价格（万元/吨）	1.44	1.14	1.10	0.97
销售收入（亿元）	7.32	16.56	20.06	14.28

通过表 8-6 可以看出，2014～2016 年申请人液态奶业务发展势头强劲，年均复合增长率达到 167%。2017 年，申请人液态奶板块量价齐跌，虽然曾通

过打折促销等方式以价换市，但未收到明显效果，说明申请人有机液态奶战略阶段性受挫。当前，乳制品市场整体低迷，申请人难以独善其身，收入波动符合行业整体走势。

三、关键财务指标分析

1. 应收账款增长快

2017年申请人营业收入、盈利能力出现明显下滑，2017年9月应收账款异常增长（营业收入为20.12亿元，应收账款为17.7亿元），应收账款占营业收入比重高达87.97%（历史新高，2016年9月应收账款占营业收入比重为49.98%，历史次高），2017年年底计提坏账准备高达6.5亿元，液态奶销售承压，经营出现波动。

2. 依赖筹资现金流

申请人2014~2016年经营状况正常，在内部经营管理稳定的前提下，通过筹资活动，扩大生产规模，奶牛数量由2014年的10.33万头扩大到2017年的13.20万头，其中为了实行有机奶战略，申请人有机奶牛数量从2014年的6.48万头，增长到2017年的10.21万头。但随着乳业市场的竞争日趋激烈，申请人盈利能力逐渐减弱，进入2017年，现金流恶化，依靠借债维持日常经营和现有生产规模。通过公开资料查询以及历次尽调情况，可以看出申请人液态有机奶战略并未达预期，财务状况出现不确定性因素。

同时，由于申请人属于农牧业企业，做账存在特殊性，即泌乳牛产生的费用计入生产成本，而非泌乳牛产生的费用全部计入生产性生物资产，做资本化处理。所以，判断企业可支配现金流是否宽裕，授信期限内能否覆盖贷款本息，不应单纯通过经营性现金流进行判断，而是要结合经营性现金流和投资性现金流进行综合分析。申请人2014~2017年自由现金流分别为-14.80亿元、-3.36亿元、-2.88亿元、-10.61亿元，近三年自由现金流均为负，依靠筹资活动来维持现金流的正常运转。公司历年盈利与现金流情况如表8-7所示。

表 8-7 公司历年盈利与现金流情况　　（金额单位：亿元）

	2014 年	2015 年	2016 年	2017 年 9 月	2017 年
营业收入	21.50	31.75	35.04	20.12	28.61
应收账款	3.93	9.15	10.48	17.70	10.74
应收账款占营业收入比重（%）	18.28	28.82	29.91	87.97	37.54
净利润	9.04	10.88	9.61	2.26	−8.24
经营活动产生的现金流量净额	4.28	9.25	9.46	−1.67	−1.13
投资活动产生的现金流量净额	−19.07	−12.61	−12.34	−7.08	−9.48
筹资活动产生的现金流量净额	19.52	11.32	−1.96	6.03	4.54
现金及现金等价物净增加额	4.73	7.96	−4.83	−2.72	−6.35
审计师事务所	安永	安永	安永	未审计	安永

四、债权人和投资者态度预测

1. 各行授信明细及态度预测

与申请人有信贷合作的银行共 8 家，授信额度为 30.97 亿元，提用余额为 11.97 亿元，实际提用率仅为 38.65%，处于较低水平。经了解，各行对申请人贷款提用多存在限制性条件，故申请人贷款实际提用率较低。随着申请人业绩公告的发布（包括盈利警告、2017 年年报），按照传统思维判断，各家银行至多会维持对申请人现有的授信余额。公司银行授信情况如表 8-8 所示。

表 8-8　公司银行授信情况

授信银行	授信额度（亿元）	授信期限	提用余额（亿元）
B 银行	5.22	2018.3.10～2019.3.9	1.26
D 银行	6.90	2016.8.24～2018.8.24	0.59
E 银行	4.55	2017.9.17～2018.9.16	3.13
A 银行	2.50	2017.11.13～2018.11.13	0.19
F 银行	3.00	2017.12.6～2018.12.6	2.00
H 银行	1.80	2017.12.31～2018.12.30	1.80
J 银行	1.00	2017.12.11～2018.12.10	1.00

(续)

授信银行	授信额度（亿元）	授信期限	提用余额（亿元）
K银行	6.00	2017.10.24～2018.10.24	2.00
合计	30.97	—	11.97

判断各家银行在授信到期前，多会被动观望，维持对申请人的现有授信余额。关键是申请人2018年的中期报告，对各家银行下一步如何行动起到至关重要的作用。好在申请人在各行贷款到期日集中在2018年下半年，随着大北农实际控制人邵根伙的入主，此番"财务洗澡"为其在2018年年中，向投资者交出一份满意的中期答卷奠定了较好的基础。

2. 直接融资

经调查了解，申请人公司债为"3+2"模式，即第三年年底时，投资者有权选择债权的到期或续期。如上所述，2018年年中报告，对于投资者是否续期起到重要作用。此番"财务洗澡"为其2018年业绩提升奠定了较好的基础。同时，经座谈了解到，申请人下一步很有可能通过定增等手段补足资金，以应对债务集中到期。公司债务融资工具情况如表8-9所示。

表8-9　公司债务融资工具情况

融资工具	承销商	发行日	行权日	利率（%）	发行规模（亿元）	期限	本息偿付是否正常
公司债	中德证券	2015.12.28	2018.12.28	4.48	10	3+2年	是
公司债	中德证券	2016.6.2	2016.6.2	4.75	6	3+2年	是

3. 事件发生前一周和后两周的资本市场表现

《盈利警告》发布的时间为2018年3月23日，考察股价的变动能够看到资本市场上投资者对该事件的看法和意见。为了防止可能的内幕交易泄露对股价的影响，我们考察了《盈利警告》发布前一周，以及发布后两周的股价，总体看比较平稳（见图8-4）。中国圣牧2018年3月23日收盘价1.14元/股，16:48发布《盈利警告》公告，2018年3月26日开盘后股价开始下挫，最低下跌至0.98元/股，收盘于1.10元/股。2018年3月27～29日，股价整体表现平稳，未出现异常波动，收盘于1.07元/股。两周后的4月6日，收盘价为

1.16 元/股，创出后期最高点。随着中国圣牧 2017 年业绩预告和全年业绩公告的正式发布，股价整体表现趋于平稳，说明投资者对中国圣牧 2017 年业绩预告的盈利下滑并未给出非常负面的理解。

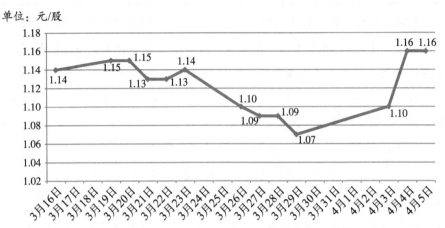

图 8-4　3 月 23 日中国圣牧发布《盈利警告》前后的股价走势图

五、减值分析

1. 坏账准备计提分析

2014～2016 年，申请人累计计提坏账准备 0.87 亿元，而 2017 年一反常态，计提坏账准备 6.57 亿元，在一定程度上反映出申请人营业收入、应收账款质量较差。

2017 年 12 月 17 日，中国圣牧发布公告，姚同山离任首席执行官一职，董事长邵根伙兼任首席执行官一职；同时，崔瑞成离任财务总监一职，由大北农系人员接任。随着邵根伙的入主，此次"财务洗澡"成为必然，为其在 2018 年为投资者交出满意答案创造有利条件。

2. 生物资产减值分析

申请人为应对原奶市场需求疲软而控制奶牛数量（2016 年 12.93 万头、2017 年 13.20 万头），按照行业规律，在牛群结构合理的情况下，奶牛养殖规模应以每年 8% 的速度递增，正常增长的话，2017 年会达到 13.96 万头。同时，随着原奶价格的普遍下降，申请人公允价值变动损益为 -5.95 亿元，主要是生物资产公允价值减值,这也是行业大势所趋。查询2017年港股上市企业业绩预告,根据奶牛养殖规模不同,生产性生物资产均存在不同程度减值(中国圣牧 -5.95亿元、现代牧业 -8.68亿元)。

六、新增担保分析

为了有效控制风险,经过多轮沟通,此次授信提用时,在原创始人的个人无限连带责任担保的基础上,还增加了现任董事长个人的无限连带责任担保。双方个人应该说都具有较强的经济实力,信用良好,违约成本高,担保能力强。

七、液态奶销售未来预测

此前,在蒙牛系出身的姚同山的控制下,申请人主打有机高端,液态奶销售主要效仿伊利、蒙牛的销售模式,销售渠道相仿,竞品主要包括"伊利金典"和"蒙牛特仑苏",在伊利、蒙牛强大的品牌影响力下,虽然申请人曾以打折促销、放松账期等手段试图提高销量,但目前来看,并不成功。随着大北农系邵根伙的入主,申请人将改变现有同质化的液态奶销售模式,主要措施包括:第一,走差异化销售道路,避免与伊利、蒙牛等乳企巨头的销售重叠,发力南方较为发达的乡镇一级市场;第二,继续保持"有机高端"的品牌形象,保证销售价格的稳定性;第三,采取稳健的销售策略,优先采用"先款后货""现款现货"等模式,保证销售质量,确保应收账款的安全性。

目前,我国乳制品市场集中度不断提高,全国性乳企通过市场扩张,不断提升自身体量,而在乳企巨头的夹击中,中小型乳企逐渐式微。此次,申请人主动求变,走差异化道路,既是提升自身竞争力的被动选择,也是唯一出路。虽然在乳制品市场整体低迷的大背景下,此次"主动求变"仍存在诸多不确定因素,需要持续关注。但预计在新的销售策略下,申请人液态奶板块会逐步止跌企稳。

八、优劣势分析

1. 优势分析

(1)申请人聚焦"有机",有机奶牛养殖规模稳步增长,在同行业中具有比较优势，在国内外原奶价差格局持续存在的大背景下，申请人原奶板块业务较为稳定，近三年原奶对外收入稳定在 13 亿元左右，且 98% 以上都销给伊利、蒙牛两大乳企巨头，应收账款有保障，能够为申请人提供持续稳定的现金流。

（2）随着控制人的新旧交替，此次《盈利警告》的发布，成为必然。经过此番"财务洗澡"，申请人可以轻装上阵，为今后业绩增长蓄力。

（3）邵根伙同为北京大北农科技集团股份有限公司（代码：002385）的实际控制人，实力雄厚，深耕农牧业多年，此次入主中国圣牧，可在资金支持和成本控制两方面为申请人提供更好的支持。

（4）本笔授信在授信审批担保方式不变的情况下，还追加了实际控制人个人提供无限连带责任保证担保，鉴于双方实力雄厚，信用良好，担保能力强，违约成本高，有效提高了本笔授信的安全性。

2. 劣势分析

（1）2018 年下半年，申请人银行到期债务为 10.71 亿元，公司债可行权债务为 10 亿元，合计 20.71 亿元，申请人面临债务集中到期的风险隐患。

（2）受国际市场冲击，行业过剩局面难以在短期内改变，同时行业集中度不断提高，未来申请人下游市场扩展存在不确定性。

（3）邵根伙团队虽然从事农牧业多年，但无乳制品行业背景，新思路、新打法能否扭转现在的不利局面有待观察。

（4）受限于目前的调查方法和信息量，无法对此次财务洗澡是否彻底做出准确评估。

九、结论

综上分析，虽然申请人的未来发展仍存在一定不确定性，但鉴于邵根伙入主，进一步增强了企业实力，同时额外增加了实际控制人为本笔授信提供连带责任担保，担保措施增强，同意申请人此次 8000 万元授信提用，待申请人 2018 年中期报告公告后，再行判断剩余授信额度提用的可行性。

8.4 后续合作一波三折

2018年8月，中国圣牧披露2018年上半年销售收入为14亿元，中期业绩净利为 −11.58亿元。总行持续风险提示。

2018年12月，中国圣牧宣布，其全资附属公司圣牧控股、圣牧高科向内蒙古蒙牛乳业（集团）股份有限公司出售合计持有的内蒙古圣牧高科奶业有限公司的51%股权，并成立新的合资公司。作为交易的先决条件，中国圣牧需将其所有下游乳制品业务链及相关资产转让给目标公司，并不再从事下游乳制品业务。除收购圣牧高科股份之外，公告显示蒙牛将向圣牧高科授出总额为人民币13.0亿元的定期贷款融资。另外，中国圣牧还分别与两个认购方签订两批认股权证，若全部行权，蒙牛将成为中国圣牧第一大股东。

2019年1月，邵根伙辞去中国圣牧代理首席执行官一职。大北农集团副总裁兼战略发展总经理张家旺正式出任中国圣牧首席执行官。

2019年3月原授信到期。A银行分行上报续授信被否。

随后，中国圣牧发布2018年业绩公告，公司实现销售收入28.87亿元，同比增长约6.7%；亏损22.25亿元，亏损同比扩大119.17%。

2019年8月，中期报告显示，2019年上半年企业销售收入为14.21亿元，同比增加1.5%；母公司拥有人应占亏损0.73亿元，同比减少94%。

2020年1月，中国圣牧发布公告，内蒙古蒙牛拟收购内蒙古圣牧高科奶业有限公司剩余49%的股权。

2020年3月6日，中国圣牧披露与蒙牛方面签订了生鲜乳供应框架协议及财务资助框架协议。未来3年，中国圣牧至少80%的生鲜乳将供给蒙牛，同时将获得蒙牛贷款财务资助。

收购彻底完成后，圣牧高科将转变为单纯地从事原奶生产和销售，加之长期销售合同的锁定，公司的基本面将得到整体改善。特别是认股权证成功交割后，作为中国领先乳制品生产商之一的蒙牛即成为圣牧高科的实际控制人，相信圣牧高科的各板块业务将会在股东的响应力及帮助下稳步发展，这无疑将为各家存量及新增授信的金融机构带来较大信心，信贷资产安全系数显著提升。

2020年3月8日，总行审批授信1.5亿元。

2020年3月9日下午，中国圣牧发布正面盈利预告，宣布根据2019年度未经审核的预期综合管理账目（管理账目）进行评估，预期2019年度集团将录得除所得税后溢利不少于人民币1亿元，实现扭亏为盈。

8.5 案例检视与启示

8.5.1 财务分析要还原业务真相

会计是标准的商业语言，是人类历史上最伟大的商业发明之一。尽管我们说财务报表和财务报表分析有其天生的内在缺陷，但财务报表仍然是企业所有经济活动最好的模拟和反映，也是我们最快速了解企业经营情况及财务状况的主要途径。但我们也要坚持权变的分析理念，就如本案例中企业巨亏，如何影响其还款能力？巨亏的原因是什么？作为债权人的银行不仅要善于挤出财务报表中可能的水分，更要还原主要的事实真相，进而做出客户是否能够偿还贷款的判断。要记住财务报表分析，不是对财务报表的分析，而是对财务报表所反映的企业综合经济活动的分析。或者说，财务报表分析形式上是对财务报表进行的分析，本质上却是对企业财务报表所反映的经营活动的分析。透过现象看本质，财务分析才能发挥其应有的重要作用。

8.5.2 从债权人角度看企业现金为王

企业账面上的利润与企业偿债能力之间没有一一对应的关系。有利润不一定能还款，但没有现金一定还不了款。发达国家的统计资料表明，大约80%

的破产公司从会计上看仍属于盈利公司，导致它们倒闭的不是账面亏损，而是现金不足。⊖从银行债权人角度看，银企债权债务关系的终结，是以借款人以现金清偿债务为主要标志的，账面上的收入、利润和资产，都无法直接用于偿还债务，只有现金才是现实的偿债能力。企业的资产好多都是专用资产，变现极难，即使是通用资产，在经济下行期"物"变"钱"也越来越难，总资产庞大的企业也经常因为流动性不足而资金链断裂。所以分析企业偿债能力的根本还是现金，是企业的创现能力，当然从银行的还款来源讲，第一还款来源除了企业的经营性现金流之外，投资回收现金、再融资能力，也都是非常重要的方面。本案例中大量的减值计提短期静态看并不会影响企业的现金流，也就是对当期的偿债能力不构成重要影响，尽管长期看它预示着企业的盈利能力和可变现能力受到了负面影响。

8.5.3 好股东就是好爸爸⊜

股东反映了借款人的出身情况，奠定了借款人最初的身份。股东是企业的投资人，代表了资本的意志，往往决定了企业发展的根本方向。因此，股东作为借款人最重要的表外资源，其质量往往对客户偿还银行的借款影响很大。特别是实力强大的股东若能为企业提供银行借款担保、为企业提供股东贷款、以自身的产业优势为企业提供销售渠道支持，不仅有利于企业做强做大，还有助于提高借款人获得融资的可能性并降低融资价格，改善企业财务状况，当借款人发生经营危机或出现财务上的现金短缺时，股东背景及股东的支持力度就显得愈加重要。所以，在评价企业的偿债能力时，要关注股东的综合实力与资信，关注股东的行业经验，关注股东的出资能力和对借款人的支持情况，关注借款人对股东的重要程度，关注股东是否提供担保。在本案例中，客户在成立

⊖ 资料来源：王宛秋，张艳秋. 财务报表分析 [M]. 北京：北京工业大学出版社，2010：187.
⊜ 资料来源：刘元庆. 信贷的逻辑与常识 [M]. 北京：中信出版集团，2016：23-26.

之初包括后期遇到经营困境，能够得到多家银行的授信支持，企业的创始人和后期股东背景都是十分重要的推动因素。

8.5.4 行业分析先于财务报表分析

本书一直强调行业分析先于财务报表分析的理念。行业稳定性对企业经营环境和竞争状况的影响是非常直接的，实践经验表明，处于不稳定行业且处于竞争劣势的企业的违约现象最为常见。事实上，我们可以认为借款人的信用状况不仅和其所处的行业紧密相关，也与其在行业内的地位紧密相连，也是判断其生存能力的关键，特别是在经济不景气时。所以我们在做授信评价和财务分析时一定是要通过对行业风险的把握，来判断行业的发展趋势、企业竞争力和产品的市场空间，通过分析行业发展随经济周期的变化轨迹，把握行业在一定时期内的潜在风险及产生风险的因素，从而为评价客户信用风险提供参考，进而确定客户的进退价值。在本案例中，总行在审批时就对行业景气程度非常担忧，但基于企业本身的规模位于牧场的头部位置，且有较为紧密的产业链关系，才最终同意续授信，但还是持续压缩了授信规模。

8.5.5 银企合作意愿非常重要

都说银行嫌贫爱富，晴天借伞，雨天收伞。这是银行对储户资金安全负责的必然要求和尽职体现。但在银行授信实务中，银企之间的合作意愿、合作关系、合作诚意等也都是重要的因素，有时甚至是最重要的合作基础。即使企业资质优良，财务报表分析结论很好，若合作过程中有不愉快的事情发生，合作也极有可能中断，个中缘由可能不足为外人道。本案例中间有一年授信被否，大概率也是合作中出现了嫌隙，分行决定暂时中止合作，而总行"恰好"不批而已。但这为等待后续企业或企业股东态度转变，为未来继续合作保留了台阶。事实也证明，后续授信也确实又得以开展。

第 9 章

向浑水公司学尽调技术

本章主要以浑水公司做空辉山乳业为案例,旨在说明商业银行在对客户进行尽职调查和财务分析以及授信决策时可能存在的缺陷。这个案例是真实的,但均以相关公司公开披露的信息以及媒体信息为资料来源,并非依靠作者的一手调研资料。回顾这个案例,不免带有事后复盘和事后诸葛亮的感觉,我作为银行从业人员,看到那么多的同业深陷其中,希望回顾和总结或许也能给银行实务操作人员带来一些启示和反思。

本章的主题是:一个在东北也算赫赫有名的企业、一个在行业内基本也处于头部位置的企业、一个在香港资本市场中曾备受追捧的上市公司、一个看似盈利很不错的企业,如何在顷刻之间灰飞烟灭?几十家银行为何体现出了"无偏差"的执业水平,深陷其中而不自知?为何浑水公司一出手就将企业掀于马下?

9.1 浑水公司做空,扇动蝴蝶翅膀

辉山乳业作为东北最大的民营企业之一,是东北地区最大的乳制品生产商,是辽宁省和国家相关部委确认的省级与国家级农业产业化重点龙头企业。公司可追溯至 1951 年由苏联援建的辉山牧场,后改制引资成为外资企业,并在 2008 年发生的"三聚氰胺"事件中独善其身,乘势崛起,市场份额稳居东北第一。公司致力于全产业链的发展模式,业务覆盖苜蓿草、辅助饲料的种植及精饲料的加工,奶牛养殖以及奶制品的生产和销售。2013 年 9 月 27 日,辉山乳业在香港上市,募集资金 13 亿美元,成为香港历史上消费品行业首次发行企业募集资金前三,其市盈率一度超过了蒙牛、伊利、光明等乳品行业领先品牌,成为乳制品行业的一匹黑马。

2016 年 12 月 16 日,浑水公司(Muddy Waters Capital LLC)发布了一篇针对中国辉山乳业的做空报告。这份长达 47 页的报告称辉山乳业自 2014 年起公布虚假财务报表,夸大资产价值,同时表明"公司当前的实际估值约等于零"。浑水公司在此篇调研报告中称辉山乳业存在"四个问题"。一是供应牧草来源与实际不符。辉山乳业对外公开的信息称其牧草苜蓿草均为自产,但已查出相关信息证明其长期从第三方大量采购苜蓿草。二是捏造资本支出。辉山乳业夸大对其奶牛养殖场的资本支出为 8.93 亿~16 亿元,其目的很可能是掩盖报表收入的舞弊行为。三是资产转移。董事局主席杨凯从公司转移了最少 1.5 亿元资产,向某未公开关联方转移了一家附属公司。四是即使没有财务造假,公司杠杆率过高,也处于债务违约的边缘。

这一重磅炸弹导致辉山乳业 12 月 16 日 11 点 12 分紧急停牌,并于当晚发布澄清报告,对浑水公司的报告进行了逐条批驳,否认了它的一系列指控,并宣称保留采取法律措施的权利。浑水公司报告中提到的几项疑点,辉山乳业认为并不属实。

针对浑水质疑辉山乳业长期从第三方购买大量苜蓿草,却谎称苜蓿草饲料基本上是自给自足,存在财务欺诈行为与利润造假的问题,辉山乳业公告回应

称，2013/2014 财年、2014/2015 财年及 2015/2016 财年，辉山乳业首蓿草产量分别达到 14 万吨、13.4 万吨及 8.5 万吨，2015/2016 财年另有燕麦食料产量 7.9 万吨（可替代首蓿草），三个财年共计产量为 35.9 万吨，由于首蓿草于 6 月前后开始收割，辉山乳业于三个财年内每年外购首蓿草 1 万吨以补充收割前的食料供应，此外购量的占比为 4.3%～9.2%。辉山乳业也否认了浑水公司提出的美国一公司为其牧草供应商的说法："过往三个财政年度从未自 Anderson&Grain Company 采购首蓿草。"

针对资本支出问题，公司回应称自公司上市以来，投入使用的牧场数量增加了 31 座并拥有 22 座在建牧场。各牧场的平均资本支出（包括建设成本以及机器及设备费用）约为 6000 万元，在合理范围内。在一般情况下，建设完工后需全额支付，但会留置部分保证金，而开工建设前支付预付款也是常规做法，浑水公司的报告以该年度的现金流总额除以建成农场数量，简单计算得出的农场单位建设成本不正确。

针对董事局主席杨凯转移公司资产的问题，公司称，之前曾考虑扩大运营范围以纳入肉牛饲养，并于 2014 年 4 月设立了全资附属公司——辉山投资富裕沈阳牧业有限公司（以下简称富裕公司），以建设四个肉牛牧场。截至 2014 年 12 月，有关牧场的建设没有完工。但考虑到乳制品行业市场状况不佳，公司遂决定延迟肉牛拓展计划，并将富裕公司拥有的四个肉牛牧场出售给了一家非关联公司，交易对价为 2980 万元，作价依据参考了公司资产净值和独立评估师的意见。根据联交所证券上市规则，该交易并不构成必须予以披露之义务。2015 年 8 月，杨凯收购牧合家公司开展个人牛肉投资，并与富裕公司签订了租赁协议以圈养肉牛。在此之前，杨凯以个人名义投资牛肉产业获得了公司董事会的批准。

就公司杠杆率过高可能发生债务违约的问题，辉山乳业称虽然财报中期、短期债务有所增加，但资产负债比率已经减少至 41%。公司主要资产为生物资产，进行售后回租虽属非常规，但使用其管理流动资金也可以理解。公司股东抵押股份进行融资也是上市公司的常见方法，而且根据规定也都进行了披露，不存在未交付或追加保证金等风险。

2016年12月18日，浑水发布了针对辉山乳业的第二份13页的调查报告，再次强调辉山乳业在营业收入、乳牛单产量、原奶价格等方面存在欺诈。12月19日公司股票恢复交易，同日辉山乳业再次发布公告进行澄清。

对于浑水公司所述有关国家税务局增值税的数据显示辉山乳业2015年营业收入存在欺诈问题，辉山乳业表示，公司已经核实国家税务总局官方数据，通过登录国家税务总局官方所得税汇算清缴申报电子系统，查询结果显示，辉山乳业下属4家子公司，即辽宁辉山乳业集团有限公司、辉山乳业（沈阳）销售有限公司、辉山乳业（锦州）销售有限公司及辽宁辉记良品商贸有限公司，于2015年在系统中的申报确认收入分别为10.02亿元、21.98亿元、4.77亿元和0.084亿元，合计销售收入是36.85亿元。这些数据与同年在国家工商总局备案的数据完全一致。这与浑水公司报告中提及的数据（23.52亿元）是相悖的，而在国家工商总局备案的数据是不需要内部交易抵消的。另外，针对报告所称2017年第一季度销售额因平均售价增加而有所增加纯属造假的说法，公司称2016年4~9月，公司出售的乳制品中有更多的巴氏奶产品和其他蛋白质成分更高的产品，平均售价有所提升，从而带动整体销售收入提高。

对于乳牛单产的问题，辉山乳业称浑水公司的报告中用其他国家乳牛的年单产量而非同在香港上市的内地乳品企业作为参照物（包括原生态牧业和现代牧业），而这些同行的乳牛2015年的年单产量平均为9.1~9.9吨，与本公司的乳牛年单产量相一致。

关于原奶价格问题，辉山乳业表示，根据在香港证券交易所上市的两家可比牧业公司的报告，其2016年1~6月原奶平均销售单价分别约为4040元/吨和4005元/吨；相比之下，辉山乳业2016年4~9月的原奶平均销售单价约为4144元/吨，至少高于上述可比牧业公司2.6%。此外，2016年9月至2017年，公司与多家乳制品行业客户签署的原奶销售合同的平均销售单价上升为至少4500元/吨。

除对浑水公司的质疑——进行回应外，12月18日和19日，辉山乳业发布了两份股票增持公告，该公司控股股东杨凯分两批，通过冠丰有限公司在市场上购买了共 4583.3 万股股份。完成交易后，杨凯及其一致行动人葛坤预计持有辉山乳业约 98.67 亿股股份的权益，约为全部已发行股份的 73.21%。辉山乳业大股东不断购入本公司股票，也向外界投资者传递了对公司的信心。

在做空报告发布的第一天，12 月 16 日辉山乳业的股价盘中最大跌幅 4.27%，最低价为 2.69 港元 / 股，收盘价为 2.75 港元 / 股，下跌 2.14%；12 月 19 日，尾盘报收 2.80 港元 / 股，股价回升 1.82%；12 月 20 日，收盘价为 2.82 港元 / 股，继续攀升 0.71%，并于 12 月 30 日创下 3.01 港元 / 股的后期高点。此后，公司股价一直维持在 2.8～2.9 港元 / 股，直到 2017 年 3 月 23 日公司股价报收 2.80 港元 / 股。

双方的交锋似乎按下了暂停键。

浑水公司就像那只在南美洲亚马孙河流域的热带雨林中扇动翅膀的蝴蝶一样，其发出的做空报告就是它扇动的翅膀，为辉山乳业日后财务危机的爆发埋下了隐患。2016 年 12 月 19 日～2017 年 3 月 23 日辉山乳业的股价走势如图 9-1 所示。

图 9-1　2016 年 12 月 19 日～2017 年 3 月 23 日辉山乳业的股价走势

9.2　惊魂一日股市掀巨浪

2017 年 3 月 24 日，那是一个普通的星期五，画风突变，辉山乳业的股票经历了惊魂一日。

这一天上午,公司股价开盘 2.81 港元/股,比上一日还上涨 0.36%。上午 11 点半前后,在毫无征兆的情况下,股价突然跳水大跌,一路探低至 0.25 港元/股,最大跌幅达 90.71%,上演了股价断崖式下跌的惨剧,并一举创造了港交所历史上单日最大跌幅纪录。此后,股价虽然有所反弹,但最终仍下跌 85%,收盘于 0.42 港元/股。公司股价走势让人不忍直视。公司立即公告下午 1 点起停牌。截至当天停牌,辉山乳业市值蒸发 320 亿港元,从 377 亿港元直降到不足 57 亿港元。具体情况如图 9-2 所示。

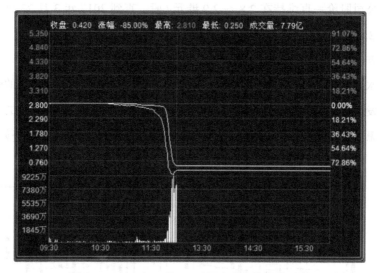

图 9-2　2017 年 3 月 24 日辉山乳业的股价跌势

黑色星期五突然降临。

这场世纪惊天股价大跳水引发了种种传言和猜想,当然这更是种种传言和猜想所引发的。这些传言和猜想,多数在三天后得到了辉山乳业的证实。

2017 年 3 月 28 日,辉山乳业发布《股价的不寻常下跌》公告,做出回应。

第一个是 2016 年 12 月浑水公司发布关于辉山乳业的沽空报告之后,引起各家银行前去审计调查,中国银行发现辉山乳业制作大量造假单据,并且控股股东挪用公司 30 亿元投资沈阳房地产。为此辉山乳业断然否认,称从没有批准制作任何造假单据,并否认控股股东挪用公司资金。它还对中国银行进行了询问,中国银行确认其并未对公司进行审计,也未发现造假单据及挪用资金情况。

第二个是辉山乳业执行董事葛坤疑似失联,传言还称葛坤为辉山乳业董事长杨凯的夫人,从而加剧了市场的遐想。为此公司回应称,葛坤女士主要负责公司的销售及品牌建立、人力资源及政府事务,鉴于2013年公司上市之前其就是杨凯团队的一员(获得信任,为一致行动人),还负责监督管理集团财务和现金业务(包括支出)以及维持和管理集团与其主要银行的关系。2016年12月浑水公司的报告发布之后,葛坤女士感到工作压力变大,遂于2017年3月21日给杨董事长发来一份信件,自述最近工作压力对她的健康造成了伤害,她计划休假并希望现阶段不要联系,此后公司董事会就一直无法联系上葛坤女士。

第三个是债权人召开大会的消息泄露,公司债务危机爆发。公告显示,3月21日,即葛坤女士失联的当天,杨凯注意到公司对于数家银行的还款逾期。鉴于集团的大量银行贷款受限于每年续贷,杨凯向辽宁省政府请求协助。在辽宁省政府的协助下,公司于3月23日与23家银行债权人召开会议,讨论公司今年的计划并寻求公司银行债权人保证其贷款将按正常方式续贷。回应还称,正如部分媒体报道,中国银行、吉林九台山农商银行及浙商银行在会上表示将继续对公司保持信心。公告同时解释说,鉴于最近股价大幅下跌和近期的媒体报道,不能保证这些银行的意见将维持不变。

第四个是公司控股股东所质押的股份可能已经爆仓,需要追加保证金或将平仓。为此公告解释说,平安银行截至2017年3月24日,向冠丰有限公司发放股票质押贷款余额为21.42亿港元,对应质押34.34亿股股份。实际控制人正在与股票经纪商确认核实相关股份质押情况。截至公告日期,冠丰持有本公司9 535 896 316股股份(约70.76%)。除上述质押给平安银行的股份外,冠丰还为其他的贷款质押了1 941 848 000股股份(约14.41%),并为实际控制人控股的其他公司的贷款提供质押750 275 856股股份(约5.57%),其在股票经纪账户存入的股份为 3 348 272 460 股（约 24.85%），以为冠丰获得保证金融资。

第五个是关于大股东股票减持。公司确认冠丰在 2017 年 3 月 16 日和 2017 年 3 月 17 日分别出售了 37 250 000 股及 31 000 000 股股份。实际控制人减持股份是为了向首元国际有限公司（冠丰是其股东之一）拟收购香港人寿保险有限公司提供资金，第一笔订金须于且已于 2017 年 3 月 17 日支付。

公告的回应基本证实了市场和媒体的种种传言和猜想。总括起来看，债权人会议内容的泄密以及葛坤女士同一天失联，是导致辉山乳业股价崩盘的最重要原因。之所以召开债权人会议，则是因为银行贷款的大面积逾期；造成银行贷款逾期的原因可能是再融资受限和银行拒绝续做或抽贷；银行之所以不再合作可能是受到前期浑水公司做空报告对公司财务状况质疑的影响。所以，我们基本可以断定，是浑水公司这只在亚马孙河流域热带雨林中的蝴蝶扇动了两下翅膀，引起了金融机构的涟漪和警觉，最终引发公司资金链断裂和财务危机，以致三个月后股票市场爆发了一场灾难性的大海啸。

黑色星期五的股价暴跌，看似突然，毕竟浑水公司的报告出炉已经有数月之久。即便是浑水公司的创始人卡森·布洛克（Carson Block）在接受电话采访时，也表示没有预计到这种结果。根据报道，他说："我绝对没有预计到会发生这种情况，我们首次发布报告后，这只股票数月来走势平稳，（今天）没有任何苗头就暴跌，我是第一次见到。"⊖

9.3 银行系统失聪为哪般

到此，人们自然就会发问，若没有浑水公司做空报告对公司的质疑，难道那么多金融机构就不能发现公司的可疑之处吗？答案还真的难说。记得在第 2 章中，笔者曾把这类情形归结为商业银行的"系统性风险"。在辉山乳业事件

⊖ 资料来源：姜伯静. 浑水的下一个中国猎物是谁？[J]. 企业观察家，2017（4）：24.

中，包括政策性银行、大型国有控股银行、全国性股份制商业银行、地方城商行、农信社在内的20多家银行几乎无一幸免，貌似没有一家能够像浑水公司一样发现客户的造假行为，体现出了"无偏差"的执业水平，我们也只能将之归类为系统性原因了。

当然这样笼统说有相当的道理，但若较真似的去分析，非要争执一下，逼问到底是客户太精明，还是银行同业太愚蠢？难道真的就没有银行同业的信贷人员发现企业的问题吗？如此，我们不妨继续往下细分不同情形，进行一下逻辑推演和猜测。

一种情形是个别金融机构有所质疑，并找到了确凿证据，但为了自身贷款能够顺利和安全退出，选择沉默，并悄悄撤退了。待到企业资金链断裂，财务危机爆发，剩下的金融机构就是没有发现的或者发现了还没有来得及退出的金融机构，这就是所谓的"幸存者偏差"。大家看到的都是那些没有发现企业问题的"低能者"或"倒霉蛋"，而真正精明的银行人都已经置身事外了，他们变成了"沉默的数据"或"消失的真相"。

一种情形是个别金融机构有所质疑，但没有确凿证据，看到那么多金融机构都在续做业务，就随大流了，或者因为经营机构和客户经理需要业绩，他们有意或无意地隐瞒了信息或者轻易听信了企业的解释，这就是所谓的"证实性偏差"。经营机构和客户经理是以利益或业绩为导向的，相信客户是一个基本前提，无论客户的信息是否合乎事实，都倾向于支持自己的先见，并在实践中努力寻找所有能够证明其观点成立的数据和资料，而忽视获取相反的证据。

一种情形是个别金融机构有所质疑，并找到了确凿证据，但自认为对企业偿债能力没有致命影响，或者惦念企业为经营机构和客户经理创造的效益，不舍得果断退出，而只是压缩了额度，有的则在犹豫摇摆中错失了机会，等到危机爆发为时已晚。在危机爆发时也只能打碎牙往肚子里咽，有苦说不出，只能背着未能及时发现的"锅"甚至被骂愚蠢，说出来则是失职，不争辩成为最好的选择。

一种情形是个别金融机构有所质疑，但没有确凿证据，而且像"辉山乳业"

在当地还有着无限的光环，银行同业者众，竞争激烈，客户做不进去都被上级认为是无能。这样的"羊群效应"或说是从众行为，在当地龙头企业身上表现得淋漓尽致。很多客户经理从尽调开始，就基于入围授信银行名单，在主观意志上疏忽了对企业真正的调查，甚至在实务中不少客户经理直接拿来他行的调查报告简单更改一下就上报了，在后续的检查中也是流于形式。

一种情形是可能所有的金融机构真的没有质疑，或者质疑被消除了。这也不能一味地责怪银行信贷人员能力低、水平差。一个佐证是：辉山乳业于2013年在港交所上市至退市，其审计机构为国际著名四大会计师事务所之一的毕马威会计师事务所（KPMG），且其出具的一直是无保留意见的审计报告。从逻辑上看，水平最高的会计师都不能发现企业的造假行为，指望金融机构的工作人员去发现，确实也有点强人所难了。

回归现实，银行机构系统性的失聪也有体制、机制上的原因。

核心在于作业模式上，与沽空机构在潜在的巨大收益下舍得花费巨大的成本和时间对一家企业进行调查分析相比，银行和客户经理如此这般展业并不经济。这有点类似于商业银行是在大数法则下闯天下，沽空机构则可一单业务定乾坤。银行在批量作业模式下，在增加业务量、增加客户数量的发展战略和考核机制下，断然不会像浑水公司那样为了做空一家公司，不惜花费几个月甚至几年的工夫去分析调研，慢工出细活，且没人跟它抢生意。对商业银行而言，天下武功唯快不破，行动慢了，业务机会可能早就失去了，先介入企业再说，等合作开展起来，可以去慢慢更加详细地了解，双方本着长期合作的观念合作。做空机构则是一锤子买卖，重在一招制敌，能够打压股价就好。

另外从技术上说，即使银行发现了企业的一些财务造假行为，理性促使它们还要去评估其对偿债能力的影响程度，造假行为很可能对企业偿债能力的致命性没那么大，银行可能只会指出企业存在的问题令其改正甚至容忍企业的造假行为。对做空机构而言则不一样，它发现了造假，就足以在资本市场上打压企业的诚信和投资者信心（这些投资者可能对企业的了解远没有银行对企业的了解深），在心理作用下股票的抛压就会出现，此时做空的目的实现。

还有监管政策的影响。公司授信业务除开户、预留印鉴、面签、办理担保手续等重点环节外，尽职调查通常被认为是核心的现场作业流程，必不可少。但在 2020 年年初新冠肺炎疫情的影响下，"不见面""零接触"成为通用要求。监管部门提出要提高疫情期间金融服务效率，简化尽调作业要求和审批流程，减少不必要的现场环节。此举顺应形势，伴随的一个疑惑是，通过远程作业方式简化现场调查环节，如何保证满足风险管理要求？远程作业能否完全替代现场作业？尽管本书认为远程作业应不影响授信调查质量，坚持双人原则和信息交叉验证原则，待限制情形解除后必须追加现场调查工作，但在疫情环境下，势必会影响银行授信调查质量。在未来商业银行全力推进建设远程服务体系的过程中，如何提高而不是降低尽调质量也是一个不容回避的问题。

在授信实践中，情形复杂而多变，对于辉山乳业还存在另一种可能：若辉山乳业没有被浑水公司做空，被质疑的事项没有被广而告之，金融机构有的可以退出，但进来的仍然不少，估计到今天企业可能还爆发不了财务危机，资金链也可能没有断裂，授信银行的贷款资产也还安全。因为没有假设，所以这种情况已不存在。只是一旦企业的负面消息被广而告之，总行高度重视，基层行若不采取应对措施，就会被认为是不尽职，很可能会被问责。如此多数银行的行为就对企业形成了"抽贷"效应，等待企业的只能是资金链断裂一条路。若无大股东大额股票质押融资及其对上市公司大额资金的占用，即使股市踩踏、股价暴跌，也暂时不会对企业造成致命伤害，企业也有多种途径自救和度过危机。

当然，作为银行从业人员，我们仍然需要反思，从普遍意义上讲，难道辉山乳业被浑水公司质疑的事项，我们就不能更早地发现并重视吗？从最经典的舞弊三角理论出发，我们不妨简单分析一下辉山乳业可能存在的舞弊迹象或异常现象。

一是从动机和压力看，企业发展战略是构建 100% 自有原奶的全产业链业务模式，从上游草场、牧场，再到下游加工厂，都需要大量资金投入，而这类投资回报周期长、见效慢，这就导致辉山乳业在资金上面临着困境。仅靠企业日常经营获得的现金流，辉山乳业无法覆盖其开支用度，各种形式的借款成为弥补这一"窟窿"的主要方式。作为上市公司，维持高股价、利用股票去融资也是企业的不二选择。

从 2016 财年和 2017 中期财报可以看到，公司财务结构呈现出风险型结构特征，流动资产分别为 101 亿元和 140 亿元，而流动负债分别达到了 110 亿元和 159 亿元。短债长用，流动性缺口达到 9 亿元和 19 亿元。2016 年 9 月 30 日，企业现金及存款为 82 亿元，而一年内到期银行贷款总额达 111 亿元，缺口达 29 亿元。这都表明企业有资金链断裂的隐患。

从企业股价来看，上市三年多，辉山乳业可谓"一路坎坷"。2013 年 9 月 27 日，它登陆港股，发行价为 2.67 港元 / 股，开盘 2.55 港元 / 股，报收 2.59 港元 / 股；2014 年 1 月 4 日，创盘中最高价 3.24 港元 / 股；此后不久，辉山乳业的股价便进入了漫长的下降通道，特别是随着老股东和财务投资者陆续退出，辉山乳业股票被连续抛售，2014 年 12 月 19 日跌至 1.15 港元 / 股的最低点。在此背景下，从 2014 年 12 月 22 日起，杨凯开始增持辉山乳业股份，2015 年 1 月，杨凯则 3 次出手增持，公司股价开始止跌回升。尤其是在 2016 年 12 月浑水公司发布报告做空辉山乳业之后，杨凯两次累计增持 4583.3 万股，耗资 1.27 亿港元。2017 年 3 月 24 日黑色星期五，公司股价创最低 0.25 港元 / 股，停盘前将生命定格在 0.42 港元 / 股。一度缺钱的公司，还有控股股东体外的产业都需要公司股价维持在较高水平，可以想见 2014 年开始企业有着强大的动力和压力做大公司盈利，以提升股价。辉山乳业上市后的股价走势如图 9-3 所示。

二是从机会看，辉山乳业公司治理机制失衡。首先是大股东股权高度集中，实际控制人持有上市公司的股份高达 74%，公司控制权牢牢掌握在一人手中，是典型的单一大股东控制的企业，极容易导致决策权失误和大股东掏空行为。辉山乳业的全产业链发展战略、以复制模式开发全国市场的战略，都是杨凯一人力排众议主导的，此举迫使企业大肆举债，在财务高杠杆下依旧保持高度投资。其次是董事会结构失衡，大股东既担任执行董事，又在提名委员会、薪酬委员会、食品质量与安全咨询委员会任职，而独立董事只在审核委员会和薪酬委员会任职，且杨凯董事局主席和首席执行官一肩挑（此举违背港交所上市规则）。可以说，公司的所有重大决策受制于实际控制人的个人意愿。决策权监督的失效、激进的产业扩张计划、全产业链的构建、高风险债务融资等都为企业财务危机的爆发埋下了伏笔。

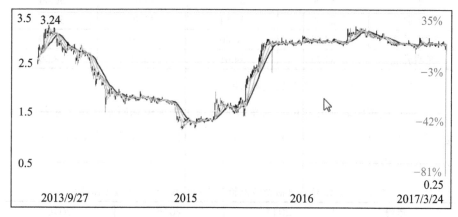

图 9-3　辉山乳业上市后股价走势

三是从合理化借口看，实际控制人在 2008 年"三聚氰胺"事件中乘势而起的光环下，发力全产业链，并先后在沈阳、抚顺、锦州、阜新等地投资建设了良种奶牛繁育及乳品加工产业集群项目。2013 年年底一直固守东北的辉山乳业开始将其液态奶产品向区域外布局，拓展到了山东、河北、四川；2014 年更是将全产业链模式计划复制到江苏，谋求将区域性品牌升级为全国性品牌。自 2013 年以来，辉山乳业一直保持快速投资步伐，初步统计表明，公司向附属公司的各项投资达到了 140 多亿元。⊖在营运资金规模逐年缩小的情况下，辉山乳业在上市的三年里，先后对有机化肥、沼气、光伏及房地产等与核心业务无关的领域进行了大规模投资。高额的投资需要融资，要向银行、各类非银机构借钱，股市股票融资，为尽量满足金融机构授信条件、提高股价、拓展其他业

⊖ 资料来源：毛文娟，李雪梅. 基于公司治理视角的企业资金链断裂成因分析 [J]. 会计之友，2019（7）：86.

务、挪用点资金、美化报表，也就成为企业合理的做法。

接着，我们简单看几组数据。

一是与同业对比，辉山乳业的毛利率确实太高，值得深究（见表9-1）。

表9-1　辉山乳业与同业毛利率对比　　　　　　　　　（%）

年份	2013	2014	2015	2016
辉山乳业	54.00	62.40	57.60	56.00
伊利股份	28.67	32.54	35.89	37.94
蒙牛乳业	27.00	30.80	31.40	32.79
光明乳业	34.75	34.61	36.11	38.68

注：毛利率为经生物资产公平值调整前的毛利率。

二是对比辉山乳业几年的苜蓿草收割量与牛群规模和原奶产量（见表9-2），也不呈正相关关系，牛群规模和产奶量逐年增长，而苜蓿草收割量则逐年减少，如何实现自给自足？

表9-2　辉山乳业苜蓿草收割量与牛群规模和原奶产量的对比

年份	2014	2015	2016
牛群规模（万头）	14.40	18.00	20.10
原奶产量（万吨）	50.17	60.16	74.30
苜蓿草收割量（万吨）	14.00	13.40	8.50

三是企业资金存疑，核查资金本来是银行的拿手好戏。辉山乳业的总股本高达135亿股，两年来大股东在市场上从50%增持到70%。其中公司回购股份用掉20亿元资金，大股东冠丰公司接盘和从市场上购股增持以当时市场最低交易价格计算，需要使用资金近50亿元。这些资金的来源在财报上均未提及。是否存在通过回购增持拉高股价再质押融资的恶性循环？真实杠杆如何？在2016年9月30日中期报告中，关于75.446亿港元募集资金用途交代不清，仅说明了23.106亿港元用于进口奶牛及新建牛场，1.803亿港元用于加工及机器设备，其他资金用途不明，已列支明细的项目加总仅占35%。上市募集资金是用到了恰当的地方，还是已经被挪用？

四是对比公司资产运营效率，逐年降低。公司2013～2016年资本支出累计达到 114 亿元，固定资产和生物资产增长迅速。2016 年 9 月 30 日与 2013 年 3 月 31 日相比，在三年半的时间内，公司总资产增长了 2.24 倍，由 105 亿元快速增长到 341 亿元；负债增长了 3.57 倍，由 46 亿元增长到 212 亿元；而 2016 财年与 2013 财年相比，营业收入仅仅增长了 0.77 倍，从 25 亿元增长到 45 亿元。可见激进的扩张战略决策使企业的资产规模不断扩大，迫使辉山乳业不断负债融资投入发展，而投入的资金未能在短期内产生规模效益，资产周转速度变慢，运营效率降低，使得辉山乳业逐渐落入资金链断裂的困境。

五是从经营所得现金与 1 年内到期的银行贷款对比看（见表 9-3），公司上市后，每一年的经营所得现金都不足以偿还当年到期的贷款，企业必须靠再融资解决。这还没有考虑企业可能的表外负债或隐瞒债务。此外，辉山乳业的营运资金在 2014～2016 年不断降低，在 2016 年甚至降为负值，筹集的资金来源于流动负债的部分不断增多，企业财务的运营风险不断上升。

表 9-3　辉山乳业经营所得现金与 1 年内到期的银行贷款对比　（单位：千元）

时间	2013 年 3 月 31 日	2014 年 3 月 31 日	2015 年 3 月 31 日	2016 年 3 月 31 日	2016 年 9 月 30 日
经营所得现金	1 496 228	1 222 424	2 150 042	2 123 715	3 113 856
1 年内到期银行贷款	908 534	1 641 192	2 867 119	6 947 481	11 087 479

六是根据第 7 章提到的破产预测模型，采用阿尔特曼适用于上市公司的 Z 评分模型来计算，辉山乳业 2016 财年的指标得分为 0.9，远小于临界值 1.81，处于遇险区，预示企业遭遇财务危机或破产的风险很高。

总之，辉山乳业的财务状况与经营数据确实存在不少异常点，或显示出经营疲态，按说只要按照"闻嗅复核"技术的要求，认真调查，应该能发现企业较高的财务风险，并给出尽早退出的判断意见。尽管公司已经自 2019 年 12 月 23 日 9 时起被取消上市地位，但对公司是否财务造假、程度规模如何，尚没有定论。不过根据媒体报道，债权人会议上杨凯承认公司资金链断裂，包括上市公司在内的集团总资产为 382.6 亿元，包括大股东个人借款在内的总负债为

418.8 亿元，在合计 418.8 亿元的总债务中，除了一些杂项外，上市公司债务为 199.5 亿元、非上市公司债务为 147.8 亿元、大股东境外借款为 41 亿元、供应商欠款为 31 亿元。⊖与报表披露的债务相比，几乎翻了一番。

合理推测，企业扩张步伐太大，资金紧缺，为实现银行融资和资本市场维持高股价，大概率实施了虚增销售收入、虚减营业成本、虚增利润的舞弊行为。为消化虚增利润，在资产负债表上虚增了固定资产和生物资产，同时隐瞒了大量负债。为配合作业，需要资金体外运转，不仅通过经营性支出和投资性支出的方式消化现金，更是直接挪用了部分上市公司资金，且在体外经营相关产业，实际控制人增持股份的资金也多来源于各渠道融资。在资金紧张运转的过程中，不料浑水公司临门插了一脚，导致各金融机构停止了新增，并陆续抽贷，最终导致企业资金链断裂，股价崩塌。

9.4　且看浑水公司如何做调研

上述分析显示，尽管企业已有财务舞弊或财务危机的征兆，但要核查也确非易事。下边我们就来看看浑水公司是如何做调研，发现企业问题的。

首先，我们结合浑水前后两次出具的报告，⊖将浑水公司对辉山乳业的质疑点、现象和佐证信息汇总列示如下，然后讨论其主要调查方法。

⊖ 资料来源：辽宁首富何以成首负　辉山乳业能否东山再起，https://m.sohu.com/a/282844104_120048096。

⊖ 资料来源："MW is Short China Huishan Dairy Holdings Co Ltd (6863: HK)" "China Huishan Part 2: Tax Bureau Evidence of Topline Fraud"，https://www.muddywatersresearch.com/research/。

第 9 章 向浑水公司学尽调技术

表 9-4 浑水质疑辉山乳业的角度与证据

质疑点	异常现象	相关证据
	上报税务局和工商局的数据矛盾	上报税务局的数据比估算的企业 2015 年度销售数据低 29.43%，比上报给工商局的数据低 36.17%
	奶牛单产过高	1. 根据统计，2012 年中国奶牛平均单产 5.8 吨，而公司 2014 财年奶牛单产 9 万吨，这一水平达到了美国、加拿大等国际先进水平 2. 奶牛的生活条件是奶牛产量的重要决定因素，但公司许多牧场的条件非常简陋，设计与施工质量较差
虚增收入	夸大线上销售量	1. 公司 2016 财年销售收入同比增长 15.4%，年度报告表示，"从传统价格战到差异化精准营销，再到'互联网+'新模式，使我们的液态奶产品在低迷的乳品市场中创造销售奇迹"(P19)。但公司在线销售 2015 年度销售收入仅为 100 万元 2. 天猫和苏宁网站三个月销售数据显示，蒙牛和伊利的销售收入超过辉山乳业的 1500 倍
	夸大产品销售单价	1. 2017 年中期报告显示，公司液态奶销售同比增长 29.1%，整体同比增长 17.7%，远高于三元的 2.3%，蒙牛的 6.6% 和伊利的 0.2% 2. 报告期内原奶平均售价高于市场平均价格指数，液态奶平均售价和全国价格指数上涨 3. 沈阳和苏州市场上同类竞品的价格要比蒙牛和伊利的低 5%～10%
夸大利润率	毛利率大幅高于同业	1. 公司毛利率和折旧摊销息税前收益率都远高于同业竞争对手。蒙牛、伊利、光明的毛利率都在 30% 左右，而辉山乳业则高达 60% 多，其他三家公司的税息折旧及摊销前利润 (EBITDA) 收益率都在 6%～11%，而辉山乳业则高达 44%～50% 2. 公司将苜蓿草自给自足作为其行业领先的毛利率的基石。进口价格约为 400 美元/吨，自种价格为 70 美元/吨，2014 年增加为 92 美元/吨。估算 2014 财年可以节省 0.83 亿～1.1 亿元

(续)

质疑点	异常现象	相关证据
夸大利润率	毛利率大幅高于同业	3. 公司一直在从第三方大量购买首苜草,比如从2013年就开始通过美国公司 Anderson 的中国代理商大量购进,黑龙江的一个首苜草销售商也与辉山有长期合作关系 4. 公司的一个参观牧场标牌上写着食料来源于进口首苜草 5. 公司正在给奶牛喂养美国首苜草 6. 公司在辽宁当地的主要首苜草牧场气候条件不好(诸如辽河水患)也让首苜草产量存疑 7. 公司上市后奶牛头均首苜草产量急剧下降,2014财年比2013财年下降了9%,2015财年下降了24%,2016财年更是下降了53% 专家证实企业在降低单产的同时通过降低饲料成本来提高利润的主张缺乏可信度
虚拟资本开支	牧场建设成本高企	1. IPO 招股说明书表明新牧场的平均资本支出约为4 520万元。但从2014财年到2016财年,平均每个牧场的建设成本约为0.89亿元,2016财年的资本支出似乎激增至1.07亿元 2. 咨询专家根据牧场照片和视频估算其建设成本为3 500万~6 000万元(假设规模为3 000头),专家根据最低中高三个质量标准给出奶牛场的牧场建设成本估算成本分别为1.4万元/头、2.1万元/头和3万元/头 3. 2014年的招标文件显示3 000头奶牛的牧场建设成本仅为3 000万元 4. 估算虚增资本支出8.93亿~16.68亿元
大股东侵占	存在未公开的关联方资产转移行为	1. 2014年12月,公司将一家拥有至少四座养牛场的子公司(富裕公司)转让给了一个几乎可以肯定是杨董事长控制的代理人。2015财年的财报显示公司未收到售予公司的对价。估计所转让资产的价值至少为1.5亿元,转移的牧场若包括牛则转移的价值还将增加 2. 接受富裕公司的企业是杨凯控制的实体牧合家,相关工商信息、政府文件、员工等都能确认富裕公司受牧合家控制

| 债务违约风险 | 杠杆高，财务压力巨大 | （一）即使以公司披露的财务状况为准，它的信用指标也完全属于"红色区域"
1. 会计师言外之意：毕马威会计师事务所 2016 财年基于公司还有 112 亿元"无条件银行授信额度"可偿还一年内到期的负债，而认可公司按持续经营假设编制财务报告。但 2017 财年中期管理层报告称该信贷额度降至 50 亿元
2. 财务负担：净利息融资成本从 2014 年的 2.057 亿元增至 2015 年的 3.228 亿元和 2016 年的 6.81 亿元，增长了近 3 倍。截至 2016 年 9 月，2017 财年上半年的融资成本高达人民币 4.513 亿元；2016 年，银行手续费及其他财务费用从 2015 年的 1040 万元增至 2016 年的 3 750 万元，增长了 3 倍多。在截至 2016 年 9 月 30 日的六个月中，这些费用达到了惊人的 5 380 万元，用于支付应付票据的银行存款（保证金）同比增长 300%（2016 年为 9.46 亿元，高于 2015 年的 3.14 亿元）。截至 2016 年 9 月 30 日，这些存款为人民币 9.626 亿元
3. 短期债务：公司 70%的债务将在不到一年的时间内到期，高达 111 亿元；公司 88%的债务是担保贷款。在此阶段提供额外抵押品的能力值得高度质疑，特别是考虑到固定资产还被高估的情形；以 EBITDA 来衡量，对应 160 亿元债务，实际杠杆比率要高得多。考虑到可能的 EBITDA 虚增，实际杠杆比率要高得多
4. 创造性融资：公司除了进行设备和母牛的售后回租获得 17 亿元外，还创新性地与其他互联网金融公司合作，通过向高净值人士出售管理财产品来筹集短期资金，期限定为仅 183 天，而年利率为 7.2%
5. 项目停工：公司耗资 68 亿元的西峰液态奶工厂的建设已停止，仅见一些牛奶雕像，充其量仅是初步开发阶段。公司在康平投资 88 亿元建设液态奶孔制品产业集群项目没有开工建设 |

(续)

质疑点	异常现象	相关证据
债务违约风险	杠杆高、财务压力巨大	(二) 实际上,公司资产项目被高估了 1. 牧场资本支出: 高达 16 亿元 2. 现金余额: 2017 财年中报显示现金和短期投资为 98 亿元,高于 2016 财年的 41 亿元。从 2016 年 3 月 31 日~2016 年 9 月 30 日,经营现金流为人民币 31 亿元,杠杆自由现金流为 27 亿元。但其借款利率远高于声称的 3.2%~3.8%,收益率为 6.2% 的奶牛售后回租投资。但随后于 2016 年 4 月尝试通过 8.45 亿元的理财投资,收益率为 3.8%,公司宣布以相同的利率出售自己的 7.5 亿元的售后回租协议。 3. 存货: 2016 财年"半成品和产品"的库存出现了巨额增长,从 2015 年的 4.63 亿元增加到 2016 年的 9.87 亿元,翻了一番还多。2014 年,仅为 1.897 亿元。另外,公司 2013 财年和 2014 财年末没有记录原奶余额,相互矛盾。同时也不可能在挤奶当天全部出售或消费 4. 预付账款: 2016 财年为 15.6 亿元,高于 2015 财年的 2.42 亿元。截至 2016 年 9 月 30 日,下降至 4.93 亿元。10 亿元可以购买三年多的进口苜蓿草为所有辉山的奶牛提供标准配给量;建造 50 多座新牧场的建筑材料。最可能的解释是,该项单项奶牛吸收了辉山产生的大量假现金 5. 生物资产(牛)的公允价值损失: 2016 财年公司内部原奶销售价格比外部销售价格高 14%,而同期竞争对手也是公司最大外部原奶客户的伊利公司,对原奶价格持谨慎态度,认为可能会略有下降。通过报告中肉量模型中内置的未来现金流量估算,公司可以维持其奶牛的公允价值并隐藏巨额亏损。根据估算可能隐藏了奶牛公允价值约 15 亿元的亏损 (三) 大量可能的股份质押给股权持有人带来重大风险 公司大量股份已抵押给债权人,如果借款人无法满足追加保证金要求,他们的关于寸可能会以无序方式清算。从 2013 年 9 月到 2016 年 8 月,越来越多的公司股份被显示做质押

浑水公司研究了辉山乳业几个月，得出结论说，至少从2014年起，辉山乳业就报告了欺诈性利润，主要是基于其生产紫花苜蓿草基本上是自给自足的谎言。大量证据表明，辉山乳业长期以来一直从第三方购买了大量苜蓿草。为支持公司的利润表欺诈，辉山乳业还进行了与其牧场有关的资本支出欺诈，估计至少有8.93亿～16亿元。公司实际控制人从公司转移资产至少1.5亿元，实际数字可能更高。此外，公司的报告收入也有虚增。即使辉山乳业的财务状况不是欺诈性的，但由于杠杆率过高，该公司似乎也处于违约边缘。以辉山的财务状况为准，其信用指标令人震惊。杠杆如此巨大，以至于在2016财年，辉山的审计师似乎都不认可企业的"持续经营"假设。鉴于辉山乳业的报告利润是欺诈性的，高估的生物资产以及某些高度可疑的资产账户，使得辉山乳业资产负债表的资产面被高估了。在巨大的财务压力下企业寻求各种新增融资，并停止了若干在建项目。种种迹象表明，辉山乳业来年将会违约。尽管与典型的"零"相比，辉山乳业还拥有"真实的业务"，但其巨大的杠杆作用使其股权价值几乎一文不值。

回顾表9-4，我们觉得浑水公司的调查结论还是站得住脚的，前后几个月时间，他们的调查人员走访了35座农场，5座生产工厂和两个无生产迹象的生产场所。此外，他们的研究人员在选定的辉山乳业基地进行了无人机侦查，聘请了3名乳制品专家，其中两名具有深厚的中国乳业背景。他们和研究人员与3个不同省份的苜蓿草供应商和进口商进行了交谈。此外，还对企业的营业收入进行了广泛的尽职调查。调查过程不可谓不扎实。

下边就让我们具体看看浑水公司采用了怎样的调查方法或技术。

总体而言，浑水公司的分析方法依然是"闻嗅复核"：寻找公司异常，调查异常原因，得出调查结论。

关于公司的异常现象，参考辉山乳业以及浑水公司做空的其他企业，一些表性特征与财务造假有极强的正向相关性。这些特征主要包括：远高于同行业的毛利率；报给工商和税务部门的文件与报给美国证券交易委员会（SEC）的不一致；有隐瞒关联交易的情形或收入严重依赖关联交易；可疑的主要股东和管理层股票交易；审计事务所名不见经传且信誉不佳；管理层的诚信值得怀疑；更换过审计事务所或首席财务官（CFO）；过度外包、销售依赖代理或收入通过中间商；复杂难懂的超过商业实际需要的公司结构；超低价发行股票。其他还可能包括：公司高管报酬过低、请求信息披露豁免、公司网站简陋或提供的信息不够充分、缴纳的税收和收入不成比例、财务报表比较粗糙、信息披露内容格式在年度之间不一致、与同行业公司相比纸面财富的比例过大、即刻威胁起诉爆料者等，甚至业绩太好但感觉企业好得不真实，也是浑水公司做空企业的理由。

关于调查技术，总体来看分为两个相互渗透的方式：查阅资料和实地调研。实地调研主要包括对企业及其关联方的调研、对供应商的调研、对企业客户及销售渠道的调研、对竞争对手的调研等，以及利用专家或第三方专业机构的工作、新技术、非常规技术等。

1. 查阅资料

查阅资料包括对上市公司的各种公开资料做详细研读，包括在查阅资料基础上的逻辑分析。这些资料包括招股说明书、年报、临时公告、官方网站、媒体报道等，时间跨度常常很大。在调查辉山乳业时，浑水公司查阅了上市前后多年的财务与经营数据，以及工商部门、税务部门、相关政府部门的网站和文件，辉山乳业与伊利、蒙牛在几大电商相关竞品的销售情况等。理论上讲，"信息元"都不会孤立存在，必然和别的节点有关联。对于造假的企业来说，要编制一个天衣无缝的谎言，需要将与之有关联的所有"信息元"全部疏通，对好"口供"，但这么做的成本非常高，所以造假的企业只会掩盖最明显的漏洞，心怀侥幸心理，无暇顾及其他漏洞。延伸信息的搜索范围，就可以找到逻辑上可能存在矛盾的地方，为下一阶段的调研打下基础。⊖

查阅资料可以发掘疑点，也可以查找证据，但做证据使用时通常会找到至少两个证据的交叉验证。浑水公司从辉山乳业 2016 年年报中找到了原材料

⊖ 资料来源：岳大攀，侯安扬.浑水如何调查公司 [J].新世纪周刊，2012（2）：88-90.

预付款的可疑之处。浑水公司发现，年报中原材料的预付款较上一年增加了5倍，但是至于辉山乳业花这么多钱到底买了什么，浑水公司说，它也查不到，但它怀疑这几乎肯定就是假的，因为10亿元预付账款可以按照标准配给量为所有辉山乳业的奶牛提供三年多的进口首蓿草，也可以提供建造50多座新牧场的建筑材料，也能从澳大利亚进口8万头荷斯坦牛。最可能的解释是，该订单项吸收了辉山乳业产生的大量假现金。

再如，浑水公司会从其他公开的文件中验证他们定量的猜测准不准，从而提供佐证。浑水公司从一个公开的招标文件中，找到了其对辉山乳业牧场建造成本估价的事实支撑：2014年的招标文件显示3000头奶牛的牧场建设成本估算仅为3000万元，另外招股说明书载明新牧场的平均资本支出约为4520万元。但从2014财年到2016财年，平均每座牧场的建设成本约为0.89亿元，2016财年的资本支出似乎激增至1.07亿元，显然查阅资料的证据可以证明企业相关论述存在问题。对企业债务危机的判断，浑水公司也是依据查阅资料得出的，基本没有经过其他额外的调查。浑水公司假设不考虑企业可能收入利润造假与资产高估，但就企业披露的融资、杠杆、短期债务压力、创造性的融资、持续经营依赖银行备用授信额度等情况的分析，就能得出企业流动性面临危机，再考虑到利润和资产的虚增，其真实指标将更加恶化，在未来一段时间内几乎肯定会发生违约事件。

2. 实地调研

对公司实地调研是取证的重要环节。浑水公司的调研工作非常细致，调研周期往往持续很久，比如对辉山乳业的调研时间长达几个月。调研的形式包括但不限于电话访谈、当面交流和实地观察等。由于浑水公司基于做空的目的去调研，所以直接表明来意去调研的概率不大，⊖更多情况下是假借投资者、客

⊖ 布洛克透露，他们经常以潜在客户的身份接近目标公司。"在做空报告发布前，有时候我会去和公司层进行沟通，只是我们基本不会表明自己是浑水"。参见李聪．"揭秘做空者三大'杀手锏'[EB/OL]．（2011-07-03）[2020-05-18]. http://www.iceo.com.cn/shangye/37/2011/0713/223770.shtml.

户的名义,采取不经企业允许的其他手段等。浑水公司重视观察工厂环境、机器设备、库存,与工人及工厂周边的居民交流,了解公司的真实运营情况,甚至偷偷在厂区外观察进出厂区的车辆运载情况,利用高科技手段拍照取证等。浑水公司将实际调研的所见所闻与公司发布的信息相比较,其中逻辑矛盾的地方,就是上市公司被攻击的软肋。

例如,在调查辉山乳业时,浑水公司的调查人员访问了35座牧场,5个生产设施基地(其中包括1个中途停工的基地)和两个完全没有建设迹象的生产基地,拍到了当地堆积了从Anderson公司进口的大量苜蓿草的照片,还派出了无人机对牧场进行拍照取证,访问牧场的员工,为证实辉山乳业的牧场造价、牧场使用进口苜蓿草以及缺乏资金流而停工等提供直接证据。

3. 调查关联方

除了上市公司本身,浑水公司还非常重视对关联方的调查。关联方一般是掏空上市公司的重要推手。关联方包括大股东、实际控制人、兄弟公司等,还包括那些表面上看似没有关联关系,但实际上听命于实际控制人的公司。

在调查辉山乳业2014年12月转让一家拥有至少4座养牛场的子公司(富裕公司)这一事件时,浑水公司判定购买方是杨董事长的代理人。尽管公司的解释是,公司是将富裕公司拥有的四座肉牛牧场出售给了一个非关联公司。2015年8月,杨凯收购牧合家公司开展个人牛肉投资,并与富裕公司签订了租赁协议以圈养肉牛。但浑水公司通过工商信息、政府文件、询问员工等确认辉山乳业将富裕公司转让给了一家新成立的叫作富汉的公司,该公司由一个叫王兵的个人完全持有,但富汉公司和王兵都是牧合家公司与杨董事长的代理人。

4. 调查供应商

为了解公司的真实经营情况,浑水公司多调研上市公司的供应商,印证上市公司资料的真实性。同时,浑水公司也会关注供应商的办公环境,供应商的产能、销量和销售价格等经营数据,并且十分关注供应商对上市公司的评价,以此作为与上市公司公开信息对比的基准,去评判供应商是否有实力去和被调查公司进行符合公开资料的商贸往来。浑水公司甚至假扮客户给供应商打电话，了解情况。

辉山乳业声称苜蓿草全部自给自足，不需要从第三方购买或安排长途运输，因此利润巨大。在2016财年报告中，辉山乳业称集团整体毛利率达到56%，之所以能达到如此高的毛利率是因为他们自己生产喂养奶牛的苜蓿草，苜蓿草的费用占到乳业成本的60%左右，一般乳业企业进口的苜蓿草的价格是400美元/吨，辉山乳业自己种的是92美元/吨。为此，浑水公司联系了Anderson公司在中国的进口商/代理商，后者确认辉山乳业已经成为其客户3年了，辉山乳业从Anderson公司进货始于2013年，当年约为70 000吨，2014年和2015年中国牛奶市场疲软时降至每年30 000~40 000吨，在2016年则适度增长。其供应量在2013年就相当于辉山乳业2014财年（2013年4月1日至2014年3月31日）报告的内部消费总量的一半。进口商/代理商还提供了当前的市场价格，报价为2330元/吨（约合345美元/吨）。通过调查，浑水公司还发现辉山乳业也从第三方购买了国产苜蓿草。黑龙江一家分销商证实，他们已经向公司提供苜蓿草已有数年的历史了，并且与公司的采购经理保持着很好的关系。浑水公司通过供应商几乎无可辩驳地证实了辉山乳业的苜蓿草绝非完全自给自足，进而对辉山乳业的低成本、高利润业务模式形成了致命冲击，也推断出辉山乳业实施了财务造假。

5. 调研客户与销售渠道

浑水公司尤其重视对客户的调研。浑水公司重点核实客户的实际采购量、采购价格以及客户对上市公司及其产品的评价，以及客户对行业价格走势的看法等。

辉山乳业在报告中披露原奶销售价格比外部销售价格高14%，而作为公司最大外部原奶客户的伊利公司，对原奶价格持谨慎态度。根据伊利在2016年8月底发布的2016年上半年业绩报告，伊利管理层尚未看到牛奶价格的转折点，甚至认为仍有可能出现小幅下降。

针对辉山乳业声称平均售价提高导致销售收入增加的可疑之处，浑水公司在调查沈阳地区的销售情况时，得到的信息却是辉山乳业只有将可比产品价格降低 5%～10%，才能与蒙牛和伊利这样的公司竞争。随后，他们向当地的超市派出了调查员，发现辉山乳业的产品与其他竞品相比，打折幅度确实很大。

6. 调查竞争对手

浑水公司很注重参考竞争对手的经营和财务情况，借以判断上市公司的价值，尤其愿意倾听竞争对手对上市公司的评价，这有助于了解整个行业的现状，不会局限于上市公司的一家之言。

在评估辉山乳业的利润率时，浑水公司比较了同业竞争对手的毛利率和 EBITDA 收益率，发现蒙牛、伊利、光明等毛利率都在 30% 左右，而辉山乳业高达 60% 多，其他三家公司的 EBITDA 收益率都在 6%～11%，辉山乳业的则高达 44%～50%。

在验证辉山乳业宣称的通过"互联网＋"实现了销售奇迹的过程中，浑水公司调查了公司在线销售子公司 2015 年度销售收入仅为 100 万元，天猫和苏宁网站三个月销售数据显示，蒙牛和伊利的销售收入超过辉山乳业的 1500 倍。

在说明辉山乳业原奶售价较高时，浑水公司不止一次引用了公司原奶售价和农业部[⊖]全国原奶价格指数做对比，指出公司原奶定价太高的事实。

7. 请教行业专家

在查阅资料和实地调研这两个阶段，浑水公司有一个必杀技——请教行业专家。正所谓"闻道有先后，术业有专攻"，请教行业内的专家有利于加深对行业的理解。该行业的特性、正常毛利率、某种型号的生产设备的市场价格，从行业专家处得到信息的效率更高，信息可信度更高。专家的独立身份和权威性，也在一定程度上让浑水公司回避了自身的利益冲突，有利于提升调查结论的公信力。

浑水公司在调查辉山乳业通过改变奶牛的饲料结构在降低牛奶产量的情况下提高利润率的说辞时，请教了中美乳业专家，专家都对这种行动的逻辑和商业可行性提出了质疑。他们指出，这与过去 10 年中采用的最佳实践背道而驰，

⊖ 2018 年国务院机构改革中重组为农业农村部。

很可能导致盈利能力下降。

在调查牧场的建设成本时，浑水公司咨询了两名拥有奶场建设成本第一手资料的中国牧业专家，以帮助估算辉山乳业的实际牧场建设成本。他们向专家提供了调查人员参观的若干牧场的照片和视频，专家给出了自己的专业意见，认为建设成本远远低于企业公开披露的数据，据此浑水公司估算辉山乳业在牧场的平均资本支出上夸大了约 1/3 乃至 1/2 的金额。

在验证辉山乳业声称的 2014 财年每头牛产奶量高达 9 吨的过程中，调查人员拍照和摄像显示出了牧场的问题：普遍存在墙壁开裂、混凝土坍塌、次品修补、门破损、生锈和屋顶损坏，缺乏维护，大量碎片以及普遍杂乱无章的情况。专家认为牧场质量很差，存在很多缺陷，不当的牛棚和相关设施的设计与建造以及对牛群环境和生活条件的不当管理，将严重损害奶牛在整个泌乳期实现和维持高产的能力。

8. 利用第三方专业机构的工作

浑水公司的核心团队人员很少，通常会雇用外部咨询师和调查员开展调查。另外，浑水公司在利用和解读第三方信息时，也独具慧眼。

辉山乳业上市以来聘请的审计师都来自国际上最知名的四大会计师事务所之一的毕马威，且其都出具的是无保留意见。浑水公司却在无保留意见中，嗅出了端倪。

例如，辉山乳业在 2016 财年年报"附注中 2（b）财务报表的编制基准"部分披露：

即使于 2016 年 3 月 31 日为流动负债净额，合并财务报表已按照持续经营基准予以编制，因本公司董事认为，基于本月合并财务报表刊发日期的本集团可无条件动用的银行贷款授信额度人民币 11 231 622 000 元，本集团将有充足资金于报告期末起计至少十二个月履行其到期负债。因此，本公司董事认为按持续经营基准编制合并财务报表乃属适当。

在报告中，浑水公司是如此解读的：毕马威会计师事务所仅仅是基于辉山乳业董事"112亿元的无条件提用银行授信额度"的保证,而认可企业持续经营的报表编制基础的。其意在于,辉山乳业流动性危机一触即发,全赖银行是否无限给予提款。

9. 利用新技术

因为浑水公司基本得不到被做空企业的配合,因此他们的调查手段时有创新,许多在信贷审查或注册会计师审计时难以用到的技术,在浑水公司的调查中则成为取证的必要工具。

例如浑水公司称,调查人员通过无人机对辉山乳业的牧场进行调查拍摄;在对辉山乳业电子销售渠道的销量进行验证时,使用算法爬取了3个月的苏宁和天猫的网站信息,并监控了辉山、蒙牛和伊利的产品销售数量和价格。收集的数据证实了营业额的显著差异,其中蒙牛和伊利的销售收入超过辉山乳业的销售收入1500倍。

10. 非常规手段

我们之前的研究表明,即使是注册会计师在发现企业盈余操纵行为中,除了应用分析性复核、询问和盘点技术外,企业人员的"告密"也是一个重要的途径。[1]

在浑水公司做空瑞幸咖啡的调查过程中,调查人员潜入了店长群,打入了"敌人"内部。而且人们推测,许多证据都是内部人爆料的,浑水公司利用了大量的被调查企业的内部人举报材料。

某位被做空的公司的董事长向《中国企业家》表示,有些信息之前并不为人知,某事件知情人十分有限,"这几个人里面,是哪个人提供了资料,我已经很清楚了。"[2]

有理由相信,浑水公司在诸多做空企业案例中,应用了内部人举报的材料,甚至也不排除内部人告密或举报才引起了浑水公司的兴趣和后续调查。

---

[1] 资料来源:崔宏.注册会计师对企业盈余操纵行为的经验识别、实践发现与审计技术[J].审计研究,2005(6):31-38.

[2] 资料来源:李聪."揭秘做空者三大'杀手锏'"[EB/OL].(2011-07-13)[2020-0515].http://www.iceo.com.cn/shangye/37/2011/0713/223770.shtml.

9.5 案例检视与启示

9.5.1 把平凡做到极致就是非凡

浑水公司对做空公司虽然都会进行360°全方位尽职调查，但浑水公司的调研方法说白了只是正常的尽职调查，在方法论上确实并无重大创新，然而最简单的方法往往是最有效的方法，调研的收获远远大于办公室里的数据处理。在实施层面上，他们把工作做得很细致。在浑水公司对瑞幸咖啡的调查中，调查者雇用了92个全职人员、1418个兼职人员，让他们潜伏于店长营业微信群中，积累了11 260小时的视频，覆盖981个营业日，100%的营业时间，一共收集了25 843份消费单据，接触了10 000多个消费者，就是为了从统计学角度证明自己的抽样和推断是99%靠谱的，通过这种踏踏实实的实地调查来收集证据的做法，浑水公司简直做到了极致。在对辉山乳业调查中，调查人员现场调查了公司的40多家牧场和奶厂，这比银行授信调查中的尽调场所都要多。魔鬼都在细节中。浑水公司也擅长通过微小细节找到关联公司、实际控制人之间的关联关系，这样的"微小细节"可能是，两家公司共用同一个联系电话，找到微妙联系后，浑水公司不忘找真实的工作人员确认其猜想。

可以说，浑水公司的调研体系全方位覆盖了被调查对象的情况，如果想彻底蒙骗过去，那得把所有涉及的方面都做好系统规划，这不仅包括不计其数的公开资料的口径都一致，也得和所有客户、供应商都对好"口供"，还得把工商、税务等政府有关部门圈进来。如此造假，成本极高，也给外部核查留下了蛛丝马迹，只要认真去比对核查，就能发现端倪。

因为浑水公司是在做空企业，所以他们"会很小心地调查，因为'做空'这一行，证据必须十分确凿，否则很容易引官司上身"，⊖卡森·布洛克的这句

⊖ 资料来源：李聪."揭秘做空者三大"杀手锏"[EB/OL].（2011-07-13）[2020-05-15].http://www.iceo.com.cn/shangye/37/2011/0713/223770.shtml.

话并非谦虚。如此反观商业银行的作业模式与尽调，或许真正的问责机制没有到位也是一个原因。

9.5.2　证实与证伪导向下的作业模式截然不同

银行做尽调与做空机构做尽调都需要做调研，但方法论截然不同，银行做尽调目的是"证实"，优点和缺点都要考量，权衡之下才能给出能不能授信的结论，企业可以存在问题，但一定要在可控范围内，对授信风险的影响可控。做空机构做尽调则是"证伪"，只要找到企业的财务、经营造假证据，一经发现"硬伤"，即可成为做空的理由，类似于"一票否决制"。另外，银行看中的主要是企业有无充足的现金流，而不是股价。有时候，企业即使造假了，对现金流的影响也不是致命的。但造假行为在资本市场上对公司的股价可能是影响重大的，只要有一定的下跌幅度，做空目的和利益就可以实现。

受两种不同方法论的指引，两类机构的尽调出发点和行为导向截然不同。如前所述，银行工作人员多受"证实性偏差"影响，相信客户、续做业务是一个基本前提，无论客户信息是否合乎事实，都在实践中努力寻找所有能够证明客户具有偿债能力的数据和资料，会有意或无意地隐瞒信息或者轻易听信企业的解释，类似于信任多于质疑的普遍性偏见。[⊖]但做空机构的利益机制在于找到能引起股价下跌的证据，所以专心盯着企业有可能造假的地方，深入挖掘下去，一旦选定目标，企业怎么看都不像好人，所有的工作只是为了证明这个结论。

从假设的不同目标出发，理论上查找证据的难度截然不同。因为尽调就是一项一项证明的过程，把企业是"好企业"（对外披露的信息真实反映了其经济实质）作为一个命题的话，银行要证实这个命题是真命题，就要去证明凡符合

⊖ 资料来源：丹尼尔·卡尼曼.思考，快与慢[M].胡晓姣，李爱民，何梦莹，译.北京：中信出版社，2012：95.

这个题设的所有情况为真才能得出结论。而做空机构相当于要证明这个命题是假命题，只需查证或举出一个反例就可以了。从这个意义上讲，银行的工作相对更多、更难。

9.5.3 银行对企业尽调有自己的优势

尽管我们认为浑水公司对企业的尽调有其自身优势，但银行工作人员也不可妄自菲薄，我们也有浑水公司不具备的优势。核心的表现是，授信企业基本都能提供必要或充分的内部资料供其分析，比如会计账簿、内部单据等。而这些，做空机构几乎是不可能系统拿到的，他们除公开资料外，只能主要依据对企业或其他相关方进行调研来了解。

在调查手段上，信贷人员与做空机构相比，在对企业资金监控的便利、对企业或有债务的掌握上也具有相对优势，许多信贷人员甚至仍然扮演了"驻厂员"的角色，与企业融资部门和财务部门"朝夕相处"，对企业自然比其他外部人员更为熟悉，这样对企业进行财务分析显然信息更为充分。

在这个意义上，做空机构主要依据外部数据（当然也可能潜入企业内部，或有内部人士提供部分内部信息）证伪，而银行可以从内部和外部两方面收集证据。只是受限于作业成本和工作量的考虑以及人员激励的差异，在调查分析技术的运用深度和力度方面，银行对一家授信企业的尽职调查经常表现出相对于做空机构更弱的情形，与他们相比，银行信贷人员的分析有时简直就是蜻蜓点水。但这主要是受机制和作业模式，而不是调查范围受限的影响。

9.5.4 债务轻的客户就是好客户[⊖]

银行作为债权人，最关心的问题是借款人能不能按时还本付息。从银企借

⊖ 资料来源：刘元庆.信贷的逻辑与常识[M].北京：中信出版集团，2016：30.

贷关系的本质看，企业债务负担的轻重与能不能还本付息之间的关系最密切，债务负担越重，不能还款的概率就越大。所以，从银行债权人的角度看，一个非常简单的规则是：债务轻的客户就是好客户，债务重了就不是好客户。债务由轻变重的过程，就是客户从好变坏的过程。

本书第 6 章相关内容也曾指出，企业偿债能力，静态地讲，就是用企业资产清偿企业债务的能力；动态地讲，就是用企业资产和经营过程创造的现金流偿还债务的能力。因此，从债权人角度看，企业偿债能力具体就要看资产、现金流，并兼顾收入和利润四大类因素，企业的债务要与这四类因素匹配。当然企业负债自身的结构对偿债能力也有一定影响，凡是企业债务不匹配、结构不合理，债务负担必然太重，发生债务危机的概率就会加大。

在对辉山乳业的做空报告中，浑水公司假定即使不考虑企业的造假行为，单就企业披露的信息而言，就能判断出企业债务负担过重，杠杆太高，流动性危机一触即发，债务违约是大概率事件。事实上，阿尔特曼的 Z 评分模型也显示辉山乳业 2016 财年的指标已预示企业处于遇险区，遭遇财务危机或破产的风险很高。但我们的诸多金融同业好像忽略了。

9.5.5 做业务不能凭侥幸

辉山乳业是具有很大光环的企业：外商投资企业、国家级农业产业化龙头企业，2008 年"三聚氰胺"事件独善其身营造的高质量形象，100% 自有奶源的全产业链业务模式，中国垂直整合度最高的乳品公司，香港上市，国际知名审计公司审计，公司致力于成为具有全球竞争力的优质高蛋白乳品制造商和综合乳品服务供应商，跻身世界一流乳品企业行列，成为令国人骄傲的乳品品牌……这些基本都符合商业银行优质对公客户的准入标准。然而，盛名之下真相往往不忍直视。

辉山乳业作为当地的头部企业，金融机构纷纷介入，竞争激烈，于是"羊群效应"或说是从众行为，使好多机构都以其他金融机构介入授信为前提和判断基准，比如某某大行都介入了，人家内控审查标准更高，我们小机构能跟随就很好了。这种做法比较普遍，大家都看重其他机构的判断（默认其尽调结果），一圈下来，可能谁都没有仔细做过尽调，所谓的尽调变成了形式。

　　对辉山乳业而言，我们相信，一定有金融机构发现了其问题并早已顺利退出。从最经典的舞弊三角理论出发，我们就能轻易发现，企业可能存在的舞弊迹象。但更多的金融机构，还是疏忽了、犹豫了，没有果断退出。授信实践复杂而多变，我们不能有任何的侥幸心理，大家都在里面，只要不抽贷，企业就没事，但现实中黑天鹅随时都会出现。

参 考 文 献

[1] AICPA. Consideration of Fraud in a Financial Statement Audit[S]. SAS99, 2002.

[2] Altman E I.Financial Ratios, Discriminate Analysis and the Prediction of Corporate Bankruptcy[J]. The Journal of Finance, 1968, 23 (4): 589-609.

[3] Altman E I.Corporate Financial Discriminate and Bankruptcy[M]. 2nd ed. NewYork: John Wiley & Sons, 1993.

[4] Altman E I.Predicting Financial Distress of Companies: Revisiting the Z-Score and ZETA® Models[EB/OL]. http://www.stern.nyu.edu/~ealtman/Zscores.pdf.

[5] Bateson Gregory. A Theory of Play and Fantasy[A]. Psychiatric Research Reports, 1955: 39-51.

[6] Beaver W H.Financial Ratios as Predictors of Failure[J].Journal of Accounting Research, 1966, 4 (3): 71-111.

[7] Filex Pomeranz.The Successful Audit[M]. Boston: Richard D.Irwin, 1990.

[8] Fitzpatrick P J.A Comparison of the Ratios of Successful Industrial Enterprises with those of Failed Companies[M]. Washington：The Accountants Publishing Company，1932.

[9] Goffman Erving.Frame Analysis：An Essay on the Organization of Experience[M].NY：Harper & Rop，Publishers，1974.

[10] IFC 中国项目开发中心.信贷分析与公司贷款[M].北京：外文出版社，2010.

[11] Ittner C，Larcker D. 改革公司业绩评价标准[J]. 国外社会科学文摘，2001（4）：69-71.

[12] Jorge Vasconcellos e Sa.The War Lords[M].London：Kogan Page Ltd，1999.

[13] Krishna G Palepu，Paul M Healy，Victor L Bernard.Business Analysis & Valuation：Using Financial Statements：Text & Cases[M].2nd ed.Georgetown：South-Western College Publishing，2002.

[14] Messod D Beneish.The Detection of Earnings Manipulation[J].Financial Analysts Journal，1999，55（5）：24-36.

[15] Michael E Poter.Competitive Strategy[M].New York：The Free Press，1980.

[16] Ohlson J A.Financial Ratios and the Probabilistic Prediction of Bankruptcy[J].Journal of Accounting Research，1980，18（1）：109-131.

[17] Samuel A Dipiazza Jr，Robert G Eccles.Building Public Trust：The Future of Corporate Reporting[M].John Wiley & Sons，Inc，2002.

[18] Steve Albrecht.Fraud Examination[M].Mason：Thomson South-Western Publishing，2003.

[19] 爱德华·阿尔特曼，伊迪丝·霍奇基斯.公司财务危困与不良债权投资[M]. 邱继成，等译.北京：中信出版集团，2019.

[20] 鲍勃·瑞安，等.财务与会计研究：方法与方法论[M].阎达五，等译.北京：机械工业出版社，2004.

[21] 陈小毅，周德群. 中国煤炭行业市场结构与经济绩效实证研究 [J]. 统计与信息论坛，2009（4）：36-41.

[22] 崔宏. 10 万亿信贷≠天量风险 [J]. 证券市场周刊，2010（38）：56-57.

[23] 崔宏. 注册会计师对企业盈余操纵行为的经验识别、实践发现与审计技术 [J]. 审计研究，2005（6）：31-38.

[24] 戴欣苗. 财务报表分析 [M]. 2 版. 北京：清华大学出版社，2008.

[25] 丹尼尔·卡尼曼. 思考，快与慢 [M]. 胡晓姣，李爱民，何梦莹，译. 北京：中信出版社，2012.

[26] 迪皮亚滋，艾克力. 建立公众信任：公司报告的未来 [M]. 刘德琛，译. 北京：机械工业出版社，2004.

[27] 董大海. 战略管理 [M]. 大连：大连理工大学出版社，2000.

[28] 房巧玲，崔宏，王金涛. 信贷资产行业配置与商业银行经营绩效 [J]. 金融论坛，2013（8）：62-68.

[29] 海曼 P 明斯基. 稳定不稳定的经济：一种金融不稳定视角 [M]. 石宝峰，张慧卉，译. 北京：清华大学出版社，2010.

[30] 何浩. 商业银行应对经济周期下行的国际经验及对中国的启示 [J]. 国际金融研究，2009（6）：48-54.

[31] 何伊凡. 尚德电力 VS First Solar 两大流派的巅峰对决 [J]. 中国企业家，2010（11）：186-187.

[32] 胡玉明，董毅华，肖继辉. 财务报告与评价 [M]. 广州：暨南大学出版社，2006.

[33] 黄世忠，等. 财务报表分析：理论、框架、方法与案例 [M]. 北京：中国财政经济出版社，2007.

[34] 黄世忠. 会计的十大悖论与改进 [J]. 财务与会计，2019（20）：4-11.

[35] 黄世忠，叶钦华，徐珊. 上市公司财务舞弊特征分析——基于 2007 年至 2018 年 6 月期间的财务舞弊样本 [J]. 财务与会计，2019（10）：24-28.

[36] 霍华德 M 施利特，杰里米·佩勒，尤尼·恩格尔哈特. 财务诡计：如何

识别财务报告中的会计诡计和舞弊（原书第 4 版）[M]. 续芹，陈柄翰，石美华，王兆蕊，译. 北京：机械工业出版社，2019.

[37] 林家超. 从会计报表的结构透视利润质量 [J]. 商业经济，2008（12）：51-52.

[38] 刘石球. 虚构经济业务型财务造假手法剖析及识别 [J]. 中国注册会计师，2016（12）：72-77.

[39] 刘文军，曲晓辉. 银行真的能识别盈余管理吗？——基于银行借款合约的研究 [J]. 会计与经济研究，2014（4）：33-45.

[40] 刘元庆. 信贷的逻辑与常识 [M]. 北京：中信出版集团，2016.

[41] 陆正飞，祝继高，孙便霞. 盈余管理、会计信息与银行债务契约 [J]. 管理世界，2008（3）：152-158.

[42] 毛文娟，李雪梅. 基于公司治理视角的企业资金链断裂成因分析 [J]. 会计之友，2019（7）：82-88.

[43] 克里舍 G 佩普，保罗 M 希利，维克多 L 伯纳德. 运用财务报表进行企业分析与估价：教材与案例（原书第 2 版）[M]. 孔宁宁，丁志杰，译. 北京：中信出版社，2004.

[44] 屈建国，龙小宝. 新信贷：银行客户经理业务手册 [M]. 北京：北京大学出版社，2009.

[45] 饶钢，金源. 资本市场的会计逻辑 [M]. 北京：法律出版社，2019.

[46] 托马斯·麦基. 现代分析审计：审计师和会计师实用指南 [M]. 北京：中国铁道出版社，1999.

[47] 若热·瓦斯康塞洛斯·伊·萨. 战略管理方法：定性与定量分析 [M]. 邓盛华，译. 北京：中国标准出版社，2000.

[48] 肖星. 上市公司财务问题及其分析 [M]. 北京：中国计划出版社，2002.

[49] 许亚荣. 企业全镜像分析 [M]. 北京：机械工业出版社，2020.

[50] 杨贺. 基于信用评级角度的财务分析体系构建研究 [D]. 中国人民大学，2008.

[51] 姚立杰，夏冬林.我国银行能识别借款企业的盈余质量吗?[J].审计研究，2009（3）：91-96.

[52] 叶志锋，胡玉明.银行能够有效识别企业的会计操纵行为吗——以中国上市公司的银行借款违约概率为视角[J].审计与经济研究，2009（2）：89-94.

[53] 叶志锋，胡玉明，纳超洪.盈余管理、债务期限与银行债权保护——来自中国证券市场的经验证据[EB/OL].中国金融学术研究网：银行和金融机构工作论文，2009.

[54] 英国皇家银行学会.信用风险管理[M].北京：中信出版社，2003.

[55] 应惟伟.经济周期对企业投资影响的实证研究[J].财政研究，2008（5）：30-34.

[56] 岳大攀，侯安扬.浑水如何调查公司[J].新世纪周刊，2012（2）：88-90.

[57] 张肃询，张肃琪.公司财务分析的两个误区[J].中国注册会计师，2005（3）：45-47.

[58] 张先治，韩季瀛.现代财务分析[M].北京：中国财政经济出版社，2003.

[59] 张新民，钱爱民.财务报表分析[M].北京：中国人民大学出版社，2008.